BASTEI
LÜBBE

Von Helmut W. Pesch sind bei Bastei Lübbe Taschenbücher erschienen:

Die Elderland-Saga
20333 Bd. 1: Die Ringe der Macht
mit Horst von Allwörden
20401 Bd. 2: Die Herren der Zeit

Die Anderswelt–Trilogie
20433 Bd. 1: Die Kinder der Nibelungen
20447 Bd. 2: Die Kinder von Erin
20460 Bd. 3: Die Kinder von Avalon

20476 Elbisch – Grammatik, Schrift und Wörterbuch der
         Elben-Sprache von J. R. R. Tolkien

Zum Thema J. R. R. Tolkien sind bei Bastei Lübbe Taschenbücher
außerdem erschienen:

13803 Martin H. Greenberg (Hrsg.)
Die Erben des Rings – Fantastische Geschichten
J. R. R. Tolkien zu Ehren

20421 Stefan Bauer (Hrsg.)
Das Vermächtnis des Rings – neue Geschichten J. R. R. Tolkien zu Ehren

20453 Robert Foster
Das große Mittelerde-Lexikon
Ein alphabetischer Führer zur Fantasy-Welt von J. R. R. Tolkien,
bearbeitet und ergänzt von Helmut W. Pesch

Helmut W. Pesch

Elbisch

Lern- und Übungsbuch
der Elben-Sprachen von
J.R.R. Tolkien

BASTEI LÜBBE

BASTEI LÜBBE TASCHENBUCH
Band 20498

1. Auflage: November 2004

Vollständige Taschenbuchausgabe

Bastei Lübbe Taschenbücher ist ein Imprint der
Verlagsgruppe Lübbe

Originalausgabe
© 2004 by Helmut W. Pesch und
Verlagsgruppe Lübbe GmbH & Co. KG,
Bergisch Gladbach
All rights reserved
Umschlaggestaltung: Tanja Østlyngen
Satz: Satzkonzept, Düsseldorf
Druck und Verarbeitung: GGP Media GmbH, Pößneck
Printed in Germany
ISBN 3-404-20498-0

Sie finden uns im Internet unter
www.luebbe.de
und
www.bastei.de
Die Webseite zum Buch:
www.elbisch.info

Der Preis dieses Bandes versteht sich einschließlich
der gesetzlichen Mehrwertsteuer.

Inhalt

Vorwort 7

Abkürzungen 10
Quellen 10
Allgemeine Abkürzungen 11
Lautschrift 13

I. Quenya in 12 Lektionen 15
  1. Lektion: Wie man Quenya erkennt 15
  2. Lektion: Aussprache 19
  3. Lektion: Einfache Substantive und Verben 24
  4. Lektion: Adjektive 29
  5. Lektion: Nominativ, Akkusativ und Dativ 33
    Übersicht: Präpositionen 37
  6. Lektion: Einfache Zeitformen und Pronomen 40
  7. Lektion: Koll. Plural und Dual, Personalpronomen . . 46
  8. Lektion: Genitivformen, Possessivpronomen 53
    Übersicht: Formen des Pronomens 58
  9. Lektion: Lokalkasus 60
10. Lektion: Instrumentalis, Frage- und
    Relativpronomen 67
    Übersicht: Formen des Substantivs 69
11. Lektion: Weitere Zeitformen des Verbs 73
    Übersicht: Formen des Verbs 75
    Übersicht: Formen des Hilfsverbs »sein« 76
12. Lektion: Infinite Verbformen 78
Anhang: *Vinyacarië* 84
Lösungen 89

II.	**Sindarin in 12 Lektionen**	**99**
1.	Lektion: Wie man Sindarin erkennt	99
2.	Lektion: Aussprache	103
3.	Lektion: Substantive und einfache Verben	108
4.	Lektion: Adjektive, Lenierung	114
5.	Lektion: Einfache Zeitformen und Pronomen	121
6.	Lektion: Nasalmutation	126
7.	Lektion: Plosiv- und Liquidmutation, Präpositionen	132
	Übersicht: Präpositionen	134
8.	Lektion: Personal- und Relativpronomen	137
	Übersicht: Formen des Pronomens	141
9.	Lektion: Weitere Zeitformen des Verbs	143
	Übersicht: Formen des Verbs	148
10.	Lektion: Demonstrativ- und Fragepronomen	150
11.	Lektion: Infinite Verbformen	155
12.	Lektion: Partizipien	159
	Übersicht: Formen des Hilfsverbs »sein«	163
Anhang: *Gwainechaded*		164
Lösungen		169
III.	**Elbisch schreiben**	**177**
Sindarin schreiben		179
Quenya schreiben		185
Anhang: Schreiben wie der König		193
Lösungen		195
III.	**Wörterbuch Deutsch–Elbisch**	**201**
Erster Teil:	Deutsch–Quenya	202
Zweiter Teil:	Deutsch–Sindarin	310
Quellen und Hinweise		**407**

Vorwort

Die große Resonanz, die *Elbisch – Grammatik, Schrift und Wörterbuch der Elben-Sprache J. R. R. Tolkiens* (Bastei-Lübbe 2003) gefunden hat, war Grund genug, diesem Buch ein zweites folgen zu lassen, welches das erste gewissermaßen ergänzt und vervollständigt.

Das erste Buch war dazu gedacht, Texte zu analysieren und eine Vorstellung von dem System und den Gedanken und Prinzipien zu vermitteln, die dahinter stecken. Zahlreiche Zuschriften und E-Mails haben jedoch gezeigt, dass bei vielen Lesern der Wunsch besteht, Quenya und Sindarin zu *lernen*, zumindest so weit, um darin eigene Texte schreiben zu können. Viele haben es darum bedauert, dass dort nur Wörterbücher einer Richtung, nämlich Elbisch–Deutsch, enthalten waren.

Um diesem Bedürfnis gerecht zu werden, habe ich zunächst ein Wörterbuch Deutsch–Quenya und Deutsch–Sindarin auf der Internetseite www.elbisch.com verfügbar gemacht. Aber der Gedanke, ein »Lern- und Übungsbuch« zu schreiben war so verlockend und nahe liegend, dass ich ihm hiermit nachgekommen bin.

Die Quenya-Lektionen beruhen im Kern auf einer Serie von Artikeln, die in den Achtzigerjahren im Rahmen von *Follow*, der Zeitschrift des ersten deutschen Fantasy-Clubs, erschienen sind. Sie basierten ursprünglich auf den ersten Lektionen dieser Art, denen von Nancy Martsch in ihrem Magazin *News from Bree*, sind aber mehrmals grundlegend überarbeitet worden, sodass sie nicht mehr viel damit gemein haben. Die Sindarin-Lektionen wurden eigens für dieses Buch erstellt. Die praktischen Übungen zum Schreiben von elbischen Texten in Tengwar-Buchstaben beruhen auf Materialien zu Workshops, die ich zu diesem Thema bei der Deutschen Tolkien-Gesellschaft und auf der RingCon II abgehalten habe.

Es ist im Zusammenhang mit dem ersten Elbisch-Buch mitunter der Vorwurf laut geworden, dass es sich in Teilen – insbesondere was das Sindarin betrifft – zu eng an Quellen aus dem Internet angelehnt hat. Das Internet ist verführerisch in dieser Hinsicht, und es ist schwer, wenn man so lange mit dem Material arbeitet, den nötigen Abstand dazu zu gewinnen. Meine Absicht war es, einen Überblick dessen zu geben, was heute zu Tolkiens Elbensprachen bekannt ist und gesagt werden kann. Wenn viele Leser dadurch erstmals an dieses faszinierende Thema hingeführt wurden, war es die Mühe wert.

Dieses Buch nun ist von einem Tolkien-Fan für Fans gemacht – und im Nachhinein kann ich wohl sagen, es ist das Buch geworden, das ich eigentlich von Anfang an hatte schreiben wollen. Ich habe versucht, die linguistischen Begriffe so weit wie möglich zurückzudrängen; sie drängten sich freilich immer wieder nach vorn. Aber ich denke, wer auf der Schule Latein lernen kann, sollte mit Elbisch zurechtkommen.

Anders als bei der Grammatik habe ich auch vielfach darauf verzichtet, Vermutungen und Ergänzungen als solche kenntlich zu machen. Das Elbisch, das hier gelehrt wird, ist *eine* mögliche Form der Sprache, und es heißt nicht, dass es keine anderen geben würde, die genauso richtig – oder falsch – sind. Alle Fehler, die verbleiben, sind meine eigenen. Aber ein Elbe würde, so hoffe ich, diese Sätze verstehen, wenn es denn je die Möglichkeit gäbe, nach Mittelerde zu gelangen. Doch leider führt der Weg dorthin nur über einen Akt des Glaubens und der Fantasie.

Noch ein Wort der Warnung: Nicht alles kann man auf Elbisch sagen. Mitunter versagt der Wortschatz, vor allem in Alltagssituationen. Tolkien selbst hat einmal in einem Fernseh-Interview auf die Frage, ob Elbisch als Geheimsprache für eine Kult-Gemeinde dienen solle, gesagt: »Nein, das war nie meine Absicht. Teegeplauder auf Elbisch kann ich mir nicht vorstellen. Dazu ist die Sprache auch viel zu schwierig.« Und mit einem Schmunzeln fügte er hinzu: »Ich habe sie nie zu Ende gebracht.«

Aber man kann darin sagen: »Ein Stern scheint auf die Stunde unserer Begegnung«, und: »Er erblickte weiße Strände und dahinter ein fernes grünes Land unter der rasch aufgehenden Sonne.«

Nai hiruvalye Valimar! Namárië!

Köln, im Sommer 2004
Helmut W. Pesch

Abkürzungen

Quellen

HR   Der Herr der Ringe, [dt. 1969/70], Neuübers. 2000.
Seitenzahlen variieren zwischen verschiedenen Ausgaben. Daher wird nach Teilen zitiert:
I-II – Die Gefährten;
III-IV – Die zwei Türme;
V-VI – Die Wiederkehr des Königs;
Anh – Anhang
Kapitel werden mit Zahlen und Unterteilungen im Anhang mit Großbuchstaben notiert.

NAM   *Nachrichten aus Mittelerde*, [dt.] 1983.
Seitenzahlen variieren zwischen verschiedenen Ausgaben. Daher wird nach Teilen zitiert:
1 – Teil eins: Das Erste Zeitalter
2 – Teil zwei: Das Zweite Zeitalter
3 – Teil drei: Das Dritte Zeitalter
4 – Teil vier
Reg – Register
Unterteilungen werden mit römischen Ziffern notiert.

SIL   *Das Silmarillion*, [dt.] 1978.
Zitiert nach Unterteilungen:
Ain – Ainulindale;
Val – Valaquenta;
QS – Quenta Silmarillion,
Kapitel werden mit Ziffern notiert;
Ak – Akallabêth;
RM – Von den Ringen der Macht;
Reg – Namensregister;

	Anh – Anhang: Elemente in den Quenya- und Sindarin-Namen.
U&K	Die Ungeheuer und ihre Kritiker, [dt.] 1987.
VT	*Vinyar Tengwar*
	Zitiert nach Ausgabe und Seite, z. B. *VT* 43:12.

Allgemeine Abkürzungen

Abl.	Ablativ
Adj.	Adjektiv
Akk.	Akkusativ
Akt.	Aktiv
All.	Allativ
allg.	allgemein
Aor.	Aorist
arch.	archaisch
Art.	Artikel
Dat.	Dativ
dt.	deutsch
Dual	Dual
eig.	eigentlich
engl.	englisch
excl.	exclusiv
Fut.	Futur
Gen.	Genitiv
Ger.	Gerundium
Imp.	Imperativ
incl.	inclusiv
Inf.	Infinitiv
Instr.	Instrumentalis
Interj.	Interjektion
intrans.	intransitiv
Koll.	kollektiver Plural
Konj.	Konjunktion

ling.	linguistisch
Lok.	Lokativ
N.	Nomen, Substantiv
Nom.	Nominativ
ÑS.	Noldor-Sindarin
Num.	Numerale, Zahlwort
pers.	persönlich
Part.	Partizip
Pass.	Passiv
Pl.	Plural
poet.	poetisch, literarisch
Poss.	Possessiv
PQ.	Primitives Quendisch
Präf.	Präfix
Präp.	Präposition
Präs.	Präsens
Prät.	Präteritum
Pron.	Pronomen
Qu.	Quenya
S.	Sindarin
Sg.	Singular
Subst.	Substantiv, Nomen
Suff.	Suffix
trans.	transitiv
unpers.	unpersönlich
V.	Verb
Val.	Valarin
*	rekonstruiert
**	ungrammatisch
?	zweifelhaft
>	geworden zu
<	entstanden aus

Lautschrift

Für die Darstellung der Laute wurde eine stark vereinfachte Lautschrift gewählt, der besseren Lesbarkeit wegen.

[a]	baten [b'a:tən], Halle [h'alə]
[b]	Bein [b'ain]
[ç]	ich ['iç] (nach *i, e, ä, ö, ü*)
[d]	dein [d'ain]
[ð]	engl. *on the rocks* ['on ðə r'oks] (stimmhaftes *th*)
[e]	beten [b'e:tən], helle [h'elə]
[ə]	Tote [t'o:tə]
[f]	fein [f'ain], vier [f'i:ə]
[g]	Gier [g'i:ə]
[h]	haschen [h'ašən]
[i]	bieten [b'i:tən], bitte [b'itə]
[j]	jein [j'ain] (Halbvokal zu *i*)
[k]	kein [k'ain]
[l]	Land [l'and]
[m]	rammen [r'amən]
[n]	rannen [r'anən]
[ŋ]	rangen [r'aŋən]
[o]	boten [b'o:tən], Holle [h'olə]
[p]	Pein [p'ain]
[r]	engl. *very* [v'eri] (Zungenspitzen-*r*)
[s]	Massen [m'asən] (stimmloses *s*)
[š]	Maschen [m'ašən]
[t]	Tier [t'i:ə]
[θ]	engl. *thriller* [θ'rilə] (stimmloses *th*)
[u]	bluten [bl'u:tən], Bulle [b'ulə]
[v]	Wein [v'ain], Vase [v'a:zə]
[w]	engl. *well* [w'el] (Halbvokal zu *u*)
[x]	ach ['ax] (nach *a, o, u*)
[y]	Bühne [b'y:nə], Bütte [b'ytə]
[z]	sein [z'ain] (stimmhaftes *s*)

[ž]	Genie [žen'i:] (im Deutschen nur in Fremdworten)
[:]	(Längenzeichen für ganze Länge)
[.]	(Längenzeichen für halbe Länge)

I. Quenya in 12 Lektionen

1. Lektion
Wie man Quenya erkennt

In den Schriften J. R. R. Tolkiens wird eine Vielzahl von Sprachen erwähnt. Die bekanntesten davon sind »Quenya« und »Sindarin«, die Sprachen der Elben in den westlichen Landen von Mittelerde am Ende des Dritten Zeitalters.

Wie kann man erkennen, ob ein Wort Quenya ist? Von vielen Dialekten, wie »Lindarin«, »Telerin« oder »Waldelbisch«, gibt es nur einzelne Wörter, die gewöhnlich im Text als solche erkennbar sind. Andere Varianten, wie »Qenya« und »Gnomisch«, werden nur im *Buch der Verschollenen Geschichten,* nicht in *Der Herr der Ringe* oder im *Silmarillion* verwendet. »Primitives Quendisch« (oder »Ur-Elbisch«) ist hauptsächlich in linguistischen Diskussionen zu finden. Meist wird es in der Praxis darum gehen, Elbisch von anderen Sprachen und das elbische Quenya vom elbischen Sindarin zu unterscheiden.

Quenya wird im Text von den Elben auch als »die Alte Sprache« (HR I/3) oder »die Hochsprache des Westens« (Sil QS/15) und vom Erzähler als »hochelbische« Sprache oder ähnlich bezeichnet. Diese »Alte Sprache« ist nicht zu verwechseln mit dem Ur-Elbisch, wie es von den ersten Elben an den Wassern des Erwachens gesprochen wurde. Als die Elben sich auf ihre lange Wanderung nach Westen machten, wie das *Silmarillion* berichtet, spaltete sich ihre gemeinsame Sprache in die Dialekte verschiedener Stämme auf. Aus einem dieser Dialekte entwickelte sich das Quenya als die Sprache der Noldor-Elben in den Unsterblichenlanden, während sich in Mittelerde das Sindarin herausbildete. Erst mit der Rückkehr der Noldor nach Mittelerde unter Feanor wurde das Quenya auch in Mittelerde bekannt.

Die alten Namen der Valar, der göttergleichen Mächte des Westens, und viele Bezeichnungen aus der Vorzeit sind Quenya. Im Ersten Zeitalter wurde in Mittelerde jedoch meist Sindarin gesprochen, weil der Grauelbenkönig Thingol den Gebrauch von Quenya in seinem Reich verboten hatte. Viele von den Hochelben haben jedoch Namen, die aus einer Quenya-Form abgeleitet sind. Quenya sind auch die Namen der menschlichen Könige von Númenor und Gondor.

Im Dritten Zeitalter wurde Quenya vorwiegend für rituelle Zwecke verwendet, so wie Latein im Mittelalter; Sindarin war das gesprochene Elbisch des Dritten Zeitalters. Darum sind auch die geografischen Bezeichnungen im *Herrn der Ringe* meist Sindarin. Namen in Rohan sind Rohirrisch (was im Roman in Altenglisch umgesetzt wurde), Worte, die von Orks gebraucht werden, sind gewöhnlich Orkisch, und so weiter. Waldelbisch wurde in Lórien und dem Düsterwald verwendet und ist mit diesen Orten verbunden (siehe »Von den Elben«, HR Anh F, und »Die Geschichte von Galadriel und Celeborn«, NAM 2/IV). Der einzige längere Quenya-Text im *Herrn der Ringe* ist das Lied »Namárië« (Galadriels Klage in Lóriën, HR II/8).

Merkmale

Zur Unterscheidung des Quenya von anderen Sprachen Mittelerdes lassen sich insbesondere die Laute und die Grammatik heranziehen.

1. Lektion: Wie man Quenya erkennt

Laute

Quenya bevorzugt bestimmte Laute und Lautkombinationen, zum Teil abhängig von der Stellung im Wort:

Quenya:	Nicht-Quenya:
y als Konsonant.	*y* als Vokal.
qu, **hl**, **hr**, **hy** als Buchstabenkombinationen.	*ch*, *dh*, *gh*, *lh*, *mh*, *rh* als Buchstabenkombinationen.
ai, **au**, **eu**, **oi**, **ui**, **iu** als Diphthonge.	*ae*, *oe* als Diphthonge.
v ist häufig im Quenya.	*v* kommt vor, aber selten.
w, *x* ist selten im Quenya, **th**, *z* kommt nur im alten Quenya vor, nicht in Mittelerde.	*w*, *th* ist häufig im Sindarin, *x*, *z* kommt im Sindarin nicht vor, wohl aber in anderen Sprachen.
¨ (Diëresis) zur Kennzeichnung eines getrennt gesprochenen Vokals ist häufig im Quenya.	^ (Zirkumflex) ist in der Regel nicht Quenya, *j*, *zh*, *sh* kommen im Elbischen überhaupt nicht vor.
hl, **hr**, **hy** am Wortanfang.	*b*, *d*, *g*, *ch*, *dh*, *lh*, *mh*, *rh*, *io* am Wortanfang.
mb, **nd**, **ld**, **rd**, **ng** in der Wortmitte (**b**, **d**, **g** steht nur nach diesen Konsonanten und nur in der Wortmitte).	*b*, *d*, *g* (auch allein und nach anderen Konsonanten als *m*, *n*, *l*, *r*).
Quenya-Wörter enden auf einen Vokal oder auf *l*, *n*, *r*, *s*, *t* (andere Konsonanten sind nicht zulässig).	Die meisten Wörter enden auf einen Konsonanten.
Quenya bevorzugt lange, vielsilbige Wörter.	Sindarin bevorzugt kürzere Wörter. Andere Sprachen haben auch lange Wörter, aber mit anderen Lauten als im Quenya.

Grammatik

Jede Sprache hat ihre eigene Grammatik. So sind etwa im Quenya typische Adjektivendungen *-ea*, Plural *-ië*; im Sindarin *-ui* oder *-en*, Plural *-in*. Die Befehlsform *(Imperativ)* endet im Quenya auf *-a*, im Sindarin auf *-o*.

ÜBUNGEN

(1) Bestimme die Sprache des jeweiligen Satzes:

(a) *Ash nazg durbatulûk, ash nazg gimbatul.*
(b) *A laita te, laita te! Andave laituvalmet!*
(c) *Cuio i Pheriain annan! Aglar'ni Pheriannath!*
(d) *Et Earello Endorenna utúliën.*

(2) Suche die Quenya-Wörter heraus:

Eldar, Adûnakhor, hríve, Haudh-en-Ndengin, Ilúvatar, éored, Isildur, ithildin, lasse-lanta, Elendil, asea aranion, lhûg, Earendil, Elbereth, lómelindi, Lugbúrz, menel, Cuiviénen, Elentári, Morgoth, Narya, Nen Hithoel, Eldalië, Amon Lhaw, Ainulindale, Ninquelóte, coire, Elessar, Ar-Gimilzôr, athelas, palantír, Dúnedain, Quenta Silmarillion, Eldamar, Emyn Muil, simbelmyne, snaga, tengwar, cirth, Thangorodrim, Azanulbizar, Valar, yén

→ Lösungen auf Seite 89.

2. Lektion
Aussprache

Die Aussprache des Quenya ist für einen deutschen Sprecher relativ einfach, weil die Laute im Wesentlichen den lateinischen entsprechen. Dennoch gibt es einige Besonderheiten zu beachten.

Hier die wesentlichen Punkte, die vom deutschen Sprachgebrauch abweichen. Eckige Klammern bezeichnen im Folgenden die Aussprache; vor betonten Vokalen steht ein senkrechter Strich, lange Laute sind durch einen Doppelpunkt gekennzeichnet.

Konsonanten

C   wird immer hart, also wie K, ausgesprochen. Tolkien verwendet C im Quenya, um der Sprache eine äußere Ähnlichkeit zum Lateinischen zu geben (C ist hart im klassischen Latein).

G   steht im Quenya nur nach N und wird dann deutlich mitgesprochen, etwa wie im Deutschen die Buchstabenkombination NGG [ŋg] in »Ringgeist«.

H   (1) Ursprünglich war das H gewöhnlich ein CH [x] geschrieben KH *(khil)*. Allmählich hat sich dann dieser Laut zu H abgeschwächt, zuerst in der Wortmitte *(aha)*, dann am Wortanfang *(hil-, harma)*. Im Dritten Zeitalter findet sich der ursprüngliche Lautwert nur noch vor T, wie im deutschen »echt«, »acht«: ***telumehtar*** [telum'eçtar], ***ohtar*** ['oxtar].
(2) Das H vor L, R und W steht für einen stark gehauchten, stimmlosen Laut: ***hlóke, hríve, hwesta***. Im Dritten Zeitalter war dieser Laut nicht mehr im Gebrauch, wurde aber noch mitgeschrieben: ***hlóke*** [l'o:ke], ***hríve*** [r'i:ve], ***hwesta*** [v'esta].

HY	ausgesprochen wie das *h* in engl. "huge", oder das deutsche *ch* in »ich«: **hyarmen** [ç'armen].
NG	in der Wortmitte das harte NG (siehe oben unter G). Am Wortanfang im alten Quenya das NG [ŋ] von »eng« (das im Deutschen nicht am Wortanfang vorkommt): **Ñoldor** [ŋ'oldor]. Im Dritten Zeitalter als N ausgesprochen: **Noldor** [n'oldor].
QU	ausgesprochen [kw] (mit Halbvokal U), nicht [kv] wie im Deutschen; **Quenya** [kw'enja] spricht man fast wie /kuenja/.
R	ist immer das »Vorderzungen«-R, wie im Italienischen (aber nicht so stark gerollt) oder in manchen Dialekten des Englischen, etwa in der südenglischen Aussprache von "very". Es wird mit der Zungenspitze am Gaumen direkt hinter den Zähnen gebildet, ungefähr wie das deutsche *d*, aber so, dass die Zungenspitze durch den Luftstrom ein bisschen in Schwingung gerät. (Das im Deutschen übliche »Zäpfchen«-R gibt es in Mittelerde nur bei den Ork-Sprachen – und es wurde von den Elben als ausgesprochen hässlich angesehen!)
S	ist immer scharf, das heißt stimmlos, wie im Deutschen am Wortende: »das«, »Hass«, »groß«, auch vor Vokalen: **súle** [s'u:le] spicht man wie /ßule/.
TY	ausgesprochen wie in englisch "tune", ungefähr wie TJ: **tyulma**, gesprochen [tj'ulma].
Y	immer ein Konsonant, wie in engl. "yes", entsprechend dem deutschen *j*: **yén** [j'e:n].

Doppelt geschriebene Konsonanten – **tt**, **ss**, **ll**, **nn** – sind lang; das heißt, sie werden einen Moment in der Position gehalten. Der vorangehende Vokal wird dadurch nicht, wie im Deutschen, verkürzt; im Gegenteil gilt eine Silbe mit Doppelkonsonant immer als lange Silbe.

Ein folgendes **y** [j] macht den Konsonanten ebenfalls lang, aber nur für die Betonung. Der Vokal davor kann trotzdem zusätzlich eine Länge haben (was vor Doppelkonsonanten oder Konsonantengruppen nicht möglich ist).

Vokale

Auch die Vokale entsprechen im Allgemeinen den deutschen. Das *-e* am Ende eines Wortes wird im Quenya immer mitgesprochen, weshalb in den englischen Ausgaben zwei Punkte darüber stehen, um dies zu markieren. In den deutschen Ausgaben wird darauf verzichtet, weshalb ich dies hier auch tun möchte. Dafür habe ich aber bei *ië* eine solche Markierung verwendet, um darauf hinzuweisen, dass es sich nicht um ein langes *i* handelt, sondern um zwei getrennte Laute.

Im Folgenden noch einige Hinweise im Detail:

A, I, U ähnlich wie im Deutschen.
E kurz wie in »Bett«, »Elbe« [e], lang wie in »Beet«, »Lese« [e:]. Das lange E ist im Quenya gespannter und geschlossener als das kurze. Das ist im Deutschen genauso, sodass man hier keine Besonderheiten zu beachten braucht.
O kurz wie in »Gott«, »Gold« [o], lang wie in »Boot«, »Lotse« [o:]. Für die Klangfarbe gilt das Entsprechende wie für E.

Diphthonge sind Doppellaute, die in einer Silbe gesprochen werden. Im Quenya sind dies AI, OI, UI; AU, EU, IU. Sie werden immer auf dem ersten Element betont. (Westron-Sprecher neigen dazu, IU auf dem *u* zu betonen, also ähnlich wie *ju* wie im deutschen »Juli«.)

ÁI wie in »Hain«, »Bein«.
ÓI wie in engl. "boy" oder deutsch »Beute« (gesprochen [b'oitə]).
ÚI wie in »Pfui!«.

ÁU wie in »Laut«.

ÉU hierfür gibt es keine direkte deutsche Entsprechung. Es handelt sich nicht um das *eu* in »Beute« (s. o.), sondern um einen Vokal, der von E – dem E-Laut in »weh« (entsprechend dem französischen *é*) – nach U gleitet.

ÍU desgleichen; eine Verbindung von I und U, in einer Silbe gesprochen.

Alle anderen Vokalkombinationen – EA, EO, IË, etc. – sind zweisilbig.

Betonung

Die Betonung wird bestimmt von der Anzahl der Silben im Wort. Dabei bezieht sich »Silbe« auf die Aussprache, nicht auf die Trennung der inhaltlichen Bestandteile eines Wortes.

(1) Zweisilbige Wörter werden fast immer auf der ersten Silbe betont (***Anar*** ['anar], ***parma*** [p'arma]).

(2) Dreisilbige Wörter werden unterschiedlich betont, je nach Länge der vorletzten Silbe:

(a) Wenn die vorletzte Silbe lang ist, wird diese Silbe betont. Eine lange Silbe enthält einen langen Vokal (***á***, ***é***, ***í***, ***ó***, ***ú***) bzw. einen Diphthong (***ai***, ***oi***, ***ui***; ***au***, ***eu***, ***iu***) oder mehr als einen Konsonanten nach dem Vokal.

Olórin [ol'o:rin] (langer Vokal: ***ó***)
Úlairi [u:l'áiri] (Diphthong: ***ai***)
Isildur [is'ildur] (zwei Konsonanten nach dem Vokal: ***ld***).
Menelya [men'elja] (für die Betonung zählt folgendes *y* als Konsonant)

(b) Wenn die vorletzte Silbe kurz ist, wird die Silbe davor betont. Eine kurze Silbe enthält einen kurzen Vokal und entweder nur einen oder gar keinen folgenden Konsonanten.

Orome ['orome] (die vorletzte Silbe ist *-ro-*: kurzer Vokal, nur ein Konsonant danach)
Anárion [an'a:rion] (die vorletzte Silbe ist *-ri-*: kurzer Vokal, kein Konsonant danach)

Anmerkung: Durch die Hinzufügung einer Endung oder die Bildung eines zusammengesetzten Wortes kann sich die Betonung verschieben. Namen, die auf *-ndil*, *-rdur*, *-rdil*, *-ldur* etc. enden, werden immer auf [-'end-], [-'ard-], [-'ild-] etc. betont. Namen und Wörter, die auf *-iën*, *-ion*, *-iël*, *-ië*, *-ea* etc. enden, werden immer auf der vorangehenden Silbe betont: *namárië* [nam'a:rie], *Níniël* [n'i:niel], *Lóriën* [l'o:rien].

Es gibt neben der Hauptbetonung noch eine schwächere Nebenbetonung, zum Beispiel auf der letzten Silbe, wenn die drittletzte Silbe betont wird. Meistens macht man so etwas automatisch beim Sprechen. Darum wird darauf hier nicht eingegangen, auch um die Sache nicht zu kompliziert zu machen.

ÜBUNGEN

(1) Sprich die folgenden Quenya-Wörter aus:

cermië, unque, Telperion, anga, Aule, áze, Númenor, Númenóre, Varda, Ohtar, Tintalle, cirya, loënde, Súlimo, Mahtan, Oiolosse, Turambar, leuca, hwesta, palantír, Elessar, hríve, Alqualonde, Vanyar, Noldor, Teleri, Silmaril, Silmarillion, elendili, Wilwarin, Telumehtar, istari, Hyarmendacil, Anárion, Menelmacar, tyeller, ruinya, Yavanna

(1) Sprich die folgenden Sätze:

(a) *Aiya Earendil elenion ancalima!*
(b) *Elen síla lúmenn' omentiëlvo!*

(2) Lies laut: Galadriels Klage (»Namárië«, HR II/8), den Eid Elendils (HR VI/5) und den Eid Cirions (NaM 3/II).

→ Lösungen auf Seite 89.

3. Lektion
Einfache Substantive und Verben

Substantive (Hauptwörter, auch *Nomen* genannt) im Quenya lassen sich in zwei Gruppen unterteilen, je nachdem, wie sie den Plural bilden.

r-Deklination

Substantive, die auf *-a*, *-i* und *-o* (außer bei Stämmen auf *-u*) oder auf *-ië* bzw *-(l)le* enden, bilden den Plural durch Hinzufügen von *-r*.

cirya »Schiff«, Pl. *ciryar*
tári »Königin«, Pl. *tárir*
enquië »Woche«, Pl. *enquiër*
tyelle »Grad«, Pl. *tyeller*
Noldo »Noldo«, Pl. *Noldor*

3. Lektion: Einfache Substantive und Verben 25

i-Deklination

Substantive, die auf *l*, *n*, *r*, *s*, *t* oder auf *-u* bzw. *-o* (bei Stämmen auf *-u*) enden, bilden den Plural durch Hinzufügen von *-i*. Substantive auf *-e* (außer den oben genannten) ändern das *-e* in *-i*.

> *Elendil* »Elbenfreund«, Pl. *Elendili*
> *elen* »Stern«, Pl. *eleni*
> *atar* »Vater«, Pl. *atari*
> *nís* »Frau«, Pl. *nísi*
> *sarat* »Buchstabe«, Pl. *sarati*
> *ango* »Schlange«, Pl. *angwi* (< **angui*; Stamm *angu-*)
> *lasse* »Blatt«, Pl. *lassi*

Es gibt ein paar Ausnahmen von diesen Regeln. In einzelnen Fällen scheint es sich bei den Unregelmäßigkeiten um Reste älterer Formen zu handeln. Manchmal werden Singular und Plural auch von verschiedenen Formen des Wortes gebildet.

> *Ainu* »Heilig-e(r)«, Pl. *Ainur*
> *Valarauko* »Dämon der Macht« [= Sindarin *Balrog*], Pl. *Valaraukar*
> *silmaril*, »Silmaril«, Pl. *silmarilli* (von einer Nebenform *silmarille* gebildet)

Der Artikel

Der bestimmte Artikel »der, die, das« lautet *i*. Er bleibt für alle Wörter und alle Formen gleich. Einen unbestimmten Artikel »ein, eine, ein« gibt es im Quenya nicht.

> *i aiwe* »der Vogel«   *aiwe* »ein Vogel«
> *i aiwi* »die Vögel«   *aiwi* »Vögel«

Eigentlich ist *i* gar kein richtiger Artikel, sondern eine Art »Hinweiser«. Es fehlt darum auch in manchen Fällen, wo wir im Deutschen einen Artikel setzen, zum Beispiel häufig bei Namen von Völkern.

Eldar »die Elben«

Konjunktionen

Die Konjunktion »und« lautet *ar*.

Eldalië ar Atanatari »das Elbenvolk und die Menschenväter«

An weiteren Konjunktionen lassen sich verwenden:

an	denn
ananta	aber doch, und doch
íre	wann, wenn
mal	oder
ná(n); ono	aber, doch, andererseits, im Gegenteil
nó	bevor
sa	dass
(sí)ve	(so) wie

Das Verb

Die unterschiedlichen Formen des Verbs werden im Quenya durch Anhängen von Endungen an den Stamm gebildet. (Verbstämme werden mit einem Bindestrich am Ende geschrieben, um zu zeigen, dass es sich um unvollständige Formen handelt, die eine Endung erfordern.) Wir unterscheiden *schwache* Verben, deren Stamm auf *-a*, und *starke* Verben (auch Stammverben genannt), deren Stamm auf einen Konsonanten endet.

3. Lektion: Einfache Substantive und Verben

Verben stimmen mit dem Subjekt des Satzes in Singular oder Plural überein. In der Grundform – zu anderen Formen kommen wir später – enden schwache Verben im Singular auf *-a*, im Plural auf *-ar*, starke Verben im Singular auf *-e*, im Plural auf *-ir*.

> *lanta-* »[herab-]fallen«
> *i lasse lanta* »das Blatt fällt«
> *i lassi lantar* »die Blätter fallen«
> *tul-* »kommen«
> *i cirya tule* »das Schiff kommt«
> *i ciryar tulir* »die Schiffe kommen«

Wortstellung: Normalerweise geht das Subjekt dem Verb voraus, wie im Deutschen, wenngleich in der poetischen Sprache die Ordnung auch umgekehrt werden kann, um besondere Wirkungen zu erzielen.

> *Auta i lóme* »Es vergeht die Nacht!« [wörtlich: »Vergeht die Nacht«]

ÜBUNGEN

(1) Übersetze ins Quenya:

Nachtdunkel lastet. Die Sterne funkeln. Die Elben halten Ausschau. Ein Stern strahlt. Das Wasser fließt, und der Wind rauscht. Vögel singen.

(2) Übersetze ins Deutsche:

Orome i roquen tule. Eldar rucir. Róma lamya. I Vala sile. I lóme auta. Eldar tulir. Vala linda. Lindar i aiwi ar i Eldar.

(3) Setze alle Singular-Sätze ins Plural und umgekehrt.

Vokabular

Elda »Elbe« (eine/r der Eldar)
Orome »Orome«
Vala »Vala« (›Macht‹)

lóme »Nacht, Dunkel, Zwielicht«
nen »Wasser, Gewässer«
róma »Horn« (Instrument)
roquen »Reiter«
súle »Wind«

auta- »fortgehen, vergehen«
caita- »liegen, lasten«
cel- »fließen«
lamya- »klingen«
lausta- »rauschen, wehen« (Wind)
linda- »singen«
ruc- »sich fürchten, fliehen«
sil- »strahlen« (mit weißem Licht)
tintil- »funkeln« (Sterne)
tir- »schauen, Ausschau halten«

Anmerkung: Die Texte zu den Quenya-Übungen berichten von Geschehnissen, die im *Silmarillion* überliefert sind. Wer dieses Buch von Tolkien gelesen hat, weiß daher besser, worum es darin geht.

→ Lösungen auf Seite 92
→ Die gesammelten Vokabeln zu den Quenya-Lektionen sind aufgelistet unter www.elbisch.info.

4. Lektion
Adjektive

Das Adjektiv

In vielen Sprachen passt das Adjektiv seine Form dem dazugehörigen Hauptwort an; man nennt das *Kongruenz*. Adjektive im Quenya zeigen Übereinstimmung mit den dazugehörigen Substantiven im *Numerus* (Singular oder Plural).

Formen des Adjektivs: Adjektive auf *-a* bilden den Plural durch Änderung des Schlussvokals zu *-e*. (Dies ist anders als bei Substantiven auf *-a*, also Achtung!)

linta, Pl. *linte* »schnell«
vanima, Pl. *vanime* »schön«

Adjektive auf *-e* ändern den Schlussvokal zu *-i*.

carne, Pl. *carni* »rot«
lisse, Pl. *lissi* »süß«

Adjektive auf *-ea* ändern die Schlussvokale zu *-ië*.

lómea, Pl. *lómië* »dunkel«
laurea, Pl. *laurië* »golden«

Ein Wort kann im Übrigen von seiner Form her sowohl Substantiv als auch Adjektiv sein, wenngleich dies selten vorkommt.

losse, Pl. *lossi* »Schnee« (Subst.), »schneeweiß« (Adj.)

Wortstellung: Wenn das Beziehungswort im Nominativ steht (also Subjekt des Satzes ist), folgt das Adjektiv an zweiter Stelle. Wenn das Beziehungswort in einem anderen Kasus steht, geht das Adjektiv dem Substantiv voraus. (Diese Regel ist jedoch nicht zwingend; insbesondere in Gedichten weicht die Wortstellung häufig ab.)

I aiwe <u>carne</u> linda <u>lisse</u> líre. »Der <u>rote</u> Vogel (Subjekt) singt ein <u>süßes</u> Lied (Objekt).«

Elision: Wenn ein Adjektiv, das auf einen Vokal (insbesondere *-a*) endet, von einem Wort gefolgt wird, das mit einem Vokal anfängt, kann das erste Wort seinen Endvokal verlieren. Der ausgelassene Vokal wird durch ein Auslassungszeichen gekennzeichnet, und die zwei Wörter werden mehr oder weniger wie ein einziges zusammenhängendes Wort ausgesprochen, das aber die Betonungen der einzelnen Wörter beibehält.

metim' andúne »letzter Sonnenuntergang« (aus: *metima* + *andúne*, ausgesprochen [m'e:timand'u:ne])

Steigerung: Wir kennen im Quenya keine Steigerungsformen in dem Sinne »groß, größer, am größten«, wohl aber ein »Intensiv-Präfix«, das heißt, eine Vorsilbe mit der Bedeutung »sehr«. Diese Vorsilbe lautet *an-*. Sie kann auch mit dem Superlativ übersetzt werden.

calima »hell«
ancalima »sehr hell, der (die, das) hellste«

Der Sachverhalt »Die Sonne ist heller als der Mond« würde im Quenya ausgedrückt als *Anor (na) calima lá Isil* (wörtlich: »Sonne ist hell nicht Mond«). Das Wort *na* ist eine Form des Hilfsverbs »sein«, die im Folgenden behandelt wird; es kann in einem Satz dieser Art auch fehlen.

4. Lektion: Adjektive

Das Hilfsverb »sein«

Die 3. Person von »sein« heißt in der Grundform *na* »(er, sie, es) ist«, Pl. *nar* »(sie) sind«.

Wortstellung: Wie im Deutschen: Subjekt – Prädikat – Prädikatsergänzung.

> *I orne laurea na halla.* »Der goldene Baum ist hoch.«
> *I orni laurië nar halle.* »Die goldenen Bäume sind hoch.«

Man beachte, dass das Adjektiv mit dem Substantiv übereinstimmen muss, ganz gleich, ob es im Subjekt oder im Prädikat steht. Das ist anders als im Deutschen; das entspräche ungefähr dem, als würde man den letzten Satz – grammatisch falsch – übersetzen: **»Die goldenen Bäume sind hohe.«

ÜBUNGEN

(1) Übersetze ins Quenya:

Die Nacht ist dunkel. Lang ist der Weg. Die schönen Elben kommen. Die Vanyar sind die ersten. Die Vanyar haben goldene Haare, die Noldor schwarze, die Teleri silbergraue. Die Welt ist weit. Grün sind die Bäume. Die nebligen Berge sind hoch. Es strahlen die schneeweißen Gipfel.

(2) Übersetze ins Deutsche:

Cele i hisië mista. I eleni tinde nar calime. Nu i laique aldar Elwe lelya. Melyanna i Maia linda lisse líre. I Elda halla tire i vanima Maia. Lóre linta untupe Elwe ar Melyanna ve sinda colla. Halla ar lómea na i taure.

Vokabular

Arda »Welt, Erde«
Elwe »Elu« (Thingol)
Maia »Maia« (eine/r der Maiar)
Melyanna »Melian«
Noldo »Noldo« (eine/r der Noldor)
Teler »Teler« (eine/r der Teleri)
Vanya »Vanya« (eine/r der Vanyar)

aicale »Gipfel«
colla »Mantel«
finde »Haar, Haarschopf«
hisië »Nebel«
lóre »Schlaf, Traum«
oron »Berg«, Pl. *oronti*
taure »(großer) Wald«
tië »Weg«

harya- »haben, besitzen, enthalten«
lelya- »gehen« (ohne Richtung)
untup- »bedecken, sich legen auf«

anda »lang« (räumlich und zeitlich)
hiswa »neblig«
laiqua »grün«
landa »weit, breit«
minya »erster/-e/-es«
mista »grau«
morna »dunkel, schwarz«
sinda »grau, silbergrau, blass«
tinda »funkelnd«

nu »unter«
ve »wie«

Wortbildung: Wörter lassen sich auf so genannte »Wurzeln« zurückführen. Von der Wurzel KAL »scheinen« kommen *cala* »Licht«, *calma* »Leuchte«, *calima* »hell«, *cal-* »scheinen, leuchten«; Sindarin *calad* »Licht«, *calen* »grün« (eigentlich »frisch«). Begriffe, die im Deutschen durch ein und dasselbe Wort wiedergegeben werden, können im Quenya ganz unterschiedlich abgeleitet sein. So heißt »Baum« im Quenya *orne* (von der Wurzel OR »aufwärts, hoch, steigend« und NI, möglicherweise verwandt mit dem Zeigepartikel NI [< I; vgl. den bestimmten Artikel *i*] »da, dort«) oder *alda* (von der Wurzel GALAD »Baum«, verwandt mit GALA »gedeihen«), je nachdem, ob es sich um einen hohen, einzelnen Baum oder um einen breitwüchsigen Baum im Wald handelt. Die Worte *lóna* und *morna* können beide »dunkel« bedeuten; aber zum einen ist es das Dunkel, das durch einen Schatten geworfen wird oder sich aus der Abwesenheit von Licht ergibt, zum anderen das Dunkel als Schwärze.

➔ Lösungen auf Seite 92.
➔ Die gesammelten Vokabeln zu den Quenya-Lektionen sind aufgelistet unter www.elbisch.info.

5. Lektion
Nominativ, Akkusativ und Dativ

Substantive haben unterschiedliche Funktionen im Satz, die durch den *Kasus* (Fall) ausgedrückt werden. Die systematische Veränderung durch Kasusformen bezeichnet man als *Deklination* oder Beugung.

In dem Satz: »Der Junge gibt den Ball dem Mädchen« steht »der Junge« (Subjekt des Satzes) im *Nominativ*, »den Ball« (direktes Objekt) im *Akkusativ* und »dem Mädchen« (indirektes Objekt) im *Dativ*. In einer ungebeugten Sprache wie im Englischen wird diese Beziehung entweder durch die Wortstellung oder durch Präpositionen hergestellt: "The boy gives the ball to the girl." In den klassischen gebeugten Sprachen wie im Lateinischen – und auch im Quenya – wird der Kasus durch Endungen angezeigt, die an das Substantiv angehängt werden.

Nominativ (*Wer*-Fall)

Der *Nominativ* dient zur Bezeichnung des Subjekts im Satz. Der Nominativ hat im Quenya keine Kasusendung. Es gibt nur Singular- und Pluralformen (sowie zwei weitere Pluralarten, die in einer späteren Lektion beschrieben werden).

Stamm	Nom. Sg.	Nom. Pl.
cirya »Schiff«	*cirya* »das Schiff«	*ciryar* »die Schiffe«
elen »Stern«	*elen* »der Stern«	*eleni* »die Sterne«
lóte »Blüte«	*lóte* »die Blüte«	*lóti* »die Blüten«

Akkusativ (*Wen*-Fall)

Der *Akkusativ* dient zur Bezeichnung des direkten Objekts. Im Quenya des *Silmarillion* und des *Herrn der Ringe* hat der Akkusativ keine Endung. In einem Brief gab Tolkien jedoch zu verstehen, dass dieser Fall einst eine Endung gehabt habe, die im Dritten Zeitalter jedoch verloren gegangen sei. Für unsere Zwecke können wir festhalten, dass der Akkusativ somit aussieht wie der Nominativ.

Stamm	Akk. Sg.	Akk. Pl.
cirya »Schiff«	*cirya* »das Schiff«	*ciryar* »die Schiffe«
elen »Stern«	*elen* »den Stern«	*eleni* »die Sterne«
lóte »Blüte«	*lóte* »die Blüte«	*lóti* »die Blüten«

Hinweis: Der Akkusativ steht im Quenya auch nach Präpositionen, auch wenn im Deutschen der Dativ steht:

nu i menel »unter dem Himmel«
mi oromardi »in [den] Hohen Hallen«

Dativ (*Wem*-Fall)

Der *Dativ* dient zur Bezeichnung des indirekten Objekts. Die Endung lautet *-n*, Plural *-in*.

Stamm	Dat. Sg.	Dat. Pl.
cirya »Schiff«	*ciryan* »dem Schiff«	*ciryain* »den Schiffen«
elen »Stern«	*elenen* »dem Stern«	*elenin* »den Sternen«
lóte »Blüte«	*lóten* »der Blüte«	*lótin* »den Blüten«

Wir wissen nicht genau, wie Wörter, deren Stamm auf einen Konsonanten endet, eine Endung anfügen, die mit einem Konsonanten beginnt. Wir nehmen an, dass sie im Singular, wie bei *elen-e-n*, ein neutrales *-e-* als so genannten »Fugenvokal« einschieben. Man beachte, dass im Plural das *e* vor dem *-in* wegfällt.

Satzordnung

Die normale Wortstellung ist: *Subjekt – Verb – direktes Objekt – indirektes Objekt – Präpositionalobjekt*.

I lómelinde linda líre i aranen nu i alda.
»Die Nachtigall singt ein Lied dem König unter dem Baum.«

Wie man sieht, ist die Wortstellung anders als im Deutschen; wir würden eher sagen: »Die Nachtigall singt dem König ein Lied.« Man beachte, dass im Quenya auch Namen mit Endungen versehen werden:

I lómelinde linda líre Sindacollon.
»Die Nachtigall singt ein Lied dem Sindacollo (Thingol).«

Hinweis: Im Englischen wird die Beziehung, die im Deutschen mit dem Dativ ausgedrückt wird, auf verschiedene Weise wiedergegeben: durch die Wortstellung ("The boy gives the girl a book") oder durch die Präposition "to" ("The boy gives a book to the girl") beziehungsweise "for" ("The boy sings a song for the girl"). Darum kann man im Deutschen diesen Fall auch mit »zu« oder »für« wiedergeben.

Die Regel vom letztgebeugten Wort

In einer Nominalgruppe wird im Allgemeinen nur das letzte Wort gebeugt.

I lómelinde linda líre i aran Sindacollon.
»Die Nachtigall singt ein Lied für den König Sindacollo (Thingol).«

Eine Nominalgruppe besteht aus allen Worten, die unmittelbar zu einem Substantiv gehören, insbesondere Präposition, Artikel und Adjektiv. Wenn das letzte Wort einer solchen Gruppe eine Kasusendung hat, gilt sie für die ganze Gruppe.

Dies bedeutet im Umkehrschluss, dass das letzte Wort imstande sein muss, eine Endung zu haben. Das ist wohl auch der Grund, weshalb Adjektive und andere Bestimmungswörter einem gebeugten Substantiv vorausgehen. Der Akkusativ hatte früher mal eine Endung; darum wird er wie ein gebeugtes Wort

5. Lektion: Nominativ, Akkusativ und Dativ

behandelt. Der Nominativ hat nie eine Endung gehabt, und so wird das Adjektiv in diesem Fall nachgestellt.

I lómelinde morna linda lisse líre i sind' aranen.
»Die dunkle Nachtigall (Nom.) singt ein süßes Lied (Akk.) für den grauen König (Dat.).«

Übersicht: Präpositionen im Quenya

an(a), na	»zu, auf ... hin«
apa	»nach (zeitl.), mit Vorgriff auf«
ara	»außerhalb von, neben (räuml.)«
arta	»quer über«
as	»bei, mit ... zusammen«
epe	»vor (zeitl.), mit Nachgriff auf«
han	»jenseits«
hequa	»außer, mit Ausnahme von«
ho	»von, weg von«
imbe	»zwischen«
mi, imi	»in, innerhalb von« (*mí = mi* + Artikel *i*)
mica, imíca	»unter, zwischen«
minna	»in ... hinein«
no	»auf«
nu	»unter, unterhalb von«
or	»über, oberhalb von«
pella	(nachgestellt) »jenseits von«
rá	»für, zugunsten von«
se	»bei (räumlich)«
tenna	»bis an, so weit wie«
ter	»durch ... hindurch«
va	»von (Besitz oder Herkunft)«
yo	»mit (bei drei oder mehr)«

Anmerkung: Im Elbischen gibt es (für Menschen) mitunter Verwirrung zwischen »nach« und »vor«. Das liegt daran, dass die Elben das Gefühl hatten, sich rückwärts in eine unbekannte Zukunft zu bewegen, während die lange Vergangenheit ihrem Blick offen lag. Darum heißt zum Beispiel das Wort *apacenya* »voraussichtig, prophetisch« im Wortsinn »nach-sichtig« (weil das Ereignis zeitlich danach kommt).

ÜBUNGEN

(1) Übersetze ins Quenya:

Es wandern die Elben bis an das letzte Ufer. Weiße Brandungswellen leuchten in der dunklen Nacht. Der Vala Osse zieht eine grüne Insel quer über das große Meer. Die lange Insel ist wie ein Schiff für die Elben (Dat.). Die Eldar sehen hohe Gipfel und ein neues Licht. Jenseits hoher Berge liegt ein gesegnetes Land.

(2) Übersetze ins Deutsche:

Minyar i Vanyar vanyar athra númenya aire, neunar i Noldor. Teleri tulir métime ar himyar se falasse.

Vanwa na Elwe. Lúce lisse caita no Elwe ar Melyanna nu i morne aldar. I Elda cuivea cena ilfirin cala.

Elwe ar Melyanna i Maia turir Heceldi. I lië linda vinye líri i fána táriën ar i táro Sindacollon. Si mi Endóre i Eldar quetir vinya lambe: i lambe sindarinwa.

Vokabular

Endóre »Mittelerde«
Heceldi »Verlassene (Elben)«
Singollo »Thingol« (›Graumantel‹)

5. Lektion: Nominativ, Akkusativ und Dativ

aire »Meer«
falasse »Ufer, Gestade«
falma »(schaumgekrönte) Welle, Brandungswelle«
lambe »Sprache«
lië »Volk«
lúce »Verzauberung«

cen- »sehen, erblicken«
himya- »bleiben, haften an«
tur- »beherrschen, herrschen über«
quet- »sprechen«

almárea »gesegnet«
alta »groß, riesig«
cuivea »erwachend«
fána »weiß leuchtend«
ilfirin »unsterblich«
métima »letzt(er, e, es)«
neuna »zweit(er, e, es)«
númenya »westlich«
sindarinwa »grauelbisch«
vanwa »verschwunden, verloren, vorbei«
vinya »neu«

si »jetzt; hier«

Wortbildung: Aus *al(a)ta aire* wird *Alataire* »das Große Meer«.

→ Lösungen auf Seite 93.
→ Die gesammelten Vokabeln zu den Quenya-Lektionen sind aufgelistet unter www.elbisch.info.

6. Lektion
Einfache Zeitformen und Pronomen

Aorist

Wir unterscheiden beim Verb im Quenya verschiedene Zeitformen (mit dem Fachwort *Tempus*, Pl. *Tempora* genannt). So gehören die bislang verwendeten Grundformen nicht, wie man nach der Übersetzung vermuten könnte, zum *Präsens* (Gegenwart), sondern zu einem Tempus, das Tolkien *Aorist* nennt. Dieses Wort kommt aus dem Griechischen (von *aoristos* »unbegrenzt, unbestimmt«) und bezeichnet im Quenya Aussagen von allgemeiner Gültigkeit, die nicht an eine bestimmte Zeit gebunden sind.

Stamm	Aorist
lanta- »fallen«	*i lasse lanta* »das Blatt fällt« (weil es seine Natur ist)
	lassi lantar »Blätter fallen« (im Herbst)
tul- »kommen«	*i aure tule* »der Tag kommt« (jeden Tag)
	auri tulir »Tage kommen« (jedes Jahr)

Präsens

Das Präsens bilden schwache Verben, indem sie in den Stamm ein *-e-* einschieben, sodass sich die Endung *-ea*, Pl. *-ear*, ergibt.

Starke Verben bilden das Präsens mit der Endung *-a*, Pl. *-ar*. Zusätzlich wird bei den starken Verben der Stammvokal gelängt; das heißt, aus einem kurzen Vokal wird ein langer. Wenn die Silbe ohnehin schon lang ist – entweder von Natur aus oder weil der Vokal von zwei oder mehr Konsonanten gefolgt wird (siehe Lektion 2) –, ändert sich nichts.

6. Lektion: Einfache Zeitformen und Pronomen

Stamm	Präsens
lanta- »fallen«	*i lasse lantea* »das Blatt fällt« (jetzt gerade!)
	lassi lantear »Blätter fallen« (dort draußen!)
tul- »kommen«	*i aure túla* »der Tag kommt« (gerade geht die Sonne auf!)
	auri túlar »Tage kommen« (ab morgen!)

Das Hilfsverb »sein« lautet im Präsens *ná*, Pl. *nár*.

Anmerkung: Bei einer Verbform auf *-a* oder *-ar* muss man aufpassen, dass man das Präsens von starken Verben nicht mit dem Aorist von schwachen Verben verwechselt!

Bei Verben, deren Stamm auf *-ya-* endet, haben wir im Präsens immer eine Längung, da (wie in Lektion 2 erwähnt) nachfolgendes *y* nur für die Betonung als lang zählt: *hilya-* »folgen«, Präs. *hílyea* »folgt«. Die Formen sind im Wörterbuch mit aufgeführt.

Futur

Die Endung im *Futur* (Zukunft) lautet bei schwachen und bei starken Verben gleich, nämlich *-uva*, Pl. *-uvar*.

Stamm	Futur
lanta- »fallen«	*i lasse lantuva* »das Blatt wird fallen«
	lassi lantuvar »Blätter werden fallen«
tul- »kommen«	*i aure tuluva* »der Tag wird kommen«
	auri tuluvar »Tage werden kommen«

Das Hilfsverb »sein« lautet im Futur *nauva,* Pl. *nauvar.*

Verneinung

Die Verneinung (»nicht«) wird durch die Vorsilbe *ú-* (hier immer mit Bindestrich geschrieben) oder den Partikel *lá* ausgedrückt.

I Elda tuluva »Der Elbe wird kommen«
I Elda ú-tuluva oder *I Elda lá tuluva* »Der Elbe wird nicht kommen«

Personalpronomen

Neben den Grundformen des Verbs gibt es noch Formen mit Personalendungen. Allerdings hat Tolkien gerade hier viel herumexperimentiert, und seine Vorstellungen haben sich laufend geändert. Außerdem sind die bekannten Formen sehr lückenhaft, und häufig muss man von einzelnen Beispielen ein ganzes System erschließen, sodass Fehleinschätzungen weit reichende Folgen haben können. Darum ist alles, was man zu den Pronomen im Quenya liest, mit Vorsicht zu genießen – einschließlich der Ausführungen hier.

Mit einiger Sicherheit lässt sich sagen, dass es für jede Person einen charakteristischen Laut gibt. Daraus sind die Personalendungen des Verbs abgeleitet. Die freien Formen fügen einen Bildungsvokal *e* oder *i* hinzu:

		betont	normal	schwach
1. Sg. excl.	ich	*inye*	*-nye*	*-n*
1. Sg. incl.	wir (beide)	*elve*	*-lve*	
2. Sg.	du	*etye*	*-tye*	*-t*
3. Sg.	er/sie/es	*erye*	*-rye*	–
1. Pl. excl.	wir (allein)	*emme*	*-mme*	
1. Pl. incl.	wir (alle)	*elme*	*-lme*	
2. Pl.	ihr	*elye*	*-lye*	*-l*
3. Pl.	sie	*ente*	*-nte*	*-r*

6. Lektion: Einfache Zeitformen und Pronomen

Bei den ›exklusiven‹ Formen der 1. Person ist der Angesprochene nicht mit eingeschlossen (»ich, aber du nicht«; »wir, aber ihr nicht«). Bei den ›inklusiven‹ Formen ist der Angesprochene dagegen mit eingeschlossen (»ich und du«; »wir und ihr«). Da die 1. Pers. Sg. incl. (»ich und du«) in der Regel zwei Personen beinhaltet, wird sie auch als »1. Person Dual« bezeichnet.

Das Personalpronomen in der hier aufgelisteten Normalform wird als *Suffix* (Nachsilbe) an das Verb angehängt.

Die 1. Pers. Sg. wird oft abgekürzt zu *-n*; bei den anderen Personen ist eine Verkürzung in einigen Fällen möglich, aber selten. In der 3. Pers. Sg. und Pl. wird statt dessen die Grundform verwendet.

Die 2. Pers. Pl. dient auch als Höflichkeitsform, vergleichbar dem altertümlichen »Ihr« im Deutschen.

tir-a-nye (oder *tir-a-n*) »ich sehe«
tir-a-tye (oder *tir-a-t*) »du siehst«
tir-a-rye (oder *tir-a*) »er/sie/es sieht«
tir-a-mme »wir sehen« (ihr aber nicht)
tir-a-lve »wir (zwei) sehen« (du und ich)
tir-a-lme »wir (alle) sehen« (ihr eingeschlossen)
tir-a-lye »ihr seht« oder »Ihr seht« (oder *tir-a-l*)
tir-a-nte (oder *tir-a-r*) »sie sehen«
tir-uva-nye (oder *tir-uva-n*) »ich werde sehen«
tir-uva-nte (oder *tir-uva-r*) »sie werden sehen«

Neben dem angehängten Pronomen gibt es auch eine freie Form, die zur besonderen Betonung verwendet wird. Sie geht dem Verb voraus und wird wie ein Nomen verwendet – das heißt, mit der Grundform des Verbs. Unser einziges Beispiel ist aus der Klage Galadriëls in Lóriën: **Nai hiruvalye Valimar. Nai elye hiruva.** »Vielleicht wirst du Valimar finden. Vielleicht wirst sogar du es finden.«

Diese Form wird auch ›emphatisch‹ genannt, weil dabei die Person besonders betont wird:

tuluvanye »ich werde kommen«
inye tuluva »selbst ich werde kommen«

ÜBUNGEN

(1) Übersetze ins Quenya:

(a) Die Noldor kommen (Präs.) durch die Calacirya. Sie sehen (Präs.) ein goldenes Licht. Das Licht leuchtet (Aor.) allezeit jenseits der Berge. Dort herrscht (Aor.) Manwe, der Herr des Westens, über die Valar.

(b) Wir (alle) kommen (Präs.). Ihr bleibt, wir gehen fort (Präs.). Selbst er wird gehen (Fut.). Ich werde Valimar finden (Fut.). Selbst du wirst Valimar sehen (Fut.).

(c) Setze die Präsens-Formen von (b) ins Futur, die Futur-Formen ins Präsens.

(2) Übersetze ins Deutsche:

Eque Finwe: »Cenuvalme i alda laurea ar i alda telperin. Antuvan annar Valarin. Míriël liltuva Manwen. Manwe quantuva i yulma ar sucuvalve i miruvore. Nai Varda linduva líre. Nai erye linduva! Ar yaluvamme: ›Aiya, Aire-tári!‹«

Vokabular

Calacirya »Calacirya« (›Lichtkluft‹)
Finwe »Finwe«
Herunúmen »Herr des Westens« (Titel Manwes)
Manwe »Manwe«
Varda »Varda« (S. *Elbereth*)

6. Lektion: Einfache Zeitformen und Pronomen

aire »Heiligkeit« (Anrede)
anna »Geschenk«
miruvor(e) »Wein, Met, Nektar«
yulma »Kelch«

telperin »silbern, silbergleich«

calta- »leuchten, hell sein«
hira- »finden«
lilta- »tanzen«
quant- »füllen«
suc- »trinken«
yal- »rufen«

aiya »Siehe!, Heil!«
eque »er/sie/es spricht« (Formel)
nai »vielleicht«
oiale »allezeit, ewiglich«

Wortbildung: Aus der Wurzel KYELEP wurde im Sindarin *celeb* (vgl. den Namen *Celeborn*), im Telerin, dem Dialekt der Teleri, *telpe* und im Quenya *tyelpe*. Doch im Quenya wurde durch den Einfluss des Telerin die Form *telpe* gebräuchlich, da die Teleri besonders geschickte Silberschmiede waren, die von den Noldor geschätzt wurden.

→ Lösungen auf Seite 93.
→ Die gesammelten Vokabeln zu den Quenya-Lektionen sind aufgelistet unter www.elbisch.info.

7. Lektion
Koll. Plural und Dual, Personalpronomen

Mit dieser Lektion bewegen wir uns in die Bereiche vor, in denen es keine genaue Entsprechung zwischen Quenya und Deutsch gibt. So gibt es im Quenya zwei weitere Pluralformen: den *kollektiven Plural* und den *Dual*.

Das Substantiv im Quenya hat damit insgesamt vier Zahlformen: *Singular* (Einzahl), *Dual* (Zweizahl), *Plural* (Mehrzahl), *kollektiver Plural* (Vielzahl). Im Deutschen lassen sich solche Unterscheidungen ebenfalls treffen (durch Zusätze), doch man tut es normalerweise nicht, wenn es nicht maßgebend ist für den Sinn. Aus diesem Grunde werden in den Übersetzungen aus dem Quenya solche Feinheiten oft nicht wiedergegeben, z. B. **falmalinnar** »auf die Wellen« (in »Namárië«) ist wörtlich »auf die *vielen* Wellen«. Im Quenya müssen derartige Festlegungen immer getroffen werden, ob sie notwendig erscheinen oder nicht.

Kollektiver Plural

Der kollektive Plural verwendet die Endung *-li*. Es steht für »viele, eine große Zahl, eine Menge; alle von einer Art«, im Gegensatz zum offenen Plural, der »mehr als einer« bedeutet. Im Nominativ und Akkusativ heißt es *-li*, im Dativ *-lin*.

Stamm	Nom./Akk.	Dat.
cirya »Schiff«	*cirya-li*	*cirya-lin*
elen »Stern«	*elel-li*	*elel-lin*
lóte »Blüte«	*lóte-li*	*lóte-lin*

Wiederum wissen wir nicht genau, wie Stämme, die auf Konsonanten enden, diese Form bilden. Würde man nach dem Muster für den Dativ Singular vorgehen, wäre die Form **elen-e-li**, mit

Fugenvokal. Ich habe mich hier für die gefälligere Form mit einer Lautangleichung entschieden (*elen-li > elel-li*).

Dual

Der Dual benutzt das Element *-t*, abgeleitet von *at(t)a* »zwei«, oder das Element *-ū*, das ein natürliches Paar bezeichnet (das heißt, etwas, bei dem es von Natur aus genau zwei Stück gibt, zum Beispiel Augen oder Hände). Im Dritten Zeitalter jedoch war der Dual »nur in Bezug auf natürliche Paare gebräuchlich, und die Wahl zwischen *t* und *ū* wurde nach Maßgabe des Wohlklangs getroffen«. Somit steht *-ū* steht in der Regel nach *d/t* im Stamm (weil das sonst für die Eldar nicht schön klang), *-t* in allen anderen Fällen. Daher haben wir neben *Aldúya* »Tag der Zwei Bäume [von Valinor]« auch Formen auf *-t* bei eindeutig natürlichen Paaren, wie bei *máryat* »ihre [beiden] Hände«. Im Dativ heißt es *-un* bzw. *-nt*.

Stamm	Nom./Akk.	Dat.
cirya »Schiff«	*cirya-t*	*cirya-nt*
elen »Stern«	*elen-e-t*	*elen-e-nt*
lóte »Blüte«	*lót-u*	*lót-un*

Anmerkung: Diese Worte würden normalerweise keinen Dual bilden, sie stehen hier nur, um zu zeigen, wie das System funktioniert.

Hinweis: Das Dual-*ū* wird in der Endsilbe zu *u* verkürzt. Rutscht es durch zusätzliche Endungen in eine Silbe davor, gewinnt es seine Länge zurück (es sei denn, die Silbe ist bereits lang, zum Beispiel bei einem folgenden Doppelkonsonant).

Kongruenz

Adjektive und Verben unterscheiden nicht zwischen den verschiedenen Pluralformen.

Má ninque cara collo. »Eine weiße Hand macht einen Mantel.«
Már ninqui carar collo. »Weiße Hände machen einen Mantel.«
Máli ninqui carar collo. »Viele weiße Hände machen einen Mantel.«
Mát ninqui carar collo. »Zwei (= ein Paar) weiße Hände machen einen Mantel.«

Formen des Pronomens

In Lektion 1 wurde gesagt, dass ein Wort im Quenya nur auf einen Vokal oder einen Konsonanten der Gruppe *l*, *n*, *r*, *s*, *t* enden kann. Wie man aus der letzten Lektion ersehen kann, gibt es für die meisten grammatischen Personen jeweils einen typischen Konsonanten. Das macht die Sache schwierig, wenn dieser Konsonant ans Ende rückt; denn ein *-m* (1. Pers. Pl.) darf dort zum Beispiel nicht stehen. Hinzu kommt, dass *-t* auch als Zeichen für den Dual dienen kann, was zu weiteren Verwirrungen führt.

Nominativ

Wir hatten bereits in der letzten Lektion die emphatischen (betonten) und die normalen Formen kennen gelernt. Neben den dort genannten schwachen Formen gibt es möglicherweise noch weitere; die in Lektion 6 sollten aber ausreichen. Mit anderen Worten: Wenn in der Tabelle keine Schwachform aufgeführt ist, sollte man besser auch keine verwenden!

Akkusativ

Es gibt mehrere bekannte Fälle, in denen das Objekt des Satzes ein Pronomen ist. In solchen Fällen kann es als zweites, zusätzliches Suffix an das Verb angefügt werden.

Andave lait-uva-lme-t. »Lang werden wir sie preisen.«
[*lait-* »preisen«, *-uva-* Tempussuffix Futur, *-lme-* »wir (excl.)« (Subjekt), *-t* »sie« (Objekt)]

An der Analyse sieht man, wie kompliziert die Verhältnisse werden. Eine unabhängige Form beim Akkusativpronomen ist nur in einem Beispiel überliefert:

A laita te, laita te! »O preiset sie, preiset sie!«

Daraus könnte man eine unabhängige Form ableiten, die aus dem charakteristischen Konsonanten plus einem neutralen Vokal *-e* besteht.

Diese Vermutung wird teilweise bestätigt durch Formen wie *imbe met* »zwischen uns beiden« (das heißt, Galadriel und Varda; also *me-t* = 1. Person Pl. excl. mit Dualsuffix; wahrscheinlich Akkusativ, da dieser Kasus in der Regel nach Präpositionen steht). Vgl. auch die Form *le* in »A Elbereth Gilthoniel«, einem Sindarin-Text mit starken Quenya-Elementen: *le linnathon* »zu dir rufe ich« (oder »dich rufe ich an«?), wobei *le* für eine besonders respektvolle Anrede steht und daher vielleicht dem Quenya entlehnt ist.

	Akkusativ	betont	schwach
1. Sg. excl.	mich	*ni*	*-n*
1. Sg. incl.	uns (beide)	*met*	
2. Sg.	dich	*tye*	
3. Sg.	ihn/sie/es	*se*	*-s*

	Akkusativ	betont	schwach
1. Pl. excl.	uns (allein)	*me*	
1. Pl. incl.	uns (alle)	*ve*	
2. Pl.	euch	*le*	*-l*
3. Pl.	sie	*te*	*-t*

Alle anderen möglichen Endungen in der Schwachstufe sind so unsicher, dass man da besser keine verwenden sollte.

Dativ

Auch hier müssen wir versuchen, aus einzelnen Beispielen das System zu rekonstruieren.

	Dativ	betont
1. Sg. excl.	mir	*nin*
1. Sg. incl.	uns (beiden)	*ment*
2. Sg.	dir	*tyen*
3. Sg.	ihm/ihr/ihm	*sen*
1. Pl. excl.	uns (allein)	*men*
1. Pl. incl.	uns (allen)	*ven*
2. Pl.	euch	*len*
3. Pl.	ihnen	*ten*

Zu Formen der Schwachstufe im Dativ gibt es im Quenya kein Beispiel. Sie sind zwar theoretisch möglich, machen in der Praxis aber wenig Sinn, da die Verbformen dann häufig missverständlich werden.

Allgemein gilt, dass die Pronomen ein gewisses Maß an Intuition im Gebrauch verlangen. Die hier angegebene Fassung wird im Folgenden als Arbeitsgrundlage genommen.

ÜBUNGEN

(1) Übersetze ins Quenya (und entscheide dabei von Satz zu Satz, ob Präsens oder Aorist angemessen ist):

(a) Die heiligen Bäume (Dual) sind Laurelin und Telperion.
(b) Feanor schafft drei Silmaril. Ein Silmaril enthält das unsterbliche Licht.
(c) Melkor, der dunkle Feind, begehrt die Silmaril. Melkor und Ungoliant kommen unter dem Schatten (herbei) und vergiften die Bäume. Aber Varda erhebt die beiden Hände und schafft Sonne und Mond.

(2) Übersetze ins Deutsche:

Eque Feanáro: »*I Teleri haryar ciryar halle. Men te antuvante. Autamme athra i Alataire. Hiruvamme Silmarilli. Inye te hiruva, ar nucûnuvanye i Vala. I cala men siluvar, ú-siluvar Valarin. Ten avaquetuvanyes. Nurtuvan i míri ar nin siluvar tenn' Ambar-metta.*«

Vokabular

Ambar »(bewohnte) Welt«
Anar »Sonne«
Feanáro »Feanor«
Isil »Mond«
Melcor »Melkor«
Silmaril, »Silmaril«, Pl. *Silmarilli*
Ungoliante »Ungoliant«

cotumo »Feind«
má »Hand«
metta »Ende«

míre »Juwel«
mordo »Schatten, Verdunkelung«

anta- »geben, schenken«
avaquet- »verweigern«
car- »machen, schaffen«
lait- »preisen, loben«
mere- »wollen, wünschen, verlangen«
nucúna- »niederbeugen, demütigen«
nurta- »verbergen, verhüllen«
*sangia- »vergiften«

aira »heilig«
nelde »drei«

Wortbildung: Manchmal muss man neue Wörter aus den bekannten erschließen. Das Wort *sangwa* »Gift« ist belegt, von der Wurzel SAG »bitter«. Die Form im Primitiven Quendisch ist **sagmā*, wörtlich »bitteres Etwas«. Das Element *sag-* mit der bei Verben häufigen primitiven Bildungssilbe *-ya-* ergibt **sagya-* »bitter machen«. Da ein *g* zwischen Vokalen im Quenya nicht erlaubt ist und es kein *gy* gibt, wird daraus **sangia-*. (Siehe hierzu auch den Anhang am Ende der Lektionen.)

→ Lösungen auf Seite 94
→ Die gesammelten Vokabeln zu den Quenya-Lektionen sind aufgelistet unter www.elbisch.info.

8. Lektion
Genitivformen, Possessivpronomen

Partitiv (*Wovon*-Fall) und Possessiv (*Wessen*-Fall)

Der *Genitiv* bezeichnet ein Substantiv, das ein anderes Substantiv abwandelt oder näher bestimmt. Es gibt zwei Arten des Genitivs:

(1) Der partitiv-derivative Genitiv (= Partitiv) bezeichnet den Ursprung oder das Ganze, von dem sich etwas ableitet (»ein Stück des Kuchens«). Im Allgemeinen benennt hier das Hauptwort einen kleineren Teil (»das Stück«), das Wort im Genitiv das große Ganze (»der Kuchen«).

(2) Der possessiv-adjektivische Genitiv (= Possessiv) bezeichnet einen Besitzer oder eine Eigenschaft, womit das Hauptwort in Verbindung steht (»das Schwert des Königs«, »der Fürst der Dunkelheit«).

Im Deutschen wird zwischen diesen beiden Arten äußerlich nicht unterschieden. Im Quenya gibt es dafür verschiedene Endungen.

Tolkien gibt hierzu eine längere Erklärung (in *The War of the Jewels*), die aber eher verwirrt. Allgemein kann man sagen, dass man den Partitiv in den Fällen verwenden sollte, wo man die Konstruktion mit »von« umschreiben kann (»ein Stück vom Kuchen«), den Possessiv, wenn man das Bestimmungswort zu einem Adjektiv ummodeln kann (»das königliche Schwert«, »der dunkle Fürst«).

(3) Darüber hinaus gibt es die Möglichkeit, Wörter wie im Englischen einfach nebeneinander zu setzen.

Die Unterscheidung in den Bedeutungen lässt sich an Tolkiens eigenem Beispiel klar machen:

> *róma Oromeo* ›ein Horn von Orome‹ (eines, das von ihm kommt; zum Beispiel, wenn jemand es als Geschenk von Orome besitzt)

róma Oromeva ›Oromes Horn‹ (wenn es in seinem Besitz geblieben ist)

Orome róma ›ein Orome-Horn‹ (eines von Oromes Hörnern, von denen er mehr als eines hatte)

Es gibt natürlich manche Fälle, in denen man sowohl den Partitiv als auch den Possessiv verwenden kann. Dabei gibt es im Quenya eine Tendenz, der Form auf *-o* bzw. *-on* den Vorzug zu geben, zum Beispiel in Formen wie *Aran Eldaron* »der König der Elben«. Im Zweifelsfall kann man also mit dem partitiven Genitiv nicht viel falsch machen. Wenn also im Folgenden von »Genitiv« die Rede ist, ist die Form des Partitivs gemeint.

Die Grundformen lauten:

Stamm	Gen. Sg.	Poss. Sg.
cirya »Schiff«	*ciry-o*	*cirya-va*
elen »Stern«	*elen-o*	*elen-e-va*
lóte »Blüte«	*lóte-o*	*lóte-va*

Bei den Substantiven wie *cirya* verschmilzt das *-a* im Auslaut mit der Endung *-o* zu einem langen *ō*, und lange Vokale am Wortende werden im Quenya immer verkürzt: **cirya-o* > **ciryō* > *ciry-o*.

Was die Pluralformen betrifft, so konnte das *-o*, da es ursprünglich mal ein Adverb war, auch an ein Pluralwort angehängt werden: *lasse-o* »[des] Blattes«, **lassi-o* »[der] Blätter«. Später, als sich diese Nachsilbe zu einer reinen Endung abgeschliffen hatte, wurde sie erweitert um das Pluralzeichen *-n*: **lassi-o* > *lassi-o-n*. Die anderen Pluralformen lassen sich daraus ableiten.

8. Lektion: Genitivformen, Possessivpronomen

Stamm	Gen. Sg.	Gen. Pl.	Gen. Koll.	Gen. Dual
cirya »Schiff«	*ciry-o*	*ciryar-on*	*cirya-li-on*	*ciryat-o*
elen »Stern«	*elen-o*	*eleni-on*	*elel-li-on*	*elenet-o*
lóte »Blüte«	*lóte-o*	*lóti-on*	*lóte-li-on*	*lótú-o*

Das *-va* des possessiven Genitivs behielt dagegen seinen Adjektivcharakter und wurde, wenn das Beziehungswort im Plural stand, zu *-ve*. Ursprünglich konnte es keine Ein- oder Mehrzahl von Quellen erkennbar machen; Unterscheidungen wie *lambe Eldava* »[eines] Elben Sprache« und *lambe Eldaiva* »[der] Elben Sprache« sind späte Formen im Quenya. Kollektiver Plural und Dual sind dagegen problemlos, da sie aus Singularform plus Suffix bestehen.

	Poss. Sg.	Poss. Pl.	Poss. Koll.	Poss. Dual
Sg.-Form	*cirya-va*	*ciryai-va*	*cirya-li-va*	*cirya-t-va*
Pl.-Form	*cirya-ve*	*ciryai-ve*	*cirya-li-ve*	*cirya-t-ve*
Sg.-Form	*elen-e-va*	*elen-i-va*	*elel-li-va*	*elen-e-t-va*
Pl.-Form	*elen-e-ve*	*elen-i-ve*	*elel-li-ve*	*elen-e-t-ve*
Sg.-Form	*lóte-va*	*lóti-va*	*lóte-li-va*	*lótú-va*
Pl.-Form	*lóte-ve*	*lóti-ve*	*lóte-li-ve*	*lótú-ve*

Um die unterschiedlichen Pluralarten zu verdeutlichen, hier noch ein Beispiel:

i cala eleneva	»das Licht des Sterns«
i cala eleniva	»das Licht der Sterne«
i calar eleneve	»die Lichter des Sterns«
i calar elenive	»die Lichter der Sterne«

Betonung: Immer wenn mehr als eine Silbe an ein Wort angehängt werden, verursacht dies eine Verschiebung der Betonung. Manchmal erscheint dabei ein Längenakzent über dem betonten Vokal. Dazu muss man wissen, dass der Auslautvokal im Ur-Elbischen lang war; lange Vokale in der letzten Silbe wurden im Quenya aber verkürzt. Wenn ein solcher Vokal nicht mehr am Wortende steht *und* betont wird, kann er die alte Länge zurückgewinnen.

A vanimar, vanimálion nostari!
»O ihr Schönen, vieler Schönen Erzeuger!«

Ähnliches gilt auch für das lange *ü* im Dual (siehe Lektion 7).

Wortstellung: Der Genitiv geht dem Beziehungswort häufig, aber nicht immer voraus. Der Possessiv folgt den Regeln für Adjektive: Er folgt dem Beziehungswort, wenn dieses im Nominativ steht, und geht ihm in allen anderen Fällen voraus. Diese Regeln können aus rhetorischen und poetischen Gründen außer Kraft gesetzt werden.

Eine Nominalgruppe (siehe dazu Lektion 5) sollte nie in eine andere eingebettet werden. Im Deutschen ist das möglich: »{unter {Vardas} blauen Kuppeln}«, im Quenya nicht. Man beachte, dass selbst in der poetischen Wortstellung die Nominalgruppe nicht unterbrochen wird.

Vardo nu luini tellumar (normale Wortstellung)
›Vardas unter blaue(n) Kuppeln‹
Vardo tellumar nu luini (poetische Wortstellung)
›Vardas Kuppeln unter blaue(n)‹
»unter Vardas blauen Kuppeln«

Doppelter Genitiv: In der lateinischen Grammatik gibt es die Unterscheidung zwischen einem *Genitivus subjectivus* und einem *Genitivus objectivus*, je nachdem, ob das Bestimmungswort zum Hauptwort in Subjekt- oder Objekt-Beziehung steht. Auch hierfür sind im Quenya die beiden verschiedenen Genitivformen zu verwenden. Das lässt sich am besten an einem Beispiel verdeutlichen:

Nurtale Valinoreva »Verhüllung Valinors«
[= jemand verhüllt Valinor (Objekt)]
Vardo Nurtale »Vardas Verhüllung«
[= Varda (Subjekt) verhüllt etwas]
Vardo Nurtale Valinoreva »Vardas Verhüllung Valinors«
[= Varda (Subjekt) verhüllt Valinor (Objekt)]

Das lässt dich im Deutschen schlecht wiedergeben (und außer bei Namen erst recht nicht), aber das Prinzip wird damit hoffentlich deutlich.

Possessivpronomen

Wie das persönliche Fürwort an das Verb angehängt wird, so wird das besitzanzeigende Fürwort an das Substantiv angehängt. Da Substantive entweder auf einen Vokal oder auf die Konsonanten *l*, *n*, *r*, *s*, *t* enden, gibt es die Formen einmal ohne und einmal mit Fugenvokal.

	Poss.	betont	normal
1. Sg. excl.	mein	*ninya*	*-(i)n(ya)*
1. Sg. incl.	unser (beider)	*mentya*	*-(e)lva*
2. Sg.	dein	*tyenya*	*-(e)tya*
3. Sg.	sein/ihr	*senya*	*-(e)rya*
1. Pl. excl.	unser (allein)	*menya*	*-(e)mma*
1. Pl. incl.	unser (aller)	*venya*	*-(e)lma*
2. Pl.	euer	*lenya*	*-(e)lya*
3. Pl.	ihr	*tenya*	*-(e)nta*

Die Pronominalendung wird vor der Kasusendung eingefügt.

omentië-lv-o »unserer (beider) Begegnung«

Ataremma ›Vater unser (excl.)‹
»Vater unser« bzw. »unser Vater« (exclusiv, weil der Angesprochene in das »unser« nicht mit eingeschlossen ist!)

Übersicht: Formen des Pronomens

	Nom.		Dat.	Akk.		Poss.
1. Sg. excl.	*inye*	*-n(ye)*	*nin*	*ni*	*-n*	*-(i)n(ya)*
1. Sg. incl.	*elve*	*-lve*	*ment*	*met*		*-(e)lva*
2. Sg.	*etye*	*-tye*	*tyen*	*tye*		*-(e)tya*
3. Sg.	*erye*	*-rye (–)*	*sen*	*se*	*-s*	*-(e)rya*
1. Pl. excl.	*emme*	*-mme*	*men*	*me*		*-(e)mma*
1. Pl. incl.	*elme*	*-lme*	*ven*	*ve*		*-(e)lma*
2. Pl.	*elye*	*-lye*	*len*	*le*	*-l*	*-(e)lya*
3. Pl.	*ente*	*-nte (-r)*	*ten*	*te*	*-t*	*-(e)nta*

ÜBUNGEN

(1) Übersetze ins Quenya:

Das Land des Westens liegt unter dem dunklen Himmel Vardas. Doch ihre Sterne funkeln, denn Manwes Winde vertreiben die Dunkelheit.

Feanor ist der Schmied der Silmaril. Die Silmaril enthalten das Licht der heiligen Bäume (Dual). Im Licht der Silmaril liegt das Glück der unsterblichen Lande. Doch Feanor sagt: »Die Schöpfung meiner Hände (Dual) ist wertvoller als das Licht von Valinor.«

(2) Übersetze ins Deutsche. Versuche dabei die Beinamen aus ihren Bestandteilen zu entschlüsseln:

8. Lektion: Genitivformen, Possessivpronomen

I essi Valatárion: MANWE *Súlimo, Herunúmen ar Ardatáro.*
VARDA *Elentári.* ULMO, *Heru i Nenion ar Earon Aran.* AULE,
Naucalion Tano. YAVANNA *Cementári Aldafanava.* NÁMO
Núrufantur ar VAIRE *Tárirya.* IRMO *Olofantur ar* ESTE.
NIENNA *naina Fírimain ar Eldain.* OROME *Roimo ar* VÁNA.
TULCAS *i Ohtacaro ar* NESSA.

Vokabular

Eldalië »Elbenvolk«
Fírimar (Pl.) »Sterbliche, Menschen«
Nauco (Nauca-) »Zwerg«

alcar »Glanz«
cemen »Erde, Boden«
esse »Name«
fana »Schleier, Hülle, Gewand«
heru »Herr«
lumbule »Dunkelheit, (tiefer) Schatten«
nórië »Land«
númen »Westen«
núru »Tod«
ohta »Krieg, Kampf, Schlacht«
olos (olor-) »Traum, Vision«
parma »Buch«
roime »Jagd«
súle »Atem, Hauch; Geist«
tano »Schmied, Handwerker«
tanwe »Schöpfung der Kunst, Konstrukt«
tári »Königin« (Gemahlin eines *táro*)
táro »König«

*hara »wertvoll« (von *harma* »Schatz«)

hanya- »verstehen, begreifen, anwenden können«
har- »sitzen«
horta- »drängen, antreiben, losschicken«
naina- »klagen«

(nur in Zusammensetzungen:)
ava- »fort-, weg-«
-mo »Macher, Handelnder (= Nachsilbe ›-er‹)«
-tur »Meister, Herr«

→ Lösungen auf Seite 94.
→ Die gesammelten Vokabeln zu den Quenya-Lektionen sind aufgelistet unter www.elbisch.info.

9. Lektion
Lokalkasus

Wie wir in Lektion 5 gesehen haben, gibt es im Quenya verschiedene Präpositionen zum Ausdruck räumlicher oder zeitlicher Beziehungen. Für Bestimmungen auf die Fragen *wohin* (»nach Hause«), *wo* (»zu Hause«) oder *woher* (»von zu Hause«) gibt es im Quenya jedoch auch Endungen, die bevorzugt verwendet werden.

Diese drei Fälle werden als *Lokalkasus* (Fälle des Ortes) bezeichnet. Sie gelten gleichermaßen räumlich und zeitlich.

Allativ (*Wohin*-Fall)

Der Allativ bezeichnet eine Bewegung auf etwas hin. Er wird ausgedrückt durch die Endung *-nna*. Der Plural wird mit Zusatz von *-r* gebildet.

9. Lektion: Lokalkasus

Stamm	All.
cirya »Schiff«	*cirya-nna* »zum Schiff«
	cirya-nnar »zu den Schiffen«
elen »Stern«	*elen-i-nna* »zum Stern«
	elen-i-nnar »zu den Sternen«
lóte »Blüte«	*lóte-nna* »zur Blüte«
	lóte-nnar »zu den Blüten«

Bei den Wörtern auf *l*, *n*, *r*, *s* und *t* gehen wir davon aus, dass hier ein Fugenvokal -*e*- oder -*i*- eingefügt wird. Neben der vollen Form sind auch Kurzformen wie *elenna*, Pl. *elennar* möglich; vgl. *Elenna* »dem Stern nach«, »[das Land] Sternwärts« als Quenya-Bezeichnung von Númenor (SIL Ak) oder *mindoninnar* > *mindonnar* »zu den Türmen« im »Markirya«-Gedicht (U&K 239).

Die Formen im Dual und im kollektiven Plural lauten:

Stamm	All. Dual
cirya »Schiff«	*cirya-nta* »zu beiden Schiffen«
elen »Stern«	*elen-e-nta* »zu beiden Sternen«
lóte »Blüte«	*lótu-nna* »zu beiden Blüten«

Stamm	All. Koll.
cirya »Schiff«	*ciryali-nna* »zu den vielen Schiffen«
elen »Stern«	*elelli-nna* »zu den vielen Sternen«
lóte »Blüte«	*lóteli-nna* »zu den vielen Blüten«

Im kollektiven Plural kann ein zusätzliches -*r* zur Kennzeichnung des Plurals hinzutreten (wie in *falmalinnar* »auf die vielen Wellen« in »Namárië« im *Herrn der Ringe*). Es ist aber nicht unbedingt nötig.

Lokativ (*Wo*-Fall)

Der Lokativ bezeichnet den Ort oder die Zeit, wo etwas geschieht. Er wird ausgedrückt durch die Endung *-sse*. Der Plural wird mit *-n* gebildet.

Stamm	Loc.
cirya »Schiff«	*cirya-sse* »auf dem Schiff«
	cirya-ssen »auf den Schiffen«
elen »Stern«	*elen-i-sse* »bei dem Stern«
	elen-i-ssen »bei den Sternen«
lóte »Blüte«	*lóte-sse* »in der Blüte«
	lóte-ssen »in den Blüten«

Für Worte vom Typ *elen* gilt Entsprechendes wie beim Allativ. Andere Formen wie Sg. *elenesse*, Pl. *elenessen* oder Sg. *elesse*, Pl. *elessen* sind durchaus denkbar.

An den Präpositionen im Deutschen sieht man, dass man den Lokativ wie auch die anderen Fälle dieser Art unterschiedlich übersetzen kann.

Die Formen im Dual und im kollektiven Plural lauten:

Stamm	Loc. Dual
cirya »Schiff«	*cirya-tse* »auf beiden Schiffen«
elen »Stern«	*elen-e-tse* »bei beiden Sternen«
lóte »Blüte«	*lótu-sse* »in beiden Blüten«

Stamm	Loc. Koll.
cirya »Schiff«	*ciryali-sse* »auf den vielen Schiffen«
elen »Stern«	*elelli-sse* »bei den vielen Sternen«
lóte »Blüte«	*lóteli-sse* »in den vielen Blüten«

Im kollektiven Plural kann ein zusätzliches *-n* zur Kennzeichnung des Plurals hinzutreten.

9. Lektion: Lokalkasus

Ablativ (*Woher*-Fall)

Der Ablativ bezeichnet eine Bewegung von etwas weg. Er wird ausgedrückt durch die Endung *-llo*. Der Plural wird mit *-r* oder *-n* gebildet.

Stamm	Abl.
cirya »Schiff«	*cirya-llo* »vom Schiff«
	cirya-llor »von den Schiffen«
elen »Stern«	*elen-i-llo* »vom Stern«
	elen-i-llor »von den Sternen«
lóte »Blüte«	*lóte-llo* »von der Blüte«
	lóte-llor »von den Blüten«

Die Form *elenillor* »von den Sternen« ist im »Markirya«-Gedicht nachgewiesen. Formen wie *ciryallon*, *lótellon* und *elenillon* sind aber auch möglich, ebenso eine Zusammenziehung wie Sg. *elello*, Pl. *elellor* oder *elellon*.

Man sieht daran, dass bei allen diesen Fällen zwar die jeweilige charakteristische Endung fest steht, aber die Formen durchaus unterschiedlich sein können. Hauptsache, es ist eindeutig, was gemeint ist.

Die Formen im Dual und im kollektiven Plural lauten:

Stamm	Abl. Dual
cirya »Schiff«	*cirya-lto* »von beiden Schiffen«
elen »Stern«	*elen-e-lto* »von beiden Sternen«
lóte »Blüte«	*lótu-llo* »von beiden Blüten«

Stamm	Abl. Koll.
cirya »Schiff«	*ciryali-llo* »von den vielen Schiffen«
elen »Stern«	*elelli-llo* »von den vielen Sternen«
lóte »Blüte«	*lóteli-llo* »von den vielen Blüten«

Im kollektiven Plural kann ein zusätzliches *-r* oder *-n* zur Kennzeichnung des Plurals hinzutreten.

Anmerkung: Mit dem Ablativ im Lateinischen hat dieser Fall außer dem Namen nichts zu tun.

Abwandlungen: Im Quenya wurden Formen wie *eleninna* oder *elenenna* als unschön empfunden, und man versuchte sie, wenn möglich, zu vermeiden.

Allgemein sind Verkürzungen wahrscheinlicher, wenn gleiche oder ähnliche Silben aufeinander treffen. Daher wird man bei Wörtern auf *-n* im Allativ *(-nna)*, bei Wörtern auf *-s* im Lokativ *(-sse)* und bei Wörter auf *-l* im Ablativ *(-llo)* häufig die Kurzform wählen.

Dies alles ist nicht ganz einfach umzusetzen, darum sollen ein weiteres Beispiele die Verwendung verdeutlichen. (Man beachte die Auslassung im ersten Satz!)

> *Elen síla lúmenn' omentielvo!*
> ›Ein Stern scheint auf die Zeit (All.) Begegnung-unser-bei-der!‹
> »Ein Stern scheint auf die Stunde unserer Begegnung!«

> *Et Earello Endorenna utúliën.*
> ›Heraus aus dem Meer (Abl.) nach Mittelerde (All.) bin-gekommen-ich.‹
> »Aus dem großen Meer bin ich nach Mittelerde gekommen.«

> *...i harar mahalmassen mi Númen...*
> ›...die sitzen auf Thronen (Loc. Pl.) im Westen‹
> »...die auf den Thronen des Westens sitzen...«

9. Lektion: Lokalkasus

Demonstrativpronomen

Vermutlich gibt es eine dreifache Abstufung; die anderen Wörter sind freilich nicht belegt. Die Demostrativpronomen gelten sowohl räumlich als auch zeitlich:

sina	*tana*	*enta*
»dieser (hier)«	»der (da)«	»jener (dort)«
	(rückverweisend)	(vorausverweisend)

Die Formen werden wahlweise wie Adjektive oder wie Adverbien behandelt.

ÜBUNGEN

(1) Übersetze ins Quenya:

Die weißen Schiffe der Vanyar tragen Feanor und sein Gefolge nach Mittelerde. Doch Fingolfin und eine große Zahl von Elben bleiben in Araman. Fingolfin führt die Verlassenen über das Malmeis. Auf dem Eis sterben zahllose Elben.

(2) Übersetze ins Deutsche:

Eque Nolofinwe: »Helcaracsello Endorenna túlinye. Aicalellor hísië untúpe i palla nórië. Tiruvanye Feanáro tumbalisse ar ortossen, lómesse aldaron ar calim' áresse. Felyassen mornië se ú-halyuva. Íre se hiruvan, quetuvanye: ›Nanye Noldóran.‹«

Vokabular

Araman »Araman« (Küstenstrich jenseits des Westlichen Meeres)
Helcaracse »Malmeis«
Noldóran »Noldorkönig«
Nolofinwe »Fingolfin«

áre »Sonnenlicht«
felya »Höhle«
hecil »jemand, der von Freunden verlassen wurde; Ausgestoßener«
helca »Eis«
hosta »Menge, große Zahl«
mornië »Dunkelheit«
nosse »Familie, Haus, Sippe«, in diesem Sinne: »Gefolge«
orto »Bergspitze«
tumba »Tal« (zwischen Hügeln)

col- »tragen«
*larya- »bleiben« (Wurzel DAR)
linna- »gehen«
tulya- »führen«
un-tup- »herab-decken«

ú-nótima »zahllos«

Wortbildung: Als die Noldor nach Mittelerde zurückkehrten, glichen sie ihre Namen dem Sindarin an. In dieser Schreibweise sind sie im *Silmarillion* überliefert. Allerdings ergeben sie in dieser Sprache keinen richtigen Sinn. Manchmal sind es auch Mischformen; so wurde aus Qu. *Feanáro* in Mittelerde ÑS. *Feanor* (statt S. **Fayanor*). Nolofinwe setzte den Namen seines Vaters Finwe vornweg, um seinen Anspruch auf das Königtum der Noldor zu demonstrieren; aus Qu. *Finwe Ñolofinwe* wurde

ÑS. *Fingolfin*. (Die Quenya-Namen findet man, soweit bekannt, in *Das große Mittelerde-Lexikon* von Robert Foster.)

→ Lösungen auf Seite 95.
→ Die gesammelten Vokabeln zu den Quenya-Lektionen sind aufgelistet unter www.elbisch.info.

10. Lektion
Instrumentalis, Frage- und Relativpronomen

Instrumentalis (*Womit*-Fall)

Der *Instrumentalis* bezeichnet das Mittel und Werkzeug, womit etwas geschieht oder wodurch etwas bewirkt wird. Dies wird im Deutschen durch unterschiedliche Präpositionen wiedergegeben: »mit«, »durch«, aber auch z. B. »in« wie in *lassi lantar súrinen* »Die Blätter fallen im Wind (Instr.)«, weil der Wind es ist, der die Blätter hinabweht. In manchen Fällen muss daher der Sprecher selbst entscheiden, welche Bedeutung er in den Mittelpunkt stellt. In einem Satz wie »Das Licht bricht sich in den Wellen« könnte dies Lokativ (wo?) oder Instrumentalis (womit/wodurch?) sein, je nach Interpretation.

Die Endung des Instrumentalis ist *-nen*, Pl. *-i-nen*.

Stamm	Instr.
cirya »Schiff«	*cirya-nen* »mit dem Schiff«
	cirya-i-nen »mit den Schiffen«
elen »Stern«	*elen-nen* »mit dem Stern«
	elen-i-nen »mit den Sternen«
lóte »Blüte«	*lóte-nen* »mit der Blüte«
	lótí-nen »mit den Blüten«

Die Form *lótínen* erklärt sich aus einer Zusammenziehung von **lóte-i-nen*. Die Formen im Dual und im kollektiven Plural lauten:

Stamm	Instr. Dual
cirya »Schiff«	*cirya-nten* »mit beiden Schiffen«
elen »Stern«	*elen-e-nten* »mit beiden Sternen«
lóte »Blüte«	*lótu-nen* »mit beiden Blüten«

Stamm	Instr. Koll.
cirya »Schiff«	*ciryalí-nen* »mit den vielen Schiffen«
elen »Stern«	*elellí-nen* »mit den vielen Sternen«
lóte »Blüte«	*lótelí-nen* »mit den vielen Blüten«

Vermutlich würde es bei einem Wort wie *elenenten* eine Kontraktion zu *elenten* geben.

Exkurs: Der elfte Fall

Es gibt noch einen weiteren Fall in dem vorliegenden Material, der sich aber nicht eindeutig zuordnen lässt.

In einer Aufstellung Tolkiens aus den 60er-Jahren taucht die Form, die später als Dativ identifiziert wurde, als eine verkürzte Form des Allativs auf. So wie der Allativ eine Bewegung auf etwas hin bezeichnet, tut der Dativ dies in übertragenem Sinne, indem er den Begünstigten oder das Ziel einer Handlung benennt.

Entsprechend ist die andere Form, die ich hier als »Stativ« bezeichnen möchte, eine verkürzte Form des Lokativs und steht vermutlich dem Akkusativ nahe. Er kommt in dem klassischen Quenya-Material nicht vor. Er ist hier nur der Vollständigkeit halber aufgelistet, und für unsere Zwecke sollten wir ihn ignorieren.

10. Lektion: Instrumentalis, Frage- und Relativpronomen

Stamm	Stat. Sg.	Stat. Pl.	Stat. Koll.	Stat. Dual
cirya »Schiff«	*ciryas*	*ciryais*	*ciryalis*	?*ciryats*
elen »Stern«	*elenes*	*elenis*	*elellis*	?*elenets*
lóte »Blüte«	*lótes*	*lótis*	*lótelis*	?*lótús*

Damit haben wir die Deklination der Substantive vollständig abgehandelt. Grund genug, die drei Beispielwörter noch einmal in einer Tabelle mit allen Formen aufzulisten:

Übersicht: Formen des Substantivs

Stamm *cirya*	Sg.	Pl.	Koll.	Dual
Nom.	*cirya*	*ciryar*	*ciryali*	*ciryat*
Gen.	*ciryo*	*ciryaron*	*ciryalion*	*ciryato*
Dat.	*ciryan*	*ciryain*	*ciryalin*	*ciryant*
Akk.	*cirya*	*ciryar*	*ciryali*	*ciryat*
Instr.	*ciryanen*	*ciryainen*	*ciryalínen*	*ciryanten*
All.	*ciryanna*	*ciryannar*	*ciryalinna(r)*	*ciryanta*
Loc.	*ciryasse*	*ciryassen*	*ciryalisse(n)*	*ciryatse*
Abl.	*ciryallo*	*ciryallon*	*ciryalillo (r/n)*	*ciryalto*
Poss. Sg.	*ciryava*	*ciryaiva*	*ciryalíva*	*ciryatva*
Poss. Pl.	*ciryave*	*ciryaive*	*ciryalíve*	*ciryatve*

Stamm *elen*	Sg.	Pl.	Koll.	Dual
Nom.	*elen*	*eleni*	*elelli*	*elent*
Gen.	*eleno*	*elenion*	*elellion*	*elento*
Dat.	*elenen*	*elenin*	*elellin*	*elenent*
Akk.	*elen*	*eleni*	*elelli*	*elent*
Instr.	*elennen*	*eleninen*	*elellínen*	*elenenten*

Stamm *elen*	Sg.	Pl.	Koll.	Dual
All.	*eleninna*	*eleninnar*	*elellinna(r)*	*elenenta*
Loc.	*elenisse*	*elenissen*	*elellisse(n)*	*elenetse*
Abl.	*elenillo*	*elenillon*	*elellillo(r/n)*	*elenelto*
Poss. Sg.	*elenva*	*eleniva*	*elellíva*	*elenetva*
Poss. Pl.	*elenve*	*elenive*	*elellíve*	*elenetve*

Stamm *lóte*	Sg.	Pl.	Koll.	Dual
Nom.	*lóte*	*lóti*	*lóteli*	*lótu*
Gen.	*lóteo*	*lótion*	*lótelion*	*lótúo*
Dat.	*lóten*	*lótin*	*lótelin*	*lótun*
Akk.	*lóte*	*lóti*	*lóteli*	*lótu*
Instr.	*lótenen*	*lótínen*	*lótelínen*	*lótúnen*
All.	*lótenna*	*lótennar*	*lótelinna(r)*	*lótunna*
Loc.	*lótesse*	*lótessen*	*lótelisse(n)*	*lótusse*
Abl.	*lótello*	*lótellon*	*lótelillo(r/n)*	*lótullo*
Poss. Sg.	*lóteva*	*lótíva*	*lóteliva*	*lótúva*
Poss. Pl.	*lóteve*	*lótíve*	*lótelíve*	*lótúve*

Fragepronomen

Das unpersönliche *Fragepronomen* lautet **man**.

> *Si man i yulma nin enquantuva?*
> ›Nun wer den Becher mir wiederfüllen-wird?‹
> »Wer wird nun den Becher für mich wiederfüllen?«

Es steht vermutlich neben Personen (»wer?«) auch für Dinge (»was?«). Es kann wie ein Substantiv gebeugt werden. Es ist nicht ganz klar, ob es hierzu auch Pluralformen gibt. Im Deutschen ist das Fragepronomen diesbezüglich nicht markiert, weshalb wir auch hier von einheitlichen Formen ausgehen.

10. Lektion: Instrumentalis, Frage- und Relativpronomen

man »wer?«/»was?«		personal	sachbezogen
Nom.	*man*	»wer?«	»was?«
Gen.	*man-o*	»von wem?«	»wovon?«
Dat.	*man-en*	»wem?«	»wem?«
Akk.	*man*	»wen?«	»was?«
Instr.	*ma-nen*	»durch wen?«	»wodurch?, wie?«
All.	*ma-nna*	»zu wem?«	»wohin?, bis wann?«
Loc.	*ma-sse*	»bei wem?«	»wo?, wann?«
Abl.	*ma-llo*	»von wem?«	»woher?, seit wann?«
Poss. Sg.	*ma-va*	»wessen?«	»wessen?«
Poss. Pl.	*ma-ve*	»wessen?«	»wessen?«

Anmerkung: Die Formen im Dativ und im Instrumentalis lauten demnach gleich, auch wenn sie unterschiedlich gebildet werden.

Relativpronomen

Das *Relativpronomen* »der, die, das« entspricht in der Form dem Artikel *i*.

> *i Eru i or ilye mahalmar ea tennoio*
> ›der Eine, der über allen Thronen ist bis-zur-Ewigkeit‹
> »der Eine, der in Ewigkeit über allen Thronen ist«

Auch dieses Pronomen kann wie ein Substantiv gebeugt werden. Hier ist eine Pluralform bekannt. In den gebeugten Formen wird *i* zu *ya-*.

> *mi oromardi yassen tintilar i eleni*
> ›in Hoch-Hallen, die-in (Loc. Pl.) funkeln die Sterne‹
> »in den Hohen Hallen, worin [= in denen] die Sterne funkeln«

Hier eine Übersicht. Formen im Dual und im kollektiven Plural kann man sich selber ableiten, wenn man sie braucht.

i/ya- »welch(er, e, es)«		Singular	Plural
Nom.	»der (die, das)«	*i*	*i*
Gen.	»dessen (deren)«	*yo*	*yon*
Dat.	»dem (der)«	*yan*	*yain*
Akk.	»den (die, das)«	*i*	*i*
Instr.	»durch den (die, das)«	*yanen*	*yainen*
All.	»zu dem (der)«	*yanna*	*yannar*
Loc.	»in dem (der)«	*yasse*	*yassen*
Abl.	»von dem (der)«	*yallo*	*yallon*
Poss. Sg.	»dessen (deren)«	*yava*	*yaiva*
Poss. Pl.	»deren«	*yave*	*yaive*

ÜBUNGEN

(1) Übersetze ins Quenya:

Wer wird das Lied singen im dunklen Wald? Und wer wird den Becher füllen in der Halle? Verschwunden sind die Elben in das Land zwischen den Bergwällen.

Die Lerche wird das Lied singen in der Höhe. Der Bach wird den Becher füllen im Tal. Und die Elben werden wiederkehren aus Gondolin (Ondolinde).

(2) Übersetze ins Deutsche:

Eque Itarille: »Man na i Noldóran? Nolofinwe i ohtacare Moringottonna? Mal na Turucáno i heru Ondolindo yasse Númellor quettar i yára lambe?

Man ista mallo i súre lausta? Man ista manen i eleni sílar? Ar man ista i lië yanen quen tuluva muinanóriënna?«

11. Lektion: Weitere Zeitformen des Verbs

Vokabular

Itarille »Idril«
Moringotto »Morgoth (›Schwarzer Feind‹)«
Ondolinde »Gondolin«
Turucáno »Turgon«

ampano »Halle, Gebäude (aus Holz)«
lirulin »Lerche«
nelle »Bach«
ramba »Bergkette, Wall«
tarië »Höhe«

entul- »wiederkommen«
ista- »wissen«
ohtacar- »Krieg führen gegen« (mit All.)

muina »verborgen, geheim«
yára »alt« (aus alten Zeiten)

quen »einer, jemand«

→ Lösungen auf Seite 95.
→ Die gesammelten Vokabeln zu den Quenya-Lektionen sind aufgelistet unter www.elbisch.info.

11. Lektion
Weitere Zeitformen des Verbs

Präteritum

Das *Präteritum* steht für Handlungen in der Vergangenheit. Es wird gebildet durch die Endung *-ne*. Bei schwachen Verben wird die Endung einfach an den Stamm angehängt. Bei starken Verben ist es unterschiedlich:

- Bei Verben auf *-r*, *-m*, *-n* wird *-ne* angehängt.
- Bei Verben auf *-l* wird die Endung zu *-lle* angeglichen.
- Bei Verben auf *-p*, *-t*, *-c* wird die Endung zu *-mpe*, *-nte*, *-nce*.

Stamm	Präteritum
lanta- »fallen«	*i lasse lantane* »das Blatt fiel«
tul- »kommen«	*i aure tulle* »der Tag kam«

Perfekt

Das Perfekt steht für noch nicht abgeschlossene Handlungen in der Vergangenheit (wie das englische *present perfect*). Ansonsten wird am besten ganz einfach das elbische Perfekt mit deutschem Perfekt übersetzt. Es wird gebildet durch drei Merkmale:

- die Endung *-ië* (bei schwachen Verben fällt das *-a* bzw. *-ya* weg);
- Längung des Stammvokals (siehe Lektion 6 zum Präsens);
- Reduplikation

Unter Reduplikation (Verdopplung) verstehen wir, dass der Vokal der ersten Silbe am Anfang wiederholt wird.

Stamm	Perfekt
lanta- »fallen«	*i lasse alantië* »das Blatt ist gefallen«
tul- »kommen«	*i aure utúlië* »der Tag ist gekommen«

Wie das Perfekt bei Wörtern gebildet wird, die mit einem Vokal anfangen, wissen wir nicht. Es gibt jedoch auch Perfektformen ohne Reduplikation, vor allem in der poetischen Sprache.

11. Lektion: Weitere Zeitformen des Verbs

Da nun die Zeitformen so weit abgehandelt sind, sind hier die beiden Beispielwörter noch einmal in einer Tabelle mit allen Formen aufgelistet:

Übersicht: Formen des Verbs

lanta- »fallen«		Aorist	Präsens	Futur
1. Sg. excl.	ich	*lanta(n/nye)*	*lantea(n/nye)*	*lantuva(n/nye)*
1. Sg. incl.	wir (beide)	*lantalve*	*lantealve*	*lantuvalve*
2. Sg.	du	*lantatye*	*lanteatye*	*lantuvatye*
3. Sg.	er/sie/es	*lanta(-/rye)*	*lantea(-/rye)*	*lantuva(-/rye)*
1. Pl. excl.	wir (allein)	*lantamme*	*lanteamme*	*lantuvamme*
1. Pl. incl.	wir (alle)	*lantalme*	*lantealme*	*lantuvalme*
2. Pl.	ihr	*lantalye*	*lantealye*	*lantuvalye*
3. Pl.	sie	*lanta(r/nte)*	*lantea(r/nte)*	*lantuva(r/nte)*

		Präteritum	Perfekt
1. Sg. excl.	ich	*lantane(n/nye)*	*alantië(n/nye)*
1. Sg. incl.	wir (beide)	*lantanelve*	*alantiëlve*
2. Sg.	du	*lantanetye*	*alantiëtye*
3. Sg.	er/sie/es	*lantane(-/rye)*	*alantië(-/rye)*
1. Pl. excl.	wir (allein)	*lantanemme*	*alantiëmme*
1. Pl. incl.	wir (alle)	*lantanelme*	*alantiëlme*
2. Pl.	ihr	*lantanelye*	*alantiëlye*
3. Pl.	sie	*lantane(r/nte)*	*alantië(r/nte)*

tul- »kommen«		Aorist	Präsens	Futur
1. Sg. excl.	ich	*tuli(n/nye)*	*túla(n/nye)*	*tuluva(n/nye)*
1. Sg. incl.	wir (beide)	*tulilve*	*túlalve*	*tuluvalve*
2. Sg.	du	*tulitye*	*túlatye*	*tuluvatye*
3. Sg.	er/sie/es	*tul(e/irye)*	*túla(-/rye)*	*tuluva(-/rye)*

tul- »kommen«		Aorist	Präsens	Futur
1. Pl. excl.	wir (allein)	*tulimme*	*túlamme*	*tuluvamme*
1. Pl. incl.	wir (alle)	*tulilme*	*túlalme*	*tuluvalme*
2. Pl.	ihr	*tulilye*	*túlalye*	*tuluvalye*
3. Pl.	sie	*tuli(r/nte)*	*túla(r/nte)*	*tuluva(r/nte)*

		Präteritum	Perfekt
1. Sg. excl.	ich	*tulle(n/nye)*	*utúlië(n/nye)*
1. Sg. incl.	wir (beide)	*tullelve*	*utúliëlve*
2. Sg.	du	*tulletye*	*utúliëtye*
3. Sg.	er/sie/es	*tulle(-/rye)*	*utúlië(-/rye)*
1. Pl. excl.	wir (allein)	*tullemme*	*utúliëmme*
1. Pl. incl.	wir (alle)	*tullelme*	*utúliëlme*
2. Pl.	ihr	*tullelye*	*utúliëlye*
3. Pl.	sie	*tulle(r/nte)*	*utúlië(r/nte)*

Übersicht: Formen des Hilfsverbs »sein«

na- »sein«		Aorist	Präsens	Futur
1. Sg. excl.	ich	*na(n/nye)*	*ná(n/nye)*	*nauva(n/nye)*
1. Sg. incl.	wir (beide)	*nalve*	*nálve*	*nauvalve*
2. Sg.	du	*natye*	*nátye*	*nauvatye*
3. Sg.	er/sie/es	*na(-/rye)*	*ná(-/rye)*	*nauva(-/rye)*
1. Pl. excl.	wir (allein)	*namme*	*namme*	*nauvamme*
1. Pl. incl.	wir (alle)	*nalme*	*nalme*	*nauvalme*
2. Pl.	ihr	*nalye*	*nálye*	*nauvalye*
3. Pl.	sie	*na(r/nte)*	*nár/nante*	*nauva(r/nte)*

		Präteritum	Perfekt
1. Sg. excl.	ich	*ne(n/nye)*	*nië(n/nye)*
1. Sg. incl.	wir (beide)	*nelve*	*niëlve*
2. Sg.	du	*netye*	*niëtye*
3. Sg.	er/sie/es	*ne(-/rye)*	*nië(-/rye)*

11. Lektion: Weitere Zeitformen des Verbs

na- »sein«		Präteritum	Perfekt
1. Pl. excl.	wir (allein)	*nemme*	*niëmme*
1. Pl. incl.	wir (alle)	*nelme*	*niëlme*
2. Pl.	ihr	*nelye*	*niëlye*
3. Pl.	sie	*ne(r/nte)*	*nië(r/nte)*

ÜBUNGEN

(1) Übersetze ins Quenya:

In dieser Zeit führte Maedhros Krieg gegen Morgoth. Am Morgen jenes Tages grüßten die Trompeten der Eldar den Sonnenaufgang, und im Osten erhoben die Söhne Feanors ihr Zeichen und im Westen Fingon, der König der Noldor, das seine. Da öffnete Turgon die Tore von Gondolin und kam mit einer großen Menge von Kriegern heraus, die lange Schwerter trugen, und ihre Speere waren wie ein Wald. Und doch hatte am Ende jenes Tages Morgoth den Sieg in der Schlacht der Ungezählten Tränen.

(2) Übersetze ins Deutsche:

Eque Túrindo: »Haryanelve alasse, a Níniëlle, an ú-istanelme man netye. Mán sí i allasse hehtane met. Turun' ambartanen ninya onóne emeliën. Tana penyane. Sí móre tula.«

Vokabular

Findecáno »Fingon«
Maitimo Russandol »Maedhros«

ambarta »Schicksal«
andon »Tor«
ecco »Speer«
lúme »Zeit, Stunde«

macil »Schwert«
nië »Träne«
ohtar »Krieger«
onóne »(leibliche) Schwester«
tanna »Zeichen«
túre »Sieg«

turuna »bezwungen«
ú-nótea »ungezählt«
úvea »sehr groß«

*anyal- »anrufen, grüßen« (aus *an* + *yal-* »rufen«)
hehta- »im Stich lassen«
latya- »öffnen«
mel- »lieben«
orta- »erheben, aufrichten«
*penya- »mangeln, fehlen« (von *penya* »mangelhaft«)

→ Lösungen auf Seite 96.
→ Die gesammelten Vokabeln zu den Quenya-Lektionen sind aufgelistet unter www.elbisch.info.

12. Lektion
Infinite Verbformen

Unter infiniten Verbformen versteht man solche, die keiner Person zugeordnet werden. Dazu gehören Imperativ, Infinitiv und Gerundium.

Imperativ

Der *Imperativ* (Befehlsform) hat nur eine Form für Singular und Plural. Er wird gebildet mit dem Stamm und der Endung *-a* (die bei schwachen Verben mit dem Stammauslaut zusammenfällt). Außerdem wird umittelbar vor das Verb ein freier Partikel gesetzt. Dieser lautet beim Imperativ *á*, vor langen Silben verkürzt zu *a*.

> *á tira!* »schau!« bzw. »schaut!«
> *a laita!* »preise!« bzw. »preiset!«

Eine abgeschwächte Form des Imperativs, auch als *Subjunktiv* (Möglichkeitsform) bezeichnet, dient zum Ausdruck von etwas, das sein könnte: Wünsche, Hoffnungen, etc. Dies wird ausgedrückt durch ein vorgesetztes *nai* (»möge es sein, dass«; vermutlich aus *na* »[es] ist« und *i* »dass«). In den bekannten Beispielen folgt darauf ein Verb im Futur:

> *nai elye hiruva* ›sei-dass selbst-du finden-wird‹ (übersetzt als: »vielleicht wirst sogar du es finden«)

Eine verstärkte Form zum Ausdruck dessen, was sein soll, wird gebildet mit einem vorangesetzten *na*:

> *araniëlya na tuluva* ›Königreich-Dein sei kommen-wird‹ (»Dein Königreich soll kommen«, »Dein Königreich komme«)
> *na care indómelya* ›sei es-handelt (Aor.) Wille-Dein‹ (»Dein Wille soll walten«, »Dein Wille geschehe«)

Diese Form wird verwendet bei starken Hoffnungen und Wünschen, auf deren Verwirklichung man keinen Einfluss hat.

Infinitiv

Als Infinitiv wird die Grundform des Aorist verwendet. Der Infinitiv kann wie im Deutschen als einfache Ergänzung des Verbs stehen:

polin quete »ich kann sprechen«

Wenn der Infinitiv ein Pronomen als Objekt hat, tritt eine verlängerte Form an die Stelle der Grundform. In diesem Fall wird zwischen Infinitiv und Pronomen ein *-ta-* eingeschoben, und das *-e* im Auslaut wird zu *-i*.

quete »sprechen«
queti-ta-s »es sagen« (›sprechen-es‹)
polin quetitas »ich kann es sagen«

Bei schwachen Verben ist der einfache Infinitiv gleich dem Stamm. Die erweiterte Form schiebt zwischen Stamm und Pronomen *-ta-* ein.

Gerundium

Das *Gerundium* oder Verbalsubstantiv wird gebildet durch Anhängen von *-ië* an den Wortstamm. Bei schwachen Verben fällt dabei notwendigerweise das *-a* im Stammauslaut weg, bei Verben auf *-ya* die ganze Silbe.

lanta- »fallen«   *lantië* »(das) Fallen«
tul- »kommen«   *tulië* »(das) Kommen«
vanya- »entschwinden«   *vanië* »(das) Entschwinden«

Das Gerundium ist eine Form, die auch aus dem Lateinischen bekannt ist (und dort von den wenigsten Schülern kapiert

12. Lektion: Infinite Verbformen

wird). Es ist ein Substantiv, das aus einem Infinitiv gebildet wird, aber gewisse Eigenschaften eines Verbs beibehält.

Aus einem Verb wie »fallen« lässt sich ein Substantiv »das Fallen« ableiten. So weit, so gut. Das Gerundium kann nun nicht nur wie ein Substantiv ein Attribut haben, zum Beispiel ein Adjektiv (»das schmerzhafte Fallen«) oder einen angefügten Genitiv (»das Fallen eines Blattes«). Alternativ kann es auch ein Objekt oder ein Adverb haben, wie dies normalerweise nur bei Verben vorkommt. Im Deutschen klingen diese Formen furchtbar, wenngleich sie theoretisch möglich sind: »das Blatt-Fallen«, »das schmerzhaft Fallen«.

enyalië »(das) Erinnern«
alcar enyalië »die Erinnerung an den Glanz« (›das Den-Glanz-Erinnern‹)

Das ist kompliziert genug. Um die Sache noch zu verschärfen, kann das Objekt wiederum ein Adjektiv oder Genitivattribut haben:

calima alcar enyalië »die Erinnerung an den hellen Glanz« (›(das) Den-hellen-Glanz-Erinnern‹)
Númenóreo alcar enyalië »die Erinnerung an den Glanz von Númenor« (›(das) Númenors-Glanz-Erinnern‹)

Aber es kommt noch schlimmer. Denn das Gerundium kann im Quenya wie jedes Substantiv auch gebeugt werden, also Kasusendungen haben:

Númenóreo alcar enyaliën »zur Erinnerung an den Glanz von Númenor« (›zum Númenors-Glanz-Erinnern‹ [Dat.])

Daraus ergeben sich dann Konstruktionen wie:

Vanda sina termaruva Elenna-nóreo alcar enyaliën
»Dieser Eid soll Bestand haben zur Erinnerung an den Glanz des Sternwärts-Landes«
(›Eid dieser durch-bleiben-wird zum Des-Sternwärts-landes-Glanz-Erinnern‹)

Ich hoffe, das ist so klar. (Na ja, wenigstens einigermaßen.)

ÜBUNGEN

(1) Übersetze ins Quenya (und schlage die Wörter, die du nicht kennst, im Wörterbuch nach):

Um auf dem Meer zu segeln (Ger. Instr.), baute Earendil ein Schiff. Sein Schiff trug ihn nach Norden, nach Süden, nach Westen. Tiefer Schatten umfing ihn. Verloren waren die Wege, müde sein Geist. Siehe! In der Höhe erstrahlt ein Silmaril, getragen von einer weißen Möwe! Das Licht spaltete die Dunkelheit, und er erblickte weiße Strände und dahinter ein fernes grünes Land unter einem raschen Sonnenaufgang.

(2) Übersetze ins Deutsche:

Eque Eonwe: »Aiya Earendil, ciryamion analcarin, apacennon i na sí tyelcave, merinon merië pella. Aiya, Earendil, i colelye i cala enwina lá Anar ar Isil. Cala Ardahínion, elen morniësse, miril andúnesse, alatarië anaróresse.«

Abschlussaufgabe: Übersetze das Gedicht »Der Herr der Ringe« ins Quenya.

12. Lektion: Infinite Verbformen

Vokabeln

alata »Glanz, Leuchten, Strahlen«
anaróre »Sonnenaufgang«
andúne »Sonnenuntergang, Westen«
ciryamo »Schiffer, Seefahrer«
híni »Kind«
mere- »verlangen, wollen, wünschen, ersehnen«
miril »(leuchtendes) Juwel«
rië »Kranz«

alcarin »ruhmreich«
enwina »alt (zu alten Zeiten gehörig oder davon abstammend)«
tyelca »plötzlich«

apa- voraus-, nach- (auf die Zukunft bezogen)
-on »-er« (männliche Endung)

Schlage die Wörter, die nicht kennst, im Wörterbuch nach.
  Eine mögliche Übersetzung findest du als Hilfe im Übungsteil.

➜ Lösungen auf Seite 96.
➜ Die gesammelten Vokabeln zu den Quenya-Lektionen sind aufgelistet unter www.elbisch.info.

Anhang
Vinyacarië

Wie schon gesagt, ist das Vokabular der Elbensprachen begrenzt, und so ist man versucht, aus dem bekannten Vokabular neue Wörter zu kreieren. Die Tolkien-Gemeinde hat dafür sogar ein eigenes Wort geschaffen: ***vinyacarië*** »Neuschöpfung« (***vinya*** »neu«, ***car-*** »machen«, ***-ië*** Gerundiumsendung). So gibt es die Möglichkeit, über das rekonstruierte Ur-Elbisch zu Sindarin-Wörtern die entsprechenden Quenya-Formen zu erschließen. Was nicht ganz unproblematisch ist; denn nach Tolkiens Vorstellung ist es eher so, dass ein und dieselbe Wurzel in verschiedenen Sprachen unterschiedliche Wortarten generiert: in der einen Sprache ein Substantiv, in der anderen ein Adjektiv oder Verb. Darüber hinaus sprengt dies natürlich auch den Rahmen dieses Übungsbuches.

Was jedoch recht nützlich sein kann, ist, wenn man sich verschiedene Möglichkeiten vor Augen führt, aus dem bestehenden Vokabular neue Wörter und Wortarten zu bilden.

Zusammensetzungen

Im Allgemeinen steht bei zusammengesetzten Hauptwörtern das erste Wort immer im Singular, auch wenn es Plural-Bedeutung hat.

Da die meisten Wörter im Singular auf einen Vokal enden, können sie mit dem Folgewort problemlos zusammengefügt werden. Wenn Vokal auf Vokal trifft, wird der letzte Vokal des ersten Wortes meist weggelassen. Wenn Konsonant – möglich sind nur ***l***, ***n***, ***r***, ***s***, ***t*** – auf Vokal trifft, werden beide Wörter einfach aneinander gefügt.

Trifft jedoch Konsonant auf Konsonant, so kommt es oft zu Lautangleichungen, die nach bestimmten Regeln verlaufen. Einige davon sind:

Anhang: *Vinyacarië* 85

l+n > -ld-	n+l > -ll-	r+l > -ll-
l+r > -ll-	n+r > -nd-	
	n+s > -ss-	
	n+m > -mm-	

Númellóte »Blume des Westens« (***númen*+*lóte***)
Elessar »Elbenstein« (***elen*+*sar***)
Elemmíre »Sternjuwel« (***elen*+*míre***)

Quenya erlaubt nur eine begrenzte Anzahl von Lautkombinationen im Inneren eines Wortes: *cc, cs, ht, hty, lc, ld, ll, lm, lp, lqu, lt, lv, lw, ly, mb, mm, mn, mp, my, nc, nd, ng, ngw, nn, nqu, nt, nty, nw, ny, ps, pt, qu, rc, rd, rm, rn, rqu, rr, rt, rty, rs, rw, ry, sc, squ, ss, st, sty, sw, ts, tt, tw, ty*. In den meisten anderen Fällen fehlen uns jedoch Beispiele, sodass man nicht genau sagen kann, ob manche Kombinationen, die im Quenya eigentlich nicht statthaft sind, bei Zusammensetzungen dennoch vorkommen dürfen.

Präfixe

Die Vorsilben entsprechen weitgehend den Präpositionen, haben zum Teil aber etwas andere Form. Einige davon haben unterschiedliche Form, je nachdem, ob das Folgewort mit einem Vokal oder Konsonanten beginnt.

Quenya-Präfixe

ala-	nicht, un- (ohne negative Färbung)
am(a)-, amba-	auf-, aufwärts-, über-
an-	sehr, äußerst (Intensiv- oder Superlativ-Präfix)
at(a)-	wieder-, zurück-, re- (im Sinne einer Umkehrung)
au-	weg, ab (Blickpunkt bei dem Objekt)
ava-	nicht, un- (weil es nicht sein darf)

ú-	nicht, un- (weil es nicht sein kann)
en-	wieder-, noch einmal (im Sinne einer Wiederholung)
ep-, apa-	nach- (auf die Zukunft bezogen), voraus-
et-	aus-, heraus-
hó-	weg-, ab- (Blickpunkt außerhalb des Objekts)
il-	nicht, un- (als Gegenteil oder Umkehrung, d. h. mehr als bloße Verneinung)
lin-	viel-
nu(n)-	unter-
o- (betont: *ó-*)	zusammen- (meist aus zwei Richtungen kommend)
oa(r)-	fort-
ter-	durch-, zu Ende, andauernd
ú-	nicht, un- (oft mit negativer Färbung), ohne (die Abwesenheit von etwas bezeichnend)
un(du)-	herunter-, hinunter-
yo-	zusammen- (aus mehr als zwei Richtungen)

Suffixe

Gerade bei den Nachsilben sind einige sehr alt. Meist bestehen Wörter im Ansatz aus einem Wurzel- und einem Bildungselement. So wird aus der Wurzel KOR mit der Grundbedeutung »kreisrund« und dem primitiven Element *-ma* mit der Grundbedeutung »Ding« das Wort *corma* »Ring«. Viele dieser Bildungselemente sind im klassischen Quenya nicht mehr produktiv; das heißt, sie können nicht mehr zur Neubildung von Wörtern herangezogen werden. Einige der noch verwendbaren sind im Folgenden aufgelistet:

Anhang: *Vinyacarië*

Quenya-Suffixe

-e, -le	Substantivierung von Verben, bei *-e* mit gleichzeitiger Längung des Stammvokals: *nut-* »binden«, *núte* »Knoten«, *vesta-* »heiraten«, *vestale* »Heirat«
-ië	Substantivierung von Verben oder Adjektiven, meist mit abstrakter Bedeutung: *verya-* »wagen«, *verya* »kühn«, *verië* »Kühnheit«
-me	Substantivierung von Verben oder Adjektiven, oft Abstraktes oder zumindest Ungreifbares bezeichnend: *mel-* »lieben«, *melme* »Liebe«
-arwa	Adjektivierung mit der Bedeutung »habend«: *alda* »Baum«, *aldarwa* »baumbestanden«
-ima	Adjektivierung, eine Fähigkeit oder Eigenschaft bezeichnend: *ú-nótima* »unzählbar«, *fírima* »sterblich«
-in(a)	Adjektivierung mit der Bedeutung »bestehend aus«: *telpe* »Silber«, *telpina* »silbern, aus Silber«
-inqua	Adjektivierung, entsprechend dem deutschen »-voll«, »-reich«: *alcarinqua* »ruhmreich«
-vea	Adjektivierung, entsprechend dem deutschen »-gleich«: *él* »Stern«, *elvea* »sternengleich«.
-ve	Adverbialendung: *anda* »lang«. *andave* »lange, lange Zeit«.
-ince, -lle	Verkleinerungsform: *atarince* »Väterchen«, *nandelle* »(kleine) Harfe«

-on	männliche Namensendung: *saura* »abscheulich«, *Sauron* »der Abscheuliche«
-(i)ë	weibliche Namensendung: *ancalima* »sehr hell«, *Ancalime* »die Sehr-Helle«
-r, -ro, -re	Agentive Endung, entsprechend dem deutschen »-er(in)«. Die Formen auf *-ro* und *-re* sind männlich bzw. weiblich, die auf *-r* neutral: *onta-* »zeugen«, *ontaro* »Erzeuger«, *ontare* »Erzeugerin«, *ontari* (Pl.) »Eltern«; *envinyata-* »erneuern«, *envinyatar* »Erneuerer«.
-iël	»Tochter«: *Uinéniël* »Tochter Uinens«
-ion	»Sohn«: *Anárion* »Sohn der Sonne«
-(n)dil	»Freund«: *Elendil* »Sternfreund« (oder »Elbenfreund«)
-(n)dur	»Diener«, mit uneingennütziger Hingabe, von der Bedeutung her fast identisch mit *-(n)dil*: *Isildur* »Monddiener«

Mit diesen Hinweisen möchte ich ein paar Anregungen geben, über die reine Anwendung des Gelernten selbst sprachschöpferisch tätig zu werden. Darum gibt es zu diesem Schlussteil auch keine Übungen – das Ende der Lektionen ist offen.

Lösungen

→ Die gesammelten Vokabeln zu den Quenya-Lektionen sind aufgelistet unter www.elbisch.info.

Zu Lektion 1

(1) *A laita te...* und *Et Earello...* sind Quenya.
- *Cuio i Pheriain...* ist Sindarin.
- *Ash nazg...* ist Schwarze Sprache.

(2) Quenya sind: *Ainulindale, asea aranion, coire, Cuiviénen, Earendil, Eldalië, Eldamar, Eldar, Elendil, Elentári, Elessar, hríve, Ilúvatar, Isildur, lasse-lanta, lómelindi, menel, Narya, Ninquelóte, palantír, Quenta Silmarillion, tengwar, Valar, yén*.
- *Amon Lhaw, athelas, cirth, Dúnedain, Elbereth, Emyn Muil, Haudh-en-Ndengin, ithildin, lhûg, menel* (im Quenya und Sindarin gleich lautend), *Morgoth, Nen Hithoel* und *Thangorodrim* sind Sindarin;
- *Adûnakhor* und *Ar-Gimilzôr* sind Adûnaïsch;
- *Azanulbizar* ist Khuzdul (Zwergensprache);
- *éored* und *simbelmyne* sind Rohirrisch;
- *Lugburz* und *snaga* sind aus der Schwarzen Sprache (Orkisch).

Zu Lektion 2

Zur Umschrift: Ein Doppelpunkt [:] steht nach einem langen Laut; alle anderen Laute sind kurz. Betonte Vokale sind durch einen vorangestellten Hochstrich ['] bezeichnet. Diphthonge tragen einen Akzent auf dem ersten Element. Varianten in Klammern ( ) bezeichnen ältere Formen der Aussprache. Schrägstriche stehen für Pausen unterschiedlicher Länge.

(1) *cermië* [k'ermie], **unque** ['uŋkwe], **Telperion** [telp'erion], *anga* ['aŋga], **Aule** ['áule], *áze* ['a:ze], **Númenor** [n'u:menor], **Númenóre** [nu:men'o:re], **Varda** [v'arda], **Ohtar** ['oxtar], **Tintalle** [tint'al:e], *cirya* [k'irja], *loënde* [lo'ende], **Súlimo** [s'u:limo], **Mahtan** [m'axtan], **Oiolosse** [óiol'os:e], **Turambar** [tur'ambar], *leuca* [l'éuka], *hwesta* [w'esta] ([hw'esta]), *palantír* [pal'anti:r], *Elessar* [el'es:ar], *hríve* [r'i:ve] ([hr'i:ve]), *Alqualonde* [alkwal'onde], *Vanyar* [v'anjar], *Noldor* [n'oldor] ([ŋ'oldor]), *Teleri* [t'eleri], *Silmaril* [s'ilmaril], *Silmarillion* [silmar'il:ion], *elendili* [el'endili], *Wilwarin* [w'ilwarin], *Telumehtar* [telum'eçtar], *istari* ['istari], *Hyarmendacil* [çarm'endakil], *Anárion* [an'a:rion], *Menelmacar* [men'elmakar], *tyeller* [tj'eller], *ruinya* [r'úinja], *Yavanna* [jav'an:a]

Aiya Earendil elenion ancalima!
['áija ear'endil el'enion aŋk'alima]
Elen síla lúmenn' omentiëlvo!
['elen s'i:la l'u:men: omenti'elvo]

(2) Galadriels Klage in Lóriën (HR II/8)

Ai! laurië lantar lassi súrinen,
['ái l'áurie l'antar l'as:i s'u:rinen/
yéni únótime ve ramar aldaron!
j'e:ni u:n'o:time v'e r'a:mar 'aldaron///
Yéni ve linte yuldar avániër
j'e:ni v'e l'inte j'uldar av'a:nier
mi ormardi lisse-miruvóreva
m'i orom'ardi l'is:e miruv'o:reva//
Andúne pella, Vardo tellumar
and'u:ne p'el:a v'ardo t'el:umar
nu luini yassen tintilar i eleni
n'u l'úini j'as:en t'intilar i 'eleni
ómaryo airetári-lírinen.
o:m'arjo áiret'a:ri l'i:rinen///

Sí man i yulma nin enquantuva?
s'i: m'an i j'ulma n'in eŋkw'antuva///

An sí Tintalle Varda Oiolosseo
'an s'i: tint'al:e v'arda óiol'os:eo/
ve fanyar máryat Elentári ortane
v'e f'anjar m'arjat elent'a:ri 'ortane//
ar ilye tiër anduláve lumbule;
'ar 'ilje t'ier undul'a:ve l'umbule///
ar sindanóriëllo caita mornië
'ar sindano:ri'el:o k'áita m'ornie
i falmalinnar imbe met, ar hísië
i falmal'in:ar 'imbe m'et//'ar h'i:sie
untúpa Calaciryo míri oiale.
unt'u:pa kalak'irjo m'i:ri 'óiale//
Sí vanwa ná, Romello vanwa, Valimar!
s'i: v'anwa n'a: ro:m'el:o v'anwa v'alimar///

Namárië! Nai hiruvalye Valimar.
nam'a:rie///n'ái hiruv'alje v'alimar//
Nai elye hiruva. Namárië!
n'ái 'elje h'iruva//nam'a:rie///]

Der Eid Elendils (HR VI/5)

Et earello Endorenna utúliën.
['et ear'el:o endor'en:a ut'u:lien///
Sinome maruvan ar hildinyar tenn' Ambar-metta.
s'inome m'aruvan 'ar hild'injar t'enn 'ambarm'et:a///]

Der Eid Cirions (NaM 3/II)

Vanda sina termaruva Elenna·nóreo alcar enyaliën
[v'anda s'ina term'aruva el'en:a n'o:reo 'alkar enj'alien/
ar Elendil Vorondo voronwe.
'ar el'endil vor'ondo vor'onwe///

Nai tiruvantes i hárar mahalmassen mi Númen
n'ái tiruv'antes i h'a:rar mahalm'as:en m'i n'u:men /
ar i Eru i or ilye mahalmar ea tennoio.
'ar i 'eru i 'or 'ilje mah'almar 'ea ten:'óio///]

Zu Lektion 3

(1) *Lóme caita. I eleni tintilar. Eldar tirar. Elen síla. I nen cela ar i súle lausta. Aiwi lindar.*

(2) Orome der Reiter kommt. Die Eldar fliehen. Ein Horn klingt. Der Vala strahlt. Die Nacht vergeht. Die Eldar kommen. Der Vala singt. Es singen die Vögel und die Eldar.

(3) *Lómi caitar. I elen tintila. Elda tira. Eleni sílar. I neni celar ar i súli laustar. Aiwe linda.*

Roqueni tular. Elda tuca. Rómar lamyar. Valar calar. Elda tula. Lindar i aiwe ar i Elda (bei mehreren Subjekten steht das Verb im Plural).

Zu Lektion 4

(1) *I lóme na morna. Anda na i lië. Eldar vanime tular. I Vanyar nar minyar. Vanyar haryar findi laurië, Noldor morne, Teleri varnië ar sinde. Arda na landa. Laique nar i aldar (i orni). I oronti hiswe nar halle. Silar i aicali lossi.*

(2) Grau fließt der Nebel. Die funkelnden Sterne sind hell. Unter den grünen Bäumen wandelt Elu. Melian die Maia singt ein süßes Lied. Der hochgewachsene Elbe sieht die schöne Maia. Ein rascher Schlaf legt sich auf Elu und Melian wie ein grauer Mantel. Hoch und dunkel ist der Wald.

Zu Lektion 5

(1) *Lelyar i Eldar tenn' i métima falasse. Falmar ninqui sílar mí morna lóme. I Vala Osse tula ar tuca laiqua tol arta i alt' aire (Alataire). I tol anda na ve cirya Eldain. Eldar tirar halle aicali ar vinya cala. Halle oronti pella caita nóre almárea.*

(2) Die Vanyar entschwinden als Erste übers westliche Meer, die Noldor als Zweite. Die Teleri kommen als Letzte und bleiben am Meeresufer.

Verschwunden ist Elwe. Süße Verzauberung liegt auf Elwe (Elu) und Melyanna (Melian) unter den dunklen Bäumen. Es schaut der erwachende Elbe ein unsterbliches Licht.

Elu und Melian die Maia herrschen über die verlassenen Elben. Das Volk singt der weißen Königin und dem König Graumantel (Thingol) neue Lieder. Nun sprechen innerhalb von Mittelerde die Elben eine neue Sprache: Grauelbisch.

Zu Lektion 6

(1) (a) *I Noldor túlar ter i Calacirya. Cénar laurea cala. I cala calta oronti pella oiale. Si Manwe Herunúmen ture Valar.*

(b) (Präs.:) *Túlalme. Himyealye, auteamme.* (Fut.:) *Erye autuva. Hiruvanye Valimar. Etye hiruva Valimar.*

(c) (Fut.:) *Tuluvalme. Himyuvalye, autuvamme.* (Präs.:) *Erye autea. Hireanye Valimar. Etye hirea Valimar.*

(2) Finwe spricht: »Ich werde den goldenen und den silbernen Baum sehen. Ich werde den Valar Geschenke geben. Míriël wird für Manwe tanzen. Manwe wird den Becher füllen, und wir beide (= er und ich) werden den Nektar trinken. Vielleicht wird Varda

ein Lied singen. Vielleicht wird sogar sie singen. Und wir (= Varda aber nicht) werden rufen: ›Heil, Heiligkeit-Königin!‹«

Zu Lektion 7

(1) (a) *I airi Aldu nar Laurelin ar Telperion.* (b) *Feanor cára Silmarilli nelde. Silmaril harya cala alfirina.* (c) *Melcor, i morna cotumo, ar Ungoliante túlar nu mordo ar sangiar Aldu. Mal Varda ortea mát ar cára Anar ar Isil.*

(2) Feanor spricht: »Die Teleri haben hohe Schiffe. Sie werden sie uns (excl.) geben. Wir (excl.) werden über das Große Meer fahren. Wir (excl.) werden die Silmaril finden. Ich selbst werde sie finden, und ich verde den Vala (= Morgoth) beugen. Das Licht wird für uns (excl.) leuchten, es wird nicht leuchten für die Valar. Ihnen werde ich es verweigern. Ich werde die Steine verbergen, und für mich werden sie leuchten bis zum Ende der Welt.«

Zu Lektion 8

(1) *I nóre númeneva* (besser wäre: *númenya* »westlich«) *caita Vardo nu morna menel. Nán elenirya tintilar, an i súli Manweo avahortar i lumbule.*

Feanáro na i tano Silmarillion. I Silmarilli haryar i cala airi Alduo. Mi i cala Silmarilliëva caita i alasse ilfirina nóreo (oder *ilfirinóreo*). *Nán Feanáro eque: »I tanwe mányato hara lá i cala Valinoreva.«*

(2) Die Namen der Valarfürsten: MANWE, Herr des Westens und König der Welt. VARDA die Sternkönigin. ULMO, Herr der Wasser und König der Meere. AULE, Schmied der Zwerge. YAVANNA die Erdkönigin, von der Gestalt eines Baumes. NÁMO, der Herr der Todesschleier, und VAIRE, seine Gemahlin. IRMO, der Herr der

Traumschleier, und ESTE. NIENNA trauert um Menschen und Elben (Dat.). OROME der Jäger und VÁNA. TULCAS der Krieger und NESSA.

Zu Lektion 9

(1) *I ciryar ninqui Vanyaive cólir Feanáro ar nossenya Endorenna. Mal Fingolfin ar hosta Eldaron láryear Aramanesse. Nolofinwe túlyea I hecili athra i Helcaracse. Helcasse Eldar ú-notime fírear.*

(2) Fingolfin (Nolofinwe) spricht: »Vom Malmeis komme ich nach Mittelerde. Von den Gipfeln herab deckt Nebel das weite Land. Ich werde Ausschau halten nach Feanor (Feanáro) in den (vielen) Hügeln und auf den Bergspitzen, im Dunkel der Bäume und im hellen Tageslicht. In den Höhlen wird die Dunkelheit ihn nicht verbergen. Wenn ich ihn finden werde, werde ich sagen: ›Ich bin König der Noldor.‹«

Zu Lektion 10

(1) *Si man i líre linduva tauremornasse? Ar man i yulma quantuva ampanosse? Vanwa nar i Eldar imbe rambar noriënna.*

I lirulin linduva i lire táriësse. I ehtele quantuva i yulma tumbasse. Ar i Eldar entuluvar Ondolindello.

(2) Idril (Itarille) spricht: »Wer ist der König der Noldor? Fingolfin (Nolofinwe), der gegen den Schwarzen Feind Krieg führt? Oder ist es Turgon (Turucáno), der Herr von Gondolin (Ondolinde), wo die aus dem Westen die alte Sprache sprechen?

Wer weiß, woher (*oder* von wem) der Wind weht? Wer weiß, warum (*oder* durch wen) die Sterne leuchten? Und wer weiß den Weg, auf dem einer in das verborgene Land kommen wird?«

Zu Lektion 11

(1) *Sina lumesse Maitimo Russandol ohtacáre Moringottonna. Arinesse tana réo i rómar Eldarive anyaller i anaróre, ar rómesse i Feanárioni ortaner i tannanta ar númesse Findecano i Noldóran i erya. Sí Turucáno lantyane i andoni ar túle yo hosta úvea ohtaron i coller macili ande ar eccorente síve taure. Ananta mettasse tana réo Moringotto haryane i túre ohtasse ú-nótië niëron.*

(2) Túrin spricht: »Wir (beide) waren glücklich, o Níniël, denn wir (alle) wussten nicht, wer du warst. Aber nun hat das Glück uns im Stich gelassen. Bezwungen vom Schicksal, habe ich meine eigene Schwester geliebt. Dies (rückverweisend) fehlte noch. Jetzt kommt die Nacht.«

Zu Lektion 12

(1) *Earesse círiën Earendil cáre cirya. Ciryarye se colle formenna, hyarmenna, númenna. Lumbule se halyane. Vanwe ner tiër, yerina indorye. Aiya! Táriësse sisíla Silmaril, colla ninque maiwenen. I cala círyane i mornië, ar erye ecénië ilcale falassi ar ennas haira laiquanórië nu linta anaróre.*

(2) Eonwe spricht: »Heil, Earendil, der Seefahrer ruhmreichster, Erwarteter, der unversehens da ist, Ersehnter jenseits allen Hoffens. Heil, Earendil, der du das Licht trägst, das älter ist als Sonne und Mond! Licht der Erdenkinder, Stern in der Dunkelheit, Juwel in der Abendsonne, Strahlenkranz am Morgen!« (Vgl. SIL QS/24.)

Lösungen

Zusatzaufgabe:

Heru i Cormaron

Nelde Cormar Eldaranin nu i menel,
Otso Naucoheruin mí ondomardentar,
Nerte Firimatanin fairenen marte,
Mine Herumoren mahalma mornasse
Mi Mornanóre yasse caitar Huini.
Min Corma turiën te ilye, Min Corma tuviën te,
Min Corma tuciën te ilye ar morniësse nutiën te
Mi Mornanóre yasse caitar Huini.

➔ Ein Kommentar zu dieser Übersetzung ist enthalten auf www.elbisch.info.

II. Sindarin in 12 Lektionen

1. Lektion
Wie man Sindarin erkennt

Sindarin ist das gesprochene Elbisch in den westlichen Landen von Mittelerde.

Wie kann man erkennen, ob ein Wort Sindarin ist? Sindarin wird im Text auch als »Grauelbisch« bezeichnet, bei den Menschen als »Sprache der Gebildeten«. Als die ersten Elben in grauer Vorzeit auf Einladung der Valar ihre lange Wanderung nach Westen unternahmen, spaltete sich ihre Sprache in verschiedene Dialekte. Einer dieser Dialekte war das Gemeine Telerin. Aus dem Dialekt jener Teleri-Elben, die in Beleriand am Ufer des Westlichen Meeres zurückblieben, entwickelte sich bis zum Ersten Zeitalter das Sindarin als die Sprache der Sindar oder Grauelben. Als die Noldor, die über das Meer zu den Unsterblichenlanden gezogen waren, nach ihrer Rebellion gegen die Valar, von der das *Silmarillion* berichtet, nach Mittelerde zurückkehrten, brachten sie Quenya als ihre eigene Sprache von dort mit. Elu Thingol, der König der Elben von Beleriand, verbot jedoch den Gebrauch dieser Sprache in seinem Reich, weil die Noldor seine Teleri-Verwandten jenseits des Meeres getötet hatten. Darufhin passten die Noldor ihre Namen in Mittelerde dem Sindarin an.

Auch die gebildeten Menschen der westlichen Lande sprachen Sindarin. Ihre Umgangssprache war im Dritten Zeitalter Adûni (»Westron«), auch die Gemeinsprache genannt (im Original mit Englisch, in der Übersetzung mit Deutsch wiedergegeben), Namen in dieser Sprache sind oft eine Übersetzung des Elbischen. Namen in Rohan sind meist Rohirrisch (was im Roman in Altenglisch umgesetzt wurde), Worte, die von Orks gebraucht werden, sind gewöhnlich Orkisch, und so weiter.

Im Allgemeinen sind alle elbischen Namen und Bezeichnungen in Mittelerde Sindarin. Ausnahmen bilden die alten Namen der menschlichen Könige von Númenor und Gondor, die in Quenya gehalten waren. Es gibt eine Reihe von anderen Dialekten, die auf manche Namen Einfluss nahmen, dies betrifft vor allem Lóriën und den Düsterwald (vgl. »Von den Elben«, HR Anh F, und »Die Geschichte von Galadriël und Celeborn«, NAM 2/IV). Dort sprach man im Dritten Zeitalter Sindarin mit einem Akzent. Der einzige längere Sindarin-Text im *Herrn der Ringe* ist das Lied »A Elbereth Gilthoniël« (Hymne der Elben von Bruchtal, HR II/1).

Seit dem Ersten Zeitalter hat sich das Sindarin nur wenig verändert, aber doch stärker als das Quenya. Die Formen der Sprache im Folgenden entsprechen denen, wie sie Elben am Ende des Dritten Zeitalters gebrauchen würden.

Merkmale

Zur Unterscheidung des Sindarin vom Quenya und von anderen Sprachen Mittelerdes lassen sich insbesondere die Laute und die Grammatik heranziehen.

Laute

Sindarin bevorzugt bestimmte Laute und Lautkombinationen, zum Teil abhängig von der Stellung im Wort:

1. Lektion: Wie man Sindarin erkennt

Sindarin:	Nicht-Sindarin:
y als Vokal.	*y* als Konsonant.
ch, *dh*, *gh*, *lh*, *mh*, *rh* als Buchstabenkombinationen.	*qu*, *hl*, *hr*, *hy* als Buchstabenkombinationen.
ai (nur in der Endsilbe), *ei* (in anderen Silben), *ae*, *oe*, *au*, *ui* als Diphthonge.	*ai* (in anderen als der Endsilbe), eu, oi, iu als Diphthonge.
v kommt vor, aber selten.	*v* ist häufig im Quenya.
w, *th* ist häufig im Sindarin.	*w* ist selten im Quenya, *th* kommt nur im alten Quenya vor, nicht in Mittelerde, *x*, *z* gibt es im Sindarin nicht, *j*, *zh*, *sh* kommen im Elbischen überhaupt nicht vor.
ˆ (Zirkumflex) in einsilbigen Wörtern zur Darstellung eines besonders langen Vokals.	ˆ (Zirkumflex) in mehrsilbigen Wörtern ist meist Adûnaïsch oder Orkisch.
· (mittiger Punkt) zum Zeichen einer folgenden Mutation.	¨ (Diëresis) wird meist nur für Quenya verwendet.
b, *d*, *g*, *ch*, *dh*, *lh*, *mh*, *rh*, *io* am Wortanfang.	*hl*, *hr*, *hy* am Wortanfang ist Quenya.
b, *d*, *g* nach Vokalen oder nach anderen Konsonanten als *m*, *n*, *l*, *r*.	*p*, *t*, *c* nach Vokalen ist nicht Sindarin; *b*, *d*, *g* steht im Quenya nur nach *m*, *n*, *l*, *r*.
Sindarin-Wörter enden meist auf einen Konsonanten.	Quenya-Wörter enden entweder auf einen Vokal oder auf *l*, *n*, *r*, *s*, *t*.
Sindarin bevorzugt kürzere Wörter.	Quenya bevorzugt vielsilbige Wörter. Andere Sprachen haben auch lange Wörter, aber mit anderen Lauten als im Sindarin.

Grammatik

Jede Sprache hat ihre eigene Grammatik. So sind etwa im Sindarin typische Adjektivendungen *-ui*, *-eb* oder *-en*, Plural *-in*, im Quenya *-ea*, Plural *-ië*. Die Befehlsform (Imperativ) endet im Sindarin auf *-o*, im Quenya auf *-a*.

ÜBUNGEN

(1) Bestimme die Sprache des jeweiligen Satzes:

(a) *Annon edhellen, edro hi ammen!*
(b) *Uglúk u bagronk sha pushdug Saruman-glob búbhosh skai!*
(c) *Daur a Berhael, Conin en Annûn! Eglerio!*
(c) *A Túrin Turambar turun' ambartanen!*

(2) Suche die Sindarin-Wörter heraus:

Aragorn, Ninquelóte, Mithrandir, Ainur, Inzilbêth, Aglarond, yén, Azaghâl, Narya, Silmaril, Bruinen, Eldalië, Lebennin, edain, elanor, Telcontar, suilannad, Earendil, Ereinion, Endor, eques, Eriador, cirya, Eldarion, ithildin, Valaquenta, Amon Sûl, Fingolfin, nazg, Glamdring, Kibil-nâla, Gorgoroth, palantír, sharkû, Haradrim, Arod, Gwaihir, Elentári, lam, Ulmo, angerthas, hísië, lhûg, istari, mallorn, Atalante, balrog, Elbereth, Cirith Ungol, uzbad, Nîn-in-Eilph, meara, ancalima, Ar-Pharazôn, Haudh-en-Ndengin

→ Lösungen auf Seite 169.

2. Lektion
Aussprache

Die Aussprache des Sindarin ist für einen deutschen Sprecher etwas schwieriger als die des Quenya.

Hier die wesentlichen Punkte, die vom deutschen Sprachgebrauch abweichen. (Eckige Klammern bezeichnen im Folgenden die Aussprache; vor betonten Vokalen steht ein kleiner senkrechter Strich, lange Laute sind durch einen Doppelpunkt und Diphthonge durch einen Akzent auf dem ersten Bestandteil gekennzeichnet.)

Konsonanten

C wird immer hart, also wie K, ausgesprochen, auch vor *e* und *i*; einen Namen wie *Celeborn* spricht man [k'eleborn].

CH steht für das *ch* [x] wie in dt. »ach«, auch nach *e*, *i* und *y*.

DH steht für das stimmhafte *th* [ð] wie in engl. "then". Es wird auch am Wortende stimmhaft ausgesprochen, wie in *galadh* [g'alað].

F steht für *f*, außer am Wortende, wo es verwendet wird, um den Laut für *v* [v] wiederzugeben, entsprechend dem deutschen *w*: *Nindalf* [n'indalv], *nef aearon* [n'ev 'aearon].

G steht nur für den Laut *g* [g] wie in »geben«, nicht für den Reibelaut *g* [ž] in »Genie«.

H wie im Deutschen, außer bei HW und LH.

HW ist das *hwesta Sindarinwa*, ein stimmloses, behauchtes *w* [hw], möglicherweise auch ein *chw* [xw]. (Man kann es auch wie ein normales *w* [w] aussprechen, wie bei den Menschen.)

I am Wortanfang vor einem anderen Vokal entspricht dem deutschen *j*, zum Beispiel in *Ioreth* [j'oreθ], *Iarwain* [j'arwain].

LH	ein stimmloses, behauchtes *l* [hl]. (Man kann es auch wie ein normales *l* [l] aussprechen, wie bei den Menschen.)
N	vor *g* oder *ng* wird wie der Laut in *eng* ['eŋ] ausgesprochen; dies gilt auch bei Wortkombinationen, die durch einen Bindestrich oder einen auf Mitte gesetzten Punkt zusammengefügt wurden: **en·ngalad** [eŋ ŋ'alad].
NG	Am Wortanfang der Laut wie in *eng* ['eŋ] – was gewöhnungsbedürftig ist, da dieser Laut im Deutschen am Wortanfang nicht vorkommt. In der Wortmitte wird das *g* deutlich mitgesprochen, als [ŋg] wie in dt. *Ringgeist* [r'iŋgaist], nicht wie in dt. *Finger* [f'iŋer]. Am Wortende [ŋ] wie im Deutschen.
PH	hat denselben Klang wie *f* [f]. Es wird verwendet (a) wo der F-Laut am Wortende vorkommt, wie in **alph** [alf] (siehe oben zu F); (b) wo der F-Laut mit einem *p* verwandt ist wie in **i·Pheriannath** [i feri'an:aθ], abgeleitet von **Perian** »Halbling«; (c) in der Mitte einiger weniger Wörter, wo es für ein langes *ff* (aus *pp*) steht wie in **ephel** ['ef:el].
R	ist das »Vorderzungen«-R, wie im Italienischen (aber nicht so stark gerollt) oder in manchen Dialekten des Englischen, etwa in der südenglischen Aussprache von "very". Es wird mit der Zungenspitze am Gaumen direkt hinter den Zähnen gebildet, ungefähr wie das deutsche *d*, aber so, dass die Zungenspitze durch den Luftstrom ein bisschen in Schwingung gerät. (Das im Deutschen übliche »Zäpfchen«-R gibt es in Mittelerde nur bei den Ork-Sprachen – und es wurde von den Elben als ausgesprochen hässlich angesehen!)
S	ist immer scharf, das heißt stimmlos, wie im Deutschen am Wortende: »das«, »Hass«, »groß«, auch vor Vokalen: **sîr** [s'i:r] spicht man wie **ßihr.
TH	ist das stimmlose *th* wie in engl. "thin" [θ'in].
W	ist der Halbvokal *w* [w] wie im Englischen, fast wie *u* ausgesprochen, nicht das [v] wie im Deutschen.

Doppelt geschriebene Konsonanten – *tt*, *ss*, *ll*, *nn* – sind lang; das heißt, sie werden einen Moment in der Position angehalten. Der vorangehende Vokal wird dadurch nicht, wie im Deutschen, verkürzt; im Gegenteil gilt eine Silbe mit Doppelkonsonant immer als lange Silbe.

Vokale

Auch die Vokale entsprechen im Allgemeinen denen des Deutschen. Im Folgenden noch einige Hinweise im Detail:

A, I, U ähnlich wie im Deutschen.
E kurz wie in »Bett«, »Elbe« [e], lang wie in »Beet«, »Lese« [e:] Das lange E ist im Sindarin gespannter und geschlossener als das kurze. Das ist im Deutschen genauso, sodass man hier keine Besonderheiten zu beachten braucht.
O kurz wie in »Gott«, »Gold« [o], lang wie in »Boot«, »Lotse« [o:]. Für die Klangfarbe gilt das Entsprechende wie für E.
Y ist das deutsche *ü* [y].

Diphthonge (Zwielaute) sind Doppellaute, die in einer Silbe gesprochen werden. Im Sindarin sind dies AI, OI, UI, AU, AE, OE. Es handelt sich dabei um fallende Diphthonge, das heißt, sie werden auf dem ersten Element betont.

ÁI wie in »Hain«, »Bein«. Kommt im Sindarin nur in der letzten Silbe von Wörtern vor, da das ursprüngliche *ei* dort zu *ai* wurde.
ÉI nicht wie im deutschen »Ei« (gesprochen [ai]), sondern der E-Laut in »weh« (entsprechend dem französischen *ê*), der nach *i* gleitet – also eher wie /*ehj*/. Wurde in Endsilben in der Regel zu *ai*.
ÚI wie in »Pfui!«.

ÁU   wie in »Laut«.
ÁE   hierfür gibt es keine direkte deutsche Entsprechung. Es handelt sich um einen Vokal, der von A nach E gleitet, fast ausgesprochen wie *ai*, nur mit einem *e* als zweitem Element. (Nicht das deutsche *ä!*)
ÓE   desgleichen; eine Verbindung von O und E, in einer Silbe gesprochen. (Nicht das deutsche *ö!*)

Alle anderen Vokalkombinationen – EA, EO, IË, etc. – sind zweisilbig.

Betonung

Die Betonung wird bestimmt von der Anzahl der Silben in einem Wort. Dabei bezieht sich »Silbe« auf die Aussprache, nicht auf die Trennung der inhaltlichen Bestandteile eines Wortes.

(1) Zweisilbige Wörter werden fast immer auf der ersten Silbe betont (***Anar*** ['anar], ***pinnath*** [p'in:aθ]).

(2) Dreisilbige Wörter werden unterschiedlich betont, je nach Länge der vorletzten Silbe:

(a) Wenn die vorletzte Silbe lang ist, wird diese Silbe betont. Eine lange Silbe enthält einen langen Vokal *(á, é, í, ó, ú)* bzw. einen Diphthong *(ai, oi, ui; au, eu, iu)* oder mehr als einen Konsonanten nach dem Vokal.

   Annúnaid [an:'u:naid] (langer Vokal: *ú*)
   Fanuilos [fan'uilos] (Diphthong: *ui*)
   Glorfindel [glorf'indel] (zwei Konsonanten nach dem Vokal: *nd*).
   Lebennin [leb'en:in] (Doppel-*n* ist lang).

2. Lektion: Aussprache

(b) Wenn die vorletzte Silbe kurz ist, wird die Silbe davor betont. Eine kurze Silbe enthält einen kurzen Vokal und entweder nur einen oder gar keinen Konsonanten danach.

Aragorn ['aragorn] (die vorletzte Silbe ist -*ag*-: kurzer Vokal, nur ein Konsonant danach)
Fimbrethil [f'imbreθil] (die vorletzte Silbe ist -*eth*-: kurzer Vokal, nur ein Konsonant danach, da *th* als ein Laut zählt)
Galadriel [gal'adriel] (die vorletzte Silbe ist -*ri*-: kurzer Vokal, kein Konsonant danach)

Anmerkung: Durch die Hinzufügung einer Endung oder die Bildung eines zusammengesetzten Wortes kann sich die Betonung verschieben.

Es gibt neben der Hauptbetonung noch eine schwächere Nebenbetonung, zum Beispiel auf der letzten Silbe, wenn die drittletzte Silbe betont wird. Meistens macht man so etwas automatisch beim Sprechen. Darum wird darauf hier nicht eingegangen, auch um die Sache nicht zu kompliziert zu machen.

ÜBUNGEN

(1) Sprich die folgenden Sätze:

(a) *Mae govannen!*
(b) *Annon edhellen, edro hi ammen!*
(c) *Alae! Ered en Echoriath, ered e·mbar nîn!*

(2) Sprich die folgenden Sindarin-Wörter aus:

Bruinen, Galadhrim, Minas Tirith, Amon Rûdh, estathar, Barad-dûr, Morannon, Arthedain, mallorn, Ereinion, Eryn Galen, lhûg, Udalraph, Fornost Erain, peredhel, Region, gaurhoth, Mithrandir, Gilraen, Dúnedain, Celebrían, di'nguruthos,

Gwaith-i-Mírdain, *iarwain*, *Fladrif*, *Nargothrond*, *ithildin*, *nelchaenen*, *Orodruin*, *Angerthas*, *yrch*, *hwand*

(3) Lies laut: Die Hymne der Elben von Imladris (»A Elbereth Gilthoniel«, HR II/1).

→ Lösungen auf Seite 169.

3. Lektion
Substantive und einfache Verben

Pluralbildung

Im Sindarin gibt es keine grammatischen Fälle wie im Quenya. *Substantive* (Hauptwörter, auch *Nomen* genannt) im Sindarin verändern sich ausschließlich vom Singular zum Plural. Die Pluralbildung erfolgt im Sindarin nicht durch Anhängen einer Endung, sondern durch Umlautung. Dazu muss man wissen, dass im Ur-Elbischen der Plural durch Anhängen von -ī gebildet wurde. Diese Endung ist im Sindarin weggefallen, doch zuvor wurden die Vokale in den vorangehenden Silben davon beeinflusst, das heißt, in Richtung *i* verschoben. Das kann man sich vereinfacht ungefähr so vorstellen:

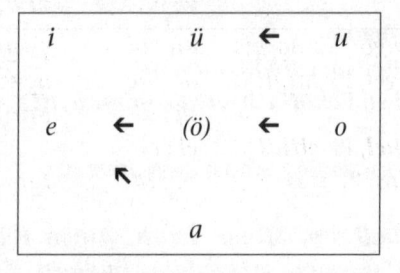

i	ü	← u
e ←	(ö)	← o
↙		
	a	

Das *ö* fällt im späten Sindarin weg und dadurch fällt der *o*-Umlaut mit dem *e* zusammen. Der Unterschied zwischen *ü (y)* und *i* ist so gering, dass es zu keiner Verschiebung kommt.

Statt langer Erklärungen hier eine Tabelle, aus der die verschiedenen Pluralformen hervorgehen. Dabei macht es einen Unterschied, ob der Laut in einer Endsilbe (bzw. einem einsilbigen Wort) oder in einer vorausgehenden Silbe vorkommt.

Übersicht: Formen der Pluralbildung

Allg.	Beispiel	Endsilbig	Beispiel
a : e	*adan*, Pl. *edain*	*a : ai*	*bar*, Pl. *bair*
		â : ai	*bâd*, Pl. *baid*
e : e	*edhel*, Pl. *edhil*	*e : i*	*certh*, Pl. *cirth*
		ê : î	*têw*, Pl. *tîw*
i : i	*ithron*, Pl. *ithryn*	*i : i*	*sigil*, Pl. *sigil*
		î : î	*sîr*, Pl. *sîr*
o : e	*orod*, Pl. *eryd*	*o : y*	*orch*, Pl. *yrch*
		ô : ŷ	*bôr*, Pl. *bŷr*
u : y	*tulus*, Pl. *tylys*	*u : y*	*tulus*, Pl. *tylys*
		û : ui	*dûr*, Pl. *duir*
y : y	*ylfdan*, Pl. *ylfdain*	*y : y*	*ylf*, Pl. *ylf*
		ŷ : ŷ	*mŷl*, Pl. *mŷl*
au : oe	*naugol*, Pl. *noegyl*	*au : oe*	*gwaun*, Pl. *gwoen*
ae : ae	*laegel*, Pl. *laegil*	*ae : ae*	*aew*, Pl. *aew*
ai : ai	–	*ai : ai*	*lain*, Pl. *lain*
ei : ei	*eithel*, Pl. *eithil*	*ei : ei*	–
ui : ui	*uilos*, Pl. *uilys*	*ui : ui*	*luin*, Pl. *luin*

Sonderfälle

a	*ar : er*	n<u>a</u>rn, Pl. n<u>e</u>rn
	ang : eng	f<u>a</u>ng, Pl. f<u>e</u>ng
e	*ië : i*	min<u>ië</u>l, Pl. *mínil*
o	*io : y*	thal<u>io</u>n, Pl. *thel<u>y</u>n*
au	*aw : oe*	n<u>aw</u>, Pl. n<u>oe</u>

Unregelmäßige Pluralformen sind im Wörterbuch aufgeführt.

Der Artikel

Der bestimmte Artikel »der (die, das)« lautet *i*, Plural *in*. Einen unbestimmten Artikel »ein (eine)« gibt es im Sindarin nicht.

i·aran »der König«   *aran* »ein König«
in·erain »die Könige«   *erain* »Könige«

Neben der freien Form gibt es noch eine gebundene Form des Artikels, die in einer späteren Lektion behandelt wird.

Anmerkung: Wir schreiben den Artikel immer mit einem auf Mitte gesetzten Punkt, um zu zeigen, dass das folgende Wort davon beeinflusst wird. Was dies genau bedeutet, dazu mehr später.

Konjunktionen

Die Konjunktion »und« lautet *ar*. Sie kann vor Konsonanten zu *a* verkürzt werden. Mitunter wird auch in gleicher Bedeutung die Präposition *a* »mit« (vor Vokalen *ah*) verwendet.

> *i·aran Arnor ar Gondor* »der König von Arnor und Gondor«
> *pedo mellon a minno* »sprich Freund und tritt ein«
> *Athrabeth Finrod ah Andreth* »Debatte von Finrod und (= mit) Andreth«

An weiteren Konjunktionen lassen sich verwenden:

dan aber
egor oder
ir   wenn (zeitlich), wann
sa   dass
sui (so) wie
ae   wenn (konditional), falls

Anmerkung: Die Form *ae* ist rekonstruiert aus Qu. *ai-quen* »wenn irgendjemand«.

Das Verb

Die unterschiedlichen Formen des Verbs werden im Sindarin durch Hinzufügung von Endungen an den Verbstamm gebildet. (Verbstämme werden mit einem Bindestrich am Ende geschrieben, um zu zeigen, dass es sich um unvollständige Formen handelt, die eine Endung erfordern.) Wir unterscheiden *schwache* Verben, deren Stamm auf *-a*, und *starke* Verben (auch Stammverben genannt), deren Stamm auf einen Konsonanten endet.

Verben stimmen mit dem Subjekt des Satzes in Singular oder Plural überein. In der Grundform – zu anderen Formen kommen wir später – enden schwache Verben im Singular auf *-a*, im Plural auf *-ar*. Starke Verben haben im Singular keine Endung, im Plural *-ir*. Bei starken Verben wird außerdem bei einsilbigem Stamm in der Singular-Form die Stammsilbe gelängt.

linna- »singen«
i·aew linna »der Vogel singt«
in·aew linnar »die Vögel singen«
ped- »sprechen«
i·Edhel pêd »der Elbe spricht«
in·Edhil pedir »die Elben sprechen«

Wortstellung: Normalerweise geht das Subjekt dem Verb voraus, wie im Deutschen. Die Ordnung kann aber auch umgekehrt werden, um besondere Wirkungen zu erzielen.

Das Hilfsverb »sein«

Die 3. Person von »sein« heißt in der Grundform *na* »(er, sie, es) ist«, Pl. *nar* »(sie) sind«. Das Wort wird jedoch in der Regel einfach weggelassen!

ÜBUNGEN

(1) Übersetze ins Sindarin:

Über einem Berg leuchtet ein Stern. Ein Elbe hält Ausschau. Ein Freund kommt. In dem Berg (ist) eine Höhle. Ein Tor öffnet sich. Ein Mensch geht durch das Tor hindurch. Ein Licht erstrahlt.

(2) Setze alle Singular-Sätze im Sindarin in den Plural.

(3) Übersetze ins Deutsche:

Mîr thiliar nu eryd. Ellith linnar. Telegain gannar. In·Edain anglennar. In·Edhil suilar in·Edain: »A Elvellyn!«

3. Lektion: Substantive und einfache Verben

Vokabular

Adan »Mensch«
Edhel »Elbe«
Elvellon »Elbenfreund«

annon »Tor«
calad »Licht«
elleth »Elbenmaid«
groth »Höhle, unterirdische Wohnstatt«
mellon »Freund«
mîr »Juwel«
orod »Berg«
talagan »Harfner, Harfenspieler«
tinu »(kleiner) Stern«

anglenna- »sich nähern«
edra- »sich öffnen«
ganna- »(Harfe) spielen«
linna- »singen«
síla- »scheinen (mit weißem oder silbernem Licht)«
suila- »grüßen«
thilia- »funkeln, gleißen«
tir- »wachen, schauen, Ausschau halten«
tol- »kommen«

mi »in (räumlich und allg.)«
nu »unter, unterhalb von«
trî »durch ... hindurch«

a! »o!«

Anmerkung: Da Sindarin eher als Quenya zur Kommunikation dient, haben die Übungstexte keinen durchgehenden Erzählfaden, sondern sind allgemeiner Natur und unterschiedlicher Art.

→ Lösungen auf Seite 170.
→ Die gesammelten Vokabeln zu den Sindarin-Lektionen sind aufgelistet unter www.elbisch.info.

4. Lektion
Adjektive, Lenierung

Das Adjektiv

In vielen Sprachen ist das Adjektiv mit dem Substantiv *kongruent*; das heißt, es passt seine Form dem dazugehörigen Hauptwort an. Adjektive im Sindarin zeigen Übereinstimmung mit den dazugehörigen Substantiven im Singular oder Plural.

Formen des Adjektivs

Für die Pluralbildung von Adjektiven gelten dieselben Regeln wie für Substantive:

angren, Pl. *engrin* »eisern«
Athrad Angren, Pl. *Ethraid Engrin* »die Furten des Isen«

Ein Wort kann im Übrigen von seiner Form her sowohl Substantiv als auch Adjektiv sein.

loss, Pl. *lyss* »Schnee« (Subst.), »schneeweiß« (Adj.)

Wortstellung: Das Adjektiv folgt gewöhnlich dem Substantiv.

annon edhellen »elbisches Tor«

Diese Reihenfolge kann aus poetischen oder sonstigen Gründen verändert werden:

o galadhremmin ennorath »von der walddurchwirkten Mittelerde«

Wenn das Adjektiv dem Substantiv unmittelbar folgt wird es leniert. Was dies bedeutet, wird weiter unten erklärt.

Steigerung: Der Komparativ (1. Steigerungsstufe) wird gebildet durch die Vorsilbe ***an-***. Folgt darauf als Vokal ein *-i-* wird die Vorsilbe umgelautet. Bei bestimmten folgenden Konsonanten kommt es zudem zu Lautangleichungen:

n+p > *-mm-*	*n+b* > *-mb-*	*n+m* > *-mm-*	*n+l* > *-ll-*
n+t > *-nn-*	*n+d* > *-nd-*	*n+n* > *-nn-*	*n+r* > *-dhr-*
n+c > *-ñg-*	*n+g* > *-ñg-*	*n+ñg* > *-ñg-*	*n+s* > *-ss-*

Der Superlativ (2. Steigerungsstufe) wird gebildet durch die Nachsilbe *-wain*.

agor »eng«	*anagor* »enger«	*agorwain* »am engsten«
tîr »recht«	*ennír* »rechter«	*tirwain* »am rechtesten«
iaur »alt«	*einior* »älter«	*iarwain* »am ältesten«

Anmerkung: Die Steigerungsformen von *iaur* »alt« sind die einzigen, die überliefert sind, und ausgerechnet die sind aus verschiedenen Gründen unregelmäßig. Beachte auch, wie sich die Vokallänge verändert!

Lenierung

Um die Sprache flüssiger zu machen, wird im Sindarin oft der Anfang von Wörtern dem sprachlichen Umfeld angeglichen. Dieses Phänomen bezeichnet man als *Anlautmutation* (Mutation = Veränderung). Nur Konsonanten sind von Mutation betroffen, Vokale nicht.

Zur Kennzeichnung von mutierten Formen verwendet man, wie bereits in der letzten Lektion eingeführt, oft einen auf Mitte gesetzten Punkt.

Die häufigste Mutation wird als *Lenierung* (Abschwächung) bezeichnet. Das heißt, harte Konsonanten werden am Wortanfang zu weichen abgeschwächt. Statt einer langen Erklärung hier die Änderungen in Form einer Tabelle:

Lenierung (am Beispiel von *i* »der/die/das«)

i + benn	➔*i·venn*	*i + lembas*	➔*i·lembas*
i + blabed	➔*i·vlabed*	*i + lhaw*	➔*i·thlaw*
i + brethil	➔*i·vrethil*	*i + mellon*	➔*i·vellon*
i + cair	➔*i·gair*	*i + ninglor*	➔*i·ninglor*
i + claur	➔*i·glaur*	*i + paur*	➔*i·baur*
i + crist	➔*i·grist*	*i + prestad*	➔*i·brestad*
i + doron	➔*i·dhoron*	*i + roch*	➔*i·roch*
i + draug	➔*i·dhraug*	*i + rhach*	➔*i·thrach*
i + falas	➔*i·falas*	*i + sarn*	➔*i·harn*
i + garth	➔*i·'arth*	*i + tôl*	➔*i·dôl*
i + glamor	➔*i·'lamor*	*i + thoron*	➔*i·thoron*
i + groth	➔*i·'roth*	*i + trann*	➔*i·drann*
i + gwaith	➔*i·'waith*	*i + bund* (MB-)	➔*i·mund*
i + hathol	➔*i·chathol*	*i + dagor* (ND-)	➔*i·nagor*
i + hwest	➔*i·chwest*	*i + gaur* (NG-)	➔*i·ngaur*

Für Wörter, die sich auf eine Wurzel mit MB, ND und NG zurückführen lassen, gelten Sonderregeln. Darum sind sie in der Tabelle gesondert aufgeführt. (Im Zweifelsfall hilft ein Blick in das Wörterbuch, wo dies immer mit aufgelistet ist.)

Diese Veränderung tritt bei Wörtern in folgenden Situationen auf:

(1) Ein Substantiv, das auf den Singular-Artikel *i* folgt.

4. Lektion: Adjektive, Lenierung

Baranduin »Brauner Fluss«
i·Varanduiniant »die Baranduinbrücke«

Anmerkung: Bei Substantiven, die mit einem Vokal beginnen, ändert sich, wie gesagt, nichts; darum konnten wir uns auch in Lektion 3 auf diese Weise um das Problem herummogeln.

(2) Ein direktes Satzobjekt (Akkusativ-Objekt).

peth »Wort«
lasto beth lammen »höre (auf das) Wort meiner Zunge«

Anmerkung: Dies ist die Regel, die Gandalf am Tor von Moria irritierte; denn eigentlich hätte *mellon* in dem Satz *pedo mellon a minno* in der Übersetzung »Sprich ›Freund‹ und tritt ein« als Objekt des Satzes zu *vellon* leniert werden müssen. Doch der Schreiber hatte das Wort so geschrieben, wie man es aussprechen musste, und dabei die Mutation ignoriert.

(3) Ein Adjektiv, das direkt hinter dem Substantiv steht, bzw. das zweite Wort in einem zusammengesetzten Ausdruck, wenn es das erste näher bestimmt.

calen »grün«	*Parth Galen* »Grüne Gegend«
	aber: *Calenardhon* »Grüne Provinz«
sarn »(kleiner) Stein«	*Edhelharn* »Elbenstein«
	aber: *Sarn Athrad* »Steinfurt«
glan »weiß«	*Curunír 'lan* »Saruman der Weiße«

Anmerkung: Hierzu muss man fairerweise sagen, dass es eine ganze Reihe von Ausnahmen gibt – und keine klaren Regeln für die Ausnahmen. Anscheinend gilt für ältere Zusammensetzungen wie *Nan-tathren* »Weidental« [statt **Nan Dathren*] oder auch *Barad-dûr* »Dunkler Turm« [statt **Barad Dhûr*] die Mutationsregel nicht. (Möglicherweise ist dies auf einen Einfluss des Sindarin-Dialekts von Doriath, dem Reich König Thingols im Ersten Zeitalter, zurückzuführen, wo in solchen Fällen keine Lenierung eintrat. Aber dies erklärt nicht alle Beispiele.) Solche Formen werden, um sie von lenierten Formen abzugrenzen, mit Bindestrich geschrieben.

Bei neu gebildeten Namen rate ich dazu, den zweiten Bestandteil immer zu lenieren, insbesondere, wenn er ein Adjektiv ist.

(4) Ein Wort nach folgenden Präpositionen, Adverbien und Präfixen:

a	mit (*ah* vor Vokalen)
ab	nach (zeitlich)
adel	hinter, am Ende von
am	auf, aufwärts
ath	beidseitig
athra	quer über, durch ... hindurch
be	gemäß, entsprechend
bo*	auf
di	unter, unterhalb von
go	mit, zusammen mit
im	innerhalb, zwischen
mi, *vi**	in (räumlich u. allg.)
na	mit, durch (= Instr.); von (= Gen.)
nef	diesseits von
nu	unter, unterhalb von
no	vor (zeitlich)
o	betreffend, über (*oh* vor Vokalen)
palan	fernhin, weithin
trî	durch ... hindurch

* Siehe Anmerkung S. 135.

4. Lektion: Adjektive, Lenierung

Um dies an einigen Beispielen aufzuzeigen:

tir- »schauen« *palan-diriel* »fernhin blickend«
peth »Wort« *athrabeth* »Debatte
   (›beidseitiges Wort‹)«
guruth »Tod« (NG-) *di'nguruthos* »unter Todesschatten«

(5) Ein Verb in direkter abhängiger Position. Diese Regel ist etwas schwer zu fassen; es soll darum genügen zu sagen, dass ein Verb unmittelbar nach dem Relativpronomen und beim verneinten Imperativ leniert wird. Darauf wird in späteren Lektionen noch eingegangen.

ÜBUNGEN

(1) Füge zu folgenden Substantiven das Adjektiv in der richtigen Form hinzu:

mellon (boron), groth (nûr), calad (glaur), mîr (ruin), annon (daer), orod (loss)

(2) Setze die Formen in den Plural.

(3) Bilde zu folgenden Adjektiven die Steigerungsformen nach dem Muster: *dûr* »dunkel«, *andúr* »dunkler«, *durwain* »am dunkelsten«. Achte dabei auf Lautangleichungen und Längen!

tond »hoch«, *calen* »grün«, *glân* »weiß«, *nûr* »tief«, *ruin* »rot«

(4) Übersetze ins Sindarin:

Ein silberner Mond scheint. Unter den hohen Bäumen [sind] dunkle Schatten. Hier tanzt die schönste Elbenmaid. Wie weißes Licht auf grünem Gras, wie Sterne zwischen dem Laub schimmert Lúthiën. Und Beren ruft ein Wort: »Tinúviel!«

Vokabular

galadh »(breiter) Baum«
gîl »Stern«, Pl. *gail*
golas »Laub«
morchant »(von Licht geworfener) Schatten«, Pl. *morchaint*
oron »Wald«
peth »Wort«
sâdh »Gras, Grasnarbe, Wiese«

boron »treu, standhaft«
calen »grün«
daer »groß« (ND-)
dûr »dunkel, schwarz«
glân »weiß«
glaur »golden« (nur von Licht)
loss »schneeweiß«
nûr »tief«
ruin »feuerrot«
silivren »silbern, silbergleich«
tond »hochgewachsen, hoch«

*lilta- »tanzen« (aus dem Quenya)
nalla- »rufen«
tinna- »schimmern, funkeln«

sí »hier«

→ Lösungen auf Seite 171.
→ Die gesammelten Vokabeln zu den Sindarin-Lektionen sind aufgelistet unter www.elbisch.info.

5. Lektion
Einfache Zeitformen und Pronomen

Aorist

Wir unterscheiden beim Verb im Sindarin verschiedene Zeitformen (mit dem Fachwort *Tempus*, Pl. *Tempora* genannt). So gehören die bislang verwendeten Grundformen nicht, wie man vermuten könnte, zum *Präsens* (Gegenwart), sondern zu einem Tempus, das Tolkien *Aorist* nennt. Dieses Wort kommt aus dem Griechischen (von *aoristos* »unbegrenzt, unbestimmt«) und bezeichnet Aussagen von allgemeiner Gültigkeit, die nicht an eine bestimmte Zeit gebunden sind.

Stamm	Aorist
linna- »singen«	*i·aew linna* »der Vogel singt« (weil es seine Natur ist) *aew linnar* »Vögel singen« (im Frühling)
ped- »sprechen«	*i·Edhel pêd* »der Elbe spricht« (er kann sprechen) *Edhil pedir* »Elben sprechen« (alle)

Präsens

Was die Bildung der Formen im Sindarin erschwert, ist die Tatsache, dass man manchmal ältere Stufen der Sprache kennen muss, um die neuen verstehen zu können. So wurde das Präsens bei schwachen Verben im alten Sindarin gebildet, indem das *-a* im Stamm gelängt wurde. Diese Längung fiel jedoch in Endsilben später weg. Im Sindarin des Dritten Zeitalters ist das Präsens bei schwachen Verben nur in der ersten Person vom Aorist zu unterscheiden: Aor. *linnan*, Präs. *linnon* »ich singe«.

Bei starken Verben hat sich im alten Sindarin durch die Längung in einigen Fällen der Laut verengt. Langes *ī* und *ū* blieben gleich. Bei den anderen Lauten sah es folgendermaßen aus:

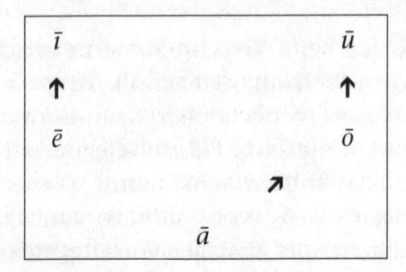

```
ī                    ū
↑                    ↑
ē                    ō
         ↗
         ā
```

Dies ist, wohlgemerkt, nicht zu verwechseln mit der Umlautung. Daraus ergeben sich folgende Formen:

	Stamm	Aorist	Präsens
TIR	*tir-* »schauen«	*tîr* »schaut«	*tíra* »schaut«
CEN	*cen-* »sehen«	*cên* »sieht«	*cína* »sieht«
HAB	*hab-* »kleiden«	*hâb* »kleidet«	*hóba* »kleidet«
TOG	*tog-* »führen«	*tôg* »führt«	*túga* »führt«
TUL	*tol-* »kommen«	*tôl* »kommt«	*túla* »kommt«

Die letzte Form erklärt sich so, dass kurzes *u* zu *o* geöffnet wurde; darum gibt es im klassischen Sindarin keine Stämme mit *o*. Die Längung im Aorist kam später; im Präsens blieb das lange *ū* erhalten.

Anmerkung: Gelegentlich gehen in der Verwendung Präsens und Aorist durcheinander. So verwendet man den Aorist auch, um besonders wichtige Aussagen zu machen, die eine Gültigkeit über den Moment hinaus haben, auch wenn sie im Hier und Jetzt stattfinden.

Personalpronomen

Neben den Grundformen des Verbs gibt es noch Formen mit Personalendungen. Wir gehen davon aus, dass wir im Sindarin keine »exklusiven« und »inklusiven« Formen haben, sondern das normale System der Personen – *ich, du, er/sie/es; wir, ihr, sie* – wie im Deutschen oder Englischen. Mit einiger Sicherheit lässt sich sagen, dass es für jede Person einen charakteristischen Laut gibt. Diese dienen beim Verb als Endungen. Außerdem gibt es noch freie Formen, bei denen ein Bildungsvokal *e* oder *i* hinzugefügt wird, um selbstständige Wörter daraus zu machen.

Ansonsten gibt es wohl kein einziges komplettes System, dass mit allen Beispielen Tolkiens zurechtkommt. Zum Schreiben und Sprechen wollen wir uns auf folgende Formen beschränken:

Personalpronomen		freie Form	Endung
1. Sg.	ich	*im*	*-n*
2. Sg.	du	*ech*	*-ch*
3. Sg.	er/sie (pers.)	*e*	*-s*
	es (unpers.)	*ta*	(–)
1. Pl.	wir	*men*	*-m*
2. Pl.	ihr	*len*	*-l*
3. Pl.	sie (pers.)	*ti*	*-t*
	sie (unpers.)	*tai*	(*-r*)

Anmerkung: Ich gehe davon aus, dass die Form *e* in der 3. Person Sg. eine Verkürung von **te* ist. Dies spielt für die späteren Ableitungen eine Rolle. Die Form *le* statt *len* für die 2. Person Pl. in dem Sindarin-Lied ***A Elbereth Gilthoniel*** (HR II/1) ist beeinflusst vom Quenya; sie ist vermutlich typisch für das Sindarin von Bruchtal. Die 2. Person Pl. dient auch als Höflichkeitsform, entsprechend dem altertümlichen »Ihr« im Deutschen. Die unpersönlichen Formen der 3. Pers. sind eingeleitet von »Noldorin« *to* »es«.

Wenn die freien Formen der Personalpronomen verwendet werden, steht das Verb selbst in der Grundform – im Singular ohne Endung, im Plural mit *-r*. Wenn Endungen verwendet werden, gibt es in der 3. Person Sg. nur dann eine Personalendung, wenn besonders hervorgehoben wird, dass es sich um eine Person (männlich oder weiblich) handelt. Ansonsten steht auch hier die einfache Grundform.

Die Zeitformen des Verbs lauten demnach im Aorist und Präsens wie folgt:

linna- »singen«		Aorist	Präsens	
1. Sg.	ich	*linnan*	*linnon*	»ich singe«
2. Sg.	du	*linnach*	*linnach*	»du singst«
3. Sg.	er/sie	*linnas*	*linnas*	»er/sie singt«
unpers.	(es)	*linna*	*linna*	»(es) singt«
1. Pl.	wir	*linnam*	*linnam*	»wir singen«
2. Pl.	ihr	*linnal*	*linnal*	»ihr singt«
3. Pl.	sie	*linnat*	*linnat*	»sie singen«
unpers.	(sie)	*linnar*	*linnar*	»(sie) singen«

ped- »sprechen«		Aorist	Präsens	
1. Sg.	ich	*pedin*	*pídon*	»ich spreche«
2. Sg.	du	*pedich*	*pídach*	»du sprichst«
3. Sg.	er/sie	*pedis*	*pídas*	»er/sie spricht«
unpers.	(es)	*pêd*	*pída*	»(es) spricht«
1. Pl.	wir	*pedim*	*pídam*	»wir sprechen«
2. Pl.	ihr	*pedil*	*pídal*	»ihr sprecht‹
3. Pl.	sie	*pedit*	*pídat*	»sie sprechen«
unpers.	(sie)	*pedir*	*pídar*	»(sie) sprechen«

Verneinung

Die Verneinung (»nicht«) wird durch die Vorsilbe *ú-* ausgedrückt (hier immer mit Bindestrich geschrieben). Das daran angehängte Wort wird leniert.

i·Edhel túla »der Elbe kommt«
i·Edhel ú-dúla »der Elbe kommt nicht«

ÜBUNGEN

(1) Übersetze ins Sindarin (Aorist, mit Personalendungen):

»ich rufe« *(nalla-)*, »es schimmert« *(tinna-)*, »du kämpfst« *(dagra-)*, »ihr kommt« *(tul-)*, »wir grüßen« *(suila-)*, »sie hält Ausschau« *(tir-)*, »sie fliehen« *(drega-)*

(2) Setze die Aorist-Formen in das Präsens!

(3) Übersetze ins Deutsche:

Naur na vi·eryn, lainc nar i·'elaidh. Mathan vi·geven. Nostach vi·'wilith? Anglenna i·amlug, gorgor ambeleg. Ú-dhorthan vi·mar. Dagram egor dregam?

Vokabular

ceven »Erde (unter dem Himmel)«
gorgor »(großer) Schrecken«
gwilith »Luft«
mar »Heim, Haus« (MB-)
naur »Feuer«

beleg »groß, mächtig«
lanc »nackt, kahl«

dagra- »kämpfen«
dortha- »bleiben«
drega- »fliehen«
matha- »fühlen, befühlen«
nosta- »riechen«

vi »in« (mit Lenierung)

→ Lösungen auf Seite 171.
→ Die gesammelten Vokabeln zu den Sindarin-Lektionen sind aufgelistet unter www.elbisch.info.

6. Lektion
Nasalmutation

Während die Lenierung bei bestimmten *grammatischen* Voraussetzungen eintritt, sind die folgenden Mutationen *phonologisch* (lautlich) bedingt. Sie werden ausgelöst, wenn bestimmte Laute aufeinander treffen, und zwar nur nach Präpositionen und bestimmten Formen des Artikels.

Anmerkung: Ein Wort kann immer nur einmal mutiert werden. Im Zweifelsfall hat die phonologische Mutation Vorrang vor der grammatischen.

Nasalmutation

Die Nasalmutation wird ausgelöst durch Präpositionen, die auf *-n* enden. Dies sind *an* »für, an, auf ... zu«, *athan* »jenseits von«, *dan* »gegen, zurück«, *min* »zwischen« und *pen* »ohne«.

6. Lektion: Nasalmutation

Nasalmutation (am Beispiel von *an* »für«)

an + benn	→*am·menn*	*an + lembas*	→*al·lembas*
an + blabed	→*a·mlabed*	*an + lhaw*	→*al·'law*
an + brethil	→*a·mrethil*	*an + mellon*	→*am·mellon*
an + cair	→*a·chair*	*an + ninglor*	→*an·ninglor*
an + claur	→*a·chlaur*	*an + paur*	→*a·phaur*
an + crist	→*a·christ*	*an + prestad*	→*a·phrestad*
an + doron	→*an·noron*	*an + roch*	→*adh·roch*
an + draug	→*an·draug*	*an + rhach*	→*adh·'rach*
an + falas	→*af·falas*	*an + sereg*	→*as·sereg*
an + garth	→*an·ngarth*	*an + tôl*	→*a·thôl*
an + glamor	→*an·glamor*	*an + thoron*	→*ath·thoron*
an + groth	→*an·groth*	*an + trann*	→*a·thrann*
an + gwaith	→*an·gwaith*	*an + bund* (MB-)	→*am·mbund*
an + hathol	→*a·chathol*	*an + dagor* (ND-)	→*an·ndagor*
an + hwest	→*a·'west*	*an + gaur* (NG-)	→*an·gaur*

Auch der Plural-Artikel *in* löst die Nasalmutation aus. Da für diesen Fall einige Besonderheiten gelten, sind die Beispiele mit den entsprechenden Plural-Formen im Folgenden gesondert aufgeführt:

Nasalmutation (am Beispiel des Pl.-Artikels *in* »die«)

in + binn	→*i·minn*	*in + lembais*	→*i·lembais*
in + blebaid	→*i·mlebaid*	*in + lhoe*	→*i·'loe*
in + brethil	→*i·mrethil*	*in + mellyn*	→*i·mellyn*
in + cair	→*i·chair*	*in + ninglyr*	→*i·ninglyr*
in + cloer	→*i·chloer*	*in + poer*	→*i·phoer*
in + crist	→*i·christ*	*in + prestaid*	→*i·phrestaid*
in + deryn	→*i·neryn*	*in + rych*	→*idh·rych*
in + droeg	→*in·droeg*	*in + rhech*	→*idh·'rech*
in + felais	→*i·felais*	*in + serig*	→*i·serig*

Nasalmutation (am Beispiel des Pl.-Artikels *in* »die«)

in + *gerth*	→*i·ngerth*	*in* + *tŷl*	→*i·thŷl*
in + *glemyr*	→*in·glemyr*	*in* + *theryn*	→*i·theryn*
in + *gryth*	→*in·gryth*	*in* + *trainn*	→*i·thrainn*
in + *gwaith*	→*in·gwaith*	*in* + *bynd* (MB-)	→*i·mbynd*
in + *heithol*	→*i·cheithol*	*in* + *degyr* (ND-)	→*i·ndegyr*
in + *hwist*	→*i·'wist*	*in* + *goer* (NG-)	→*in·goer*

Es gibt noch zwei weitere Formen des Artikels, die auf -*n* auslauten und darum eine Art von Mutation nach sich ziehen. Dies sind der Genitiv-Artikel *en* »des (der, des)«, Singular wie Plural, und die so genannte gebundene Form des Artikels. Diese lautet -*in*, Singular wie Plural (und ist nicht zu verwechseln mit dem gleich lautenden Plural-Artikel *in*). Sie tritt nur im Zusammenhang mit bestimmten Präpositionen auf und zwar zusammengeschrieben. Dadurch kann die dazugehörige Präposition zugleich eine Lautverschiebung erfahren. Statt einer längen Erklärung hier einfach die Formen:

erin (< *or* + *in*) »auf dem (der), Pl. den«, auch: »am« (bei Datumsangaben)
ben (< *be* + *in*) »gemäß dem (der), Pl. den«
nan (< *na* + *in*) »durch den (der), Pl. den«
'nin (< *an* + *in*) »zu dem (der), Pl. den«
uin (< *o* + *in*) »von dem (der), Pl. den«

Ebenso wie diese Formen ein paar Unregelmäßigkeiten haben, ist auch die Mutation unregelmäßig. Wir sprechen daher auch von einer gemischten Mutation.

6. Lektion: Nasalmutation

Gemischte Mutation (am Beispiel von *en* »des/der/des«)

en + benn	→e·benn	en + lembas	→e·lembas
en + blabed	→e·mlabed	en + lhaw	→e·'law
en + brass	→e·mrass	en + mellon	→e·mellon
en + cair	→e·gair	en + ninglor	→en·ninglor
en + claur	→e·glaur	en + paur	→e·baur
en + crist	→e·grist	en + prestad	→e·brestad
en + doron	→e·doron	en + roch	→edh·roch
en + draug	→en·draug	en + rhach	→e·'rach
en + falas	→e·falas	en + sereg	→e·hereg
en + garth	→e·ngarth	en + tôl	→e·dôl
en + glamor	→en·glamor	en + thoron	→e·thoron
en + groth	→en·groth	en + trann	→en·drann
en + gwaith	→en·gwaith	en + bund (MB-)	→e·mbund
en + harad	→e·harad	en + dagor (ND-)	→e·ndagor
en + hwest	→e·'west	en + gaur (NG-)	→en·gaur

Formen des Genitivs

Den Genitiv kann man im Sindarin auf verschiedene Arten ausdrücken:

(1) Genitiv mit bestimmtem Artikel *en* (mit gemischter Mutation), vor allem bei Personen (im weitesten Sinne):

Cabed-en-Aras »Sprung des Hirschen«
Haudh-en-Ndengin »Hügel der Erschlagenen«

(2) Genitiv mithilfe der Präposition *na* (mit Lenierung), insbesondere, wenn das Wort keinen Artikel hat:

Taur-na-Neldor ›Wald-von-Buche‹, »Buchenwald« (= Wald von Neldoreth in Beleriand)

Die Präposition *na* steht außerdem für den Instrumentalis, das heißt zur Bezeichnung eines Mittels und Werkzeugs.

(3) Genitiv durch Wortstellung:

> ***Ennyn Durin Aran Moria***
> »Die Türen von Durin, Herr von Moria«

Anmerkung: Ursprünglich sollte dies nur für *Namen* im Genitiv gelten, mit Lenierung in allen anderen Fällen. Diese Regel ist jedoch für das Sindarin des »Herrn der Ringe« nicht mehr gültig.

ÜBUNGEN

(1) Setze folgende Begriffe mittels Präposition oder Artikel ins Sindarin um:

Elbenwald, Winterkönig, Erdmutter, Windreiter, Schattenfürst, Zwergenstadt, Frühlingswind, Pferdeherr

(2) Übersetze ins Deutsche:

Ned în caerenchui en andrann canthui Aragorn i aran anglenna i·Varanduin. E túla gui·híril Arwen ar go rych a raich. Herth en·ehtair aphada. I·thili tinnar, i·thyl thiliar ar tainn edhellin blóbar na·chwest. Roquen cína: »Aragorn Edhelharn i aran Gondor ar hîr i·mbair annui entól an Arnor.«

6. Lektion: Nasalmutation

Vokabular

Aragorn »Aragorn«
Arwen »Arwen« (›Hohe Frau‹)
Baranduin »Baranduin, ›Brandywein‹« (›Brauner Fluss‹)
Edhelharn »Elessar« (›Elbenstein‹, Königsname Aragorns)

andrann »Zeitalter«
aran »König«
bar »Land« (MB-)
dae »Schatten«
ethuil »Frühling«
herth »Garde, Truppe eines Herrn«
hîr »Herr«
híril »Herrin«
hwest »Brise, Wind«
în »Jahr«
ohtar »Krieger, Knappe«
othronn »(unterirdische) Stadt«
rach »Wagen«
rhîw »Winter«
roch »Pferd«
roquen »Ritter« (aus dem Quenya, vgl. S. *rochben* »Reiter«)
sûl »Wind«
*tann »Zeichen, Banner« (Qu. *tanna*)
taur »(großer) Wald«
thela »Spitze (eines Speers)«, Pl. *thili*
thôl »Helm«

annui »westlich«
caer »zehn«
canthui »viert(er, e, es)«
enchui »sechst(er, e, es)«

aphada- »folgen (als Letzter in einer Reihe)«
blab- »flattern«
can- »rufen« (unreg. Präs. *cína*)

→ Lösungen auf Seite 172.
→ Die gesammelten Vokabeln zu den Sindarin-Lektionen sind aufgelistet unter www.elbisch.info.

7. Lektion
Plosiv- und Liquidmutation, Präpositionen

Plosivmutation

Die Plosivmutation wird von Präpositionen ausgelöst, welche auf *-d* enden. Dies sind *dad* »hinunter«, *ed* »aus ... heraus«, *ned* »in« sowie *o (od)* »von ... her«.

Plosivmutation (am Beispiel von *ed* »aus«)

ed + benn	→*e·benn*	*ed + lembas*	→*ed·lembas*
ed + blabed	→*e·blabed*	*ed + lhaw*	→*e·thlaw*
ed + brethil	→*e·brethil*	*ed + mellon*	→*e·mellon*
ed + cair	→*e·chair*	*ed + ninglor*	→*e·ninglor*
ed + claur	→*e·chlaur*	*ed + paur*	→*e·phaur*
ed + crist	→*e·christ*	*ed + prestad*	→*e·phrestad*
ed + doron	→*e·doron*	*ed + roch*	→*ed·roch*
ed + draug	→*e·draug*	*ed + rhach*	→*e·thrach*
ed + falas	→*ef·falas*	*ed + sereg*	→*es·sereg*
ed + garth	→*e·garth*	*ed + tôl*	→*e·thôl*
ed + glamor	→*e·glamor*	*ed + thoron*	→*eth·thoron*
ed + groth	→*e·groth*	*ed + trann*	→*e·thrann*
ed + gwaith	→*ed·'waith*	*ed + bund* (MB-)	→*e·mbund*
ed + hathol	→*e·chathol*	*ed + dagor* (ND-)	→*e·ndagor*
ed + hwest	→*e·'west*	*ed + gaur* (NG-)	→*en·gaur*

Liquidmutation

Die Liquidmutation wird von Präpositionen ausgelöst, welche auf *-r* enden. Dies sind *or* »über«, *ter* »durch« sowie ***thar*** »quer über«.

Liquidmutation (am Beispiel von *or* »über«)

or + *benn*	→*or·venn*	*or* + *lembas*	→*or·lembas*
or + *blabed*	→*or·vlabed*	*or* + *lhaw*	→*or·'law*
or + *brethil*	→*or·vrethil*	*or* + *mellon*	→*or·vellon*
or + *cair*	→*or·chair*	*or* + *ninglor*	→*or·ninglor*
or + *claur*	→*or·chlaur*	*or* + *paur*	→*or·phaur*
or + *crist*	→*or·christ*	*or* + *prestad*	→*or·phrestad*
or + *doron*	→*or·dhoron*	*or* + *roch*	→*or·roch*
or + *draug*	→*or·dhraug*	*or* + *rhach*	→*or·'rach*
or + *falas*	→*or·falas*	*or* + *sereg*	→*or·sereg*
or + *garth*	→*or·'arth*	*or* + *tôl*	→*or·thôl*
or + *glamor*	→*or·'lamor*	*or* + *thoron*	→*or·thoron*
or + *groth*	→*or·'roth*	*or* + *trann*	→*or·thrann*
or + *gwaith*	→*or·'waith*	*or* + *bund* (MB-)	→*or·mbund*
or + *hathol*	→*or·chathol*	*or* + *dagor* (ND-)	→*or·ndagor*
or + *hwest*	→*or·chwest*	*or* + *gaur* (NG-)	→*or·gaur*

Präpositionen

Im Folgenden sind noch einmal alle Präpositionen im Sindarin mit den entsprechenden Mutationen zusammengefasst. Einige von ihnen erscheinen vor allem als *Präfix* (Vorsilbe); in diesem Fall ist das Folgewort in der Regel leniert, auch wenn normalerweise eine andere Form der Mutation angesagt wäre.

Übersicht: Präpositionen

Präp.	Bedeutung	Mutation	Sonderfälle
a	mit	Len	*ah* vor Vokalen
ab	nach (zeitl.)	Len	
adel	hinter, am Ende von	Len	
am	auf, aufwärts	Len	
an	für (= Dat.), an auf ... zu (= All.)	NM	*an+in* > *'nin* (GM)
ath	beidseits von	Len	
athan	jenseits von	NM	
athra	quer über, durch	Len	
be	gemäß, nach (übertr.)	Len	*be+in* > *ben* (GM)
bo*	auf	Len	
dad	hinunter	PM	
dan	gegen, zurück zu	NM	
di	unter, unterhalb von	Len	
e(d)	aus ... heraus	PM	*ed* vor Vokalen
go	mit, zusammen mit	Len	*go+in* > *guin* (GM)
im	innerhalb, zwischen	Len	
mi, *vi**	in (räuml. u. allg.) (= Loc.)	Len	
min	zwischen, innerhalb	NM	
na	mit, durch (= Instr.); von (= Gen.)	Len	*na+in* > *nan* (GM)
ned	an, in (zeitl. u. allg.)	PM	
nef	diesseits von	Len	
nu	unter, unterhalb von	Len	*nu+in* > *nuin* (GM)
no	vor (zeitl.)	Len	*no+in* > *nuin* (GM)
o	betreffend, über	Len	*oh* vor Vokalen
o(d)	von ... weg (= Abl.)	PM	*o+in* > *uin* (GM) *od* vor Vokalen

7. Lektion: Plosiv- und Liquidmutation, Präpositionen

Präp.	Bedeutung	Mutation	Sonderfälle
or	über, oberhalb von	LM	*or+in* > *erin* (GM)
pen	ohne	NM	
ter	durch (bis zum Ende)	LM	
thar	querüber, durch; jenseits	LM	
trî	durch… hindurch	Len	

Len = Lenierung; NM = Nasalmutation; PM = Plosivmutation;
LM = Liquidmutation; GM = Gemischte Mutation

* In dem einzigen uns bekannten Beispiel (*VT* 44:21) ohne Lenierung; möglicherweise dort als Sonderfall mit Lehnworten aus dem Quenya. Die Form *vi* ist vermutlich abgeleitet aus *imi, Nebenform zu *mi*.

Formen des Dativs

Den Dativ kann man im Sindarin auf verschiedene Arten ausdrücken:

(1) Dativ mithilfe der Präposition *an* (mit Nasalmutation):

> *a·Pherhael ar am·Meril suilad uin aran* »an Samweis und an Rose Grüße vom König«

Die Präposition *an* steht gleichzeitig für den Allativ, das heißt eine Bewegung auf etwas hin (als Vorsilbe in der Form *na-* wie in *na-chaered* »in die Ferne«).

(2) Dativ durch Wortstellung:

> *ónen i·Estel Edain*
> »ich gab den Estel (›Hoffnung‹) [den] Menschen«

ÜBUNGEN

(1) Setze die richtigen Formen ein:

dad (barad) »den Turm hinunter«, *dan (sûl)* »gegen den Wind«, *ned (golas)* »im Laub«, *or (talath)* »über der Ebene«, *ter (naur)* »durch das Feuer«, *od (harad)* »von Süden her«, *nuin (giliath)* »unter den Sternen«, *go (mellon)* »mit dem Freund«, *thar (sîr)* »quer über den Fluss«

(2) Übersetze ins Sindarin:

Rauch steigt auf vom Orodruin. Ein Schatten regt sich im Osten. Die Macht des schwarzen Landes wächst. Reiter ziehen umher wie dunkle Schatten unter dem Mond. Und die Menschen sagen, der dunkle Herr kehrt zurück zu der alten Festung, dem dunklen Turm in Mordor jenseits des Schattengebirges.

Vokabular

Ephel Dúath »Schattengebirge« (›Schattenzaun‹)
Mordor »Mordor« (›Dunkelland‹)
Orodruin »Orodruin« (›Feuerberg‹)

barad »Turm«
harad »Süden«
osp »Rauch«
rhûn »Osten«
rochben »Reiter«
tûr »Macht«

iaur »alt«

eria- »aufsteigen«
ritha- »rucken, sich regen«
tuia- »wachsen, schwellen, zunehmen«
**attul-* »wiederkehren« (*ad* + *tul-* »kommen«)
renia- »umherschweifen«

→ Lösungen auf Seite 172.
→ Die gesammelten Vokabeln zu den Sindarin-Lektionen sind aufgelistet unter www.elbisch.info.

8. Lektion
Personal- und Relativpronomen

Die Pronomen des Sindarin sind, wie schon gesagt, aufgrund der lückenhaften Überlieferung ein Problem für sich, und eine Entscheidung gleich für welche Variante zieht unweigerlich andere nach sich, sodass sich auch Fehlentscheidungen rasch potenzieren. Darum sind alle Erklärungen hier mit Vorsicht zu genießen.

Die Formen im Nominativ wurden bereits in Lektion 5 vorgestellt, die anderen Formen leiten sich entsprechend ab.

Dativ und Akkusativ

Eigentlich sollte man hier eher von einem »Objektiv« sprechen, denn diese Formen kommen immer vor, wenn das Objekt des Satzes ein Pronomen ist. Sie sind im Prinzip gleich, nur dass die Form im Akkusativ, also als direktes Objekt, wie bei den Substantiven leniert wird.

	Nom.	Dat.	Akk.
1. Sg.	*im* »ich«	*ni(n)* »mir«	*ni(n)* »mich«
2. Sg.	*ech* »du«	*cen* »dir«	*gen* »dich«
3. Sg.	*[t]e* »er/sie«	*ten* »ihm/ihr«	*den* »ihn/sie«
unpers.	*ta* »es«	*san* »ihm«	*han* »es«
1. Pl.	*men* »wir«	*men* »uns«	*ven* »uns«
2. Pl.	*le(n)* »ihr«	*le(n)* »euch«	*le(n)* »euch«
3. Pl.	*ti* »sie«	*tin* »ihnen«	*din* »sie«
unpers.	*tai* »sie«	*sain* »ihnen«	*hain* »sie«

Anmerkung: Die 2. Person Sg. ist umstritten; die Form im Primitiven Quendisch lautete vermutlich **(e)kké*. Die Akkusativform wird auch als ?*chen* gebildet, in direkter Ableitung von PQ. **(k)ken*; ich gehe hier von einer späteren Analogiebildung (d. h. Angleichung an die übrigen Lenierungen) aus.

Neben dem einfachen Dativ gibt es auch noch einen »langen« Dativ, der mit der Präposition *an* (mit Nasalmutation) gebildet wird. Wie in den keltischen Sprachen wird hierbei Präposition und Pronomen zu einem Wort zusammengezogen.

	Dat.	lg. Dat.
1. Sg.	*ni(n)* »mir«	*enni(n)* »für mich«
2. Sg.	*cen* »dir«	*achen* »für dich«
3. Sg.	*ten* »ihm/ihr«	*athen* »für ihn/sie«
unpers.	*san* »ihm«	*assan* »für es«
1. Pl.	*men* »uns«	*ammen* »für uns«
2. Pl.	*le(n)* »euch«	*alle(n)* »für euch«
3. Pl.	*tin* »ihnen«	*ethin* »für sie«
unpers.	*sain* »ihnen«	*assain* »für sie«

Genitiv- und Possessivpronomen

Das Genitivpronomen dient zugleich als Possessivpronomen. Darüber hinaus gibt es noch eine Form als Endung, die an das Substantiv angehängt wird:

lasto beth lammen ›Höre (auf das) Wort Stimme-meiner‹
(*lam* »Stimme« aus der Wurzel LAMB; vgl. Qu. *lambe*; also *lam(m)-en*)
guren pêd enni ›Herz-mein sagt mir‹ (im Text *bêd* [VT 41:11]).

Es ist zu vermuten, dass es wie beim Dativ auch hier eine »lange« Form gibt, gebildet mit der Präposition *na* (mit Lenierung). Allerdings ist keine von diesen Formen belegt.

	Gen.	Endung	lg. Gen.
1. Sg.	*nîn* »mein(er)«	*-(e)n*	*nan* »von mir«
2. Sg.	*gîn* »dein(er)«	*-(e)ch*	*nagen* »von dir«
3. Sg.	*dîn* »sein(er)/ ihr(er)«	*-(e)s*	*naden* »von ihm/ ihr«
unpers.	*hên* »sein(er)«		*nahan* »von ihm«
1. Pl.	*vîn* »unser«	*-(e)m*	*naven* »von uns«
2. Pl.	*lîn* »euer«	*-(e)l*	*nale(n)* »von euch«
3. Pl.	*dîn* »ihr(er)«	*-(e)t*	*nadin* »von ihnen«
unpers.	*hain* »ihr(er)«		*nahain* »von ihnen«

Die freie Form des Genitivs wird wie ein Adjektiv verwendet, das heißt nachgestellt, und dies insbesondere auch zusammen mit dem Artikel, was im Deutschen ungebräuchlich ist:

i·eneth lîn »Euer Name« (wörtlich ›der Name Euer‹)

Ein darauf folgendes Adjektiv erfährt Nasalmutation.

mellyn dîn phain »alle seine Freunde«

Reflexivpronomen

Außerdem gibt es noch ein possessives Reflexivpronomen *în* »seine (eigenen)« das nur für die 3. Person belegt ist, möglicherweise aber für alle Personen gilt. Es bezieht sich auf das Subjekt des Satzes.

i aran aníra suilannad mhellyn în phain ›der König wünscht zu grüßen Freunde seine alle‹

Damit kann man Unterschiede wiedergeben, die im Deutschen doppeldeutig ausdrückt sind:

Sunc i·baich hîn. »Er trank seinen Saft (d. h. Saft, der jemand anderem gehörte).«
Sunc i·baich în. »Er trank seinen Saft (d. h. Saft, der ihm selbst gehörte).«

In Verbindung mit einer Präposition ist eine reflexive Form für die 1. Person Sg. belegt.

ú-chebin estel anim ›nicht behalten-habe-ich Hoffnung für-mich (selbst)‹

In solchen Fällen wird also offensichtlich die Präposition mit der Subjekt-Form *an+im*, nicht mit der Objekt-Form *an+ni(n)* (> *enni(n)*) verwendet. Man könnte daraus die weiteren Reflexivformen ableiten

Im Folgenden noch einmal alle Formen des Pronomens, die man in der Praxis gebrauchen sollte, im Überblick:

8. Lektion: Personal- und Relativpronomen

Übersicht: **Formen des Pronomens**

Person	Nom.	Gen.	Dat.	lg. Dat.	refl. Dat.	Akk.
1. Sg.	*-n*	*im*	*nîn*	*ni(n)*	*enni(n)*	*anim*	*ni(n)*
2. Sg.	*-ch*	*ech*	*gîn*	*cen*	*achen*	*anech*	*gen*
3. Sg.	*-s*	*e*	*dîn*	*ten*	*athen*	*anne*	*den*
(unp.)	*(–)*	*ta*	*hên*	*san*	*assan*	*anna*	*han*
1. Pl.	*-m*	*em*	*vîn*	*men*	*ammen*	*anem*	*ven*
2. Pl.	*-l*	*el*	*lîn*	*le(n)*	*alle(n)*	*anel*	*le(n)*
3. Pl.	*-t*	*ti*	*dîn*	*tin*	*athin*	*anni*	*din*
(unp.)	*(-r)*	*tai*	*hain*	*sain*	*assain*	*annai*	*hain*

Relativpronomen

Das Relativpronomen »der (die, das)« entspricht dem direkten Artikel *i*, für Singular und Plural. Eigentlich ist dieses *i* gar kein richtiges Wort, sondern eine Art »Zeiger«, der auf etwas hinweist.

Ein Verb, das unmittelbar auf das Relativpronomen folgt, wird leniert (siehe Lektion 4):

Dor Firn-i-guinar »Land der Toten, die leben«

Da das Relativpronomen nicht gebeugt werden kann, muss man die nähere Bestimmung des Kasus gegebenenfalls als zusätzliches Pronomen anfügen:

i ardh dîn »dessen Reich« (eig. ›das Reich dessen‹)

ÜBUNGEN

(1) Übersetze ins Sindarin.

Deine Freunde sind meine Freunde. Es ist gut für uns, es ist gut für euch. Unser Vater liebt dich und mich. Er liebt seine Kinder. Er liebt sie, und sie lieben ihn.

Der König grüßt seine Freunde. Der König gibt seinen Becher Samweis. Samweis trinkt aus seinem Becher. Die Halblinge trinken aus ihren Bechern.

(2) Übersetze ins Deutsche:

Le na êl i aglar hên síla ne·thinnu. I aglar gîn luitha 'ûr nîn. Le vi ely nîn ar im vi gîn. Yúyo padam i·ven i methed gên ú-ben ista, bo râd athan Ithil. Len annon veleth nîn. Man annach enni no minuial?

Vokabular

Perhael »Samweis«
Perian »Halbling, Hobbit«

aglar »Glanz«
gûr »Herz«
luitha- »verzaubern«
meleth »Liebe«
men »Weg, Richtung«
methed »Ende«
minuial »Morgendämmerung«
ôl »Traum«, Pl. *ely*
râd »Pfad, Weg«

sûl »Kelch«
tinnu »Nacht (frühe, ohne Mond), Sternzwielicht, Abenddämmerung«

anna- »geben, schenken«
ista- »wissen, kennen«
*mel- »lieben« (von *meleth* »Liebe«)
pada- »gehen«
panna- »füllen«
soga- »trinken«

yúyo »beide«
pen »irgendwer, jemand«

→ Lösungen auf Seite 173.
→ Die gesammelten Vokabeln zu den Sindarin-Lektionen sind aufgelistet unter www.elbisch.info.

9. Lektion
Weitere Zeitformen des Verbs

Futur

Das *Futur* (Zukunft) wird bei schwachen Verben durch die Bildungssilbe *-tha-* gekennzeichnet, die zwischen Stamm und Endung eingeschoben wird.

Stamm	Futur
linna- »singen«	*i aew linnatha* »der Vogel wird singen«
	aew linnathar »Vögel werden singen«
ped- »sprechen«	*i Edhel peditha* »der Elbe wird sprechen«
	Edhil pedithar »Elben werden sprechen«

Bei starken Verben nehmen wir an, dass zwischen Stamm und Endung ein Fugenvokal *-i-* eingeschoben wird. Das *-i-* in der Folgesilbe bewirkt, dass die Stammsilbe umgelautet wird, nach demselben Schema wie bei der Pluralbildung von Substantiven (wobei es Stammsilben mit *u* oder mit Diphthongen nicht gibt):

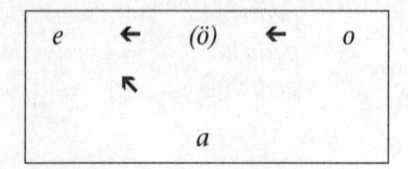

```
e   ←   (ö)   ←   o
        ↖
        a
```

Daraus ergeben sich folgende Grundformen:

	Stamm		Futur	
TIR	*tir-*	»schauen«	*tiritha*	»wird schauen«
CEN	*cen-*	»sehen«	*cenitha*	»wird sehen«
HAB	*hab-*	»kleiden«	*hebitha*	»wird kleiden«
TOG	*tog-*	»führen«	*tegitha*	»wird führen«
TUL	*tol-*	»kommen«	*telitha*	»wird kommen«

Die Zeitformen des Verbs lauten somit im Futur wie folgt:

linna- »singen«		Futur	
1. Sg.	ich	*linnathon*	»ich werde singen«
2. Sg.	du	*linnathach*	»du wirst singen«
3. Sg.	er/sie	*linnathas*	»er/sie wird singen«
unpers.	(es)	*linnatha*	»(es) wird singen«
1. Pl.	wir	*linnatham*	»wir werden singen«
2. Pl.	ihr	*linnathal*	»ihr werdet singen«
3. Pl.	sie	*linnathat*	»sie werden singen«
unpers.	(sie)	*linnathar*	»(sie) werden singen«

ped- »sprechen«   Futur

1. Sg.	ich	***pedithon***	»ich werde sprechen«
2. Sg.	du	***pedithach***	»du wirst sprechen«
3. Sg.	er/sie	***pedithas***	»er/sie wird sprechen«
unpers.	(es)	***peditha***	»(es) wird sprechen«
1. Pl.	wir	***peditham***	»wir werden sprechen«
2. Pl.	ihr	***pedithal***	»ihr werdet sprechen‹
3. Pl.	sie	***pedithat***	»sie werden sprechen«
unpers.	(sie)	***pedithar***	»(sie) werden sprechen«

Präteritum

Das *Präteritum* steht für Handlungen in der Vergangenheit. Es wird gebildet durch einen eingefügten Nasal. Bei schwachen Verben nimmt dieser die Form eines *-nt* an, das an den Stamm angehängt wird. Wenn an diese Endung weitere Endungen angefügt werden, wird *-nt* zu *-nne-*.

Stamm	Präteritum	1. Sg.
linna- »singen«	***linnant*** »sang«	***linnannen*** »ich sang«

Vermutlich würden die Elben die Form ***linnannen*** zu ***linnen*** zusammenziehen, weil solche Aufeinanderfolgen ähnlicher Silben für ihre Ohren unschön klangen.

Bei starken Verben ist es unterschiedlich:

- Bei Stämmen auf *-r* oder *-n* wird *-n* angehängt.
- Bei Stämmen auf *-b*, *-d*, *-g* wird die Endung zu *-mp*, *-nt*, *-nc*.
- Bei Stämmen auf *-l* wird die Endung zu *-ll* angeglichen.
- Bei Stämmen auf *-dh* und *-v* (*mh*) wird die Endung zu *-nd* bzw. *m*.

Wenn an diese Endung wiederum Personen-Endungen angefügt werden, wird *-mp* zu *-mm-*, *-nt* zu *-nn-*, *nc* zu *-ng-*. Außerdem wird *-dh* zu *-nd-* und *-m* zu *-mm-*.

Der Ablauf dieser Lautveränderungen lässt sich nach folgendem Schema darstellen:

r+n	>	>	> *-rn*	
n+n	>	>	> *-nn*	
b+n	> *p+n*	> *n+p*	> *-mp*	bzw *-mm-*
d+n	> *t+n*	> *n+t*	> *-nt*	bzw. *-nn-*
g+n	> *c+n*	> *n+c*	> *-ñc*	bzw. *-ñg-*
l+n	>	> *n+l*	> *-ll*	
dh+n	> *d+n*	> *n+d*	> *-nd*	
v+n	> *m+n*	> *n+m*	> *-m*	bzw. *-mm-*

Zusätzlich wird durch den Fugenvokal *-i-* der Vokal im Wortstamm umgelautet, nach dem bereits bekannten Schema. Um dies für jeden Fall an einem Beispiel darzustellen:

	Stamm	Präteritum	1. Sg.
TIR	*tir-* »schauen«	*tirn* »schaute«	*tirnin* »ich schaute«
CEN	*cen-* »sehen«	*cent* »sah«	*cennin* »ich sah«
HAB	*hab-* »kleiden«	*hamp* »kleidete«	*hemmin* »ich kleidete«
NOD	*nod-* »binden«	*nent* »band«	*nennin* »ich band«
TOG	*tog-* »führen«	*tunc* »führte«	*tyngin* »ich führte«
TUL	*tol-* »kommen«	*toll* »kam«	*tellin* »ich kam«
RED	*redh-* »säen«	*rend* »säte«	*rendin* »ich säte«
LAB	*lav-* »lecken«	*lam* »leckte«	*lemmin* »ich leckte«

Anmerkung: Es gibt – wie hier bei *nent* und *tunc* – eine Vielzahl von unregelmäßigen Formen. Darum ist im Wörterbuch bei den starken Verben die Grundform des Präteritums immer mit aufgelistet.

Ein Perfekt als eigenes Tempus ist im Sindarin nicht bekannt. Darum nehmen wir an, dass man die Vergangenheitsform auch mit Perfekt übersetzen kann. Darüber hinaus gibt es noch eine Reihe von Partizipien, die im Sindarin eine große Rolle spielen. Darauf wird in einer späteren Lektion näher eingegangen.

Die Zeitformen des Verbs lauten somit im Präteritum wie folgt:

linna- »singen« Präteritum

1. Sg.	ich	*linn(ann)en*	»ich sang/habe gesungen«
2. Sg.	du	*linn(ann)ech*	»du sangst/hast gesungen«
3. Sg.	er/sie	*linn(ann)es*	»er/sie sang/hat gesungen«
unpers.	(es)	*linnant*	»(es) sang/ hat gesungen«
1. Pl.	wir	*linn(ann)em*	»wir sangen/haben gesungen«
2. Pl.	ihr	*linn(ann)el*	»ihr sangt/habt gesungen«
3. Pl.	sie	*linn(ann)et*	»sie sangen/haben gesungen«
unpers.	(sie)	*linn(ann)er*	»(sie) sangen/haben gesungen«

ped- »sprechen« Präteritum

1. Sg.	ich	*pennin*	»ich sprach/habe gesprochen«
2. Sg.	du	*pennich*	»du sprachst/hast gesprochen«
3. Sg.	er/sie	*pennis*	»er/sie sprach/hat gesprochen«
unpers.	(es)	*pent*	»(es) sprach/hat gesprochen«
1. Pl.	wir	*pennim*	»wir sprachen/haben gesprochen«
2. Pl.	ihr	*pennil*	»ihr spracht/habt gesprochen«
3. Pl.	sie	*pennit*	»sie sprachen/haben gesprochen«
unpers.	(sie)	*pennir*	»(sie) sprachen/haben gesprochen«

Da die Zeitformen des Verbs damit abgeschlossen sind, werden sie im Folgenden noch einmal für die beiden Hauptbeispiele vollständig aufgelistet.

Übersicht: **Formen des Verbs**

linna-»singen«		Aorist	Präsens	Futur	Präteritum
1. Sg.	ich	*linnan*	*linnon*	*linnathon*	*linn(ann)en*
2. Sg.	du	*linnach*	*linnach*	*linnathach*	*linn(ann)ech*
3. Sg.	er/sie	*linnas*	*linnas*	*linnathas*	*linn(ann)es*
unpers.	(es)	*linna*	*linna*	*linnathal*	*linnant*
1. Pl.	wir	*linnam*	*linnam*	*linnatham*	*linn(ann)em*
2. Pl.	ihr	*linnal*	*linnal*	*linnathal*	*linn(ann)el*
3. Pl.	sie	*linnat*	*linnat*	*linnathat*	*linn(ann)et*
unpers.	(sie)	*linnar*	*linnar*	*linnathar*	*linn(ann)er*

ped-»sprechen«		Aorist	Präsens	Futur	Präteritum
1. Sg.	ich	*pedin*	*pídon*	*pedithon*	*pennin*
2. Sg.	du	*pedich*	*pídach*	*pedithach*	*pennich*
3. Sg.	er/sie	*pedis*	*pídas*	*pedithas*	*pennis*
unpers.	(es)	*pêd*	*pída*	*peditha*	*pent*
1. Pl.	wir	*pedim*	*pídam*	*peditham*	*pennim*
2. Pl.	ihr	*pedil*	*pídal*	*pedithal*	*pennil*
3. Pl.	sie	*pedit*	*pídat*	*pedithat*	*pennit*
unpers.	(sie)	*pedir*	*pídar*	*pedithar*	*pennir*

ÜBUNGEN

Übersetze ins Deutsche:

I·Dhant Gil-galad

Be Gil-galad Eledharan
linnar i·naergon telegain,

9. Lektion: Weitere Zeitformen des Verbs

medui i ardh îm main a lhain
im Belegaer a Hithaeglir.

Megil dîn ann ar eth dîm maeg.
Palan i·thôl dîs silivren
tinnant, thand dîn en-thiliant
in·elenath arnediad.

Dan anann io o-norant,
ar ú-ben ista i·mbar dîn.
An elen dîn 'ni·fuin dant
vi Mordor, innas guruthos.

Vokabular

Belegaer »Großes Meer«
Eledharan »Elbenkönig«
Gil-galad »Gil-galad« (›Strahlenstern‹)
Hithaeglir »Nebelgebirge«

arth »Reich«
dant »Fall«
elenath »Sternenschar«
eth »Speer«
fuin »Dunkel, Schatten«
guruthos »Todesschatten«
megil »Schwert«
naergon »Klage«
pen »irgendwer, jemand«
thand »Schild«
thôl »Helm«

bain »schön«
lain »frei, befreit«

maeg »scharf«
medui »letzt«
nediad »gezählt, zählbar«

danna- »fallen«
ista- »wissen, kennen«

anann »lange, lange Zeit«
*innas »wo« (aus *i* + *ennas* »dort«)
io »her« (nachgestellt)

ar- »ohne, un-«
en- »wieder-, zurück-, re-«
o- »fort-, weg-«

→ Lösung auf Seite 173.
→ Die gesammelten Vokabeln zu den Sindarin-Lektionen sind aufgelistet unter www.elbisch.info.

10. Lektion
Demonstrativ- und Fragepronomen

Demonstrativpronomen

Das Demonstrativpronomen »dieser, diese, dieses« lautet *sen*, Pl. *sin*. Es wird wie ein Adjektiv verwendet, das heißt nachgestellt und insbesondere auch zusammen mit dem Artikel. Als Adjektiv wird es leniert.

têw »Schriftzeichen«, Pl. *tîw*.
i·thîw »die Schriftzeichen«
i·thîw hin »diese Schriftzeichen« (wörtlich: ›die Schriftzeichen diese‹)

10. Lektion: Demonstrativ- und Fragepronomen

Anmerkung: In der Umschrift des Tors von Moria ist der Vokal von *thîw* nicht lang markiert. Es gibt eine linguistisch mögliche Erklärung dafür, die hier zu weit führen würde. Allerdings hat die Tengwar-Schrift dort überhaupt keine Längenzeichen, und das Fehlen in der Umschrift kann ein Versehen sein.

Vermutlich gibt es wie im Quenya eine dreifache Abstufung; die anderen Wörter sind freilich nicht belegt. Die Demonstrativpronomen gelten sowohl räumlich als auch zeitlich:

sen, Pl. *sin*	*tain*, Pl. *tain*	*ent*, Pl. *ent*
»dieser hier«	»der da«	»jener dort«
sí »hier, jetzt«	*tanas* »da, früher« (rückverweisend)	*ennas* »dort, später« (vorausverweisend)

Für das Demonstrativpronomen gibt es möglicherweise noch geschlechtsspezifische Formen. Solche Formen werden von Tolkien erwähnt, aber es ist nicht klar, ob sie für die Grammatik des »Herrn der Ringe« noch gelten. In den Film-Dialogen werden die Formen *hon* »dieser, er«, *hene* »diese, sie« und *han* »dies, es« verwendet, und zwar unterschiedslos für Nominativ und Akkusativ. Das ist ein bisschen suspekt. Da man von anderen Beispielen davon ausgehen kann, dass freie Pronomen im Akkusativ leniert werden, müssten die Formen im Singular so lauten:

dies (er, e, es)	Nom. Sg.	Gen. Sg.	Dat. Sg.	Akk. Sg.
allg.	*se*	*hîn*	*sen*	*hen*
männl.	*so*	*hŷn*	*son*	*hon*
weibl.	*se*	*híni*	*sene*	*hene*
sächl.	*sa*	*hên*	*san*	*han*

Formen wie *hono* und *hana* und deren Entsprechungen sind auch möglich.

Ich vermute, dass im Film die weibliche Form *hene* verwendet wurde, um sie von der allgemeinen Form *hen* abzugrenzen, und das macht auch Sinn.

Relativ risikolos kann man die lenierten Formen gebrauchen; die oben vorgegebene Form wird somit als Akk. Pl. deutlich:

> ***Celebrimbor o Eregion teithant i·thîw hin***
> »Celebrimbor von Eregion schrieb diese Zeichen (eig. ›die Zeichen diese‹)«

Würde man den Genitiv verwenden, wäre die Bedeutung anders:

> ***i·thîw hîn*** »dessen Zeichen« (eig. ›die Zeichen dessen‹)

Anmerkung: Auch hier haben wir wieder mal einen Fall, in dem man von unserer Grammatik aus umdenken muss. Im Sindarin ist die Person nur markiert, wenn sie besonders betont ist. Somit sind dies auch keine persönlichen Fürwörter im eigentlichen Sinne (»er, sie, es«), sondern demonstrative, die zusätzlich eine Markierung für das Geschlecht haben: »dies-männlich, dies-weiblich, dies-unpersönlich«. Normalerweise reicht aber die allgemeine Form, die alles umfasst.

Fragepronomen

Als Fragewort ist nur die Form ***man*** »was« bekannt. Vermutlich handelt es sich, wie im Quenya, um ein allgemeines Fragewort, das auch »wer« bedeutet. Man kann es mit Präpositionen verbinden und dabei davon ausgehen, dass die Wörter wie bei anderen Pronomen zusammengeschrieben werden. Dabei treten die üblichen Lautangleichungen ein.

man? »was?« oder »wer?«
amman? »wohin?« (aus *an* + *man*)
oman? »woher?« (aus *od* + *man*)
naman? »wie?« (aus *na* + *man*)

Andere Formen kann man sich entsprechend erschließen und ableiten.

mas? »wo?« (abgeleitet von Qu. *masse?*)
manann »wie lange?« (aus *man* + *[an]ann*)

ÜBUNGEN

(1) Übersetze ins Sindarin:

Wie ist Euer Name? Woher kommt Ihr? Wohin geht Ihr? Was wünscht Ihr hier? Versteht Ihr mich?

Ich bin der Wind, der weht. Ich komme von einem Ort, den keiner kennt. Ich gehe den westlichen Weg. Ich wünsche, was du für dich träumst. Ich verstehe, was du nicht verstehst.

(2) Übersetze ins Deutsche:

A thôr, man le tíra? – Palan-diron athra dalath ar aear. Man anírach? – Thôr, hin tíral? I·Edhil, i·chîn vain Ilúvatar? – Ú-díron hin. Mas pédir? – Pédir sí nui·ngelaidh ne·thinnu. – Oman túlir? – Túlir o·thanas, o·mbar vedui nef rain. – Amman gwannar? – Gwannar 'ni·lonnath. Anírar i·gîr i hílar sui eilph 'lain. – Sí hin tíron. Rédir na·annún, thar aear, thar aearon! Ar ú-entelithar an sí.

Vokabular

alph »Schwan«, Pl. *eilph*
bar »Heim, Haus« (MB-)
cair »Schiff«, Pl. *cîr*
hên »Kind«
lonnath »Häfen« (Koll.)
talath »Land, Ebene«
thôr »Adler«, Pl. *theryn*
rain »Grenze«

glân »weiß«
medui »letzt«

aníra- »wünschen, begehren, suchen«
entol- »wiederkommen, zurückkehren«
gwanna- »fortgehen, hinscheiden«
henia- »verstehen«
hwinia- »wirbeln, wehen«
oltha- »träumen«
pad- »gehen«
rada- »Weg finden, Weg suchen«

*mas? »wo?« (Qu. *masse?*)

→ Lösungen auf Seite 174.
→ Die gesammelten Vokabeln zu den Sindarin-Lektionen sind aufgelistet unter www.elbisch.info.

11. Lektion
Infinite Verbformen

Unter infiniten Verbformen versteht man solche, die keiner Person zugeordnet werden. Dazu gehören Imperativ, Infinitiv, Gerundium sowie die Partizipien, die in der 12. Lektion behandelt werden.

Imperativ

Der *Imperativ* (Befehlsform) hat nur eine Form für Singular und Plural. Er wird gebildet mit dem Stamm und der Endung *-o* (die bei schwachen Verben mit dem Stammauslaut zusammenfällt). Außerdem kann zur Verdeutlichung vor das Verb ein freier Partikel *a* gesetzt werden:

a tiro! »schau!« bzw. »schaut!«

Ein negativer Befehl wird mit dem Adverb *avo* (auch als Vorsilbe *av-*) gebildet, das bei dem folgenden Verb eine Lenierung auslöst (siehe Lektion 4):

caro! »tu (es)«
avo garo! avgaro! »tu (es) nicht«

Der Imperativ kann auch ein Subjekt haben:

lacho calad! drego morn!
›flamme Licht! fliehe Dunkel!‹
»Licht, entflamme! Dunkel, fliehe!«

Eine abgeschwächte Form des Imperativs, auch als *Subjunktiv* (Möglichkeitsform) bezeichnet, dient zum Ausdruck von etwas, das sein sollte: Wünsche, Hoffnungen, etc. Dies wird ausgedrückt durch ein nachgestelltes *aen*. In dem einzigen uns bekannten Beispiel steht das Verb dabei im Futur:

> *i Panthael estathar aen* ›den Ganzweis nennen-werden-sie wenn-ist‹ (übersetzt als: »der Ganzweis genannt werden sollte«)

Anmerkung: Dies ist eine der Formen, wo ich die Umsetzung im Film nicht nachvollziehen kann. In Sätzen wie *I·amar prestar aen* wird diese Form interpretiert als »Die Welt ist gewandelt« ("The world is changed"), im Sinne eines Passivs. Dann müsste der Satz oben heißen: »... der Ganzweis genannt wird.« Das widerspricht aber Tolkiens eigener Übersetzung und auch dem Sachverhalt; außerdem ist das *-r* normalerweise Pluralmarkierung. Darum bleibe ich lieber bei der Deutung als Subjunktiv, vergleichbar der Konstruktion mit *nai* im Quenya. Zu *ae* siehe auch die Konjunktionen in Lektion 3.

Zum Ausdruck der Notwendigkeit gibt es schließlich das sehr nützliche Wort *boe* »es ist notwendig, es tut not«, eine Rekonstruktion aus der »Noldorin«-Form **bui* (aus den *Etymologies*). Es kann verwendet werden, um auszudrücken, dass etwas getan werden muss.

> *boe naid bain gwannathar*
> ›es-tut-not Dinge (Pl.) alle (Pl., leniert) vergehen-werden-sie‹
> »es ist notwendig, [dass] alle Dinge vergehen werden«, »alle Dinge müssen vergehen«

Infinitiv

Schwache Verben bilden den Infinitiv durch Anhängen von *-o*, das mit dem *a-* im Stammauslaut zu *-o* (< *ō*) zusammengezogen wird. Bei schwachen Verben ist somit der Infinitiv vom Imperativ der Form nach nicht zu unterscheiden.

Starke Verben bilden den Infinitiv, indem an den Wortstamm ein *-i* angehängt wird.

linna- »singen«   *linno* »(zu) singen«
ped- »sprechen«   *pedi* »(zu) singen«

Trägt ein starkes Verb ein *-a-* oder *-o-* in seinem Wortstamm, so wird dies nach dem bekannten Schema zu *-e-* umgelautet.

Dies bedeutet, dass unterschiedliche Verben im Infinitiv gleich lauten können: *can-* ›rufen‹ und *cen-* ›sehen‹ haben den selben Infinitiv *ceni*. Im Sindarin wird aber oft statt des Infinitivs das Gerundium verwendet; dann ist der Unterschied klar.

Es gibt eine Reihe von unregelmäßigen Formen, die im Wörterbuch aufgelistet sind.

Gerundium

Das *Gerundium* oder Verbalsubstantiv wird gebildet durch Anhängen von *-d* an den Wortstamm, bei starken Verben in der Form *-ed*.

linna- »singen«   *linnad* »(das) Singen«
ped- »sprechen«   *peded* »(das) Sprechen«

Das Gerundium ist eine Form, die auch aus dem Lateinischen bekannt ist (und die auch dort ihre Tücken hat). Es ist ein Nomen, das aus einem Infinitiv gebildet wird, aber gewisse Eigenschaften eines Verbs beibehält.

Aus einem Verb wie »singen« lässt sich ein Substantiv »das Singen« ableiten. So weit, so gut. Das Gerundium kann nun nicht nur wie ein Substantiv ein Attribut haben, wie zum Beispiel ein Adjektiv (»das laute Singen«) oder einen angefügten

Genitiv (»das Singen eines Liedes«). Alternativ kann es auch ein Objekt oder ein Adverb haben, wie dies normalerweise nur bei Verben vorkommt. Im Deutschen klingen diese Formen furchtbar, wenngleich sie theoretisch möglich sind: »das Ein-Lied-Singen«, »das Laut-Singen«. Im Sindarin dagegen sind solche Konstruktionen ziemlich gebräuchlich.

> *aníra i aran suilannad vellyn în phain*
> ›wünscht der König [das] Grüßen-Freunde-seine-alle‹
> »es wünscht der König alle seine Freunde zu grüßen«

Das Gerundium *suilannad* ist hier Objekt von *aníra*, *vellyn* (lenierte Form von *mellyn*, Sg. *mellon* »Freund«) ist wiederum Objekt von *suilannad*. Ein Gerundium als Objekt wird anscheinend nicht leniert, vermutlich deshalb, weil es irgendwie doch noch ein Verb ist.

ÜBUNGEN

(1) Übersetze ins Sindarin:

Meinen Gruß! Ein Stern scheint auf die Stunde unserer Begegnung. Ich danke Euch für Euer Kommen. Wie lange wollt Ihr bleiben? Kommt, eßt und trinkt! Füllt unsere Kelche! Das Fest möge beginnen!

(2) Übersetze ins Deutsche:

Avo presto i·naid ithryn 'ni·cheriad i·rûth dîn.

Le nallon Elvellon ar elin sílathar aen bo·vethed men lîn.

I·lû nauthad nîn an·northad nîn.

I·gaim en·aran caim en·nestar ar sui i·aran dîr istathar aen.

Vokabular

cam »Hand«
elin »Sterne« (Pl. von *êl*)
ithron »Zauberer«
*nestar »Heiler (von *nesta-* »heilen«)

lim »schnell, rasch«
tîr »recht, gerade«

govad- »begegnen, sich treffen«
heria- »(plötzlich und kraftvoll) beginnen«
mad- »essen«
*nautha- »denken (von *nauth* »Gedanke«)
presta- »stören, beeinflussen«
thel- »wollen, meinen, beabsichtigen«
toltha- »kommen lassen, holen«

→ Lösungen auf Seite 174.
→ Die gesammelten Vokabeln zu den Sindarin-Lektionen sind aufgelistet unter www.elbisch.info.

12. Lektion
Partizipien

Partizipien

Die Partizipien spielen im Sindarin ein wesentlich größere Rolle als im Quenya. Dadurch dass man das Hilfsverb »sein« normalerweise weglässt, kann man mit Partizipien vollständige Sätze bilden und damit auch Sachverhalte erfassen, für die es keine Zeitformen des Verbs im eigentlichen Sinne gibt.

Partizip Präsens Aktiv

Das *Partizip Präsens Aktiv* beschreibt den Zustand, in dem man sich befindet, wenn man die Tätigkeit ausübt, die das Verb beschreibt. Das Partizip Präsens wird bei schwachen Verben gebildet, indem man an den Stamm die Endung *-l* anfügt, wodurch das *a* des Stammes zu *o* wird:.

linna- »singen«   *linnol* »singend«

Starke Verben bilden die Form mit dem Fugenvokal *-e-* und der Endung *-el*:

ped- »sprechen«   *pedel* »sprechend«

Bei Wortstämmen mit *-i-* tritt ein zusätzliches *i* in der Endung hinzu:

tir- »beobachten«   *tiriel* »beobachtend«

Partizip Perfekt Aktiv

Neben den Partizip Präsens gibt es im Sindarin noch ein weiteres aktives Partizip, das einen vergangenen Zustand beschreibt. Wir sprechen daher vom *Partizip Perfekt Aktiv*. Es wird bei schwachen Verben gebildet, indem man das auslautende *-a* durch die Endung *-iël* ersetzt.

Bei starken Verben wird die Endung *-iël* an den Stamm angehängt und der Stammvokal gelängt; dabei erfährt er dieselbe Lautveränderung wie im Präsens: $\bar{e}$ wird zu *í*, $\bar{a}$ wird zu *ó*, $\bar{o}$ wird zu *ú*.

linna- »singen«   *linniël* »gesungen habend«
ped- »sprechen«   *pídiël* »gesprochen habend«

12. Lektion: Partizipien

Das Partizip Perfekt Aktiv steht der Form nach dem Präsens nahe. Wie im Quenya (und im Englischen) ist auch hier die Handlung auf die Gegenwart bezogen. Das sollte einen aber nicht daran hindern, dies mit dem deutschen Perfekt zu übersetzen.

Partizip Perfekt Passiv

Das *Partizip Perfekt Passiv* beschreibt den Zustand, der durch die Handlung eines Verbs herbeigeführt wird. Es wird gebildet, indem an die Grundform des Präteritums die Bildungssilbe *-en* angehängt wird. Bei schwachen Verben ergibt sich damit die Endung ***-nnen***:

linna- »singen«   *linnant* »sang«   *linnannen* »gesungen«

Auch hier würde die Form wahrscheinlich zu *linnen* verkürzt werden.

Bei starken Verben wirkt sich diese Endung je nach der Form des Präteritums unterschiedlich aus:

	Stamm	Präteritum	Partizip Passiv
TIR	*tir-* »schauen«	*tirn* »schaute«	*tirnen* »geschaut«
CEN	*cen-* »sehen«	*cent* »sah«	*cennen* »gesehen«
HAB	*hab-* »kleiden«	*hamp* »kleidete«	*hammen* »gekleidet«
NOD	*nod-* »binden«	*nent* »band«	*nannen* »gebunden«
TOG	*tog-* »führen«	*tunc* »führte«	*tungen* »geführt«
TUL	*tol-* »kommen«	*toll* »kam«	*tollen* »gekommen«
RED	*redh-* »säen«	*rend* »säte«	*renden* »gesät«
LAB	*lav-* »lecken«	*lam* »leckte«	*lammen* »geleckt«

Die Partizipien können wie Adjektive verwendet werden; als solche werden sie auch leniert, wenn sie dem Beziehungswort unmittelbar folgen. Zumindest das Partizip Perfekt Passiv kann eine Plural-Form mit Umlautung bilden:

Haudh-en-Ndengin »Hügel der Erschlagenen« (***dag-***, »töten« [ND-], Prät. ***danc*** »tötete«, Part. Pass. ***dangen*** »getötet«, Pl. ***dengin***)

Bei den anderen Partizipien scheint das nicht der Fall zu sein – vermutlich, weil die Form dann nicht mehr erkennbar wäre.

Man kann, wie aus dem obigen Beispiel ersichtlich, aus Partizipien auch Substantive bilden.

Anmerkung: Es gibt eine Reihe von unregelmäßigen Formen, die im Wörterbuch jeweils mit aufgeführt werden.

Das Hilfsverb »sein«

Das Hilfsverb »sein« wird, wie schon gesagt, im Sindarin normalerweise einfach weggelassen. Es ist eine Streitfrage, ob es dieses Wort überhaupt gibt. Wenn ja, dann wäre es vermutlich das gleiche wie im Quenya, nämlich ***na-***, mit den entsprechenden Personalendungen und sonstigen Formen.

Als Form belegt ist nur der Imperativ ***no*** »sei«, aus Tolkiens Version des Vaterunsers auf Sindarin:

no aer i·eneth lîn
»geheiligt werde Dein Name« (eig. ›sei heilig der Name Dein‹, engl. "hallowed be Thy name")

Da das Hilfsverb »sein« ansonsten immer ergänzt werden kann, lässt sich so mithilfe von Partizipien auch ein Prädikat mit Hauptverb ausdrücken. Auf diese Weise haben wir mit dem Partizip Perfekt Passiv somit auch eine Möglichkeit, eine echte Passiv-Konstruktion zu bilden:

i·amar prestannen »die Welt [ist] gewandelt«

12. Lektion: Partizipien

Übersicht: Formen des Hilfsverbs »sein«

na- »sein«		Aorist	Präsens	Futur	Präteritum
1. Sg.	ich	*nan*	*non*	*nathon*	*n(ann)en*
2. Sg.	du	*nach*	*nach*	*nathach*	*n(ann)ech*
3. Sg.	er/sie	*nas*	*nas*	*nathas*	*n(ann)es*
unpers.	(es)	*na*	*na*	*natha*	*nant*
1. Pl.	wir	*nam*	*nam*	*natham*	*n(ann)em*
2. Pl.	ihr	*nal*	*nal*	*nathal*	*n(ann)el*
3. Pl.	sie	*nat*	*nat*	*nathat*	*n(ann)et*
unpers.	(sie)	*nar*	*nar*	*nathar*	*n(ann)er*

ÜBUNGEN

Übersetze ins Deutsche:

I·geven ristannen, lachannen i·venel. I·gorf na dannen vi·girith amarth. Sí dortham erib, geweiniannen na·naur. Naman hebich estel, sí na i·veth naid bain?

Or·fuin bain rada Anor ar elin uidorthar. Ú-pedithon i·aur terpannen a navaer 'nin·elin. Thar·fuin tíron calad, thar·guruth cuil.

»I·theryn! I·theryn anglennol...«

Abschlussaufgabe: Übersetze das Gedicht »Der Herr der Ringe« ins Sindarin.

Vokabular

amarth »Schicksal«
cirith »Spalte, Kluft«
cuil »Leben«

estel »Hoffnung«
menel »Himmel«
*navaer »Lebwohl« (Qu. *namárië*)

gwinia- »umgeben, umgrenzen«
heb- »behalten, festhalten an«
lacha- »entflammen«
rista- »reißen, bersten«

erib »allein, einsam, isoliert«

ter- »durch-, bis ans Ende«
ui- »immer-«

→ Lösungen auf Seite 175.
→ Die gesammelten Vokabeln zu den Sindarin-Lektionen sind aufgelistet unter www.elbisch.info.

Anhang: *Gwainechaded*

Gwainechaded – das heißt »Neuschöpfung«, die Möglichkeit, aus Bestehendem neue Wörter zu bilden.

Zusammensetzungen

Im Allgemeinen steht bei zusammengesetzten Hauptwörtern das erste Wort immer im Singular, auch wenn es Plural-Bedeutung hat; das ist ähnlich wie im Deutschen. Wird das ganze Wort in den Plural gesetzt, wird der erste Wortbestandteil meist mit umgelautet, muss es aber nicht.

adanadar »Menschenvater« (*adan* »Mensch« + *adar* »Vater«)
edenedair Pl. »Menschenväter« (*adanedair* ist auch möglich)

Anhang: *Gwainechaded*

Wenn das erste Wort auf einen Vokal endet (was im Sindarin nicht so häufig vorkommt wie im Quenya) und das zweite mit einem Konsonanten beginnt, können sie problem aneinander gefügt werden. Wenn Vokal auf Vokal trifft, wird der letzte Vokal des ersten Wortes meist weggelassen.

Wenn Konsonant auf Vokal trifft, werden beide Wörter in der Regel ebenfalls einfach aneinandergefügt. Bei bestimmten Konsonantengruppen kommt es jedoch zu einer Lautangleichung. Wir haben diese Fälle schon beim Präteritum des Verbs kennen gelernt:

-mp (+Vokal)   > *-mm-*
-nt (+Vokal)   > *-nn-*
-ñc (+Vokal)   > *-ñg-* (eig. *-ññ-*)

Trifft Konsonant auf Konsonant, so kommt es wesentlich seltener als im Quenya zu Lautangleichungen, da zum einen im Sindarin mehr Lautkombinationen erlaubt sind, zum anderen der zweite Bestandteil häufig durch Lenierung schon abgeschwächt ist. Lautangleichungen gibt es vor allem nach *-n*:

n+p > *-mm-*	*n+b* > *-mb-*	*n+m* > *-mm-*	*n+l* > *-ll-*
n+t > *-nn-*	*n+d* > *-nd-*	*n+n* > *-nn-*	*n+r* > *-dhr-*
n+c > *-ñg-*	*n+g* > *-ñg-*	*n+ñg* > *-ñg-*	*n+s* > *-ss-*

Ein markantes Beispiel dafür ist:

Caradhras »Rothorn« (*caran* »rot« + *rass* »Horn«)

Diese ist aber erst im späten Sindarin gültig; vgl. Namen wie *Aranruth* »Königsgrimm« für Elu Thingols Schwert im Ersten Zeitalter.

Vor allem unbetonte Silben werden bei Zusammensetzungen häufig verkürzt, lange Vokale zu kurzen, Diphthonge abgeschwächt. Dies gilt insbesondere für *au*, das zu *o* verdumpft.

Gildor »Stern-Herr« (aus *gil* »Stern« + *daur*, lenierte Form von *taur* »Herr«)

Präfixe

Eine besonders produktive Gruppe bei der Wortbildung im Sindarin sind die Adverbien. Es ist dabei manchmal nicht sauber zu trennen zwischen Adverb und Präposition. Beide Wortarten können auch als Vorsilben herhalten. Neben den in Lektion 7 genannten Präpositionen sind dies:

Adverbien

lim	schnell
mae	gut
sí	jetzt; hier
ui	immer, ewig

Einige Präpositionen haben als Vorsilben eine andere Form:

Präfixe

et-	aus, heraus, hinaus (Präp. *ed*)
min-	zwischen (möglicherweise die gebundene Form der Präp. *im*; als solche mit Lenierung wie in **Minhiriath** »[Land] zwischen den Flüssen«)
na-	auf ... zu (Präp. *an*)
nedh-	in, innerhalb, mitt- (Präp. *ned*)
tre-	durch, vollständig (Präp. *trî*)

An reinen Vorsilben kommen hinzu:

ad-	wieder, zurück, re-: *aderthad* »Wiedervereinigung«; von der Wurzel AT »doppelt«

al-	nicht, un- (als Gegenteil oder Umkehrung, d. h. mehr als bloße Verneinung): ***alfirin*** »unsterblich«
ar-	ohne, -los: ***arnediad*** »ohne Zahl, unzählbar, zahllos, endlos«
go-	zusammen: ***goloth*** »Blütenstand, Dolde« (zu ***loth*** »Blüte); die alte Form ***gwa-*** ist nicht mehr produktiv, d. h. sie bildet keine neuen Wörter mehr
ú-	nicht, un- (oft mit abwertender Färbung): ***úmarth*** »Unglück« (zu ***amarth*** »Schicksal«),

Vorsilben werden in der Regel bei einer Pluralbildung nicht umgelautet.

Suffixe

Nachsilben haben oft einen vergrößernden oder verkleinernden Charakter. Des Weiteren gibt es reine Bildungssilben, die eine Wortklasse in eine andere umwandeln.

Suffixe	
-ad, -ed	Substantivierung von Verben oder Adjektiven, oft Abstraktes oder zumindest Ungreifbares bezeichnend: ***bregol*** »gewaltsam, plötzlich«, ***breged*** »Gewalt, Plötzlichkeit«
-eb	Adjektivierung, entsprechend dem deutschen »-voll«, »-reich«: ***aglar*** »Ruhm«, ***aglareb*** »ruhmreich, glorreich«
-ren	Adjektivierung mit der Bedeutung »bestehend aus«, auch im übertragenen Sinne: ***ang*** »Eisen«, ***angren*** »aus Eisen,

	eisern«; ***nesta-*** »heilen«, ***nestad*** »Heilung«, ***nestadren*** »heilsam«
-ui	Adjektivierung, eine Fähigkeit oder Eigenschaft bezeichnend: ***crum*** »linke Hand«, ***crumui*** »linkshändig«
-ath	eine Menge oder Gesamtheit bezeichnend: ***êl***, arch. ***elen*** »Stern«, ***elenath*** »Sternenschar«; ***perin*** »halb«, ***Perian*** »Halbling«, ***Periannath*** »Halblinge« (als Rasse oder Art); bei einem Wort mit ***-i-*** im Stamm lautet die Endung ***-iath***: ***gîl*** »Stern«, ***giliath*** »Sternenschar«
-hoth	ein Volk oder eine Rasse, mit negativer Bewertung, wie in ***glamhoth*** »Lärmhorde« (Orks)
-rim	ein Volk oder eine Rasse bezeichnend wie in ***Haradrim*** »Südvolk« (von ***Harad*** »Süden«)
-eg	verkleinernd: ***Nogoth*** »Zwerg«, ***Nogotheg*** »Kleinzwerg«; auch einzelne Form: ***loth*** »Blume«, ***lotheg*** »(einzelne) Blüte«
-on	vergrößernd: ***sîr*** »Fluss«, ***sirion*** »Strom, großer Fluss«
-on	männliche Endung: ***firiël*** »sterblich«, ***firion*** »Sterblicher«
-eth	weibliche Endung: ***firiël*** »sterblich«, ***firiëth*** »Sterbliche«
-ron, ***-ril***	Agentive Endung, entsprechend dem deutschen »-er(in)«. Die Formen auf ***-ron*** sind männlich, die auf ***-ril*** weiblich: ***meleth*** »Liebe«, ***melethron*** »Liebender«, ***melethril*** »Liebende«

Zu diesem Schlussteil gibt es keine Übungen, da er allenfalls als Anregung dienen soll, selbst sprachschöpferisch tätig zu werden.

Lösungen

→ Die gesammelten Vokabeln zu den Sindarin-Lektionen sind aufgelistet unter www.elbisch.info.

Zu Lektion 1

(1) *Annon edhellen*... und *Daur a Berhael*... sind Sindarin.
- *Uglúk u bagronk*... ist Orkisch.
- *A Túrin Turambar*... ist Quenya.

(2) Sindarin sind: *Aragorn, Mithrandir, Aglarond, Bruinen, Lebennin, edain, elanor, suilannad, Ereinion, Eriador, ithildin, Amon Sûl, Fingolfin, Glamdring, Gorgoroth, Haradrim, Arod, Gwaihir, lam, angerthas, lhûg, mallorn, balrog, Elbereth, Cirith Ungol, Nîn-in-Eilph, Haudh-en-Ndengin*.
- *Ninquelóte, Ainur, yén, Narya, Silmaril, Eldalië, Telcontar, Earendil, Endor, eques, Eriador, cirya, Eldarion, Valaquenta, palantír, Elentári, Ulmo, hísië, istari, Atalante* und *ancalima* sind Quenya;
- *Inzilbêth* und *Ar-Pharazôn* sind Adûnaïsch;
- *Azaghâl, Kibil-nâla* und *uzbad* sind Khuzdul (Zwergensprache);
- *meara* ist Rohirrisch;
- *nazg* und *sharkû* sind aus der Schwarzen Sprache.

Zu Lektion 2

Zur Umschrift: Ein Doppelpunkt [:] steht nach einem langen Laut, ein dreifacher Punkt [:.] nach einem besonders langen; alle anderen Laute sind kurz. Betonte Vokale sind durch einen vorangestellten Hochstrich ['] bezeichnet. Diphthonge tragen einen Akzent auf dem ersten Element. Varianten in Klammern ( ) bezeichnen andere Formen der Aussprache. Schrägstriche stehen für Pausen unterschiedlicher Länge.

(1) *Mae govannen!* [m'áe gov'an:en]

Annon edhellen, edro hi ammen!
['an:on eð'el:en/'edro h'i 'am:en]

Alae! Ered en Echoriath, ered e·mbar nîn!
['aláe//'ered 'en ex'oriaθ/'ered emb'ar n'i:.n]

(2) *Bruinen* [br'úinen], *Galadhrim* [gal'aðrim], *Minas Tirith* [m'inas t'iriθ], *Amon Rûdh* ['amon r'u:.ð], *estathar* ['estaθar], *Barad-dûr* [b'arad d'u:.r], *Morannon* [mor'an:on], *Arthedain* ['arθedáin], *mallorn* [m'al:orn], *Ereinion* [er'éinion], *Eryn Galen* ['eryn g'alen], *lhûg* [hl'u:.g] ([l'u:.g]), *Udalraph* [ud'alraf], *Fornost Erain* [f'ornost 'eráin], *peredhel* [p'ereðel], *Region* [r'egion], *gaurhoth* [g'áurhoθ], *Mithrandir* [miθr'andir], *Gilraen* [g'ilráen], *Dúnedain* [d'u:nedáin], *Celebrían* [kelebr'i:an], *di'nguruthos* [di ŋ'uruθos], *Gwaith-i-Mírdain* [gw'áiθ i m'i:rdáin], *iarwain* [j'arwáin], *Fladrif* [fl'adriv], *Nargothrond* [narg'oθrond], *ithildin* [iθ'ildin], *nelchaenen* [nelx'áenen], *Orodruin* [or'odrúin], *Angerthas* [aŋg'erθas], *yrch* ['yrx], *hwand* [hw'and] ([xw'and] oder einfach [w'and]).

(3) *A Elbereth Gilthoniel,*   [a 'elbereθ gilθ'oniel//
    silivren penna míriel   sil'ivren p'en:a m'i:riel
    o menel aglar elenath!   o m'enel 'aglar 'elenaθ ///
    Na-chaered palan-díriel   nax'áered p'aland'i:riel
    o galadhremmin ennorath,   o galaðr'em:in e'n:oraθ/
    Fanuilos, le linnathon   fan'úilos/ l'e l'in:aθon/
    nef aear, sí nef aearon!   n'ev 'áear/s'i: n'ev 'áearon]

Zu Lektion 3

(1) *Or oron tinu síla. Edhel tîr. Mellon tôl. Mi i·oron groth. Annon edra. Adan pada trî i·annon. Calad síla.*

(2) *Or eryn tiny sílar. Edhil tirar. Mellyn tular. Mi i·eryn gryth. Ennyn edrar. Edain padar tri in·ennyn. Celaid sílar.*

(3) Juwelen funkeln unter den Bergen. Elbenmaiden singen. Harfner spielen. Die Menschen nähern sich. Die Elben grüßen die Menschen: »O Elbenfreunde!«

Zu Lektion 4

(1) *mellon voron, groth nûr, calad 'laur, mîr ruin, annon dhaer, orod loss*

(2) *mellyn veryn, gryth nuir, celaid 'laur, mîr ruin, ennyn dhaer, eryd lyss*

(3) *tond* »hoch«, *antond* »höher«, *tondwain* »am höchsten; *calen* »grün«, *angalen* »grüner«, *calenwain* »am grünsten«; *glân* »weiß«, *anglán* »weißer«, *glanwain* »am weißesten«; *nûr* »tief«, *annúr* »tiefer«, *nurwain* »am tiefsten«; *ruin* »rot«, *adhruin* »röter«, *ruinwain* »am rötesten«.

(4) *Thinna vi oron. Isil hilivren síla. Di 'elaidh tynd morchaint duir. Si lilta elleth anbain. Sui calad 'lan bo hâdh galen, sui gail im 'olas Lúthiën tinna. Ar Beren nalla beth:* »*Tinúviël!*«

Zu Lektion 5

(1) (Aorist) *nallan* »ich rufe«, *tinna* »es schimmert«, *dagrach* »du kämpfst«, *tolil* »ihr kommt«, *suilam* »wir grüßen«, *tiras* (allg. *tîr*) »sie hält Ausschau«, *dregar* »sie fliehen«

(2) (Präsens) *nallon* »ich rufe«, *tinna* »es schimmert«, *dagrach* »du kämpfst«, *túlil* »ihr kommt«, *suilam* »wir grüßen«, *tíras* (allg. *tíra*) »sie hält Ausschau«, *dregar* »sie fliehen«

(3) Feuer in [den] Wäldern, kahl [sind] die Bäume. Ich fühle es in [der] Erde, riechst du es in [der] Luft? Es kommt der Drache, [der] größte Schrecken. Ich bleibe nicht daheim (im Haus). Kämpfen wir oder fliehen wir?

Zu Lektion 6

(1) *taur-en-Edhil* »Elbenwald«, *aran-na-rhîw* »Winterkönig«, *naneth-na-geven* »Erdmutter«, *rochben-na-sûl* »Windreiter«, *caun-en-dae* »Schattenfürst«, *othronn-en-Noeg* »Zwergenstadt«, *sûl-na-ethuil* »Frühlingswind«, *hîr-en-rych* »Pferdeherr«. (Es gibt noch andere mögliche Lösungen.)

(2) Am achten (Tag) des Frühlings nähert sich Aragorn der König dem Baranduin. Er kommt mit Herrin Arwen und mit Pferden und Wagen. Ein Trupp von Gefolgsleuten bildet den Schluss. Die Speerspitzen blitzen, die Helme gleißen, und elbische Banner flattern in der Brise. Ein Ritter ruft: »Aragorn Elessar der König von Gondor und Herr der westlichen Länder kehrt nach Arnor zurück.«

Zu Lektion 7

(1) *da·barad* (PM) »den Turm hinunter«, *das·sûl* (NM) »gegen den Wind«, *ne·golas* (PM) »im Laub«, *or·thalath* (LM) »über der Ebene«, *ter·naur* (LM) »durch das Feuer«, *o·charad* (PM) »von Süden her«, *nui·ngiliath* (GM) »unter den Sternen«, *go·vellon* (Len) »mit dem Freund«, *thar·sîr* (LM) »quer über den Fluss«

(2) *Osp eria od Orodruin. Dae ritha vi·thrûn. I·tûr en·nôr dhur tuia. Rechbin reniar ve gwaith dhuir nu Ithil. Ar i·edain pedir i·Hîr Vôr attúl 'ni·ngarth iaur, i·varad dhûr vi Mordor athan Ephel Dúath.*

Zu Lektion 8

(1) *Mellyn lîn (gîn) mellyn nîn. Maer ammen, maer allen. Adar vîn mêl gen ar nin. Mêl i·chîn în. Mêl din ar melir den. (E melis din ar ti melir den.)* (Aorist, weil es eine allgemeine Aussage ist.)

I·aran suilad vellyn în. I·aran anna i·sûl în Perhael. Perhael sóga es·sûl dîn. I·Pheriain sógar es·suil în. (Präsens, weil es eine bestimmte Situation ist.)

(2) Du bist ein Stern, dessen Glanz in der Abenddämmerung scheint. Dein Glanz verzaubert mein Herz. Du bist in meinen Träumen und ich in deinen. Beide gehen wir den Weg, dessen Ende keiner kennt, auf einem Pfad jenseits des Mondes. Ich gebe dir meine Liebe. Was gibst du mir vor der Morgendämmerung?

Zu Lektion 9

Der Fall Gil-galads

Von Gil-galad dem Elbenkönig/singen Harfner das Klagelied:/ der Letzte, dessen Reich schön war und frei/zwischen dem Großen Meer und dem Nebelgebirge.

Sein Schwert war lang und scharf sein Speer,/Weithin sein silbergleicher Helm/schimmerte, sein Schild wieder-funkelte/die ungezählte Sternenschar.

Aber lange her ritt er fort,/und keiner weiß die Wohnstatt sein./Denn sein Stern fiel ins Dunkel/in Mordor, dort sind Todesschatten.

(Vergleiche das Original-Gedicht in HR I/11 – am besten im englischen Original, denn die deutsche Übersetzung ist ziemlich frei. Eine gereimte Sindarin-Übersetzung von Eli Bar-Yahalom findet sich in *VT* 26:17, überarbeitet von Ryszard Derdziński auf www.elvish.org/gwaith.)

Zu Lektion 10

(1) *Man eneth lîn? Oman le téla? Amman le péda. Man le aníra sí? Henial nîn?* (Präs.)

Nan i·húl i hwinia. Tolon os·sad i ú·ben ista. Padon 'ni·men annui. Aníron i achen olthach. Henion i ú-cheniach. (Aor.)

(2) O Adler, was siehst du? – Ich sehe weit über Land und Meer. Was suchst du? – Adler, siehst du sie? Die Elben, die schönen Kinder Ilúvatars? – Ich sehe sie nicht. Wo gehen sie? – Sie gehen hier unter den Bäumen in der Abenddämmerung. – Woher kommen sie? – Sie kommen von dorther, vom letzten Haus diesseits der Grenze. – Wohin gehen sie? – Sie gehen dahin, zu den Häfen. Sie suchen die Schiffe, die wie weiße Schwäne schimmern. – Jetzt sehe ich sie. Sie segeln nach Westen, über das Meer, das Große Meer! Und sie werden nicht nach hier zurückkehren.

Zu Lektion 11

(1) *Suilad nîn. Síla gîl erin·lû govaded vîn. Hannon le ni'·toled lîn. Manann thílal dorthad? Tolo, mado a sogo! Panno i·huil mîn. I·vereth heriatha aen.*

(2) »Misch dich nicht in die Angelegenheiten von Zauberern, denn sie sind rasch erzürnt.« (Vgl. HR III/11)

»Ich nenne dich Elbenfreund, und mögen die Sterne auf das Ende deines Weges scheinen.« (Vgl. HR I/3)

»Die Zeit meines Denkens ist mein zu verwenden.« (Vgl. HR II/1)

»Die Hände des Königs sind Hände eines Heilers, und so soll der rechtmäßige König erkannt werden.« (Vgl. HR V/8)

Zu Lektion 12

Die Erde ist geborsten, entflammt der Himmel. Der Ring ist gefallen in die Kluft des Schicksals. Hier verbleiben wir allein, umgeben von Feuer. Wie hast du noch Hoffnung, hier am Ende aller Dinge?

Über alle Schatten zieht die Sonne ihre Bahn und weilen ewig die Sterne. Ich will nicht sagen, der Tag sei vorbei, und den Sternen Lebwohl. Jenseits des Dunkels erschaue ich Licht, jenseits des Todes Leben.

»Die Adler! Die Adler kommen ...«

Abschlussaufgabe:

Hîr i·Chorvath

Nêl Cyrf 'nin Eledherain nui·menel,
Odog 'nin hîr Nogothrim vi ethrynn dîn,
Neder 'nin Edain fírib beraid 'nan gûr,
Mîn 'nin Hîr Vorn bo Mahal Vorn
Vi Mordor innas i·Nguruthos.
Mîn Corf an·orthored hain phain, Mîn Corf hain an·nired,
Mîn Corf an·nolthad hain phain ar vin môr hain an·noded
Vi Mordor innas i·Nguruthos.

→ Ein Kommentar zu dieser Übersetzung ist enthalten auf www.elbisch.info.

III. Elbisch schreiben

Das Schreiben mit Tolkiens Elbenschrift ist nicht so ganz einfach. Zunächst muss man sich vor Augen halten, dass es sich dabei um eine *Lautschrift* handelt, das heißt, es wird (in etwa) so geschrieben, wie man spricht. Für jede Sprache haben die Zeichen der Schrift eine unterschiedliche Belegung mit Lauten. Daraus folgt, dass man in einer Quenya-Schreibweise nur Quenya schreiben kann, in einer Sindarin-Schreibweise nur Sindarin, etc. Unter anderem aus diesem Grund legten sich auch die Noldor, als sie aus den Unsterblichenlanden nach Mittelerde zurückkehrten, Namen zu, die wie Sindarin klangen; sonst hätte man sie auf Sindarin nicht schreiben können.

Die Tengwar-Schrift ist dazu gedacht, mit einer Schreibfeder geschrieben zu werden. Wer es ganz authentisch haben will, schreibt mit einem Federkiel oder zumindest mit einer Kalligrafie-Feder im Federhalter. Die Schrift lässt sich aber auch mit einem Kalligrafie-Filzstift mit einer abgeflachten Spitze (zum Beispiel von Eddings oder Pentel) oder einem Füllhalter mit Italic-Feder (zum Beispiel einem Rotring Art Pen) schreiben.

Die Feder wird beim Schreiben in einem Winkel von etwa 45 Grad angesetzt. Für die normale Schrift sollte die Federbreite etwa 1,5 mm betragen.

Grundsatz für das Schreiben mit der Feder ist, dass nie gegen die Federspitze geschrieben wird. Oder wie mein alter Zeichenlehrer sagte: Es ist eine *Zieh*feder, keine *Schieb*feder! Darum muss man bei den offenen Bögen der Tengwar-Buchstaben immer zweimal ansetzen, mit einem Ab- und einem Aufstrich. Die Reihenfolge und Richtung der Striche ist in etwa wie folgt:

Den Teil des Buchstabens zwischen den beiden Schriftlinien bezeichnet man als *Mittellänge*. Der Teil, der über die obere Schriftlinie herausragt, heißt *Oberlänge*, der Teil unter der unteren Schriftlinie *Unterlänge*.

Die Schreibung der anderen Buchstaben lässt sich aus diesen Musterbeispielen leicht ableiten. Daneben gibt es noch eine andere Form mit eckigen Buchstaben, die aber im Prinzip genauso geschrieben wird.

Man kann die Buchstaben auch verzieren. Tolkien selbst verwendet bei Schmuckinitialen doppelte Striche bei den Stämmen oder, wenn der Buchstabe keinen Stamm hat, eine zusätzliche senkrechte Linie in den Bögen. Es sieht auch sehr schön aus, wenn – wie bei Tolkiens eigener Fassung von »Namárië« – die Zusatzzeichen für Vokale und Satzzeichen in einer anderen Farbe, etwa in Rot oder Grün, geschrieben werden. Doch sollte man sich bei der Kalligrafie im Allgemeinen vor zu viel Schnickschnack hüten. Es ist eine handwerkliche Kunst, und sie lebt vor allem von der Gleichmäßigkeit und Form der Schrift.

Sindarin schreiben

Die Tengwar-Schrift, die wir im »Herrn der Ringe« auf dem Tor von Moria lesen, wird als »Schreibweise von Beleriand« bezeichnet. Beleriand war das nach dem Ersten Zeitalter untergegangene Reich der Elben im Westen von Mittelerde. Die Inschrift auf dem Tor von Moria, angefertigt von dem Elbenschmied Celebrimbor, ist in dieser Schrift gehalten – entstanden mehr als anderthalb Jahrtausende nach dem Untergang jenes Elbenreiches!

Die Elben von Beleriand hatten ursprünglich eine eigene Schrift, die Cirth (die später von den Zwergen übernommen wurden). In dieser Schrift gab es für jeden Laut, Konsonanten wie Vokale, einen eigenen Buchstaben. Als dann die Noldor-Fürsten aus den Unsterblichenlanden nach Mittelerde zurückkehren, brachten diese die Tengwar-Schrift mit, die von dem Noldor-Fürsten Feanor entwickelt worden war.

Die Sindar-Elben lernten die neue Schrift rasch, ebenso wie das Schreiben mit der Feder, das sie zuvor nicht gekannt hatten. Doch anders als die Feanorische Schreibweise des Quenya verwendet die Beleriandische Schreibweise des Sindarin Buchstaben auch für Vokale. Darum ist sie einfacher zu lernen. Aus diesem Grund fangen wir hier mit dieser Schrift an, auch wenn sie jünger ist.

Eine alphabetische Auflistung der möglichen Zeichen und Zeichenkombinationen gibt die Tabelle auf Seite 180. Hierbei gilt gilt die Regel, dass Buchstabenkombinationen Vorrang haben vor einzelnen Buchstaben. Ein Wort wie **Elbereth** würde man daher **E-l-b-e-r-e-th** schreiben, weil **th** in dieser Schrift ein eigener Buchstabe ist.

∴ Schreibweise von Beleriand ∴

a	b	c	ch	d	dh	e	f
g	*gh	h	?hw	i	i-	k	l
ld	m	mb	mm	mp	n	nd	nn
nt	ñ	ñc	ñg	o	*œ	p	r
rd	s	ss	t	th	u	v	w
y	,	.	!				

Langvokale:						
	á/â	é/ê	í/î	ó/ô	ú/û	ý/ŷ

Diphthonge mit Zusatzzeichen:						
	ae	ai	au	ei	oe	ui

Kursive Zeichen entsprechen nicht der Standard-Rechtschreibung

Zeichen mit Sternchen sind im Dritten Zeitalter nicht mehr in Gebrauch.

Vokale

ċ	⋋	i̇	a	o	ꝯ
a	e	i	o	u	y

Vokale werden mit den jeweiligen Tengwar-Buchstaben geschrieben. Bei den Zeichen für *i* und *a* kann ein Punkt darüber gesetzt werden, um sie besser erkennbar zu machen; dies ist aber nicht unbedingt notwendig.

In der Inschrift auf dem Tor von Moria werden lange Vokale nicht besonders gekennzeichnet. Tolkien schreibt jedoch, dass in dieser Schreibweise lange Vokale gewöhnlich durch einen »Akut« bezeichnet wurden, der in dieser Schreibweise **andaith** »Langstrich« hieß.

ć	⋋́	í	á	ó	ꝯ́
á/â	é/ê	í/î	ó/ô	ú/û	ý/ŷ

Anscheinend wurde hier in der Schreibung kein Unterschied gemacht zwischen den »normal« langen Vokalen und den extra langen bei einsilbigen Wörtern.

Satzzeichen

Es gibt ein Schriftbeispiel mit einfachen und doppelten Punkten als Satzzeichen, Tolkiens Version von »A Elbereth Gilthoniel« (*RGEO* 62); das Tor von Moria hat doppelte Punkte als Satzbegrenzungen. Ob andere Satzzeichen verwendet wurden, wissen wir nicht; darum sollte man besser sparsam damit umgehen.

ÜBUNG 1

Schreibe in Umschrift:

ᴅćᴀ ᴄʏᴀʙćᴍᴀɴ

Schreibe in Tengwar:
Gilgalad – Asfaloth – Tinúviel – Amon Rûdh

Lacho calad! Drego morn!

Silivren penna míriël
o menel aglar elenath.

→ Lösungen auf Seite 195.

Diphthonge

c̀	c̈	z̀	ẍ	z̀	ö
ae	ai	au	ei	oe	ui

Diphthonge sind Kombinationen von Vokalen, die in einer Silbe gesprochen werden. Das Sindarin kennt davon sechs: *ae*, *ai*, *au*; *ei*; *oe*; *ui*. Entweder werden sie voll ausgeschrieben, mit den jeweiligen Tengwar-Zeichen, oder der zweite Laut wird als »diakritisches« Zeichen darüber gesetzt. Das Zeichen für *e* ist ein kleines *e*-Tengwa, das für *i* zwei Punkte und das für *u* eine umgekehrte Tilde, wie ein liegendes S.

Anmerkung: In der Inschrift auf dem Tor von Moria sind nur *ai* und *ei* belegt, in dem Gedicht »A Elbereth Gilthoniel« der Diphthong *ui*. Die anderen diakritischen Zeichen stammen aus einem späteren Text. Man kann die Diphthonge auch ausschreiben, sollte das dann aber konsequent bei allen machen.

Sindarin schreiben

Weitere Sonderzeichen

mb	mp	nd	nt	ñc	ñg

Ein waagerechter oder geschwungener Strich über einem Tengwa steht für eine vorangehenden »homorganischen« Nasal, das heißt, einen Nasallaut, der an der gleichen Stelle im Mund gebildet wird. Also:

m vor *p* oder *b*,
n vor *t* oder *d*,
ñ vor *c* oder *g*.

Man beachte auch, dass es eigene Zeichen für *nn* und *mm* gibt. Alle anderen langen (in der Umschrift verdoppelten) Konsonanten wie zum Beispiel *ll* werden doppelt geschrieben.

Nicht verwendete Zeichen

Das Zeichen für *hw* ist nirgendwo belegt. Obwohl es als »hwesta Sindarinwa«, als Grauelben-*hw*, bezeichnet wird, ist nicht klar, ob es in der Schreibweise von Beleriand überhaupt Verwendung fand. Die Sindarin-Wörter, die im Dritten Zeitalter mit *hw* beginnen, lauteten ursprünglich mit *chw-* an. Darum ist es sinnvoller, bei ihnen die traditionelle Schreibweise mit *ch*+*w* beizubehalten.

Die Laute *gh* und *œ* – der Umlaut *ö*, nicht zu verwechseln mit dem Diphthong *oe* – kommen nur im alten Sindarin von Beleriand vor, nicht mehr im Dritten Zeitalter.

Nicht geschriebene Zeichen

Zeichen zur Abstandhaltung zwischen Wörtern wie Bindestrich, Apostroph oder hochgestellter Punkt beim Artikel fallen in der Tengwar-Schrift einfach weg. Das *i* des Artikels kann direkt mit dem folgenden Hauptwort zusammengeschrieben werden oder mit halbem oder ganzem Wortabstand.

ÜBUNG 2

Schreibe in Umschrift:

[Tengwar-Schrift]

Schreibe in Tengwar, mit diakritischen Zeichen:

Angmar – Celebrindal – Arassuil – Mithrandir

Naur an edraith ammen! Naur dan i·ngauroth!

A Elbereth Gilthoniel
o menel palan-díriel,
le nallon sí di'nguruthos!
A tiro nin, Fanuilos!

→ Lösungen auf Seite 196.

Quenya schreiben

Die traditionelle schriftliche Form für Quenya-Texte ist die so genannte Feanorische Schreibweise, weil sie von dem legendären Noldor-Fürsten Feanor begründet wurde. Sie ist ungewohnt für einen deutschen Schreiber, weil bestimmte Laute nicht als Buchstaben *(tengwar)*, sondern in Form von zusätzlichen Markierungen *(tehtar)* geschrieben werden. Dies entspricht der alten Sprachtheorie der Noldor-Gelehrten, wonach nur Konsonanten Laute im eigentlichen Sinne sind und Vokale und andere Elemente nur »Färbung«.

Eine Aufstellung aller möglichen Kombinationen gibt die Tabelle auf Seite 186. Dabei gilt die Regel, dass Buchstabenkombinationen Vorrang haben vor einzelnen Buchstaben. Zum Beispiel wird ein Wort wie *tengwar* mit den Zeichen *t-e-ngw-a-r* geschrieben, weil in dieser Schrift *ngw* ein eigenes Zeichen hat.

Vokale

p̈	ṕ	ṗ	p̂	p̌
ta	te	ti	to	tu

Vokale werden, wie gesagt, in der Feanorischen Schreibweise mit so genannten Tehtar geschrieben. Darunter versteht man Zusatzzeichen über oder unter dem Buchstaben, auch »diakritische« Zeichen genannt. (Diakritische Zeichen in der lateinischen Schrift sind zum Beispiel die beiden Punkte über dem Buchstaben bei *ä*, *ö* und *ü*.) Dies betrifft vor allem die Vokale *a*, *e*, *i*, *o*, *u*. Im Quenya werden die Vokalzeichen immer über den jeweils vorangehenden Buchstaben gesetzt. Es gibt jedoch eine Reihe von Ausnahmen:

∴ schreibweise für Quenya ∴

■̈	λ̈	ö	q	q̤	■́	ó	b
■a	ai	au	c	cy	■e	eu	f
d	l	λ	d	d̤	■̇	ȯ	q
h	'h-	h-?	hw	hy	■i	iu	k
ᴄ	ᴄ̧	ʒ	ᴍ	ᴍ̧	ᴍ̄	ᴍ̇	ᴍ̤
l	ly	ld	m	mb	mp	n	ny
ᴄᴄ	ᴍ̧	ᴍ̧̤	ʰᴍ	ʰᴍ̤	ᴀ	ᴄd	ᴄ̄d
n-	nd	ndy	nt	nty	nw-	nc	nqu
ᴄq	ᴀ̄q	■́	λ́	p	q	ʒ́	ʒ̤
ng	ngw	■o	oi	p	qu	r	ry
ɴ	ʒ	₆	?	₴	ʒ	ʙ̤	ᴘ
-r	rd	s	s	ss	ss	*sty*	t
ᴘ̤	?̄	λ̇	ᴏ	ᴀ	ᴀ	q̧	q̤
ty	■u	ui	v	v-	-w-	*x*	y-
·	:	∴	ʼ	β	ʼ	]	
,	;	.	!	?	kurzer Träger	langer Träger	

Kursive Zeichen entsprechen nicht der Standard-Rechtschreibung.

Der Platzhalter ■ *steht für ein beliebiges konsonantisches Zeichen.*

Quenya schreiben

(1) Es gibt keinen vorangehenden Buchstaben, weil der Vokal am Wortanfang steht. In diesem Fall benutzt man einen so genannten »kurzen Träger«, der aussieht wie ein einfacher Stamm ohne Ober- oder Unterlänge – ein kurzer senkrechter Strich, meist mit einer kleinen Nase am oberen Ende, damit das Tehta da besser Platz hat.

(2) Der vorangehende Buchstabe ist bereits besetzt, weil zwei Vokale aufeinander folgen. In diesem Fall wird das Zeichen für den zweiten Vokal auf einen kurzen Träger gesetzt.

(3) Der Vokal ist lang. In diesem Fall hat man zwei Möglichkeiten:

(a) Das Vokalzeichen wird auf einen »langen Träger«, das heißt, einen Stamm mit Unterlänge, gesetzt.

(b) Das Vokalzeichen wird verdoppelt (nur möglich bei den Tehtar für *e*, *u* und *o*).

Welche dieser beiden Möglichkeiten man wählt, bleibt dem Schreiber überlassen. (Tolkien verwendet in einem Text sogar zwei verschiedene Schreibweisen bei dem gleichen Wort.)

Das folgende Beispiel soll dies verdeutlichen:

e-le-n   s-í-la   lú-me-nn'   o-me-nti-ë-l-vo .

elen: Das Wort beginnt mit einem Vokal; da es kein vorangehendes Tengwa gibt, wird das Zeichen für das erste *e* auf einen kurzen Träger gesetzt. Das zweite *e* wird über das Tengwa *l* gesetzt.

síla: Das *í* ist lang, also wird es auf einen langen Träger gesetzt. Das *a* wird über das Tengwa *l* gesetzt.

lúmenn': Das *ú* ist lang, also wird das Tehta verdoppelt. (Stattdessen hätte man auch einen langen Träger mit einem einzelnen *u*-Tehta verwenden können.) Das *e* wird über das

Tengwa *m* gesetzt. Der Strich unter dem Tengwa *n* bedeutet, dass der Konsonant lang (in der Umschrift verdoppelt) ist. Das Auslassungszeichen wird nicht wiedergegeben.

omentiëlvo: Das Wort beginnt mit einem Vokal; da es kein vorangehendes Tengwa gibt, wird das Vokalzeichen auf einen kurzen Träger gesetzt. Das *e* wird über das Tengwa *m* gesetzt. Für *nt* gibt es ein eigenes Zeichen in der Schrift. Das *i* wird über das Tengwa *nt* gesetzt. Das folgende *e* kann nicht über das vorangegangene Tengwa gesetzt werden, da dieses schon besetzt ist; also erhält es einen kurzen Träger. Das *o* wird über das Zeichen für *v* gesetzt. (Nach einer Theorie wird *v* nach *l* immer mit dem Zeichen *mb* geschrieben – so auch auf dem Buchumschlag –, aber das würde die Sache hier unnötig kompliziert machen.)

ÜBUNG 3

Setze die richtigen Tehtar zu den Tengwar-Buchstaben hinzu:

A-r-we-n va-ni-me-lda na-m-á-ri-ë

li-nde-lo-re-ndo-r ma-li-no-r-né-li-o-n

Schreibe in Tengwar:

E-le-ndi-l – I-si-ldu-r – A-ná-ri-o-n

→ Lösungen auf Seite 197.

Sonderzeichen und Schreibvarianten

ɒ	a	a	d	l	λ	ɣ	ɒ
v	v-	-w-	h	'h-	h-	r	-r

Der ursprüngliche Laut *w wurde am Wortanfang zu v-, in der Wortmitte blieb er als -w- erhalten. (Am Wortende kommt er nicht vor.) Daher werden beide Laute mit demselben Zeichen geschrieben.

Das Zeichen 'h- für h wird nur am Wortanfang vor l und r in Wörtern wie *hríve*, *hlóke* verwendet (und ist in der Aussprache des Dritten Zeitalters stumm). Ansonsten wird am Wortanfang h- verwendet.

Für r gibt es zwei verschiedene Tengwar. Das eine (in der Tabelle als »r« geschrieben) steht am Wortanfang und vor Vokalen. Das andere (in der Tabelle als »-r«) steht vor Konsonanten und am Wortende.

q̤	d̤	l̤	m̤	m̤	ƕ	ɣ̤	p̤
cy	hy	ly	ny	ndy	nty	ry	ty

Zwei Punkte unter dem vorangehenden Tengwa stehen für ein »folgendes y«. Das heißt, dass der Laut »palatalisiert« wird; die Zunge wird dabei angehoben und damit der Mundraum verengt. Der Laut klingt dadurch gepresst, ungefähr so, als würde man zum Beispiel gleichzeitig ein t und ein j auszusprechen versuchen: *tyulma* [tjˈulma]. Die möglichen Formen sind oben aufgeführt.

Bei *ly* werden die Punkte in das Tengwa *l* hineingesetzt. Bei *ry* werden sie entweder dem Tengwa *r* rechts unten angefügt (wie oben) oder darunter gesetzt.

Für *sty* gab es einmal ein eigenes Tengwa, als das dazugehörige Tengwa noch für *th* stand; es dürfte darum im Dritten Zeitalter nicht mehr gelten.

y-	cc	ll	mm	nn	rr	ss	tt

Wenn das Wort mit einem *y*- beginnt (wie zum Beispiel *yéni* »Jahre«), gibt es natürlich keinen vorangehenden Konsonanten, unter den man die zwei Punkte setzen könnte. Als Träger nimmt man in diesem Fall ein Tengwa, das im klassischen Quenya keinen Lautwert besitzt; es dient sozusagen in diesem Fall als »Dummy«.

Ein waagerechter oder geschwungener Strich unter einem Tengwa steht für eine Längung (in der Schrift: Verdoppelung) des Konsonanten.

Bei *ll* wird der Strich in das Tengwa *l* hineingesetzt. Bei *rr* wird er entweder dem Tengwa *r* rechts unten angefügt (wie oben) oder darunter gesetzt. Für *ss* gibt es ein eigenes Tengwa.

sa	se	se	si	so	su	sse	sse

Für *s* gibt es mehrere Schreibvarianten: Das Zeichen mit dem Bogen nach unten ist die Normalform; falls ein Tehta hinzugesetzt wird, kann das Zeichen umgekehrt werden. Für *ss* gibt es ein eigenes Zeichen mit verdoppeltem Bogen, für das Entsprechendes gilt. Alle oben gezeigten Varianten kommen vor; weitere sind möglich.

Ein nach oben geschwungener Haken an einem Tengwa, vor allem am Wortende, kann für ein »folgendes *s*« gesetzt werden.

ÜBUNG 4

Setze die richtigen Tehtar und anderen Zusatzzeichen zu den Tengwar-Buchstaben hinzu:

ꜩyꜩ ? ʎꞮyꞇ Ɪꞇꜫ ꜩ ꜱꜩꞇ Ɪꝑyꞇ
Me-ri-n sa ha-rya-lye a-la-sse nó va-nya-lye A-mba-re-llo

Schreibe in Tengwar-Schrift:

Tú-ri-n Tu-ra-mba-r tu-ru-n' a-mba-r-ta-ne-n

A-na-r ca-lu-va ti-ë-lya-nna

→ Lösungen auf Seite 198.

Diphthonge

˙˙ʎ	´ʎ	ˀʎ	ö	ó	ȯ
ai	oi	ui	au	eu	iu

Diphthonge (Zwielaute) sind Kombinationen von Vokalen, die in einer Silbe gesprochen werden. Das Quenya kennt davon sechs: *ai, oi, ui; au, eu, iu*. In diesen Fällen wird der zweite Bestandteil als Halbvokal aufgefasst und mit einem Tengwa für *i* [j] bzw. *u* [w] wiedergegeben. Der erste Bestandteil wird als Tehta darüber gesetzt – in Umkehrung der sonst üblichen Reihenfolge!

Satzzeichen

·	:	::	⸲	⸮
,	;	.	!	?

Die auf Mitte gesetzten einfachen oder doppelten Punkte, die für Komma, Semikolon oder Punkt verwendet werden, sind eigentlich Zeichen für Pausen unterschiedlicher Länge. Sie haben meist ein Leerzeichen Abstand zum Text. Ausrufungs- und Fragezeichen werden vor das Pausenzeichen gesetzt.

Wörter können am Zeilenende an jeder beliebigen Stelle getrennt werden. Einen Trennstrich gibt es nicht. Wörter, die in der Umschrift mit Bindestrich geschrieben werden, werden in Tengwar einfach ohne Zwischenraum zusammengefügt.

ÜBUNG 5

Schreibe in Tengwar-Schrift:

Au-ta i ló-me-! Au-re e-ntu-lu-va!

Et earello Endorenna utúliën. Sinome maruvan ar Hildinyar tenn' ambar-metta.

Arani halle, ciryar halle
nellur nelde:
man túciënte atalantello
ear celumessen?
Otso eleni, otso ondor
ar mine ninque orne.

→ Lösungen auf Seite 198.

Anhang: Schreiben wie der König

Es gibt viele die auch Sindarin gerne mit Tehtar schreiben wollen, weil sie diese Schrift einfach schöner finden. Dazu muss man freilich sagen, dass eine solche Schreibweise nur von den Menschen von Gondor verwendet wurde. Sie ist darum hier nur der Vollständigkeit halber hier aufgelistet (siehe folgende Seite).

Da im Sindarin die meisten Wörter auf Konsonanten enden, wurden in der Schreibweise von Gondor die Vokalzeichen nicht wie im Quenya auf den jeweils vorangehenden, sondern auf den *folgenden* Konsonanten gesetzt. Es gibt noch einige weitere Abkürzungen, zum Beispiel eine umgekehrte Tilde für »folgendes *w*«. Das heißt, dass der Laut »labialisiert« wird; die Lippen werden dabei gerundet und der Luftstrom gestaut. Der Laut klingt dadurch dumpf, ungefähr so, als würde man zum Beispiel gleichzeitig ein *g* und ein *u* auszusprechen versuchen: ***gwirith*** [gw'iriθ].

Ein darüber gesetzter Strich, gerade oder geschwungen in Form einer Tilde, bezeichnet einen Nasallaut der gleichen Reihe; auch die langen Konsonanten ***nn*** und ***mm*** werden auf diese Weise gebildet.

Es gibt zu dieser Schreibweise keine Übungen in diesem Buch. Wer sie in Anwendung sehen will, kann sie anhand des Briefes von König Elessar an Samweis Gamdschie studieren, der in *Elbisch – Grammatik, Schrift und Wörterbuch*, S. 210, abgebildet ist.

∴ Schreibweise von Gondor ∴

◌̈	◌̃	ǎ	ā	ᴘ	q	d	ᴅ
a■	ae	ai	au/-aw	b	c	ch	d
ʙ	´	ǎ	b	ᴄ̨	ᴄ̨̃	λ	ᴅ
dh	e■	ei	f	g	gw	h	ʔhw
◌̇	λ	ᴛ	ʒ	ᴇ	ᴍ	ᴍ̃	ᴍ̰
i■	i-	l	lh	ll	m	mb	mh
ᴍ̃	ᴘ̃	m	m̃	m̃	p̃	ᴡ	q̃
mm	mp	n	nn	nd	nt	ñ	ñc
ã	´	ʎ	p	γ	γ̣	ɴ	6
ñg	o■	oe	p	r	rr	-r	s
ξ	p	h	´■	ǎ	ʙ	ɑ	¨
ss	t	th	u■	ui	v	w	y■
)	]						
kurzer Träger	langer Träger						
·	:	∴	'	ß	ǁ	ǁ	
,	;	.	!	?	(	)	

Der Platzhalter ■ *steht für ein beliebiges konsonantisches Zeichen.*

Lösungen

Zu Übung 1

ᴅéᴀ ᴄɋᴀʙᴄ́ᴍᴀɴ
m-a-e g-o-v-a-nn-e-n

ᴄɋɪᴛᴀɋᴇ́ᴛᴇ́ᴘɴ · ᴄ́ʟʙᴄ́ᴛᴀʜ ·
G-i-l---g-a-l-a-d   A-s-f-a-l-o-th

ᴘɪɴᴏ́ʙɪᴀᴛ · ᴄɴᴀɴ ʏᴏ́ʜ ·
T-i-n-ú-v-i-e-l   A-m-o-n R-û-dh

ᴛᴇ́ᴅᴀ ɋᴇ́ᴛᴇ́ᴘɴ : ᴘʏᴀᴄɋᴀ ᴅᴀʏɴ :
L-a-ch-o c-a-l-a-d ! D-r-e-g-o m-o-r-n !

ʟɪᴛɪʙʏᴀɴ ᴘᴀᴍᴄ́ ᴅɪ́ʏɪᴀᴛ
S-i-l-i-v-r-e-n   p-e-nn-a m-í-r-i-e-l

ᴀ ᴅᴀɴᴀᴛ ᴄ́ᴄᴄɋᴛᴄʏ ᴀᴛᴀɴᴄ́ʜ :
o m-e-n-e-l a-g-l-a-r   e-l-e-n-a-th .

Zu Übung 2

ćman ahaţţan · apya łi ćman :
A-nn-o-n e-dh-e-l-l-e-n , e-d-r-o h-i a-mm-e-n !

ćcanćy · qaţapyiþćţ
A-ng-m-a-r   C-e-l-e-b-r-i-nd-a-l
ćyćǧöţ · nihyćþiy
A-r-a-ss-ui-l   M-i-th-r-a-nd-i-r

nǖy ćn apyćh ćman :
Naur an edraith ammen !
nǖy pćn icaǖylah :
Naur dan i·ngaurhoth !

ć aţpayah cqiţhaniaţ
A Elbereth   Gilthoniel
a nanaţ pćţćnpíyiaţ ·
o menel   palan- díriel   ,
ţa nćţţan bí pycaoyohab :
le   nallon   sí di'nguruthos   !
ć piya nin · bćnöţab :
A tiro   nin , Fanuilos   !

Zu Übung 3

A-r-we-n va-ni-me-lda na-m-á-ri-ë

li-nde-lo-re-ndo-r ma-li-no-r-né-li-o-n

E-le-ndi-l   I-si-ldu-r   A-n-á-ri-o-n

Zu Übung 4

Me-ri-n sa ha-r$_y$a-l$_y$e a-la-sse nó va-n$_y$a-l$_y$e A-mba-re-llo

Tú-ri-n Tu-ra-mba-r tu-ru-n' a-mba-r-ta-ne-n

A-na-r ca-lu-va ti-ë-l$_y$a-nna

Zu Übung 5

Au-ta i ló-me ! Au-re e-ntu-lu-va !

Et earello Endorenna utúliën . Sinome

maruvan ar Hildinyar tenn' ambar-metta .

Arani halle , ciryar halle

nellur nelde ,

man túciente atalantello

ear celumessen ?

Otso eleni , otso ondor

ar mine ninque orne .

Im Folgenden ist das Ring-Gedicht einmal auf Quenya und einmal auf Sindarin widergegeben (vgl. S. 97 und S. 175), um ein paar Möglichkeiten zu zeigen, die diese Schrift bietet.

Lúy i eruvin

Ves eruan isyrin ná i vinc:
írá vóclíyin vi iruyben:
vnp bjywipin báyrin onp:
vin lúywyn vácvi onná
vi vnvnjy yy qápn láni ::-

❖ vin eruv pyin p ic ------
❖ vin eruv póin p ------
❖ vin eruv péin p ic ------
- in vnivíy vpin p ------
vi vnvnjy yy qápn láni ::-

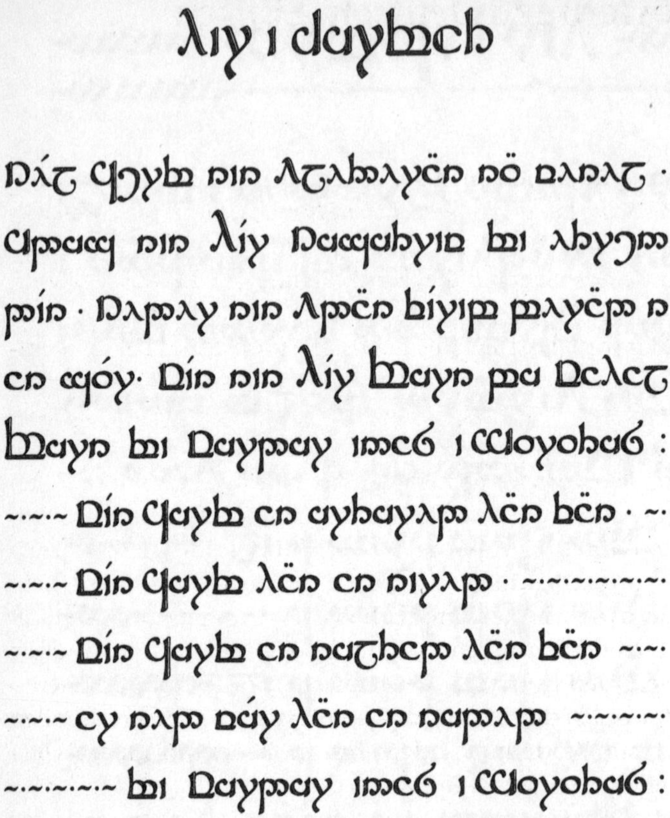

Wörterbuch Deutsch–Elbisch

Dieses Wörterbuch entstand als Ergänzung zu *Elbisch – Grammatik, Schrift und Wörterbuch der Elben-Sprache J. R. R. Tolkiens* (Bastei-Lübbe 2003). Da dieses Wörterbuch vor allem praktisch sein soll, sind die Fundorte hier nicht ausgewiesen. Wenn eine Wortbedeutung aus dem Lexikon nicht von sich aus klar wird, lässt sich die Fundstelle problemlos bei dem entsprechenden Gegeneintrag im ersten *Elbisch*-Buch herausfinden.

Bei den elbischen Wörtern wurde eine vereinheitlichte Schreibweise verwendet. So steht zum Beispiel *c* immer für den *k*-Laut, *cs* für *x*. Unterschiedliche Schreibweisen bei den elbischen Wörtern in Tolkiens Werken sind angeglichen worden.

Bei der Reihenfolge ist zum Teil nicht streng alphabetisch, sondern nach Sinnzusammenhängen verfahren worden. Einfache Stichwörter stehen in der Regel vor mehrfachen, und die Namen – erkennbar an den einfachen Anführungszeichen – sind, wo sich dies anbot, im Anschluss an die entsprechenden Wörter im Wörterbuch aufgeführt. Sie dienen vor allem als Beispiele für die Anwendung von Begriffen.

Alle deutschen Wortbedeutungen sind als eigene Einträge aufgelistet, außer wenn zwei in unmittelbarem Zusammenhang aufeinander folgen würden. Daher finden sich die meisten Quenya- und Sindarin-Wörter an mehreren Stellen wieder.

Was den Gebrauch der Wörter betrifft, so empfiehlt sich in Zweifelsfällen immer ein Blick in die »Etymologies« (*The Lost Road* 338–400), um die Grundbedeutung und das Umfeld zu klären.

Erster Teil: Deutsch–Quenya

Wörter, die mit dem Tengwa *noldo* geschrieben werden, sind mit dem Zeichen ñ wiedergegeben; auf die Aussprache im Dritten Zeitalter hat das keinen Einfluss.

Bei Verben ist neben dem Stamm immer der Infinitiv aufgelistet, weitere Formen nur, soweit sie unregelmäßig sind oder sonstige Besonderheiten aufweisen.

A

ab-, außen-, weg- (fort aus dem Blickpunkt des Interesses); un-, nicht- (weil es nicht sein darf), *Präf.* **ava-**; **au-**.

ab-, weg- (wobei das Interesse dem abgetrennten Objekt gilt), *Präf.* **hó-**.

Abdeckung, Dach, *N.* **tópa**.

Abend, *N.* **sinye**.

Abenteuer suchend, wandernd, fahrend, *Adj.* **ránen**.

aber, andererseits, doch, im Gegenteil, *Konj.* **mal**; **ná**; **nán**; **ono**.

aber doch, und doch, *Konj.* **ananta**.

Abgeschiedenheit, Abgeschlossenheit, Ungestörtheit, *N.* **aquapathië**.

abgrenzen von, trennen von, *V.* **lanya-**, *Inf.* **lanya**, *Präs.* **lányea**, *Perf.* **alánië**, *Part. Akt.* **lánila**, *Part. Pass.* **lanina**.

Abgrund, *N.* **undume**.

Abhandlung, Kommunikation, Übermittlung, Untersuchung, *N.* **centa**.

Abkömmling, Enkelkind, *N.* **indyo**.

abnehmen, schwinden, *V.* **píca-**, *Inf.* **píca**, *Part. Pass.* **pícina**.

abrutschen, stürzen, sich neigen, gleiten, *V.* **talta-**, *Inf.* **talta**.

Abscheu, *N.* **yelma**.

›der Abscheuliche‹, ›der Üble‹, *N.* **Sauron**, **Sauro**, **Súro**.

abschließen, beenden, zu Ende bringen, *V.* **telya-**, *Inf.* **telya**,

Präs. **télyea**, Perf. **etélië**, Part. Akt. **télila**, Part. Pass. **telina**.
Abschluss, N. **telma**.
abschneiden (zur Verwendung), V. **hóciri-**, Inf. **hócirië**, Präs. **hóciria**, Prät. **hócirine**, Perf. **hócírië**, Part. Akt. **hócírila**, Part. Pass. **hócirina**.
abschneiden (zum Aussondern), wegschneiden, V. **auciri-**, Inf. **aucirië**, Präs. **auciria**, Prät. **aucirine**, Perf. **aucírië**, Part. Akt. **aucírila**, Part. Pass. **aucirina**.
abschüssig, geneigt, Adj. **talta**.
Absicht (konkrete), Wille, N. **mende**.
ach!, Interj. **nai!**
ach!, ah!, Interj. **ai!**
acht, Num. **tolto**.
Adler, N. **soron**; **sorne**; **sorno**.
›Adler des Westens‹, N. **Soronúme**.
›Adler-(?)‹, N. **Soronto**.
›Adlerherr‹, N. **Sorontar**.
›Adlerhorn‹, N. **Sorontil**.
ah!, ach!, Interj. **ai!**
Ainulindale, ›Musik der Heiligen‹, ›Musik der Ainur‹, N. **Ainulindale**.
allein, einzeln, Adj. **erinqua**; **erya**.
allein, einzig, Adj. **er**.
alles, all, Adj. **ilqua**; **ilya**.
alles, das Ganze, N. **ilu**; **ilúve**.
›Alles‹, ›das Ganze‹, N. **Ilúve**.
›Alles‹, ›Welt‹, N. **Ilu**.
›Alljuwel‹, N. **Ilumíre**.
›Allmauern‹, ›Mauern der Welt‹, N. **Ilurambar**.
›Allvater‹, N. **Ilúvatar**.
allmächtig, Adj. **ilúvala**.
allschaffend, Adj. **ilúcara**.
allwissend, Adj. **ilúista**.
›Alphabet‹, N. **tengwanda**.
also, Adv. **sin**.

also, so, *Adv.* **sië**.

alt (zu alten Zeiten gehörig oder davon abstammend), *Adj.* **yára**; **enwina**.

alt (an Jahren), bejahrt, viele Jahre habend, *Adj.* **linyenwa**.

alt, verbraucht, *Adj.* **yerna**.

alt werden, altern, *V. intr.* **yerya-**, *Inf.* **yerya**, *Präs.* **yéryea**, *Prät.* **yerne**, *Perf.* **eyérië**, *Part. Akt.* **yérila**, *Part. Pass.* **yerna**.

Altjahrstag, ›Tag der Vollendung‹, *N.* **Quantarië**.

altvordern, *Adj.* **yalúmea**; **yárea**.

Altvorderenzeit, *N.* **yáre**.

amanisch, von Aman, *Adj.* **amanya**.

›Aman-Elben‹, ›die von Aman‹, *N.* **Amaneldi**; **Amanyar**.

›Aman-Freund‹, *N.* **Amandil**.

an diesem Ort, hier, *Adv.* **sinome**.

an jenem Tag (allg.), *Adv.* **tare**.

an jenem Tag (auf die Zukunft bezogen), *Adv.* **enyáre**.

andauern, bestehen, *V.* **termar-**, *Inf.* **termare**, *Prät.* **termarne**, *Part. Pass.* **termarna**.

andauernd, durch-, zu Ende, *Präf.* **ter-**.

andauernd, wiederholt; standhaft (im Bündnis, im Halten eines Eides oder Versprechens), getreu, *Adj.* **vorima**; **vórima**.

andererseits, aber, doch, im Gegenteil, *Konj.* **mal**; **ná**; **nán**; **ono**.

Anfang, *N.* **esse**.

Anführer, Gebieter, Befehlshaber, *N.* **cáno**.

Anführer, Hauptmann, *N.* **haran**.

›Anführerjahr‹, *N.* **haranye**.

angesiedelt werden, sesshaft gemacht werden, weilen, *V.* **mar-**, *Inf.* **mare**, *Prät.* **marne**, *Part. Pass.* **marna** (oder **marina**).

angleichen, in Übereinstimmung bringen, anpassen, *V.* **camta-**, *Inf.* **camta**.

Angst haben, sich fürchten, *V.* **ruc-**, *Inf.* **ruce**, *Prät.* **runce**, *Part. Pass.* **rúcina**.

anhalten, blockieren, *V.* **tap-**, *Inf.* **tápe**, *Prät.* **tampe**, *Part. Pass.* **tápina**.

Anhöhe, runder Hügel; Kugel, Ball, N. *coron*.
Ankerplatz, N. *hopasse*.
Ankündigung, Befehl, N. *carwa*.
Annahme, Vermutung, Idee, N. *intya*.
Annalen, chronologischer Bericht, N. *lúmequenta*.
annehmen, raten, vermuten, V. *intya-*, Inf. *intya*, Perf. *ítíníë*, Part. Akt. *intila*, Part. Pass. *intina*.
anpassen, angleichen, in Übereinstimmung bringen, V. *camta-*, Inf. *camta*.
Anregung, Antrieb, Ermutigung, N. *siule*.
Ansammlung (von Personen), Haufe (feindlicher Krieger), Menge, N. *sanga*.
antreiben, drängen, V. *ora-*, Inf. *ora*, Prät. *orane* (oder *orne*), Part. Pass. *oraina* (oder *orna*).
antreiben, drängen, losschicken, V. *horta-*, Inf. *horta*.
Antreiben, Drängen, N. *hortale*.
Antrieb, Ermutigung, Anregung, N. *siule*.
Antrieb, Gefühl, N. *felme*.
anwenden können, verstehen, begreifen, V. *hanya-*, Inf. *hanya*, Präs. *hányea*, Perf. *aháníë*, Part. Akt. *hánila*, Part. Pass. *hanina*.
Anzeichen, Zeichen; ling. Phonem, N. *tengwe*.
anzeigen, V. *tea-*, Inf. *tea*, Präs. *téa*.
anzeigen, zeigen, hinweisen auf, V. *tana-*, Inf. *tana*.
›Aranwe-Sohn‹, N. *Aranwion*.
arbeiten, schuften, V. *móta-*, Inf. *móta*.
Arm, N. *ranco*.
Ast, Pflanze, Zweig, N. *olva*; *olwa*.
Atem, Brise, Hauch, N. *hwesta*.
Atem, Hauch; Geist, N. *súle*.
›Atmer‹, N. *Súlimo*.
Atem ausstoßen, schnauben, V. *hwesta-*, Inf. *hwesta*.
atmen, V. intr. *súya-*, Inf. *súya*, Prät. *súne*, Perf. *usúye* (?), Part. Akt. *súila*, Part. Pass. *súna*.
auf, Präp. *no*.

auf ... hin, zu, in Richtung, *Präp.* **an(a)**; **na**; *Präf.* **an(a)-**.
auf der anderen Seite, jenseits, dort drüben, *Adv.* **enta**.
Aufgang, Sonnenaufgang; Osten (als Himmelsrichtung), *N.* **rómen**.
Aufgang, Sonnenaufgang; Osten (als Region), *N.* **ambaron**; **ambaróne**.
aufhören, enden, *V.* **pusta-**, *Inf.* **pusta**; **tyel-**, *Inf.* **tyele**, *Prät.* **tyelle**, *Part. Pass.* **tyella** (oder **tyelda**).
aufhören, rasten, innehalten, *V.* **hauta-**, *Inf.* **hauta**.
auflecken, schlürfen, *V.* **salpa-**, *Inf.* **salpa**.
aufrechnen, zusammenzählen, *V.* **onot-**, *Inf.* **onote**, *Prät.* **ononte**, *Part. Pass.* **onótina**.
aufsteigen, erheben, hochheben, *V.* **orta-**, *Inf.* **orta**.
Aufsteigen, *N.* **ore**.
aufsteigen, wogen, *V.* **amorta-**, *Inf.* **amorta**.
auf-, aufwärts-, hoch-, *Präf.* **or(o)-**.
auf-, aufwärts-, über-, *Präf.* **am(a)-**; **amba-**.
›aufsteigende Blüte‹ (Helmzier), *N.* **ambalotse**.
aufwärts, oben, *Adv.* **amba**.
aufwärts führend, *Adj.* **ambapenda**; **ampenda**.
Auge, *N.* **hen**.
Augenblick, Gelegenheit, *N.* **lú**.
›Aule-Freund‹, *N.* **Aulendil**.
aus Buche, buchen, *Adj.* **ferinya**.
aus Eisen, eisern, *Adj.* **angaina**.
aus Holz, hölzern, *Adj.* **taurina**.
aus Silber, silbern, *Adj.* **telemna**; **telpina**.
aus Stein, steinern, *Adj.* **sarna**.
aus Wolle, wollen, *Adj.* **tos**.
aus, heraus, *Adv.* **et** (mit Abl.).
aus-, heraus-, *Präf.* **et-**.
ausbreiten, ausdehnen, verbreiten, weit öffnen, *V.* **palu-**, *Inf.* **palwe**, *Präs.* **pálwa**, *Prät.* **palune**, *Perf.* **apálwië**, *Part. Akt.* **pálula**, *Part. Pass.* **paluna**; **palya-**, *Inf.* **palya**, *Präs.* **pályea**, *Perf.* **apálië**, *Part. Akt.* **pálila**, *Part. Pass.* **palina**.

sich ausbreiten, sich öffnen, sich entfalten, *V.* **panta-**, *Inf.* **panta**.

ausdehnen, verlängern, *V.* **taita-**, *Inf.* **taita**, *Part. Pass.* **taitana**.

Ausdehnung, Längung, *N. ling.* **taile**.

auseinanderbrechen, brechen (intrans.), *V.* **terhat-**, *Inf.* **terhate**, *Prät.* **terhante**, *Part. Pass.* **terhátina**.

ausgebreitet, offen, *Adj.* **panta**.

ausgedehnt, groß, weit, *Adj.* **úra; palla**.

ausgedehnt, verlängert, *Adj.* **taina**.

ausgeschlossen, privat, getrennt, nicht allgemein, *Adj.* **satya**.

Ausgestoßener, Gesetzloser; jemand, der von Freunden verlassen wurde; Waise, *N.* **hecil**.

Ausgestoßene, Verlassene, *N. w.* **hecile**.

Ausgestoßener, Verlassener, *N. m.* **hecilo**.

ausgezogen, nackt, *Adj.* **helda**.

aushauchen, sterben, *V.* **fíre-**, *Inf.* **fírë**, *Präs.* **fírea**, *Prät.* **fírene**, *Perf.* **ifírië**, *Part. Akt.* **fírela**, *Part. Pass.* **fírena**.

aushöhlen, *V.* **unea-**, *Inf.* **unea**, *Präs.* **unéa**.

ausländisch, fremd, *Adj.* **ettelen**.

ausschließen, beiseite legen; zurücklassen, im Stich lassen, *V.* **hehta-**, *Inf.* **hehta**.

ausschließlich, beiseite lassend, nicht zählend, *Adv.* **hequa**.

außen-, weg-, ab- (fort aus dem Blickpunkt des Interesses); un-, nicht- (weil es nicht sein darf), *Präf.* **ava-**; **au-**.

›Außeninsel‹, ›Äußere Insel‹, *N.* **Avalóna**.

›Äußere Leere‹, *N.* **Avacúma**.

äußerst, höchst, sehr (Intensiv oder Superlativ), *Präf.* **an-**.

Außenlande, *N.* **ettele**.

Außenmeer, *N.* **vaia; vaiya**.

›Außenmeer‹, *N.* **Eccaia; Vaiya**.

›Außenmeerkönig‹, *N.* **Vaiaro**.

außer, mit Ausnahme von, *Präp.* **hequa**.

außerhalb von, jenseits, über … hinaus, *Präp.* **lá**.

außerhalb von, neben (räumlich), *Präp.* **ara**.

›Außerhalb-Aman‹, *N.* **Araman**.

außerhalb, *Adv.* **ette**.
Austritt des Wassers, Quelle, *N.* **ehtele**.
›Avalon‹, *N.* **Avallóne**.

B

Bach, *N.* **nelle**.
backen, *V.* **masta-**, *Inf.* **masta**.
Baldachin, Kuppel (insbes. Himmelskuppel), Dach, *N.* **telume**.
Balg, Haut, *N.* **helma**.
Ball, Kugel; runder Hügel, Anhöhe, *N.* **coron**.
ballen, häufen, sammeln, *V.* **hosta-**, *Inf.* **hosta**.
Balsam, Salbe, *N.* **laive**.
Band, Knoten, *N.* **núte**.
Bank, Uferbank (insbes. eines Flusses), *N.* **ráva**.
Bär, *N.* **morco**.
Bart, *N.* **fanga**.
Basis, Wurzel (allg.), Grundlage, *N.* **talma**.
Basis, Wurzel (*ling.*), *N.* **sundo**.
Basis-Vokal, *N.* **sundóma**.
bauen, tun, machen, *V.* **car-**, *Inf.* **care**, *Prät.* **carne** (oder **cáre**), *Part. Pass.* **carna** (oder **carina** bzw. **cárina**).
Baum (breiter), *N.* **alda**.
›Baumdunkel‹, ›Baumnacht‹, *N.* **Aldalóme**.
›Baumjuwel‹, *N.* **Aldamir**.
›Baumwoche‹, *N.* **Aldalemmar**.
Baum (hoher, einzelner), *N.* **orne**.
›Baumfreund‹, *N.* **Ornendil**.
baumbestanden, baumbewachsen, *Adj.* **aldarwa**.
›(Baum) von Silberglanz‹, *N.* **Telperion**, **Silpion**.
baumeln, hängen, *V.* **linga-**, *Inf.* **linga**.
bedecken, *V.* **top-**, *Inf.* **tope**, *Prät.* **tompe**, *Part. Pass.* **tópina**.
bedecken (von oben herab), *V.* **untúp-**, *Inf.* **untúpe**, *Prät.* **untumpe**, *Part. Pass.* **untúpina**.

bedecken, überschatten, beschirmen, *V.* **telta-**, *Inf.* **telta**.
bedrückend, schwer, belastend, *Adj.* **lumna**.
beenden, ein Ende machen, *V.* **metya-**, *Inf.* **metya**, *Präs.* **métyea**, *Präs.* **emétië**, *Part. Akt.* **métila**, *Part. Pass.* **metina**.
beenden, abschließen, zu Ende bringen, *V.* **telya-**, *Inf.* **telya**, *Präs.* **télyea**, *Perf.* **etélië**, *Part. Akt.* **télila**, *Part. Pass.* **telina**.
Befehl, Ankündigung, *N.* **carwa**.
befehlen, verlangen, *V.* **can-**, *Inf.* **cane**, *Prät.* **canne**, *Part. Pass.* **canna**.
Befehlshaber, Anführer, Gebieter, *N.* **cáno**.
befestigen, *V.* **tac-**, *Inf.* **tace**, *Prät.* **tance**, *Part. Pass.* **tácina**.
Befestigung, Niete, *N.* **tanca**.
befreien, erlösen, *V.* **etelehta-**, *Inf.* **etelehta**; **eterúna-**, *Inf.* **eterúna**; **etrúna-**, *Inf.* **etrúna**.
Begehr; Urteil, Beschluss, *N.* **námië**.
Begehren, Verlangen, *N.* **íre**.
begehrenswert, schön, lieblich, *Adj.* **írima**.
›die Begehrenswerte‹ (?), *N.* **Irisse**.
begierig zu gehen, startbereit, *Adj.* **mína**.
begreifen, anwenden können, verstehen, *V.* **hanya-**, *Inf.* **hanya**, *Präs.* **hányea**, *Perf.* **ahánië**, *Part. Akt.* **hánila**, *Part. Pass.* **hanina**.
begrenzt, endlich, genau umrissen, *Adj.* **lanwa**.
Begriff, Gedanke, Vorstellung, *N.* **noa**; **nó**, *Pl.* **nówi**.
behaart, mit Haar, *Adj.* **finda**.
beherrschen, führen, kontrollieren, *V.* **tur-**, *Inf.* **ture**, *Prät.* **turne**, *Part. Pass.* **turna** (oder **turina**).
›Beherrscher der Küste‹, *N.* **Falastur**.
beherrschen, göttliche Macht haben, ordnen, *V.* **vala-**, *Inf.* **vala**.
Beherztheit, Mut, *N.* **huore**.
behindert, blockiert, *Adj.* **tapta**.
bei (räumlich), *Präp.* **se**.
bei, mit, *Präf.* **as-** (verwandt mit *ar* »und«).

beide, *Adj.* **yúyo**.
Bein, Stängel, Stamm, *N.* **telco**, *Pl.* **telqui**.
Beiname (von anderer gegebener), *N.* **anesse**; (zusätzlicher Beiname) **epesse**; *siehe auch* Name.
beiseite!, weg!, *Interj. Imp.* **heca**!
beiseite lassend, nicht zählend, ausschließlich, *Adv.* **hequa**.
beiseite legen, ausschließen; zurücklassen, im Stich lassen, *V.* **hehta-**, *Inf.* **hehta**.
beiseite legen, reservieren (für einen bestimmten Zweck oder Besitzer), *V.* **sati-**, *Inf.* **satië**, *Präs.* **sátia**, *Prät.* **satine**, *Perf.* **asátië**, *Part. Akt.* **sátila**, *Part. Pass.* **satina**.
beißen, *V.* **nac-**, *Inf.* **nace**, *Prät.* **nance**, *Part. Pass.* **nácina**.
bejahrt, viele Jahre habend, alt, *Adj.* **linyenwa**.
bekommen, erhalten, *V.* **net-**, *Inf.* **nete**, *Prät.* **nente**, *Part. Pass.* **nétina**.
bekränzte Maid, *siehe* Maid.
belastend, bedrückend, schwer, *Adj.* **lumna**.
benennen, *V.* **esta-**, *Inf.* **esta**.
beobachten (um Informationen zu sammeln), lesen, *V.* **cenda-**, *Inf.* **cenda**.
beraubt, einer Sache entblößt, *Adj.* **úna**.
›Bereich‹, Erde, Welt, ›das Reich‹, *N.* **Arda**.
Berg, *N.* **oron**.
›Berg Immerweiß‹, *N.* **Oron Oiolosse**.
Berggipfel, *N.* **aicasse**; *siehe auch* Gipfel.
Bergkette, Mauer, Wall, *N.* **ramba**.
Bergspitze, *N.* **orto**.
Bericht (allg.), Geschichte, *N.* **quentale**.
Bericht (chronologischer), Annalen, *N.* **lúmequenta**.
Bericht (historischer), Geschichtswerk, *N.* **quentasta**.
berichten, erzählen, *V.* **nyar-**, *Inf.* **nyare**, *Prät.* **nyarne**, *Part. Pass.* **nyarna**.
berühren, betreffen, *V.* **apa-**, *Inf.* **ape**, *Prät.* **apane** (oder **ampe**), *Part. Pass.* **apaina** (oder **ampa**).
berühren (intensiv), *V.* **appa-**, *Inf.* **appa**.

berührend, betreffs, hinsichtlich, *Präp.* **pa; pá**.
beschädigt, versehrt, *Adj.* **hastaina**.
beschirmen, bedecken, überschatten, *V.* **telta-**, *Inf.* **telta**.
Beschluss, Urteil; Begehr, *N.* **námië**.
beschmutzen, besudeln, *V.* **vahta-**, *Inf.* **vahta**.
beschützen, wachen über; sehen, wachen, Wacht halten, *V.* **tir-**, *Inf.* **tire**, *Prät.* **tirne**, *Part. Pass.* **tirna** (oder **tirina**).
besitzen, *V.* **harya-**, *Inf.* **harya**, *Präs.* **háryea**, *Perf.* **ahárië**, *Part. Akt.* **hárila**, *Part. Pass.* **harina**.
besitzend, in Kontrolle von, *Adj.* **arwa**.
Besitztümer, Güter, *N. Pl.* **armar**.
beständig, immer-, *Präf.* **vor(o)-**.
Beständigkeit, Dauer, Haltbarkeit, *N.* **voronwië**.
bestehen, andauern, *V.* **termar-**, *Inf.* **termare**, *Prät.* **termarne**, *Part. Pass.* **termarna**.
Bestie, Untier, deformiertes Geschöpf, *N.* **ulundo**.
bestimmen (im Sinne des Schicksals), *V.* **martya-**, *Inf.* **martya**, *Perf.* **amartië**, *Part. Akt.* **martila**, *Part. Pass.* **martina**.
besudeln, beschmutzen, *V.* **vahta-**, *Inf.* **vahta**.
besudelt, schmutzig, *Adj.* **vára**.
betreffen, berühren, *V.* **apa-**, *Inf.* **ape**, *Prät.* **apane** (oder **ampe**), *Part. Pass.* **apaina** (oder **ampa**).
betreffs, berührend, hinsichtlich, *Präp.* **pa; pá**.
Bett, *N.* **caima**.
bettlägrig, krank, *Adj.* **caimasse; caimassea**.
Bettlägrigkeit, Krankheit, *N.* **caila**.
sich beugen, *V.* **cúna-**, *Inf.* **cúna**.
bevor, *Konj.* **nó**.
bewaldet, *Adj.* **taurea**.
sich bewegen, sich wälzen, rücken (von großen und schweren Dingen), *V.* **rúma-**, *Inf.* **rúma**.
sich biegen, krumm sein, *V.* **raica-**, *Inf.* **raica**.
binden, *V.* **nut-**, *Inf.* **nute**, *Prät.* **nunte**, *Part. Pass.* **nútina**.
›Binder‹ oder ›schrecklicher Binder‹, *N.* **Mando**.
Binnenland, ›Binnenwurzeln‹ (?), *N.* **Mittalmar**.

bis an, so weit wie, *Präp.* **tenna**.
Biss, *N.* **nahta**.
bitter, *Adj.* **sára**.
blass, *Adj.* **malwa**.
blass, grau, silbrig grau, *Adj.* **sinde**; **sinda**.
blass, unbestimmt, unklar zu erkennen, *Adj.* **néca**.
Blatt, *N.* **las**; **lasse**.
›Blattfall‹ (Herbst), *N.* **lasselanta**; **lassewinta**.
blattförmig, *Adj.* **lassecanta**.
blattgrau, laubgrau, *Adj.* **lassemista**.
blattreich, viele Blätter habend, *Adj.* **lillassea**.
blau, *Adj.* **luin**; **luine**; **lúne**.
›Blaue Berge‹, *N.* **Lúnoronti**.
›Blaustern‹, *N.* **Luinil**.
bleiben bei, haften, kleben, *V.* **himya-**, *Inf.* **himya**, *Präs.* **hímyea**, *Perf.* **ihímië**, *Part. Akt.* **hímila**, *Part. Pass.* **himina**.
bleibend, fest, treu, *Adj.* **sanda**.
bleich, fahl, *Adj.* **marya**.
bleich, weiß, kalt, *Adj.* **ninque**.
blinzeln, lugen, *V.* **tihta-**, *Inf.* **tihta**.
Blitz (einzelner), *N.* **íta**.
blockieren, anhalten, *V.* **tap-**, *Inf.* **tápe**, *Prät.* **tampe**, *Part. Pass.* **tápina**.
blockiert, behindert, *Adj.* **tapta**.
blühen, *V.* **losta-**, *Inf.* **losta**.
Blume (große einzelne), Blüte, *N.* **lóte**.
›Blume des Westens‹, *N.* **Númellóte**.
Blume (kleine einzelne), Blüte, *N.* **lotse**.
blumenreich, viele Blumen habend, *Adj.* **lilótea**.
Blut, *N.* **yár**; **serce**.
Blüte, Blume (große einzelne), *N.* **lóte**.
›Blüteanfang‹, *N.* **Lótesse**.
Blüte, Blume (kleine einzelne), *N.* **lotse**.
Blüte, Blütenstand (alle Blüten einer Pflanze), *N.* **olóte**.
Boden, Fußboden, *N.* **talan**.

Bogen (als Waffe), *N. cú; quinga*.
Bogen (der Schrift), *N. lúva*.
Boot, *N. lunte*.
Borte, Rand, *N. réna*.
böse, *Adj. úmea*.
Böses, Übel, *N. ulca; ulco; úro*.
Botschaft (geistige), Gedanken-Sendung, *N. sanwe-menta*.
Brandhitze, Hitze, *N. yulme*.
Brandung, *N. solor*.
›Brandungssänger‹, *N. Pl. Solonyeldi*.
Brandungsstreifen, Küste, Strand, Ufer (des Meeres), *N. falasse*.
braun, tiefbraun, *Adj. varne; varni-*.
Braut, Weib, *N. indis*.
›Braut‹ (Beiname der Nessa), *N. Indis*.
brechen (trans.), *V. rac-, Inf. race, Prät. rance, Part. Pass. rácina*.
brechen (intrans.), auseinander brechen, *V. terhat-, Inf. terhate, Prät. terhante, Part. Pass. terhátina*.
Breitschwert; Schiffsbug, *N. lango*.
brennen, flammen, *V. urya-, Inf. urya, Präs. úryea, Prät. urne, Perf. úrië, Part. Akt. úrila, Part. Pass. urna*.
bringen, ziehen, *V. tuc-, Inf. tuce, Prät. tunce, Part. Pass. túcina*.
Brise, Hauch, Atem, *N. hwesta*.
bröckeln, *V. rucsa-, Inf. rucsa*.
Brosche, *N. tancil*.
Brot, *N. masta*.
Brotgeberin, Herrin, *N. massánië*.
Brücke; Joch, *N. yanta*.
Brücke, Verbindung, Landenge, *N. yanwe*.
Bruder (allg.), *N. toron, Pl. torni*.
Bruder, *N. m. onóro*.
Bruderschaft, *N. otornasse*.
Buch, *N. parma*.
›der Buch-Händige‹, *N. Parmaite*.
›Buchsprache‹, Quenya, *N. parmalambe*.

Buche, *N. feren; ferne*.
Bucheckern, Mast, *N. ferna*.
buchen, aus Buche, *Adj. ferinya*.
Buchstabe (bedeutungstragendes Zeichen), *N. ling. sarat*.
Buchstabe (geschriebene Wiedergabe eines Phonems) *N. ling. tengwa*.
›Burg des Gewahrsams‹, *N. Mandos; Mandosse*.
Busch, Strauch, *N. tussa*.
Busen, Erdbusen, Oberfläche, *N. palúre*.
Busen, Höhlung, *N. súma*.

C

D

Dach, Abdeckung, *N. tópa*.
Dach, Baldachin, Kuppel (insbes. Himmelskuppel), *N. telume*.
Dämon, *N. rauco*.
›Dämon der Macht‹, *N. Valarauco*.
dämpfen, polstern, *V. nirwa-, Inf. nirwa*.
Danksagung, *N. hantale*.
›Danksagung an Eru‹, *N. Eruhantale*.
das, es, *Pron. ta* (hinweisend).
dass, *Konj. sa*.
Dauer, Beständigkeit, Haltbarkeit, *N. voronwië*.
dazu bringen (etwas zu tun), (jemanden) veranlassen, *V. sahta-, Inf. sahta*.
dein, *Pron.* (2. Sg.) *Poss. tyenya, -(e)tya*.
denken, meinen, urteilen, *V. ham-, Inf. hame, Prät. hamne, Part. Pass. hamna; nam-, Inf. name, Prät. namne, Part. Pass. namna; nav-, Inf. nave, Prät. nambe* (oder *náve*), *Part. Pass. návina; nem-, Inf. neme, Prät. nemne, Part. Pass. nemna*.
Denker, *N. sanar*.
denn, *Konj. an*.
Dentallaute, *t*-Reihe, *N. ling. tincotéma*.

der (die, das), *Art. **i**.*
der (die, das), welch(er, -e, -es), *Pron. **i**; **ya-*** (rückverweisend).
dich, *Pron.* (2. Sg.) *Akk.* ***tye**, **-t***.
dick, fett, *Adj.* ***tiuca***.
die ganze Zeit, immer, *Adv.* ***illume***.
›Diener Aules‹, *N.* ***Aulendur***.
›Diener der Erde‹, *N.* ***Cemendur***.
›Diener der Nacht‹ (?), *N.* ***Fuinur***.
dies(er, -e, -es), *Pron.* ***sina*** (hinweisend).
Diktum, Redensart, Sprichwort, Spruch, Zitat (von jemandes Worten), *N.* ***eques***.
Ding, *N.* ***engwe**; **nat***.
Dinge (lebende, die sich bewegen), Tiere, Fauna, *N. Pl.* ***celvar***.
Dinge (wachsende, mit Wurzeln in der Erde), Pflanzen, Flora, *N. Pl.* ***olvar***.
Diphthong, *N. ling.* ***samna**; **ohlon***.
dir, *Pron.* (2. Sg.) *Dat.* ***tyen***.
doch, andererseits, aber, im Gegenteil, *Konj.* ***mal**; **ná**; **nán**; **ono***.
Dolch, Messer, *N.* ***sicil***.
doppelt, *Adj.* ***atwa**; **tanta***.
Dorf, ummauerte Stadt, Haus, *N.* ***opele***.
Dorn, Stachel, *N.* ***nasse***.
dort drüben, auf der anderen Seite, jenseits, *Adv.* ***enta***.
dorthin, jenseits, *Adv.* ***tanna**; **tar***.
Drache, *N.* ***angulóce***, (in Zusammensetzungen) ***-lóce***.
Drache (Feuer speiender), *N.* ***urulóce***.
Drache (geflügelter), *N.* ***rámalóce***.
drängen, antreiben, *V.* ***ora-***, *Prät.* ***orane*** (oder ***orne***). *Part. Pass.* ***oraina*** (oder ***orna***).
drängen, antreiben, losschicken, *V.* ***horta-***, *Inf.* ***horta***.
Drängen, Antreiben, *N.* ***hortale***.
drängen, zusammendrücken, eng packen, drücken, *V.* ***sanga-***, *Inf.* ***sanga***.
sich drehen, umkreisen, wiederkehren, *V.* ***pel-***, *Inf.* ***pele***, *Prät.* ***pelle***, *Part. Pass.* ***pella*** (oder ***pelda***).

sich drehen, wirbeln, *V. intr.* **hwinya-**, *Inf.* **hwinya**, *Präs.* **hwínyea**, *Prät.* **hwinne**, *Perf.* **ihwínië**, *Part. Akt.* **hwínila**, *Part. Pass.* **hwinna**.

Drehpunkt, Spindel, *N.* **peltas**.

drei, *Num.* **nel**; **nelde**.

drei-, tri-, *Num. Präf.* **nel-**.

Dreieck, *N.* **neltil**.

Dringlichkeit, *N.* **horme**.

dritt(er, -e, -es), *Num. Adj.* **neldea**; **nelya**.

›die Dritten‹ (ursprüngl. Name der Lindar), *N. Pl.* **Nelyar**.

›Dritter Finwe‹, *N.* **Nelyafinwe**.

Dröhnen, Schwirren (onomatopoetisch), *N.* **tinge**; **tango**.

Druck (etwas zu tun gegen den eigenen Willen oder das Gewissen), Zwang, *N.* **sahtië**.

drücken, drängen, zusammendrücken, eng packen, *V.* **sanga-**, *Inf.* **sanga**.

drücken, Druck ausüben, stoßen (in eine gegebene Richtung, physisch und moralisch), *V.* **nir-**, *Inf.* **nire**, *Prät.* **ninde**, *Part. Pass.* **ninda** (oder **nirina**).

›Drúedain‹, *N.* **Rúatani**, *Sg.* **Rúatan**.

›Drûg‹, *N.* **Rú**.

Dryade, Waldgeist, *N. w.* **tavaril**.

du, *Pron.* (2. Sg.) **etye, -tye**.

duftend, *Adj.* **nísime**.

›Duftende Bäume‹ (Gebiet in Númenor), *N.* **Nísimaldar**.

›Duftendes Wasser‹ (See in Númenor), *N.* **Nísinen**.

dunkel, *Adj.* **lóna**.

dunkel, schwarz, *Adj.* **more**.

dunkel, schwarz, düster, *Adj.* **morna**.

›Dunkelnachtwald‹, *N.* **Tauremornalóme**.

Dunkel, Schwärze, Finsternis, *N.* **mor**; **more**.

›Dunkelschwert‹, *N.* **Mormacil**.

›Dunkelbinder‹, *N.* **Morimando**.

›Dunkelelben‹, *N.* **Moriquendi**; **Morquendi**.

›der Dunkle‹, *N.* **Morion**.

›Dunkler Finwe‹, N. *Morifinwe*.
Dunkelheit, Finsternis, N. *mornië*.
Dunkelheit, Schwärze, Nacht, N. *móre*.
Dunkelheit, tiefer Schatten, N. *lumbule*.
Dunkelheit, tiefer Schatten, Düster, N. *fuine*; *huine*.
dünn, Adj. *ninde*.
durch ... hindurch, Präp. *ter*.
durch-, andauernd, zu Ende, Präf. *ter-*.
Durchblick, Einsicht, N. *tercen*.
durchblickend, einsichtig, Adj. *tercenya*.
durchdringend, scharf, Adj. *mahtar*; *maica*.
durcheinander, verwirrt, zerstreut, Adj. *rúcina*.
durchschneiden, spalten, poet. (ein Schiff) steuern, V. *cir-*, Inf. *cire*, Prät. *cirne*, Part. Pass. *cirna* (oder *cirina*).
durstig, Adj. *soica*.
durstig, mit offenem Mund, Adj. *fauca*.
düster, schattig, Adj. *lómea*.
düster, schwarz, dunkel, Adj. *morna*.
Düster, tiefer Schatten, Dunkelheit, N. *fuine*; *huine*.
Düsternis, Finsternis, N. *ungwe*.
›Düsternisspinne‹, N. *Ungweliante*.
Düsternis, Schatten, N. *lumbe*.
›Düsterheim (?)‹, N. *Lumbar*.

E

Ebene (bewässerte), Aue, N. *nanda*.
Echo, N. *nalláma*; *nallama*.
Echo, Hallen, N. *láma*.
edel, erhaben, Adj. *arta*.
›Edle Frau‹, N. *Artanis*.
›Edler Herr‹, N. *Artaher*.
›Edles Juwel‹, N. *Artamir*.
edel, erhaben, hoch, Adj. *tára*.
edel-, erhaben-, hoch-, Präf. *tar-*.

›Edelgeschenk‹ oder ›Edler Geber‹ (?), N. **Tarannon**.
edel-, hoch-, königlich-, Präf. **ar(a)-**.
›Edler Adan‹, N. **Aratan**.
›Edler Finwe‹, N. **Arafinwe**.
Edelmann, Edler, N. **arquen**.
Ehefrau, Weib, N. **vesse**.
Ehemann, Gatte, N. **verno**.
Ehepaar, Eheleute (Dual), N. **veru**.
Ehestand, N. **vesta**.
Ehrfurcht, N. **áya**.
Eiche, N. **norno**.
eichenbestanden, viele Eichen habend, Adj. **lindornea**.
Eid, Gelöbnis, feierliches Versprechen, N. **vanda**.
Eidbruder, Verbündeter, N. **otorno**.
eigen, persönlich, privat, Adj. **véra**.
Eile (?), N. **fion**.
›Eile-Person‹ (?), N. **Fionwe**.
eilen, fliehen, V. **rimpa-**, Inf. **rimpa**.
eindringen, eintreten (intrans.); einfügen (trans.), V. **mitta-**, Inf. **mitta**.
eine (bestimmte) Richtung nehmen, Kurs nehmen auf, gehen wollen, V. **mína-**, Inf. **mína**.
›der Eine‹, ›Er, welcher einzig da ist‹, Gott, N. **Eru**.
›(Eine) von Osten‹, N. **Rómello**.
›Einer, der geht‹, Elbe, N. arch. **Eldo**.
einer, jemand, Person, Individuum, Mann oder Frau, Pron. **quen** (unbestimmt).
einfügen (trans.); eintreten, eindringen (intrans.), V. **mitta-**, Inf. **mitta**.
Einheit, Person, N. **erde**.
eins, Num. **min; mine**.
einsam, Adj. **eressea**.
›Einsame Frau‹, N. **Erendis**.
›Einsame Insel‹, N. **Tol Eressea**.
Einsamkeit, N. **eresse**.

Einsicht, Durchblick, N. **tercen**.

einsichtig, durchblickend, Adj. **tercenya**.

einstmals, früher, Adv. **yá**.

einstmals, vor langer Zeit, Adv. **yasse**; **yalúmesse**; **yáresse**.

einstürzen, zusammenbrechen, V. **atalta-**, Inf. **atalta**, Prät. **ataltane** (oder **atalante**), Perf. **ataltanië** (oder **atalantië**), Part. Pass. **ataltaina** (oder **atalanta**).

eintreten, eindringen (intrans.); einfügen (trans.), V. **mitta-**, Inf. **mitta**.

einzeln, allein, Adj. **erinqua**; **erya**.

einzig, allein, Adj. **er**.

Eis, N. **helce**.

Eisblumen, Frostmuster, N. **niquis**; **niquesse**.

Eisen, N. **anga**.

›Eisengefängnis‹, N. **Angamanda**; **Angamando**.

›der Eisen-Händige‹, N. **Angamaite**.

›Eisenheld‹, N. **Angaráto**.

eisern, aus Eisen, Adj. **angaina**.

eisig, kalt, Adj. **helca**.

›Eisig-Haupt (?)‹, N. **Helcar**.

›der Eisigblaue‹, N. **Helluin**.

›Eisstachelhecke‹, N. **Helcaracse**.

eitrig, übel, faul, Adj. **saura**.

Elben, (eig.) ›Sprecher‹, ›die mit Stimmen reden‹, N. Pl. **Quendi**, analoger Sg. **Quende**.

›Elben des Lichts‹, ›Lichtelben‹, N. **Calaquendi**.

›Elbenfreund‹, N. **Quendendil**; **Quendil**.

›Elbenvolk‹, ›Sprechervolk‹, N. **Quendelië**.

Elbenfrau, N. w. **quendi**.

Elbenmann, N. m. **quendu**.

Elben, ›Volk der Sterne‹, N. **Eldar**, Sg. **Elda**.

›Elbenfreunde‹, N. Pl. **Eldandili**, Sg. **Eldandil**.

›Elbenhafen‹, N. **Eldalonde**.

›Elbenhaupt‹ (?), N. **Eldacar**.

›Elbenheim‹, N. **Eldamar**.

›Elbenland‹, *N.* ***Eldanor***.

›Elben-Liebende‹, *N. Pl.* ***Eldameldor***, *Sg.* ***Eldameldo***.

›Elbenmut‹, *N.* ***Eldacan***.

›Elbensohn‹, *N.* ***Eldarion***.

›Elben-Sprache‹, Sprache der Eldar, *N.* ***Elda-lambe***.

›Elbenvolk‹, *N.* ***Eldalië***.

›Elbenwärts‹, *N.* ***Eldanna***.

›elbisch‹, ›zu den Eldar gehörig‹. *N.* ***Eldarin***.

›Elbenmensch/Sternmensch‹, *N.* ***Elatan***.

›Elbendiener/Sterndiener‹, *N.* ***Elendur***.

›Elbenfreund/Sternfreund‹, *N.* ***elendil***; ***Elendil***; ***Elesser***.

›Elbenfreunde/Sternfreunde‹, *N. Pl.* ***Elendili***, *Sg.* ***Elendil***.

›Elbenmitte/Sternmitte‹, *N.* ***Elende***.

›Elendil-Stern‹, *N.* ***Elendilmir***.

Elbenjahr, langes Jahr (144 Sonnenjahre), *N.* ***yén***; ***yen-***.

elf, *Num.* ***minque***.

Eltern, *N. Pl.* ***nostari***; ***ontani***.

Ende, end-, letzt-, *N.* ***tel***; ***telde***.

Ende, Letztes, *N.* ***tyel***; ***tyelde***.

Ende, Nachhut, *N.* ***telle***.

Ende, Schluss, *N.* ***metta***.

›Endtag‹, *N.* ***mettare***.

Ende der Zeiten, Welt-Ende, *N.* ***Ambar-metta***.

Ende, ewige Seligkeit, Schicksal, Geschick, *N.* ***manar***; ***mande***.

Ende (plötzliches), *N.* ***cuivië-lancasse***.

Ende, Spitze, *N.* ***mente***.

ein Ende machen, beenden, *V.* ***metya-***, *Inf.* ***metya***, *Präs.* ***métyea***, *Präs.* ***emétië***, *Part. Akt.* ***métila***, *Part. Pass.* ***metina***.

zu Ende, andauernd, durch-, *Präf.* ***ter-***.

zu Ende bringen, abschließen, beenden, *V.* ***telya-***, *Inf.* ***telya***, *Präs.* ***télyea***, *Perf.* ***etélië***, *Part. Akt.* ***télila***, *Part. Pass.* ***telina***.

enden, aufhören, *V.* ***pusta-***, *Inf.* ***pusta***; ***tyel-***, *Inf.* ***tyele***, *Prät.* ***tyelle***, *Part. Pass.* ***tyella*** (oder ***tyelda***).

enden, Letzter sein (in einer Reihe oder Folge von Ereignissen),

V. *tele-*, Inf. *tele*, Präs. *télea*, Prät. *telene*, Perf. *etélië*, Part. Akt. *télela*, Part. Pass. *telena*.

›die am Ende der Reihe‹, ›die Hintersten‹, ›die Letzten‹, N. Pl. *Teleri*, Sg. *Teler*, Koll. *Telelli*.

endgültig, final, Adj. *tyelima*.

endlich, genau umrissen, begrenzt, Adj. *lanwa*.

endlich, schließlich, Adv. *yallame*.

endlose Zeitspanne, Ewigkeit, N. *oio*.

Endung, N. *tyelme*.

eng, Adj. *arca*.

eng packen, drücken, drängen, zusammendrücken, V. *sanga-*, Inf. *sanga*.

Enkelkind, Abkömmling, N. *indyo*.

entblößt (einer Sache), beraubt, Adj. *úna*.

entblößt, mittellos, hilflos, Adj. *racine*.

entfachen, zum Funkeln bringen, entzünden, V. *tinta-*, Inf. *tinta*.

sich entfalten, sich ausbreiten, sich öffnen, V. *panta-*, Inf. *panta*.

entfärbt, verwischt, Adj. *púrea*.

entfernt, entlegen, fern, Adj. *avahaira*; *eccaira*; *haira*.

Entschlossenheit, Wille, Zielbewusstsein; Geist, Herz, Stimmung, Sinn, N. *indo*.

entschwinden, fortgehen, V. *auta-*, Inf. *auta*, Prät. *váne* (vormals *anwe*) Perf. *avánië* (poet. auch *vánië*), Part. Pass. *vanwa*.

entschwinden (langsam), schwinden, verblassen, V. *fifiru-*, Inf. *fifirwe*, Präs. *fifírwa*, Prät. *fifirune*, Perf. *fifírwië*, Part. Akt. *fifírula*, Part. Pass. *fifiruna*.

entspringen, sprossen, V. *tuia-*, Inf. *tuia*, Präs. *túyea*, Prät. *tuine* (oder *tuiane*), Perf. *utúye*, Part. Akt. *túila* (oder *túyala*), Part. Pass *tuina* (?).

entzünden, entfachen, zum Funkeln bringen, V. *tinta-*, Inf. *tinta*.

›Entzünderin‹, N. *Tintalle*.

›Eónwe‹, N. *Eónwe*.

er, Pron. (3. Sg.) *erye*, *-rye*.

›Er, der in Macht ersteht‹, N. **Melcor**.
›Er, welcher einzig da ist‹, ›der Eine‹, Gott, N. **Eru**.
sich erbarmen, Mitleid haben, V. **ocama-**, Inf. **ocama**; **ócama-**, Inf. **ócama**; **órava-**, Inf. **órava**.
Erbe (allg.), N. **haryon**.
Erbe (königlicher), N. **aryon**.
Erbe, Nachfolger, N. **hilde**; **hildo**.
erblicken, sehen, V. **cen-**, Inf. **cene**, Prät. **cenne**, Part. Pass. **cenna**.
erdauernd, lang dauernd, Adj. **voronwa**.
Erdbusen, Busen, Oberfläche, N. **palúre**.
›Erdbusenmaid‹, N. **Palúrien**.
Erde (als flacher Grund unter den Himmeln), N. **cemen**; **cén**.
Erde, ›das Reich‹, ›Bereich‹, Welt, N. **Arda**.
›Erde‹, bewohnte Welt, N. **Ambar**.
›Erderbauer‹, ›Erdschmied‹, N. **Martan**, **Martano**.
Erdhügel, Haufen, N. **cumbe**.
erfinden, ersinnen, V. **auta-**, Inf. **auta**.
Erfindung, N. **aule**.
erhaben, edel, Adj. **arta**.
erhaben, edel, hoch, Adj. **tára**.
erhaben-, edel-, hoch-, Präf. **tar-**.
›die Erhabenen‹ (die Höchsten der Valar), N. Pl. **Aratar**.
›die Erhabene‹, N. **Varda**.
erhalten, bekommen, V. **net-**, Inf. **nete**, Prät. **nente**, Part. Pass. **nétina**.
erheben, hochheben, aufsteigen, V. **orta-**, Inf. **orta**.
Erhebung, aufwärts führender Hang, N. **ampende**.
Erhebung, Hügel, N. **ambo**.
Erinnern, Gedenken, N. **enyalië**.
erlauben, zugestehen, nachgeben, V. **lav-**, Inf. **lave**, Prät. **lambe** (oder **láve**), Part. Pass. **lávina**.
erleuchten, V. **calya-**, Inf. **calya**, Präs. **cályea**, Perf. **acálië**, Part. Akt. **cálila**, Part. Pass. **calina**.
erlösen, befreien, V. **etelehta-**, Inf. **etelehta**; **eterúna-**, Inf. **eterúna**; **etrúna-**, Inf. **etrúna**.

Ermutigung, Anregung, Antrieb, *N*. **siule**.

erneuern, heilen, *V*. **envinyata-**, *Inf*. **envinyata**, *Prät*. **envinyante**, *Part. Pass*. **envinyanta**.

›der Erneuerer‹, *N*. **Envinyatar**.

erniedrigt, gebeugt, gedemütigt, *Adj*. **nahamna**; **nucumna**.

Ernte, Herbst, *N*. **yávië**.

Erscheinung, undeutliche Gestalt, Geist, *N*. **ausa**.

erschöpfen, verbrauchen, verschleißen, *V*. **yerya-**, *Inf*. **yerya**, *Präs*. **yéryea**, *Perf*. **eyérië**, *Part. Akt*. **yérila**, *Part. Pass*. **yerina**.

erschrecken, *V*. **ruhta-**, *Inf*. **ruhta**.

ersinnen, erfinden, *V*. **auta-**, *Inf*. **auta**.

erst(er, -e, -es), *Adj. Num*. **minya**.

›die Ersten‹ (ursprüngl. Name der Vanyar), *N. Pl*. **Minyar**.

›die Erstgeborenen‹, *N. Pl*. **Minnónar**.

›Erst-Glanz‹, *N*. **Minalcar**.

›Erst-Herrscher‹, *N*. **Minyatur**.

›Erst-Krieger‹, *N*. **Minohtar**.

erst(er, -e, -es) (in der Rangfolge), *Adj*. **inga**.

›Erst-Person‹, ›Fürst‹, *N*. **Ingwe**.

erst(er, -e, -es) (in der Wichtigkeit), *Adj*. **esta**.

erst-, vordringlich, primär, *Adj*. **essea**.

›Erster Frühling[smonat]‹, *N*. **Ertuile**.

›Erster Herbst[monat]‹, *N*. **Erquelle**.

›Erster Regung[smonat]‹, *N*. **Ercoire**.

›Erster Sommer[monat]‹, *N*. **Ellaire**.

›Erster Winter[monat]‹, *N*. **Erríve**.

erster Tag, *N*. **minyen**.

Erstgeborener, *N*. **estanesse**.

Ersttag, *N*. **yestare**.

›Erus Stätte‹, Himmel (als Wohnstatt Gottes), *N*. **Eruman**.

Erwachen, *N*. **cuive**.

Erwachen, Leben, *N*. **cuivië**.

erwachend, *Adj*. **cuivea**.

erwachsen, mannhaft, *Adj*. **vea**.

Erwachsener, Mann, *N*. **ner**; **veaner**.

erzählen, berichten, *V.* **nyar-**, *Inf.* **nyare**, *Prät.* **nyarne**, *Part. Pass.* **nyarna**.
Erzähler, *N.* **quentaro**.
Erzählung, Geschichte, *N.* **quenta**.
Erzählung, Geschichte, Saga, *N.* **nyáre**.
Erzählung, Saga, *N.* **nyarna**.
Erzeuger, Vater, *N. m.* **ontaro**.
Erzeugerin, Mutter, *N. w.* **ontare; ontaril**.
es, *Pron.* (3. Sg.) **erye, -rye**, Akk. **se, -s**.
es, das, *Pron.* **ta** (hinweisend).
›es ist gut‹, *Interj.* **márië**.
es sei, es soll sein, *Partikel* **na**.
Essen (gekochtes), Speise, *N.* **apsa**.
essen, *V.* **mat-**, *Inf.* **mate**, *Prät.* **mante**, *Part. Pass.* **mátina**.
euch, *Pron.* (2. Pl.) *Dat.* **len**, Akk. **le, -l**.
euer, *Pron.* (2. Pl.) *Poss.* **lenya, -(e)lya**.
Eure Majestät (Anrede), (eig.) ›König mächtig-dein‹, *N.* **Aran Meletyalda**.
Eure Majestät, (eig.) ›ihre Erhabenheit‹, *N.* **Aratarya**.
ewig, *Adj.* **oira**.
ewig, immer, *Adv.* **oi**.
›Ewige Leere‹, *N.* **Oiacúmi**.
›Ewige Schöpfung des Einen‹, *N.* **Oiëncarme Eruo**.
Ewigkeit, *N.* **oire**.
Ewigkeit, endlose Zeitspanne, *N.* **oio**.
›Ewigschnee, Immerweiß, Immerschneeweiß, Immerwährender Schnee‹, *N.* **Oiolosse**.
in Ewigkeit, ewiglich, *Adv.* (eig. *N.*) **oiale**.
Exil-Noldor, *N. Pl.* **Etyangoldi**.
existiert, ist, *V.* **ea** (unpers.), *Prät.* **enge**, *Fut.* **euva**, *Part. Akt.* **eala**.

F

Fackel, *N. yulma*.
Faden, *N. rangwe*.
Faden (dünner), Seidenfaden, Spinnenfaden, *N. lia*.
fahl, bleich, *Adj. marya*.
fahrend, Abenteuer suchend, wandernd, *Adj. ránen*.
Fall, Sturz, *N. lanta*.
Fall, Sturz, Zusammenbruch, *N. atalante; atalantië*.
fallen, *V. lanta-, Inf. lanta*.
falsch, gebogen, krumm, *Adj. raica*.
Familie, Haus, Sippe, *N. nosse*.
Fang, Zahn, *N. carca*.
fangen (in einem Netz), *V. raita-, Inf. raita, Part. Pass. raitana*.
fangen (mit einer Schlinge), *V. remi-, Inf. remië, Präs. rémia, Prät. remine, Perf. erémië, Part. Akt. rémila, Part. Pass. remina*.
fangen (mit Schnüren oder Netzen), *V. remba-, Inf. remba*.
Fantasie, Vorstellungskraft, *N. intyale; nause*.
faul, eitrig, übel, *Adj. saura*.
Fauna, Tiere; lebende Dinge, die sich bewegen, *N. Pl. celvar*.
Faust, geschlossene Hand, *N. quár; quáre*.
Feder, *N. quesse*.
Feder, Schreibgerät, Stift, *N. tecil*.
Federkissen, Kissen, *N. queset*.
fein, scharf, *Adj. tereva*.
Feind, *N. cotumo*.
feindlich, *Adj. cotya*.
Feld (eingezäuntes), *N. peler*.
fern, *Adj. haiya*.
fern, entfernt, entlegen, *Adj. avahaira; eccaira; haira*.
fern, weit weg, *Adv. háya*.
fernhin, weithin, *Adv. palan*.
›Fernhin-Seher‹, *N. Palantir*.
›Fernhin-Seher‹, Sehender Stein, *N. palantír*.

›Fernhin-Wanderer‹, N. **Palarran**.
Fest, festgelegte Zeit, Festzeit, N. **asar**.
Fest, Festival, N. **meren**; **merende**.
fest, sicher, Adj. **tanca**.
fest, treu, bleibend, Adj. **sanda**.
fest, unbeweglich, standhaft, stark, Adj. **tulca**.
festgelegte Zeit, Festzeit, Fest, N. **asar**.
festlich, Adj. **merya**.
festmachen, festsetzen, richten (insbes. Holz), V. **panya-**, Inf. **panya**, Präs. **pányea**, Perf. **apánië**, Part. Akt. **pánila**, Part. Pass. **panina**.
Festtag, N. **meryale**.
Festung (aus Stein), N. **sarne**.
Festung (befestigter Ort), N. **arta**.
Festung, Stadt (mit einer Zitadelle und einem zentralen Wachtturm), N. **minasse**.
Festung, Stadt, ummauerter Ort, N. **osto**.
›Festungsherr‹, N. **Ostoher**.
Festzeit, Fest, festgelegte Zeit, N. **asar**.
fett, dick, Adj. **tiuca**.
Feuer, N. **úr**.
›Feuer‹, N. **Úr**.
Feuer, Flamme, N. **nár**; **náre**.
›Feuergeist‹, N. **Feanáro**.
›Feuer-Schwinden‹, N. **Narquelië**.
›Feuer-Schwinden‹, Herbst, N. **Narquelion**.
›der Feurige‹ (der Ring des Feuers), N. **Narya**.
›der Feurige‹, ›der Sonnige‹, N. **Nárië**.
feuerfarben, goldrot, Adj. **culda**; **culina**.
feuerrot, Adj. **narwa**.
feurig, Adj. **uruite**; **úruva**.
final, endgültig, Adj. **tyelima**.
finden, V. **hira-**, Inf. **hira**; **tuv-**, Inf. **tuve**, Prät. **tumbe** (oder **túve**).
Finger, N. **leper**; **lepse**.

Finsternis, Dunkel, Schwärze, *N.* **mor**; **more**.
Finsternis, Dunkelheit, *N.* **mornië**.
Finsternis, Düsternis, *N.* **ungwe**.
›Finwe‹, *N.* **Finwe**.
›Finwe mit lauter Stimme‹, ›Gebieter-Finwe‹, *N.* **Canafinwe**.
Fisch (allg.), *N.* **lingwe**.
Fisch (kleiner), *N.* **hala**.
›Fischbeobachter‹, Reiher, *N.* **halatir**; **halatirno**.
Fischdrache, Seeschlange, *N.* **lingwilóce**.
flach, *Adj.* **lára**.
Fläche, *N.* **palme**.
Flamme, Feuer, *N.* **nár**; **náre**.
›Flammenherz‹, *N.* **Naira**.
›Flammenschwert‹, *N.* **Narmacil**.
Flamme (rote), *N.* **rúnya**; **runya**.
flammen, brennen, *V.* **urya-**, *Inf.* **urya**, *Präs.* **úryea**, *Prät.* **urne**, *Perf.* **úrië**, *Part. Akt.* **úrila**, *Part. Pass.* **urna**.
Fleck, *N.* **motto**; **vacse**.
Fleck, Schatten, Verdunkelung, *N.* **mordo**.
Fleisch, *N.* **hráve**.
fliegen, *V.* **vil-**, *Inf.* **vile**, *Prät.* **ville**, *Part. Pass.* **villa** (oder **vilda**).
fliegen, im Winde schwimmen, *V.* **hlapu-**, *Inf.* **hlapuë**, *Präs.* **hlápua**, *Prät.* **hlapune**, *Perf.* **ahlápuië** (?), *Part. Akt.* **hlápula**, *Part. Pass.* **hlapuna**.
fliehen, eilen, *V.* **rimpa-**, *Inf.* **rimpa**.
fliehen, Zuflucht suchen, *V.* **ruc-**, *Inf.* **ruce**, *Prät.* **runce**, *Part. Pass.* **rúcina**.
fließen, *V.* **sir-**, *Inf.* **sire**, *Prät.* **sirne**, *Part. Pass.* **sirna** (oder **sirina**).
fließend, gießend, flutend, *Adj.* **úlea**.
Flora, Pflanzen; wachsende Dinge mit Wurzeln in der Erde, *N. Pl.* **olvar**.
Fluss, *N.* **sire**.
Flussmündung, *N.* **etsir**.
Flüstern, Geflüster, *N.* **lusse**.

flüstern, *V. lussa-*, *Inf. lussa*.
Flut (allg.), *N. ulunde*.
Flut, Gezeit, Strömung, *N. celume*.
Flut, Überschwemmung, *N. oloire*.
flutend, fließend, gießend, *Adj. úlea*.
folgen, nachfolgen, *V. trans. hilya-*, *Inf. hilya*, *Präs. hílyea*, *Perf. ihílië*, *Part. Akt. hílila*, *Part. Pass. hilina*; intrans. *Prät. hille*, *Part. Pass. hilla*.
›Folger von Yavanna‹, *N. Yavannildi*.
Folter, *N. ñwalme*; *ungwale*.
foltern, quälen, *V. ñwalya-*, *Inf. ñwalya*, *Präs. ñwályea*, *Perf. angwálië*, *Part. Akt. ñwalila*, *Part. Pass. ñwalina*.
formen, *V. canta-*, *Inf. canta*.
›der Former‹, *N. Aule*.
förmig, geformt, *Adj. canta*.
fort-, *Präf. oa(r)-*.
›die Fort(gegangenen) Elben‹, *N. Pl. Aureldi*, *Sg. Aurel*; *Oareldi*, *Sg. Oarel*.
fortgehen (zu einem anderen Ort), *V. auta-*, *Inf. auta*, *Prät. oante*, *Perf. oantië*.
fortgehen, entschwinden, *V. auta-*, *Inf. auta*, *Prät. váne* (vormals *anwe*) *Perf. avánië* (*poet.* auch *vánië*), *Part. Pass. vanwa*.
fortgehen, verschwinden, gehen, *V. vanya-*, *Inf. vanya*, *Präs. ványea*, *Prät. vanne*, *Perf. avánië*, *Part. Akt. vánila*, *Part. Pass. vanna*.
fortschicken, loslassen; vergeben, *V. apsene-*, *Inf. apsene*, *Präs. apsénea*, *Prät. apsenne*, *Perf. apsélië*, *Part. Akt. apsénela*, *Part. Pass. apsenna*.
fortschreiten, reisen, gehen (in beliebige Richtung), *V. lelya-*, *Inf. lelya*, *Präs. lélyea*, *Prät. lende*, *Perf. elélië*, *Part. Akt. lélila*, *Part. Pass. lenda*.
fort-tun, vergeben, *V. avatyara-*, *Inf. avatyara*.
fragen, *V. maquet-*, *Inf. maquete*, *Prät. maquente*, *Part. Pass. maquétina*.
Frau, *N. iní*; *nís*; *nis*; *nisse*.

Frau, *N. arch. poet.* **ní**.
Frau, Herrin, *N. w.* **heri**.
frei, *Adj.* **mirima**; **rúna**.
›Freie‹, Wanderer, *N.* **Mirimor**.
frei, gerodet, offen, *Adj.* **latin**; **latina**.
›Freie Ebene‹, *N.* **Tumbolatsin**.
frei von Bösem, gesegnet, *Adj.* **aman**.
freilassen, *V.* **lerya-**, *Inf.* **lerya**, *Präs.* **léryea**, *Perf.* **elérië**, *Part. Akt.* **lérila**, *Part. Pass.* **lerina**.
Freistatt, heiliger Ort, *N.* **yána**.
fremd, ausländisch, *Adj.* **ettelen**.
Freude, Frohsinn, *N.* **alasse**.
Freude (individuelle) an Formen und Lauten von Worten, ›Laut-Geschmack‹, *N. ling.* **lámatyáve**.
Freund (Suffix), *N.* **-ser**.
Freund, *N.* **málo**; **meldo**; **sermo**; **seron**.
Freund, *N. m.* **nildo**; **nilmo**.
Freundin, *N.* **serme**.
Freundin, *N. w.* **nilde**.
freundlich, gnädig, *Adj.* **raina**.
freundlich, lieb, *Adj.* **yelda**; **yelme**.
freundlich, liebevoll, *Adj.* **nilda**.
Freundschaft, *N.* **nilme**.
Frieden, Ruhe, Rast, *N.* **sire**.
frieren, kalt sein (vom Wetter), *V.* **nicu-**, *Inf.* **nique**, *Präs.* **níqua**, *Prät.* **nicune**, *Perf.* **iníquië**, *Part. Akt.* **nícula**, *Part. Pass.* **nicuna**.
Frische, Grüne, Jugend, *N.* **vén**.
frischgrün, grün, *Adj.* **laiqua**.
Frohsinn, Freude, *N.* **alasse**.
Frost, *N.* **nicse**.
Frostmuster, Eisblumen, *N.* **niquis**; **niquesse**.
Frucht, *N.* **yáve**.
›der Fruchtgebende‹, *N.* **Yavannië**.
›die Fruchtgeberin‹, *N.* **Yavanna**.

früh, morgendlich, *Adj.* **arinya**.
früher, einstmals, *Adv.* **yá**.
frühere Zeit, Altvordernzeit, *N.* **yalúme**.
Frühling, *N.* **tuile**.
frühlingsgrün, hellgrün, gelbgrün, grün, *Adj.* **venya**.
Frühlingssänger, Schwalbe, *N.* **tuilindo**.
Frühlingstag, *N.* **tuilére**.
Fuchs, *N.* **rusco**.
fuchsig, *Adj.* **ruscuite**.
fügsam, weich, *Adj.* **macsa**.
führen, *V.* **tulya-**, *Inf.* **tulya**, *Präs.* **túlyea**, *Perf.* **utúlië**, *Part. Akt.* **túlila**, *Part. Pass.* **tulina**.
führen (hinein-), *V.* **mittanya-**, *Inf.* **mittanya**, *Präs.* **mittányea**, *Perf.* **imittánië**, *Part. Akt.* **mittálila**, *Part. Pass.* **mittanina**.
führen, beherrschen, kontrollieren, *V.* **tur-**, *Inf.* **ture**, *Prät.* **turne**, *Part. Pass.* **turna** (oder **turina**).
führen (einer Waffe), handhaben, *V.* **mahta-**, *Inf.* **mahta**.
Fülle, Genüge, *N.* **fáre**.
füllen, *V.* **quat-**, *Inf.* **quate**, *Fut.* **quantuva**, *Prät.* **quante**, *Part. Pass.* **quátina**.
fünf, *Num.* **lempe**.
fünft(er, -e, -es), *Num. Adj.* **lempea**.
Funke, Stern, *N.* **tinwe**.
funkeln, *V.* **ita-**, *Inf.* **ita**; **tin-**, *Inf.* **tine**, *Prät.* **tinne**, *Part. Pass.* **tinna**; **tintila-**, *Inf.* **tintila**.
›Funkelglitzer‹, *N.* **Itaril**; **Itarille**; **Itarilde**.
funkeln, glitzern, *V.* **tintina-**, *Inf.* **tintina**
Funkeln, *N.* **tinde**.
funkelnd, glitzernd, *Adj.* **itila**.
funkelnd, silbrig, *Adj.* **tinda**.
Funkelstern, *N.* **tingilya**; **tingilinde**.
Funkendrache, *N.* **fealóce**.
für, zugunsten von, *Präp.* **rá**.
für immer, *Adv.* **tennoio**.
fürchten; heiligen *V.* **aista-**, *Inf.* **aista**, *Part. Pass.* **aistana**.

sich fürchten, Angst haben, V. *ruc-*, Inf. *ruc*, Prät. *runce*, Part. Pass. *rúcina*.
›Fürst‹, ›Erst-Person‹, N. *Ingwe*.
›Fürsten‹, N. *Ingwer*, Sg. *Ingwe*.
›Fürst der Fürsten‹, N. *Ingwe Ingweron*.
Fürst, Prinz, N. *cundu*.
Fuß, N. *tál*.
Fußboden, Boden, N. *talan*.
Fußsohle, N. *tallune; talrunya*.

G

Gabe, Geschenk, N. *anna*.
gähnen, V. *yanga-*, Inf. *yanga*.
gähnen, klaffen, V. *háca-*, Inf. *háca*.
Gang, Wanderung, N. *vanta*.
Gans, N. *ván*.
ganz, völlig, vollständig, ingesamt, Adj. *aqua*.
ganz und gar nicht, im Gegenteil, nein, Adv. *lau; laune; laume*.
Ganze (das), alles, N. *ilu; ilúve*.
Gatte, Ehemann, N. *verno*.
Gebäude, Halle (aus Holz), N. *ampano*.
Gebäude, Haus, N. *car*.
Gebäude, Konstruktion, N. *ataque*.
geben, schenken, V. *anta-*, Inf. *anta*.
Geber, N. m. *anto*.
Geberin, N. w. *ante*.
Gebet, N. *cyerme*.
›Gebet an Eru‹, N. *Erukyerme*.
gebeugt, gedemütigt, erniedrigt, Adj. *nahamna; nucumna*.
Gebiet, N. *ména*.
Gebieter, Befehlshaber, Anführer, N. *cáno*.
›Gebieter-Finwe‹, ›Finwe mit lauter Stimme‹, N. *Canafinwe*.

gebirgsbewohnend, *Adj*. ***orofarne***.

Gebiss, Maul, Kiefer, *N*. ***anca***; ***nangwa***.

gebogen, gekrümmt, *Adj*. ***rempa***.

gebogen, krumm, *Adj*. ***cúna***.

gebogen, krumm, falsch, *Adj*. ***raica***.

Gebot, Gesetz, Regel, *N*. ***acsan***; ***sanye***.

gebunden, verpflichtet, *Adj*. ***nauta***.

Gedanke (Akt oder Produkt des Denkens), *N*. ***sanwe***.

Gedanke (Ergebnis des Denkens), *N*. ***ósanwe***.

Gedanke, Vorstellung, Begriff, *N*. ***noa***; ***nó***, *Pl*. ***nówi***.

Gedankenerforschung, Gedankenlesen, *N*. ***sanwecenda***.

Gedanken-Sendung, geistige Botschaft, *N*. ***sanwe-menta***.

gedemütigt, erniedrigt, gebeugt, *Adj*. ***nahamna***; ***nucumna***.

Gedenken, Erinnern, *N*. ***enyalië***.

Gedicht, *N*. ***laire***.

gedreht, umgekehrt, *Adj*. ***querna***.

Gefahr, *N*. ***racse***; ***racsale***.

›die Gefallene‹, *N*. ***Atalante***.

gefangen (mit Schnüren oder Netzen), verstrickt, *Adj*. ***rembina***.

Gefängnis, Kerker, Gewahrsam, *N*. ***mando***.

Geflüster, Flüstern, *N*. ***lusse***.

geformt, förmig, *Adj*. ***canta***.

Gefühl, Antrieb, *N*. ***felme***.

Gefühl, *N*. ***tendile***.

gegangen, vergangen, verschwunden, verloren, vorbei, tot, *Adj*. ***vanwa***.

Gegend, wo bestimmte Leute leben; Wohnstätte; Land, *N*. ***nóre***; ***nór***; ***nor***.

im Gegenteil, andererseits, aber, doch, *Konj*. ***mal***; ***ná***; ***nán***; ***ono***.

im Gegenteil, ganz und gar nicht, nein, *Adv*. ***lau***; ***laune***; ***laume***.

Gegenwartsgeschichte, *N*. ***lumenyáre***.

geheilt, erneuert, *Adj*. ***envinyanta***.

geheim, verborgen, *Adj*. ***muina***; ***nulda***; ***nulla***.

Geheimhaltung, Verborgenheit, *N*. ***muile***.

gehen, *V.* **linna-**, *Inf.* **linna**; **vanta-**, *Inf.* **vanta**.
gehen, fortgehen, verschwinden, *V.* **vanya-**, *Inf.* **vanya**, *Präs.* **ványea**, *Prät.* **vanne**, *Perf.* **avánië**, *Part. Akt.* **vánila**, *Part. Pass.* **vanna**.
gehen (in beliebige Richtung), fortschreiten, reisen, *V.* **lelya-**, *Inf.* **lelya**, *Präs.* **lélyea**, *Prät.* **lende**, *Perf.* **elélië**, *Part. Akt.* **lélila**, *Part. Pass.* **lenda**.
gehen wollen, eine (bestimmte) Richtung nehmen, Kurs nehmen auf, *V.* **mína-**, *Inf.* **mína**.
Gehör, Lauschen, *N.* **lasta**.
›der Gehörnte‹, *N.* **Tilion**.
gehorsam, gesetzestreu, *Adj.* **sanya**.
Geist (hingeschiedener), *N.* **manu**.
Geist; Atem, Hauch, *N.* **súle**.
Geist, Erscheinung, undeutliche Gestalt, *N.* **ausa**.
Geist, Herz, *N.* **óre**.
Geist, Herz, Sinn, Stimmung; Wille, Zielbewusstsein, Entschlossenheit, *N.* **indo**.
Geist, Phantom, *N.* **faire**.
Geist, Seele, *N.* **fea**.
Geist, Verstand, *N.* **sáma**.
Geist, Wesen (das ohne Körper existieren kann), *N.* **eala**.
Geist-Antrieb, *N.* **feafelme**.
Geist-Sinn, *N.* **inwisti**.
›Geistwesen‹, ›Gesegnetes Wesen‹, *N.* **Manwe**.
gekrönt, *Adj.* **rína**.
gekrümmt, gebogen, *Adj.* **rempa**.
gelb, *Adj.* **malina**; **tulca**.
gelber Baum, *N.* **malinorne**.
›Gelber Baum‹, *N.* **Malinalda**.
gelbgrün, grün, frühlingsgrün, hellgrün, *Adj.* **venya**.
Gelegenheit, Augenblick, *N.* **lú**.
gelehrt, weise, *Adj.* **ñóla**.
gelehrt, weise, kundig, *Adj.* **istima**.
Gelehrter, *N.* **ingolmo**.

Gelehrter, Scholar, *N.* **istyar**.
geliebt, lieb, *Adj.* **melda**.
›Geliebte Uinens‹, ›Uinenfreunde‹, *N. Pl.* **Uinendili**.
Gelöbnis, feierliches Versprechen, Eid, *N.* **vanda**.
gemein, verachtenswert, *Adj.* **faica**.
gemeistert, *Adj.* **turúna**.
genau umrissen, begrenzt, endlich, *Adj.* **lanwa**.
geneigt, abschüssig, *Adj.* **talta**.
geneigt, sich niedersenkend, *Adj.* **penda**.
genug, hinreichend, *Adj.* **fárea**.
Genüge, Fülle, *N.* **fáre**.
genügen, hinreichen, *V.* **farya-**, *Inf.* **farya**, *Präs.* **fáryea**, *Prät.* **farne**, *Perf.* **afárië**, *Part. Pass.* **farna**.
geöffnet, offen, *Adj.* **láta**.
gerade, richtig, *Adj.* **téra**.
gerecht, großzügig, *Adj.* **faila**.
gerodet, offen, frei, *Adj.* **latin**; **latina**.
Geruch, *N.* **ñolme**.
Gesamtheit von Blättern, Laub, *N.* **olassië**.
Gesang, Singen, Lied, Melodie; Sänger, *N.* **linde**.
Geschenk, Gabe, *N.* **anna**.
›Geschenk Erus‹, Gnade, *N.* **Eruanna**.
Geschichte, Bericht (allg.), *N.* **quentale**.
Geschichte, Erzählung, *N.* **quenta**.
›Geschichte von den Silmaril‹, *N.* **Quenta Silmarillion**.
›Geschichte von den Valar‹, *N.* **Valaquenta**.
Geschichte, Historie (als Wissenschaft?), *N.* **lúmequentale**.
Geschichte, Saga, Erzählung, *N.* **nyáre**.
geschichtlich, historisch, *Adj.* **lúmequentalea**.
Geschichtswerk, historischer Bericht, *N.* **quentasta**.
Geschick, Ende, ewige Seligkeit, Schicksal, *N.* **manar**; **mande**.
Geschick, Handfertigkeit, *N.* **curu**; **curwe**; **curve**.
›Geschickter Finwe‹, *N.* **Curufinwe**.
geschickt, händig, *Adj.* **maite**.
geschlossen, nicht offen, *Adj.* **avalatya**.

geschlossen, privat, *Adj.* **pahta**.
Geschmack, *N.* **tyáve**.
Geschöpf (deformiertes), Bestie, Untier, *N.* **ulundo**.
Geschöpf, *N.* **onna**.
geschützt, sicher, *Adj.* **varna**.
geschwind, schnell, *Adj.* **alarca**; **larca**.
gesegnet, *Adj.* **almárea**; **mána**.
›Gesegnetes Wesen‹, ›Geistwesen‹, *N.* **Manwe**.
gesegnet, frei von Bösem, *Adj.* **aman**.
gesegnet, voller Gnade, *Adj.* **manaquenta**.
gesegnet, wohlhabend, reich, glücklich, *Adj.* **herenya**.
Gesegnetsein, Segen, *N.* **almare**; **almië**.
›Gesegnete Maid‹, *N.* **Almiël**.
Gesetz, Regel, Gebot, *N.* **acsan**; **sanye**.
gesetzestreu, gehorsam, *Adj.* **sanya**.
Gesetzloser, Ausgestoßener; jemand, der von Freunden verlassen wurde; Waise, *N.* **hecil**.
gespannt (von Sehnen), straff, *Adj.* **tunga**.
Gestade, Ufer, *N.* **hresta**; **hyapat**.
Gestalt (undeutliche), Geist, Erscheinung, *N.* **ausa**.
Gestank, *N.* **usque**.
gestirnt, sternig, *Adj.* **elenya**.
Gestrüpp, Wirrwarr, *N.* **fasta**.
gestürzt, zertrümmert, *Adj.* **atalantea**.
getrennt, nicht allgemein, ausgeschlossen, privat, *Adj.* **satya**.
getreu, standhaft (im Bündnis, im Halten eines Eides oder Versprechens), *Adj.* **voronda**.
getreu, standhaft (im Bündnis, im Halten eines Eides oder Versprechens); andauernd, wiederholt, *Adj.* **vorima**; **vórima**.
›Getreuer Freund‹, *N.* **Vorondil**.
›der Getreue‹, ›der Standhafte‹, *N.* **Voronwe**.
Gewahrsam, Gefängnis, Kerker, *N.* **mando**.
gewaltig, von unermesslicher Macht oder Größe, mächtig, *Adj.* **taura**.
gewaltsam, wild, *Adj.* **verca**.

gewalttätig, *Adj.* **naraca**.
Gewand, Mantel, *N.* **colla**.
Gewand, Schleier, Hülle, *N.* **fana**.
Gewässer, Teich, See, Lagune, *N.* **nén; nen-**.
Gewebe, *N.* **lanat**.
Gewohnheit, *N.* **haime**.
Gewölbe, gewölbte Kammer, Höhle, *N.* **rondo**.
gezählt, *Adj.* **nótina**.
Gezeit, Strömung, Flut, *N.* **celume**.
Gier, *N.* **maure**.
Gier, Verlangen, *N.* **milme**.
gierig, *Adj.* **milca**.
›der Gierige‹ oder ›der Mächtige‹, *N.* **Melco**.
gießen, regnen, *V. trans.* **ulya-**, *Inf.* **ulya**, *Präs.* **úlyea**, *Perf.* **úlië**, *Part. Akt.* **úlila**, *Part. Pass.* **ulina**; *intrans. Prät.* **ulle**, *Part. Pass.* **ulla** (oder **ulda**).
gießend, flutend, fließend, *Adj.* **úlea**.
›der Gießer‹, ›der Regner‹, *N.* **Ulmo**.
Gift, *N.* **sangwa**.
Gipfel (eines Berges), *N.* **ingor**.
Gipfel, Spitze, *N.* **aicale**.
Gischt, Schaum, *N.* **vinga; vinge**.
Glanz, *N.* **alata; alta**.
Glanz, Glorie, Leuchten, *N.* **alcar; alcare**.
Glanz, Schimmer, *N.* **rilya**.
glänzen (weiß), mit weißem oder silbernem Licht leuchten, *V.* **sil-**, *Inf.* **sile**, *Prät.* **sille**, *Part. Pass.* **silla** (oder **silda**).
glänzen (weiß), weißen, weiß machen, *V.* **ninquita-**, *Inf.* **ninquita**.
glänzen, schillern, *V.* **sisíla-**, *Inf.* **sisíla**, *Part. Akt.* **sisílala**.
Glänzen, Schimmer, *N.* **rille**.
›Glanzfluss‹ (?), *N.* **Siril**.
glanzvoll, glorreich, leuchtend, *Adj.* **alcarin; alcarinqua**.
›der Glanzvolle‹, *N.* **Alcarinque**.
›Glanzherr‹ (?), *N.* **Alatar**.

Glas, *N.* **hyelle**.

Glastropfen, *N.* **helcelimbe**.

glatt, *Adj.* **pasta**.

gleiten, abrutschen, stürzen, sich neigen, *V.* **talta-**, *Inf.* **talta**.

glitzern, *V.* **mirilya-**, *Inf.* **mirilya**, *Präs.* **mirílyea**, *Prät.* **mirille**, *Perf.* **imírílië**, *Part. Akt.* **mirílila**, *Part. Pass.* **mirilla** (oder **mirilda**).

glitzern, funkeln, *V.* **tintina-**, *Inf.* **tintina**.

glitzernd, funkelnd, *Adj.* **itila**.

Glocke, *N.* **nyelle**.

Glorie, Leuchten, Glanz, *N.* **alcar**; **alcare**.

glorreich, leuchtend, glanzvoll, *Adj.* **alcarin**; **alcarinqua**.

›der Glorreiche‹, *N.* **Alcarin**.

Glück, *N.* **heren**.

Glück, Segen, Reichtum, *N.* **alma**.

glücklich, wohlhabend, reich, *Adj.* **alya**.

glücklich, wohlhabend, reich, gesegnet, *Adj.* **herenya**.

›Glücksfreund‹, *N.* **Herendil**.

Glut, glühende Holzkohle, *N.* **yúla**.

Gnade, Segen, *N.* **lis**.

Gnade, (eig.) ›Geschenk Erus‹, *N.* **Eruanna**.

Gnade, (eig.) ›Süße Erus‹, *N.* **Erulisse**.

gnädig, freundlich, *Adj.* **raina**.

Gold (als Material; auch allgemein), *N.* **malda**; **malta**.

›Goldherr‹ (?), *N.* **Malantur**.

Gold (nur von Licht und Farbe, nicht von Metall), *Adj.* **laure**.

Goldammer, gelber Vogel, *N.* **ambale**; **ammale**.

golden, wie Gold, *Adj.* **laurea**.

›der Goldene‹, *N.* **Laurinque**.

›Goldenlied‹, *N.* **Laurelin**.

›Goldenschmied‹, ›Goldspalter‹, *N.* **Macalaure**.

›Goldental‹, *N.* **Laurenande**.

›Goldlicht-Musik-Land-Tal Musik-Traum-Land von Gelb-Bäumen baum-gelb‹, *N.* **Laurelindórenan lindelorendor malinornélion ornemalin**.

goldrot, feuerfarben, *Adj.* **culda; culina**.

›der Goldrot-Bekränzte‹, *N.* **Culúriën**.

Gott, ›Er, welcher einzig da ist‹, ›der Eine‹, *N.* **Eru**.

göttlich (auf Eru bezogen), *Adj.* **eruva**.

göttlich (den Valar gehörig), *Adj.* **valaina**.

Göttlichkeit, *N.* **valasse**.

Grabhügel, Hügel, *N.* **tundo**.

Grad, Stufe, *N.* **tyelle**.

Grammatik, Sprache, *N. ling.* **tengwesta**.

Gras, *N.* **salque**.

grau (allg.), *Adj.* **mista**.

grau, neblig, *Adj.* **hiswa**.

grau, silbrig grau, blass, *Adj.* **sinde; sinda**.

›die Grauen‹, Grauelben, *N. Pl.* **Sindar**.

›der Graue‹, *N.* **Sindo**.

›Graumantel‹, *N.* **Sindacollo; Sindicollo; Singollo**.

Grauelbe, *N.* **Sindel**, *Pl.* **Sindeldi**,

Grauelben-hw, *N.* **hwesta sindarinwa**.

grauelbisch, *Adj.* **sindarinwa**.

›Grauelbisch‹, *N.* **Sindarin**.

Graues Land, *N.* **sindanórië**.

grausam, *Adj.* **ñwalca**.

›Grausamer Dämon‹, *N.* **malarauco**.

greifen, packen, *V.* **mapa-**, *Inf.* **mapa**, *Prät.* **mampe**, *Part. Pass.* **mampa** (oder **mapina**).

Grenze, Grenzlinie, *N.* **landa**.

Grenze, Rand, Kante, *N.* **réne**.

grollen, knurren, *V.* **yarra-**, *Inf.* **yarra**.

groß, hochgewachsen, *Adj.* **tunda**.

groß, hochgewachsen, hoch, *Adj.* **halla**.

groß, riesig, *Adj.* **alta; alat-**.

›Großes Meer‹, *N.* **Alataire**.

groß, weit, ausgedehnt, *Adj.* **úra; palla**.

›Großer Wachtturm‹, *N.* **Tirion**.

›Großes Meer‹, *N.* **Ear**.

großzügig, gerecht, *Adj. faila*.
Grotte (kleine), Tunnel, *N. rotto*.
Grube, Loch, *N. latta*.
grummeln, murmeln, *V. nurru-*, *Inf. nurrwe*, *Präs. nurrwa*, *Prät. nurrune*, *Perf. unurrwië*, *Part. Akt. nurrula*, *Part. Pass. nurruna*.
grün, frischgrün, *Adj. laiqua*.
›Grün-Sprecher‹, Grünelben, *N. Laiquendi*.
grün, frühlingsgrün, hellgrün, gelbgrün, *Adj. venya*.
Grundlage, Basis, Wurzel (allg.), *N. talma*.
Grüne, Jugend, Frische, *N. vén*.
›Grüner Hügel‹, *N. Ezellohar*.
Grünspan, *N. lairus*.
Gurt, Riemen, *N. latta*.
Gürtel, *N. quilta*.
Gürtel, Maß, Zaun, *N. lesta*.
gut (von Dingen), nützlich, passend, *Adj. mára*.
Güter, Besitztümer, *N. Pl. armar*.

H

Haar (einzelnes), *N. fine*.
Haar (gelocktes), *N. locse*.
Haar (wirres, verfilztes), *N. fasse*.
Haar, Haarschopf, *N. findesse*.
Haarflechte, Haarlocke, Haupthaar, *N. finde*.
›Haar(?)-Befehlshaber‹, *N. Findecáno*.
›Haar(?)-Held‹, *N. Findaráto*.
Haarnetz, *N. carrea*.
Hafen (landumschlossener), *N. londe*.
Hafen, Hafenbucht, *N. hópa*.
›Hafenfinder‹, *N. Hirilonde*.
haften, kleben, bleiben bei, *V. himya-*, *Inf. himya*, *Präs. hímyea*, *Perf. ihímië*, *Part. Akt. hímila*, *Part. Pass. himina*.

Haften, Kleben, N. *himba*.
Haken, N. *ampa*.
Haken, Klaue, N. *atsa*.
halb, *Präf. per-*.
›Halbelben‹, N. Pl. *Pereldar*.
halbieren, zweiteilen, *V. perya-*, *Inf. perya*, Präs. *péryea*, Perf. *epérië*, Part. Akt. *périla*, Part. Pass. *perina*.
Halle (aus dem Fels gehauene), unterirdische Wohnstätte, künstliche Höhle N. *hróta*.
Halle (aus Holz), Gebäude, N. *ampano*.
Halle, Haus; Wohnstätte, Heim; Land, Welt, N. *már*; *mar*.
Hallen, Echo, N. *láma*.
Halt, Unterstützung, N. *tuilo*.
Haltbarkeit, Beständigkeit, Dauer, N. *voronwië*.
Hammer, N. *namba*.
hämmern, *V. namba-*, *Inf. namba*.
Hand (allg.), N. *má*.
Hand (geschlossene), Faust, N. *quár*; *quáre*.
Handel, N. *mancale*.
handeln (mit Waren), *V. manca-*, *Inf. manca*.
Handelnder, Täter, N. *caro*; *tyaro*.
Handfertigkeit, Geschick, N. *curu*; *curwe*; *curve*.
handhaben, führen (einer Waffe), *V. mahta-*, *Inf. mahta*.
händig, geschickt, *Adj. maite*.
Händler, N. *macar*.
Handwerker, Schmied, N. *tano*.
›Handwerker‹, N. *Mahtan*.
Hang (abwärts führender), Neigung, N. *pende*.
Hang (aufwärts führender), Erhebung, N. *ampende*.
Hanganstieg, N. *amban*.
hängen, baumeln, *V. linga-*, *Inf. linga*.
hängender Baum (?), N. *lavaralda*.
Harfe (allg.), N. *ñande*; *tanta*; *tantila*.
Harfe (kleine), N. *ñandelle*.
Harfe spielen, *V. ñanda-*, *Inf. ñanda*; *tanta-*, *Inf. tanta*.

Harfenspiel, *N. ñandele*.
Harfenspieler, *N. tyalangan*.
Harfner, *N. ñandaro*.
hart, *Adj. sarda*.
hässlich, unschön, *Adj. úvane; úvanea*.
Hast, Übereilung, Zorn, *N. orme*.
hastig, übereilt, *Adj. orna*.
Hauch, Atem, Brise, *N. hwesta*.
Hauch, Atem; Geist, *N. súle*.
hauen (mit einem Schwert), *V. maca-, Inf. maca*.
Haufe (feindlicher Krieger), Menge, Ansammlung (von Personen), *N. sanga*.
›Haufe-Spalter‹, *N. Sangahyando*.
Haufen, Erdhügel, *N. cumbe*.
Haufen, Hügel, *N. hahta*.
häufen, sammeln, ballen, *V. hosta-, Inf. hosta*.
häufig, zahlreich, *Adj. rimba*.
Haupt, Kopf, *N. cár*.
Haupthaar, Haarlocke, Haarflechte, *N. finde*.
Hauptmann, Anführer, *N. haran*.
Haus, *N. coa*.
Haus, Dorf, ummauerte Stadt, *N. opele*.
Haus, Gebäude, *N. car*.
Haus, Halle; Wohnstätte, Heim; Land, Welt, *N. már; mar*.
Haus, Sippe, Familie, *N. nosse*.
Haut, Balg, *N. helma*.
heil!, siehe!, sei gegrüßt!, *Interj. aiya!*
heilen, erneuern, *V. envinyata-*, Inf. *envinyata*, Prät. *envinyante*, Part. Pass. *envinyanta*.
heilig, *Adj. aina; aira*.
›Heilig(er, e)‹, Ainu, *N. Ainu*, Pl. *Ainur*.
›die Heilige‹, *N. w. Aini*.
heiligen, *V. airita-, Inf. airita*.
heiligen; fürchten, *V. aista-, Inf. aista, Part. Pass. aistana*.
heiliger Ort, Freistatt, *N. yána*.

Heiligkeit (als Titel der Valar), *N. aire.*
Heiligkeit-Königin, heilige Königin, *N. airetári.*
›Heim der verlassenen Elben‹, *N. Hecelmar; Heceldamar.*
Heim, Wohnstätte; Halle, Haus; Land, Welt, *N. már; mar.*
›Heimfreund‹, *N. Mardil.*
›Heim-unter-Wellen‹, *N. Mar-nu-Falmar.*
Heirat, Hochzeit, *N. vestale.*
heiraten, *V. vesta-, Inf. vesta.*
heiß sein, heiß werden, *V. úr-, Inf. úre, Prät. úrne, Part. Pass. úrna* (oder *úrina*).
Held, edler Mann, *N. callo.*
Held, Recke, bedeutender Mann, *N. aráto.*
hell, licht, *Adj. calima; calina.*
›Heller Schwertkämpfer‹, *N. Calimehtar.*
›Helles Schwert‹, *N. Calimmacil.*
hellblau, *Adj. helwa.*
›Helle‹, ›Schöne‹, *N. Vána.*
hellgrün, gelbgrün, grün, frühlingsgrün, *Adj. venya.*
hellst(er, -e, -es), sehr hell, *Adj. ancalima.*
Helm (allg.), *N. cassa.*
Helm (von númenórischer Form), *N. carma.*
hemmen, in seinem Wachstum hindern, verkümmern lassen, *V. nuhta-, Inf. nuhta.*
heraus, aus, *Adv. et* (mit Abl.).
heraus-, aus-, *Präf. et-.*
herbeibeordern, schicken nach, holen, *V. tulta-, Inf. tulta.*
Herbst, Ernte, *N. yávië.*
Herbst, ›Feuer-Schwinden‹, *N. Narquelion.*
Herbsttag, *N. yáviére.*
herkommen, wegkommen, *V. hótuli-, Inf. hótulië, Präs. hótulia, Prät. hótuline, Perf. hótúlië, Part. Akt. hótúlila, Part. Pass. hótulina.*
Herr, Meister, *N. m. hér; heru.*
›Herr des Westens‹, *N. Herunúmen.*
›Herr des Westens‹, *N. númeheru.*

›Herr-Erleuchter‹, *N. **Herucalmo***.
›Herr der Festungen‹, *N. **Tarostar***.
›Herr der Geschenke‹, *N. **Annatar***.
›Herr des Steinlands (Gondor)‹, *N. **Tarondor***.
›(Herr) der Bäume‹, *N. **Aldaron***.
›Herren der Geister‹, *N. **Feanturi***.
Herrin, Frau, *N. w. **heri***.
Herrin, Brotgeberin, *N. **massánië***.
›Herrin mit der Sternenstirn‹, *N. **Elestirne***.
Herrschaft, Herrschaftsbereich, Reich, *N. **turinasta***.
herunter-, hinunter-, unter-, *Präf. **nun-**; **(u)nu-**; **undu-***.
hervorstechend, *Adj. **eteminya***.
hervorstechend, prominent, *Adj. **minda***.
Herz (als Körperteil), *N. **hin***.
Herz, Geist, *N. **óre***.
Herz, Geist, Sinn, Stimmung; Wille, Zielbewusstsein, Entschlossenheit, *N. **indo***.
Herz, Inneres, Zentrum (im spirituellen Sinne), *N. **enda***.
hier, *Adv. **símen***.
hier, an diesem Ort, *Adv. **sinome***.
hilflos, entblößt, mittellos, *Adj. **racine***.
›Hilfreiches (Kraut) der Könige‹, Königskraut, *N. **asea aranion***.
Himmel (blauer), *N. **helle***.
›Himmelsbrücke‹, Regenbogen, *N. **helyanwe***.
Himmel (als Himmelskuppel), *N. **telume***
›Himmelsfreund‹, *N. **Telumendil***.
›Himmelskrieger‹, *N. **Telumehtar***.
Himmel (als Luft und Wolken), *N. **fanyare***.
Himmel (als Region der Sterne), *N. **menel***.
›Himmeldiener‹, *N. **Meneldur***.
›Himmelfreund‹, Astronom, *N. **meneldil***.
›Himmelfreund‹, *N. **Meneldil***.
›Himmelpfeiler‹, *N. **Meneltarma***.
›Himmelschwert‹, *N. **Menelmacil***.
›Himmelschwertkämpfer‹, *N. **Menelmacar***.

›Himmeltag‹, *N*. **Menelya**.
Himmel (als Wohnstatt Gottes), ›Erus Stätte‹, *N*. **Eruman**.
hin und her flatternd, *Adj*. **vilwa**.
hindern (in seinem Wachstum), verkümmern lassen, hemmen, *V*. **nuhta-**, *Inf*. **nuhta**.
hinein, nach innen, *Adv*. **minna**.
hinreichen, genügen, *V*. **farya-**, *Inf*. **farya**, *Präs*. **fáryea**, *Prät*. **farne**, *Perf*. **afárië**, *Part. Pass*. **farna**.
hinreichend, genug, *Adj*. **fárea**.
hinsichtlich, berührend, betreffs, *Präp*. **pá; pa**.
hinterst, letzt, *Adj*. **tella**.
›die Hinstersten‹, ›die Letzten‹, ›die am Ende der Reihe‹, *N. Pl.* **Teleri**, *Sg*. **Teler**, *Koll*. **Telelli**.
hinunter-, herunter-, unter-, *Präf*. **nun-;** *(u)***nu-;** *undu-*.
hinweisen auf, anzeigen, zeigen, *V*. **tana-**, *Inf*. **tana**.
Historie (als Wissenschaft?), Geschichte, *N*. **lúmequentale**.
historisch, geschichtlich, *Adj*. **lúmequentalea**.
Hitze (allg.), *N*. **úre**.
Hitze, Brandhitze, *N*. **yulme**.
›Hitze-Sonne‹, *N*. **Úr-anar**.
›der Hitzige‹, *N*. **Úrime**.
hoch-, auf-, aufwärts-, *Präf*. **or(o)-**.
›Hochende‹ (?), *N*. **Oromet**.
›Hochgold‹, *N*. **Ormal**.
hoch-, edel-, königlich-, *Präf*. **ar(a)-**.
›Hochschmied‹, *N*. **Artano**.
›Hohes weißes Horn‹, *N*. **Arfanyaras, Arfanyarasse**.
hoch, erhaben, edel, *Adj*. **tára**.
hoch-, erhaben-, edel-, *Präf*. **tar-**.
›Hochhimmel‹, *N*. **Tarmenel**.
›Hochmensch‹, Númenórer, *N*. **Tarcil**.
›Hoher Schiffer‹, *N*. **Tarciryan**.
hoch, groß, hochgewachsen, *Adj*. **halla**.
›Hochhaupt‹, *N*. **Hallacar**.
›Hochmensch‹, *N*. **Hallatan**.

Hochelben, *N. Pl.* **Tarquendi**; **Tareldar**.
hochgewachsen, groß, *Adj.* **tunda**.
Hoch-Hallen, *N. Pl.* **oromardi**.
hochheben, aufsteigen, erheben, *V.* **orta-**, *Inf.* **orta**.
Hochkönig, *N.* **ingaran**.
Hochsprache, *N.* **tarquesta**.
höchst, äußerst, sehr (Intensiv oder Superlativ), *Präf.* **an-**.
Hochzeit, Heirat, *N.* **vestale**.
Höcker, *N.* **tumpo**.
›Hofdiener‹, *N.* **Pelendur**.
Hoffnung, *N.* **estel**.
›Hoffnung-Macher‹, *N.* **Estelmo**.
Höhe, *N.* **tárië**.
›Hoher Leuchtturm‹, *N.* **Calmindon**.
›Hoher Turm der Eldalië‹, *N.* **Mindon Eldaliéva**.
›Hohes weißes Blatt‹, *N.* **taniquelasse**.
›Hohes weißes Horn‹, ›Hohe Schneespitze‹, *N.* **Taniquetil**; **Taniquetilde**.
hohl, *Adj.* **unqua**.
Höhle (künstliche), aus dem Fels gehauene Halle, unterirdische Wohnstätte, *N.* **hróta**.
›Hohlburg‹, *N.* **Návarot**.
hohle Hand, *N.* **cambe**.
Höhle, Gewölbe, gewölbte Kammer, *N.* **rondo**.
Höhle, *N.* **felya**.
Höhlung, Busen, *N.* **súma**.
Höhlung, Leere, *N.* **cúma**.
Höhlung, Mulde, *N.* **unque**.
Hohlweg, Kluft, Schlucht, *N.* **acsa**; **yáwe**.
holen, herbeibeordern, schicken nach, *V.* **tulta-**, *Inf.* **tulta**.
Holz (als Material), *N.* **tavar**.
Holz, *N.* **toa**.
hölzern, aus Holz, *Adj.* **taurina**.
›Hölzerner Wal‹, *N.* **Turuphanto**.
Holzkohle (glühende), Glut, *N.* **yúla**.

Holzpfeiler, Pfosten, *N. samna*.
Holzschnitzer, Zimmermann, *N. samno*.
Holzstück (bearbeitet), *N. pano*.
Honig, *N. lis*.
hören, *V. hlar-*, *Inf. hlare*, *Prät. hlarne*, *Part. Pass. hlarna* (oder *hlarina*).
Horn (beim Tier), *N. tarca*.
Horn, Spitze, *N. rasse*; *til*; *tilde*.
Horn, Trompete; lauter Schall, Trompetenstoß, *N. róma*; *romba*.
›Hornblasen‹, ›Hornbläser‹, *N. Orome*.
Hort, Schatz, *N. harwe*.
Hügel (runder); Anhöhe; Kugel, Ball, *N. coron*.
›Hügel des Immersommers‹, *N. Coron Oiolaire*.
Hügel (runder); Kopf, *N. nóla*.
Hügel, Erhebung, *N. ambo*.
Hügel, Grabhügel, *N. tundo*.
›Hügel‹, ›Kuppe‹, *N. Tún*; *Túna*.
Hügel, Haufen, *N. hahta*.
Hülle, Gewand, Schleier, *N. fana*.
Hund (großer), Jagdhund, *N. huan*.
Hund (kleiner), *N. huo*.
hungrig, *Adj. maita*.
›Hüteland‹ (?), *N. Emerië*.

I

ich, *Pron.* (1. Sg. excl.), *inye*, *-nye*, *-n*.
Idee (verfestigte), Wille, *N. selma*.
Idee, Vermutung, Annahme, *N. intya*.
›Idril Silberfuß‹, *N. Irilde Taltelemna*.
ihm, *Pron.* (3. Sg.) *Dat. se*.
ihn, *Pron.* (3. Sg.) *Akk. se*, *-s*.
ihnen, *Pron.* (3. Pl.) *Dat. ten*.

ihr, *Pron.* (3. Sg.) *Dat.* **se**, *Poss.* **-(e)rya**.
ihr, *Pron.* (2. Pl.) **erye, -lye**.
ihr, *Pron.* (3. Pl.) *Poss.* **tenya, -(e)nta**.
›ihre Erhabenheit‹, Eure Majestät, *N.* **Aratarya**.
›Ilmen-Wohnstatt‹ (?), *N.* **Ilmarin**.
im Gegenteil, andererseits, aber, doch, *Konj.* **mal**; **ná**; **nán**; **ono**.
im Gegenteil, ganz und gar nicht, nein, *Adv.* **lau**; **laune**; **laume**.
im Stich lassen, zurücklassen; ausschließen, beiseite legen, *V.* **hehta-**, *Inf.* **hehta**.
im Winde schwimmen, fliegen, *V.* **hlapu-**, *Inf.* **hlapuë**, *Präs.* **hlápua**, *Prät.* **hlapune**, *Perf.* **ahlápuië** (?), *Part. Akt.* **hlápula**, *Part. Pass.* **hlapuna**.
immer, die ganze Zeit, *Adv.* **illume**.
immer, ewig, *Adv.* **oi**.
immerwährend, *Adj.* **oia**.
›Immer-nicht-Tag‹ (?), *N.* **Oiomúre**.
›Immerschneeweiß, Immerwährender Schnee, Immerweiß, Ewigschnee‹, *N.* **Oiolosse**.
›Immersommer‹, *N.* **Oiolaire**.
immer-, beständig, *Präf.* **vor(o)-**.
Impuls, *N.* **hóre**.
impulsiv, *Adj.* **hórea**.
in (auf die Frage wo?), innerhalb von, *Präp.* **mi** (mit Artikel **mí**).
in (auf die Frage wohin?), in ... hinein, *Präp.* **minna**.
Individuum, Mann oder Frau, einer, jemand, Person, *Pron.* **quen** (unbestimmt).
ingesamt, ganz, völlig, vollständig, *Adj.* **aqua**.
Inkarnierte (jene Geister, die einen Leib bewohnen), *N. Pl.* **mirroanwi**.
innehalten, aufhören, rasten, *V.* **hauta-**, *Inf.* **hauta**.
inner, *Adj.* **mitya**.
inner, mittel, *Adj.* **atendea**; **endea**.

Inneres (im spirituellen Sinne), Herz, Zentrum, *N.* **enda**.
innerhalb von, in (auf die Frage wo?), *Präp.* **mi** (mit Artikel *mí*).
Insel (entfernt und schwierig zu erreichen), *N.* **lóna**.
Insel (mit steilen Ufern), *N.* **tol**, *Pl.* **tolli**.
Intellekt, *N.* **handele**.
intelligent, verständig, *Adj.* **handa**.
Intelligenz, Verstand, *N.* **handasse**.
inwendig, zwischen, *Präf.* **mitta-**.
ist, existiert, *V.* **ea** (unpers.), *Prät.* **enge**, *Fut.* **euva**, *Part. Akt.* **eala**.
Isthmus, Landenge, *N.* **yatta**.

J

ja!, siehe!, *Interj.* **yé**.
Jagd, Jagen, *N.* **roime**.
Jagdhund, *N.* **ronya**.
Jagdhund, großer Hund, *N.* **huan**.
Jagen, Jagd, *N.* **roime**.
Jahr (langes), Elbenjahr, *N.* **yén**; **yen-**.
›Jahreszählung‹, *N.* **Yénonótië**.
Jahr, ›Wachstum‹, *N.* **loa**.
›Jahrmitte‹, *N.* **loënde**.
Jaulen, Miauen, Wimmern, *N.* **miule**.
jeder, *Pron.* **ilquen** (unbestimmt).
jemand, eine Person, *N.* **námo**.
jemand, Person, Individuum, Mann oder Frau, einer, *Pron.* **quen** (unbestimmt).
jemand, der von Freunden verlassen wurde; Ausgestoßener, Gesetzloser; Waise, *N.* **hecil**.
jenes (das frühere), *Pron.* **yana** (hinweisend).
jenes (rückverweisend), *Pron.* **tana** (hinweisend).
jenseits, dort drüben, auf der anderen Seite, *Adv.* **enta**.
›Jenseitslande‹, *N.* **Entar**, **Entarda**.

jenseits, dorthin, *Adv.* **tanna; tar.**
jenseits, *Präp.* **han.**
jenseits, außerhalb von, über ... hinaus, *Präp.* **lá.**
jenseits von, über ... hinaus, *Präp.* **pella** (nachgestellt).
jetzt, nun, *Adv.* **sí; sín; sin.**
Joch; Brücke, *N.* **yanta.**
Jugend, *N.* **nése; nesse.**
Jugend, Frische, Grüne, *N.* **vén.**
jugendlich, *Adj.* **nessima.**
jung, *Adj.* **nessa.**
›die Junge‹, *N.* **Nessa.**
jung, neu, *Adj.* **vinya.**
Jungfrau, Maid, *N.* **ven; vende.**
Jungfräulichkeit, *N.* **véne; venesse.**
Juwel, *N.* **míre; miril.**
›Juwel der Menschen‹, *N.* **Atanamir.**
›Juwel der Welt‹, *N.* **Ardamíre.**
›Juwelensammler‹, *N.* **Hostamir.**
›Juweltochter‹, *N.* **Míriël.**

K

kalt, *Adj.* **ringa; ringe.**
›Kalttag‹, *N.* **Ringare.**
kalt, bleich, weiß, *Adj.* **ninque.**
kalt, eisig, *Adj.* **helca.**
kalt sein (vom Wetter), frieren, *V.* **nicu-**, *Inf.* **nique**, *Präs.* **níqua**, *Prät.* **nicune**, *Perf.* **iníquië**, *Part. Akt.* **nícula**, *Part. Pass.* **nicuna.**
Kammer (gewölbte), Höhle, Gewölbe, *N.* **rondo.**
Kammer, Raum, *N.* **sambe.**
Kanal, *N.* **celma.**
Kante (scharfe), Rand, *N.* **lanca.**
Kante, Rand, Grenze, *N.* **réne.**

Kapuze, *N.* **telme**.
Kehle, *N.* **lanco**.
Keil, *N.* **nehte**.
›Keinmann‹, *N.* **Úner**.
Kelch, *N.* **súlo**.
Kelch, Trinkgefäß, *N.* **yulma**.
Kerker, Gewahrsam, Gefängnis, *N.* **mando**.
Kerze, *N.* **lícuma**.
Keule, Knüppel, *N.* **runda**.
Kiefer, Gebiss, Maul, *N.* **anca**; **nangwa**.
Kiesbank, Strandkies, *N.* **sarnië**.
Kind, *N.* **hína**; **-hin**; **selde**.
›Kinder Erus‹, *N. Pl.* **Eruhíni**, *Sg.* **Eruhin**; *N. Pl.* **Erusén**.
›Kinder Ilúvatars‹, *N. Pl.* **Híni Ilúvataro**.
›Kinder Melkors‹, *N. Pl.* **Melcorohíni**.
Kissen, Federkissen, *N.* **queset**.
Kissen, Polster, *N.* **nirwa**.
klaffen, gähnen, *V.* **háca-**, *Inf.* **háca**.
Klage, *N.* **naire**.
Klage, Klagen, *N.* **nainië**.
›Klagelied um die Zwei Bäume‹, *N.* **Aldudénië**.
klagen, *V.* **naina-**, *Inf.* **naina**.
Klagen, Weinen, *N.* **yaime**.
klagend, weinend, *Adj.* **yaimea**.
klamm, taubedeckt, *Adj.* **níte**.
Klamm, Kluft, Spalte, *N.* **cilya**; **cirya**.
Klang, *N.* **lamma**.
Klaue, Haken, *N.* **atsa**.
kleben, bleiben bei, haften, *V.* **himya-**, *Inf.* **himya**, *Präs.* **hímyea**, *Perf.* **ihímië**, *Part. Akt.* **hímila**, *Part. Pass.* **himina**.
Kleben, Haften, *N.* **himba**.
klein, winzig, *Adj.* **titta**.
kleine Herrin, *N. w.* **hérince**.
›kleiner Vater‹, *N.* **Atarince**.
›Klein-Finwe‹, *N.* **Pityafinwe**.

›Kleinzwerge‹, *N. Pl.* **Picinaucor**.
Kleinkind, Säugling, *N.* **lapse**.
Klinge, poliertes Metall, *N.* **russe**.
Klinge, Schärfe, *N.* **maica**.
klingen, *V.* **lamya-**, *Inf.* **lamya**, *Präs.* **lámyea**, *Prät.* **lamne**, *Perf.* **alámië**, *Part. Akt.* **lámila**, *Part. Pass.* **lamna**.
klopfen (einmal), *V.* **tam-**, *Inf.* **tame**, *Prät.* **tamne**, *Part. Pass.* **tamna**.
klopfen (andauernd), *V.* **tamba-**, *Inf.* **tamba**.
klöppeln, knüpfen, *V.* **rea-**, *Inf.* **rea**.
Kluft, Schlucht, Hohlweg, *N.* **acsa**; **yáwe**.
›Kluft von Ilmen‹, *N.* **Ilmen-assa**.
Kluft, Spalte, *N.* **hyatse**; **sanca**.
Kluft, Spalte, Klamm, *N.* **cilya**; **cirya**.
›Kluger Finwe‹, *N.* **Ñolofinwe**.
Knecht, Sklave, *N.* **mól**.
Knochen, *N.* **acso**.
Knospe, Sprosse, *N.* **tuima**.
Knoten, *N.* **narda**.
Knoten, Band, *N.* **núte**.
knüpfen, klöppeln, *V.* **rea-**, *Inf.* **rea**.
Knüppel, Keule, *N.* **runda**.
knurren, grollen, *V.* **yarra-**, *Inf.* **yarra**.
kommen, *V.* **tul-**, *Inf.* **tule**, *Prät.* **túle**, *Part. Pass.* **tulla** (oder **tulda**).
Kommunikation, Übermittlung, Untersuchung, Abhandlung, *N.* **centa**.
König (eines Landes), *N.* **aran**.
›König der Noldor‹, *N.* **Ñoldóran**.
›König mächtig-dein‹, Eure Majestät (Anrede), *N.* **Aran Melety-alda**.
›Königsland‹, *N.* **Arandor**.
König (legitimer König eines ganzen Volkes), *N.* **tár**; **táro**, *Pl.* **tári**.
König/Königin (Suffix, nicht geschlechtsgebunden), *N.* **-tar**.
Königin (Gemahlin eines **táro**), *N.* **tári**.

›Königin der Erde‹, *N*. **Cementári**.

königlich, *Adj*. **arna**.

›Königliches Land‹, *N*. **Arnanor**; **Arnanóre**.

königlich-, edel-, hoch-, *Präf*. **ar(a)-**.

›Königliche Himmelsfestung‹, *N*. **Armenelos**.

›Königliche Person‹, *N*. **Aranwe**.

›Königlicher Hoher‹, *N*. **Arantar**.

›Königlicher Schiffer‹, *N*. **Arciryas**.

Königreich, Königtum, Reich, *N*. **aránië**.

Königsdiener, Minister, ›Truchsess‹, *N*. **arandur**.

Königsfreund, Royalist, *N*. **arandil**.

Königskraut, (eig.) ›Hilfreiches (Kraut) der Könige‹, *N*. **asea aranion**.

Königtum, Königreich, Reich, *N*. **aránië**.

können (im physischen Sinne), *V*. **pol-**, *Inf*. **pole**, *Prät*. **polle**, *Part. Pass*. **polla** (oder **polda**).

können (weil es keine Hindernisse gibt), imstande sein, *V*. **lerta-**, *Inf*. **lerta**.

können (wissen, wie), wissen, *V*. **ista-**, *Inf*. **ista**, *Prät*. **sinte**, *Part. Pass*. **sinta** (oder **istaina**).

Konsonant (als Laut abhängig von Bewegungen im Mund), *N. ling*. **náva-tengwe**; **návea**

Konsonant (bezeichnet durch die Zungenstellung), *N. ling*. **lambetengwe**.

Konsonant, blockierter Laut, *N. ling*. **tapta**; **tapta tengwe**.

Konsonant, harter Laut, *N. ling*. **sarda**; **sarda tengwe**.

Konsonanten, *N. Pl*. **patacar**.

Konstrukt, Schöpfung der Kunst, *N*. **tanwe**.

Konstruktion, Gebäude, *N*. **ataque**.

in Kontrolle von, besitzend, *Adj*. **arwa**.

kontrollieren, führen, beherrschen, *V*. **tur-**, *Inf*. **ture**, *Prät*. **turne**, *Part. Pass*. **turna** (oder **turina**).

Kopf, Haupt, *N*. **cár**.

Kopf; runder Hügel, *N*. **nóla**.

Körper, *N*. **hroa**.

Körper-Antrieb, *N.* **hroafelme**.
kosten, schmecken, *V.* **tyav-**, *Inf.* **tyave**, *Prät.* **tyambe** (oder **tyáve**), *Part. Pass.* **tyávina**.
Kraft (?), *N.* **poldore**.
Kraft, körperliche Stärke, Muskel, Sehne, *N.* **tuo**.
Kraft, Manneskraft, *N.* **veasse**.
kräftig (?), *Adj.* **poldórea**.
Krähe, *N.* **carco**; **corco**; **quáco**.
krank, bettlägrig, *Adj.* **caimasse**; **caimassea**.
Krankheit, *N.* **líve**; **quáme**.
Krankheit, Bettlägrigkeit, *N.* **caila**.
kränklich, *Adj.* **engwa**; **latwa**.
›die Kränklichen‹, *N. Pl.* **Engwar**.
Kranz, Krone, *N.* **rië**.
k-Reihe, Velarlaute, *N. ling.* **calmatéma**.
Kreis (allg.), *N.* **rinde**.
Kreis, kreisförmige Umfriedung, *N.* **corin**.
kreisförmig, *Adj.* **rinda**.
Kriechpflanze (lange), Tang, *N.* **uile**.
Krieg, *N.* **ohta**.
Krieg führen, *V.* **ohtacar-**, *Inf.* **ohtacare**, *Prät.* **ohtacarne** (oder **ohtacáre**), *Part. Pass.* **ohtacarna** (oder **ohtacarina**).
Krieger; einer, der Krieg führt, *N.* **ohtacaro**; **ochtatyaro**.
Krieger, Soldat, *N.* **ohtar**.
Krone, Kranz, *N.* **rië**.
›Kronjuwel‹ (?), *N.* **Castamir**.
krumm, falsch, gebogen, *Adj.* **raica**.
krumm, gebogen, *Adj.* **cúna**.
krumm, schief, *Adj.* **hwarin**.
krumm sein, sich biegen, *V.* **raica-**, *Inf.* **raica**.
Kugel, Ball; Anhöhe, runder Hügel, *N.* **coron**.
kugelig, rund, *Adj.* **corna**.
kühn, *Adj.* **verya**.
kühn, mutig, *Adj.* **carna**.

Kühnheit, *N.* **verië**.
Kühnheit, Mut, *N.* **cáne**.
Kunde, Weisheit, langes Mühen, Wissen, *N.* **ñóle**.
kundig, weise, gelehrt, *Adj.* **istima**.
›die Kundigen‹, *N. Pl.* **Istimor**.
Kunst, *N.* **carme**.
Kupfer (poliertes), *N.* **calarus**.
kupferfarben, rötlich, rot, *Adj.* **aira**.
›Kupferfreund‹, *N.* **Urundil**.
›Kupferhämmerer‹, *N.* **Nambarauto**.
›Kupferkopf‹, *N.* **Russandol**.
›Kuppe‹, ›Hügel‹, *N.* **Tún**; **Túna**.
Kuppel, *N.* **coromindo**; **telluma**.
Kuppel (insbes. Himmelskuppel), Dach, Baldachin, *N.* **telume**.
Kurs nehmen auf, gehen wollen, eine (bestimmte) Richtung nehmen, *V.* **mína-**, *Inf.* **mína**.
kurz, *Adj.* **sinta**.
kurz, verkürzt, verkrüppelt, *Adj.* **nauca**.
Kurzschwert, *N.* **ecet**.
Küste, Brandungsstreifen, Strand, Ufer (des Meeres), *N.* **falasse**.
›Küstensohn‹, *N.* **Falassion**.
kw-Reihe, Labiovelare, *N. ling.* **quessetéma**.

L

Labiovelare, *kw*-Reihe, *N. ling.* **quessetéma**.
lachen, *V.* **lala-**, *Inf.* **lala**.
›Lachende Maid‹, *N.* **Lalwende**, **Lalwen**.
Lagune, Gewässer, Teich, See, *N.* **nén**; **nen-**.
Land, *N.* **nórië**.
Land, Welt; Wohnstätte, Heim; Haus, Halle, *N.* **már**; **mar**.
Land; Wohnstätte; Gegend, wo bestimmte Leute leben, *N.* **nóre**; **nór**; **nor**.
›Land der Gabe‹, *N.* **Andor**; **Andóre**.

›Land der Nachfolger‹, Menschenland, *N.* **Hildórien**.
›Land der Noldor‹, *N.* **Ingolonde**.
›Land der Sterblichen‹, Menschenland, *N.* **Firyanor**.
›Land der Valar‹, *N.* **Valinor**; **Valinóre**; **Valandor**.
›Land des Westens‹, *N.* **Númendor**.
›Land des Zauns‹, *N.* **Lestanóre**.
›Landmitte‹, ›Mittelland‹, ›Mittelerde‹, *N.* **Endor**; **Endóre**.
Landenge, Brücke, Verbindung, *N.* **yanwe**.
Landenge, Isthmus, *N.* **yatta**.
lang dauernd, erdauernd, *Adj.* **voronwa**.
lang, *Adj.* **anda**.
›Langbärte‹, *N. Pl.* **Andafangar**.
lange, *Adv.* **andave**.
Längenzeichen, *N.* **andatehta**.
›Langschnauze‹, Elefant, *N.* **andamunda**.
Längung, Ausdehnung, *N. ling.* **taile**.
Lärm, *N.* **yalme**.
Lärm, Toben, *N.* **ráve**.
lasten, liegen, *V.* **lumna-**, *Inf.* **lumna**.
Laub, Gesamtheit von Blättern, *N.* **olassië**.
laubgrau, blattgrau, *Adj.* **lassemista**.
lauschen, zuhören, *V.* **lár-**, *Inf.* **láre**, *Prät.* **lárne**, *Part. Pass.* **lárna** (oder **lárina**); **lasta-**, *Inf.* **lasta**.
Lauschen, Gehör, *N.* **lasta**.
Laut (blockierter), Konsonant, *N. ling.* **tapta**; **tapta tengwe**.
Laut (harter), Konsonant, *N. ling.* **sarda**; **sarda tengwe**.
Laut (musikalischer), *N.* **lin**; **lind-**.
Laute, *N. Pl. ling.* **hloni**.
›Laut-Geschmack‹, individuelle Freude an Formen und Lauten von Worten, *N. ling.* **lámatyáve**.
Leben, Erwachen, *N.* **cuivië**.
Leben, Lebendigsein, *N.* **cuile**.
lebend, lebendig, *Adj.* **coirea**; **cuina**.
Lebensbrot, *N.* **coimas**.
lebwohl, *Interj.* **namárië**.

lecken (einmal), *V.* **lav-**, *Inf.* **lave**, *Prät.* **láve**.
lecken (wiederholt), *V.* **lapsa-**, *Inf.* **lapsa**.
leer, *Adj.* **cumna**; **lasta**.
Leere, Höhlung, *N.* **cúma**.
Leib, Mutterleib, *N.* **móna**.
Leiche, *N.* **quelet**.
Leiche, Leichnam, *N.* **loico**.
›Lenwe‹, *N.* **Lenwe**.
Lerche, *N.* **lirulin**.
lesen, beobachten (um Informationen zu sammeln), *V.* **cenda-**, *Inf.* **cenda**.
letzt, endgültig, *Adj.* **métima**.
›Letzter Sommer[monat]‹, *N.* **Metelaire**.
›Letzter Winter[monat]‹, *N.* **Meterríve**.
letzt, final, *Adj.* **telda**.
letzt, hinterst, *Adj.* **tella**.
Letztes, Ende, *N.* **tel**; **telde**.
Letzter sein (in einer Reihe oder Folge von Ereignissen), enden, *V.* **tele-**, *Inf.* **tele**, *Präs.* **télea**, *Prät.* **telene**, *Perf.* **etélië**, *Part. Akt.* **télala**, *Part. Pass.* **telena**.
›die Letzten‹, ›die Hinstersten‹, ›die am Ende der Reihe‹, *N. Pl.* **Teleri**, *Sg.* **Teler**, *Koll.* **Telelli**.
›Letzter Finwe‹, *N.* **Telufinwe**.
letztes Jahr, *Adv.* **yenya**.
Leuchte (angezündet), *N.* **calma**.
leuchten, scheinen, *V.* **cal-**, *Inf.* **cale**, *Prät.* **calle**, *Part. Pass.* **calla** (oder **calda**).
leuchten (allg.), hell sein, *V.* **calta-**, *Inf.* **calta**.
leuchten (Licht aussenden), strahlen, *V.* **faina-**, *Inf.* **faina**, *Part. Pass.* **fainana**.
leuchten (mit weißem oder silbernem Licht), weiß glänzen, *V.* **sil-**, *Inf.* **sile**, *Prät.* **sille**, *Part. Pass.* **silla** (oder **silda**).
Leuchten, Glanz, Glorie, *N.* **alcar**; **alcare**.
Leuchten, Strahlen, *N.* **faire**.
leuchtend, glanzvoll, glorreich, *Adj.* **alcarin**; **alcarinqua**.

Leuchtsilber, Silberlicht, *N. silme.*
›Leuchtstoff‹, *N. silima; silma.*
leugnen, *V. lala-, Inf. lala.*
licht, hell, *Adj. calima; calina.*
Licht, *N. cala; cále.*
›Licht des Westens‹, *N. Anducal.*
›Lichtbinder‹, ›Licht-Mando‹, *N. Calamando.*
›Lichtelben‹, ›Elben des Lichts‹, *N. Calaquendi.*
›Lichtpass‹, *N. Calacilya.*
›Lichtschwert‹, *N. Calmacil.*
›Lichtsohn‹ (?), *N. Calion.*
›Lichtspalt‹, *N. Calacirya; Calaciryan.*
›Lichtspaltland‹, *N. Calaciryan; Calaciryande.*
Licht (schimmerndes), *N. rilma.*
Licht des Hauses, *N. coacalina.*
Lichtstrahl, *N. alca.*
lieb, freundlich, *Adj. yelda; yelme.*
lieb, geliebt, *Adj. melda.*
lieb, teuer, *Adj. melin.*
lieb, vertraut, *Adj. moina.*
Liebe, *N. melme.*
lieben (als Freund), *V. mel-, Inf. mele, Prät. melle, Part. Pass. mella* (oder *melda*).
›Lieb-Geschenk‹, *N. Melyanna.*
Liebende, *N. w. melisse.*
Liebender, *N. m. melindo.*
liebevoll, *Adj. méla.*
liebevoll, freundlich, *Adj. nilda.*
lieblich, schön, *Adj. melima.*
lieblich, schön, begehrenswert, *Adj. írima.*
Lied, Melodie, Gesang, Singen, Sänger; *N. linde.*
Lied, *N. líre.*
Lied der Heiligkeit-Königin, *N. airetári-líre.*
›[Lied] von Sonne und Mond‹, *N. Narsilion.*
liegen (allg.), *V. caita-, Inf. caita, Part. Pass. caitana.*

liegen, lasten, *V.* **lumna-**, *Inf.* **lumna**.
Lilie, *N.* **indil**.
›Lindon‹, *N.* **Lindon**; **Lindóne**.
Linie (gerade), Straße, *N.* **tea**.
Linie, Reihe, Serie, *N.* **téma**.
Linie, Weg, Pfad, Richtung, *N.* **tië**.
links, *Adj.* **hyarya**.
linkshändig, *Adj.* **hyarmaite**.
Lippe, Mund, *N.* **pé**, *Dual* **peu**.
lobpreisen, segnen, rühmen, *V.* **laita-**, *Inf.* **laita**, *Part. Pass.* **laitana**.
Lobpreisung, *N.* **laitale**.
›Lobpreisung Erus‹, *N.* **Erulaitale**.
Loch, Grube, *N.* **latta**.
Loch, Öffnung, *N.* **assa**.
lockern, *V.* **leuca-**, *Inf.* **leuca**; **lehta-**, *Inf.* **lehta**.
loslassen, fortschicken; vergeben, *V.* **apsene-**, *Inf.* **apsene**, *Präs.* **apsénea**, *Prät.* **apsenne**, *Perf.* **apsélië**, *Part. Akt.* **apsénela**, *Part. Pass.* **apsenna**.
losschicken, antreiben, drängen, *V.* **horta-**, *Inf.* **horta**.
Löwe, *N.* **rá**.
Luft (als Substanz), *N.* **vista**.
Luft (untere Himmelszone Ardas), *N.* **vilya**.
›der Luftige‹ (der Ring der Luft), *N.* **Vilya**.
lugen, blinzeln, *V.* **tihta-**, *Inf.* **tihta**.
Lust, *N.* **maile**.
lustvoll, *Adj.* **mailea**.

M

machen, bauen, tun, *V.* **car-**, *Inf.* **care**, *Prät.* **carne** (oder **cáre**), *Part. Pass.* **carna** (oder **carina** bzw. **cárina**).
Macht haben (göttliche), beherrschen, ordnen, *V.* **vala-**, *Inf.* **vala**.
›die Macht haben‹, ›Mächte‹, *N.* **Valar**, *Sg.* **Vala**.

›Macht‹ (männl.), Vala, *N. m.* **Vala**.
›Macht‹ (weibl.), Valië, *N. w.* **Valië**.
Macht, Meisterschaft, Sieg, *N.* **túre**.
›Mächtige Festung‹, *N.* **Túrosto**.
›Machtmensch‹, *N.* **Turcil**.
mächtig, *Adj.* **meletya**.
›der Mächtige‹ oder ›der Gierige‹, *N.* **Melco**.
mächtig, gewaltig, von unermesslicher Macht oder Größe, *Adj.* **taura**.
machtvoll, mit göttlicher Macht ausgestattet, *Adj.* **valya**.
Magie, Urweisheit, *N. poet.* **ingóle**.
Maid, Jungfrau, *N.* **ven**; **vende**.
Maid (bekränzte), *N.* **riël**; **riëlle**.
›Maid der Abenddämmerung‹, *N.* **Undómiël**.
mangelhaft, unzulänglich, *Adj.* **penya**.
mangels, ohne (die Abwesenheit von etwas bezeichnend); nicht-, un- (weil es nicht sein kann; oft mit abwertender Bedeutung), *Präf.* **ú-**.
Mann, *N.* **veo**.
Mann, Erwachsener, *N.* **ner**; **veaner**.
›Mann‹, *N.* **Endero**.
›Mann-Frau‹, *N.* **Nerwen**.
Mann (bedeutender), Held, Recke, *N.* **aráto**.
Mann (edler), Held, *N.* **callo**.
Mann, Männchen, männliches Exemplar einer Gattung, *N.* **hanu**.
Mann oder Frau, einer, jemand, Person, Individuum, *Pron.* **quen** (unbestimmt).
Manneskraft, Kraft, *N.* **veasse**.
Manneskraft, Männlichkeit, *N.* **vië**.
mannhaft, erwachsen, *Adj.* **vea**.
männlich, *Adj.* **hanuvoite**; **hanwa**.
Mann-Speerspitze, *N.* **nernehta**.
Mantel, *N.* **collo**.
Mantel, Gewand, *N.* **colla**.

Markierung, Punkt, Tüpfel, *N. ling.* **ticse**.
maschig, netzförmig, *Adj.* **raina**.
Maß, Zaun, Gürtel, *N.* **lesta**.
in Maßen, *Adv.* **lestanen**.
Mast (eines Schiffes), *N.* **tyulma**.
Mast, Bucheckern, *N.* **ferna**.
Materie (physische), *N.* **erma**; **orma**.
Mauer, Wall, Bergkette, *N.* **ramba**.
›Mauern der Welt‹, ›Allmauern‹, *N.* **Ilurambar**.
Maul, Kiefer, Gebiss, *N.* **anca**; **nangwa**.
Meer, Ozean, *N.* **aire**; **ear**; **eare**; **-aire**.
›Meeresdiener‹, *N.* **Earendur**.
›Meeresfreund‹, *N.* **Earendil**.
›Meerestag‹, *N.* **Earenya**.
›Meerdiener‹, *N.* **Earnur**.
›Meerfreund‹, *N.* **Earnil**.
›Meermaid‹, *N.* **Earwen**.
›Meerschwinge‹, *N.* **Earráme**.
›Meerwohnung‹, *N.* **Eambar**.
Meerjungfrau, Nymphe, Schaum-Glanz, *N.* **vingil**.
Meerschaum, *N.* **falle**.
Mehl, *N.* **pore**.
mein, *Pron.* (1. Sg. excl.) *Poss.* **ninya**, **-(i)nya**.
mein Sohn, *N.* **onya**.
meinen, urteilen, denken, *V.* **ham-**, *Inf.* **hame**, *Prät.* **hamne**, *Part. Pass.* **hamna**; **nam-**, *Inf.* **name**, *Prät.* **namne**, *Part. Pass.* **namna**; **nav-**, *Inf.* **nave**, *Prät.* **nambe** (oder **náve**), *Part. Pass.* **návina**; **nem-**, *Inf.* **neme**, *Prät.* **nemne**, *Part. Pass.* **nemna**.
Meister, Herr, *N. m.* **hér**; **heru**.
Meisterschaft, Sieg, Macht, *N.* **túre**.
›Meister der Männer‹ (?), *N.* **Veantur**.
›Meister der Schleier‹, *N.* **Fantur**.
›Meister des Schicksals‹, *N.* **Turambar**.
Melodie, Gesang, Lied, Singen; Sänger, *N.* **linde**.

Menge (große), Reichhaltigkeit, *N. úve*.
Menge, Ansammlung (von Personen), Haufe (feindlicher Krieger), *N. sanga*.
Menge, große Zahl, *N. hosta*.
Menschen, (eig.) ›Nachfolger‹, ›Nachkömmlinge‹, *N. Pl. Hildi, Hildor*.
Menschenland, (eig.) ›Land der Nachfolger‹, *N. Hildórien*.
Menschen, (eig.) ›Sterbliche‹, *N. Fírimar; Firyar*.
Menschenland, (eig.) ›Land der Sterblichen‹, *N. Firyanor*.
Menschen, (eig.) ›die Zweiten‹, *N. Pl. Atani, Sg. Atan*.
›Menschenväter‹, *N. Atanatári, Sg. Atanatar*.
Messer, Dolch, *N. sicil*.
Met, ein besonderer Wein, *N. miruvor*.
Metall, *N. rauta; tinco*.
Metall (poliertes), Klinge, *N. russe*.
Miauen, Wimmern, Jaulen, *N. miule*.
mich, *Pron.* (1. Sg. excl.) *Akk. ni, -n*.
Minister, ›Truchsess‹, Königsdiener, *N. arandur*.
mir, *Pron.* (1. Sg. excl.) *Dat. nin*.
mit, bei, *Präf. as-* (verwandt mit *ar* »und«).
mit, zusammen mit, *Präp. yo*.
mit Ausnahme von, außer, *Präp. hequa*.
mit einem Mantel bedecken, verschleiern, verhüllen, *V. fanta-, Inf. fanta*.
›Mit einem Strahlenkranz gekrönte Maid‹, *N. Altáriël; Altárielle; Ñaltariël*.
mit Erlaubnis (von), *Adv./Präp. lenéme*.
mit göttlicher Macht ausgestattet, machtvoll, *Adj. valya*.
mit Haar, behaart, *Adj. finda*.
mit Nachgriff auf, vor (zeitlich), *Präp. epe*.
mit offenem Mund, durstig, *Adj. fauca*.
mit Schatten umgeben, verbergen, verhüllen, *V. halya-, Inf. halya, Präs. hályea, Perf. ahálië, Part. Akt. hálila, Part. Pass. halina*.
mit Schatten umgeben, verborgen, verhüllt, *Adj. halda*.

›mit Silberlicht Bekränzte‹, *N. **Silmariën**.*
mit vollem Mund, voll, randvoll, *Adj. **penquanta**.*
mit Vorgriff auf, nach (zeitlich), *Präp. **apa**.*
Mitleid haben, sich erbarmen, *V. **ócama**-, Inf. **ócama**; **ocama**-, Inf. **ocama**; **órava**-, Inf. **órava**.*
Mitte, Zentrum, *N. **ened**; **ende**.*
mittel, inner, *Adj. **atendea**; **endea**.*
mittel, mittig, *Adj. **endya**; **enya**.*
›Mittelerde‹, *N.* ›Weltmitte‹, ***Ambarenya**; **Ambarendya***; ›Mittelland‹, ›Landmitte‹, ***Endor**; **Endóre***; ›Mittelwohnstatt‹, ***Endamar**.*
mittellos, hilflos, entblößt, *Adj. **racine**.*
Mitteltage, *N. **enderi**.*
mittig, mittel, *Adj. **endya**; **enya**.*
Mittjahr, *N. **endiën**.*
›Mittjahr‹, *N. **Endiën**.*
Monat, *N. **asta**.*
›Mond‹, (eig.) ›Schein‹, *N. **Isil**.*
›Monddiener‹ oder ›Monduntergang‹, *N. **Isildur**.*
›Mondfrau‹, *N. **Isilme**.*
›Mondmann‹, *N. **Isilmo**.*
›Mondtag‹, *N. **Isilya**.*
Mondschein, *N. **isilme**.*
Morgen (eines Tages), *N. **arin**.*
Morgen (Zeit), früher Tag, *N. poet. **amaurea**.*
Morgendämmerung, *N. **ára**.*
morgendlich, früh, *Adj. **arinya**.*
Möwe, *N. **maiwe**.*
Mühen (langes), Wissen, Kunde, Weisheit, *N. **ñóle**.*
Mulde, Höhlung, *N. **unque**.*
Mund, *N. **anto**; **náva**.*
Mund, Lippe, *N. **pé**, Dual **peu**.*
murmeln, grummeln, *V. **nurru**-, Inf. **nurrwe**, Präs. **nurrwa**, Prät. **nurrune**, Perf. **unurrwië**, Part. Akt. **nurrula**, Part. Pass. **nurruna**.*
Muschel, *N. **hyalma**.*

Musik, *N.* **lindele**.

›Musik der Ainur‹, ›Musik der Heiligen‹, Ainulindale, *N.* **Ainulindale**.

Muskel, Sehne, Kraft, körperliche Stärke, *N.* **tuo**.

Mut, Beherztheit, *N.* **huore**.

Mut, Kühnheit, *N.* **cáne**.

mutig, kühn, *Adj.* **carna**.

Mutter, *N.* **amil**; **amille**; **mamil**.

Mutter, Erzeugerin, *N. w.* **ontare**; **ontaril**.

Mutter, Mama (Koseform), *N.* **amme**.

Mutterleib, Leib, *N.* **móna**.

Muttername (von der Mutter gegebener) **amilesse**; siehe auch Name.

N

nach (zeitlich), mit Vorgriff auf, *Präp.* **apa**.

nach- (auf die Zukunft bezogen), voraus-, *Präf.* **apa-**, **ep-**.

›Nachgeborene‹, *N. Pl.* **Apanónar**.

nachfolgen, folgen, *V. trans.* **hilya-**, *Inf.* **hilya**, *Präs.* **hílyea**, *Perf.* **ihílië**, *Part. Akt.* **hílila**, *Part. Pass.* **hilina**; intrans. *Prät.* **hille**, *Part. Pass.* **hilla**.

Nachfolger, Erbe, *N.* **hilde**; **hildo**.

›Nachfolger‹, ›Nachkömmlinge‹, Menschen, *N. Pl.* **Hildi**; **Hildor**.

Nachfolger, Zweiter, *N.* **neuro**.

nachgeben, erlauben, zugestehen, *V.* **lav-**, *Inf.* **lave**, *Prät.* **lambe** (oder **láve**), *Part. Pass.* **lávina**.

Nachhut, Ende, *N.* **telle**.

nächst-, zweit- (nur zeitlich), *Präf.* **nó-**.

Nacht (eine), *N.* **ló**.

Nacht, Nachtzeit, Schatten der Nacht; Zwielicht, *N.* **lóme**.

Nacht, Schwärze, Dunkelheit, *N.* **móre**.

›Nachtsänger‹, Nachtigall, *N.* **lómelinde**; **morilinde**.

›Nacht‹ (personifizierte), *N. Fui; Hui*.
Nacken, *N. yat; yaht-*.
nackt, ausgezogen, *Adj. helda*.
Nagel, *N. tance*.
›Nahar‹, *N. Nahar*.
›Näherin‹, ›Stickerin‹, *N. Serinde*.
Name, *N. esse*; (von anderen gegebener) *anesse*; (von der Mutter gegebener) *amilesse*; (selbst gewählter Rufname) *cilmesse*; (zusätzlicher Beiname) *epesse*.
›Namenschöpfung‹, *N. Essecarme*.
›Namenuntersuchung‹, *N. Essecenta*.
›Namenwahl‹, *N. Essecilme*.
nasal, die Nase betreffend, *Adj. nengwea*.
Nase, *ling.* Nasallaut, *N. nengwe*.
nass, *Adj. linque; micsa*.
nass, wässrig, *Adj. nenda*.
›Nass-Anfang‹, *N. Nendesse*.
Nebel, *N. híse; hísië; hiswe*.
›Nebel-Zwielicht‹, *N. Hísilóme*.
›der Neblige‹, *N. Hísime*.
neben (räumlich), außerhalb von, *Präp. ara*.
neblig, grau, *Adj. hiswa*.
sich neigen, gleiten, abrutschen, stürzen, *V. talta-, Inf. talta*.
Neigung, abwärts führender Hang, *N. pende*.
nein, ganz und gar nicht, im Gegenteil, *Adv. lau; laune; laume*.
nein, nicht, un-, *Adv. lá; lala*.
nein sagen, sich weigern, *V. váquet-, Inf. váquete*, Prät. *váquente*, *Part. Pass. váquétina*.
Nektar, Wein (Trank der Valar), *N. limpe*.
Nessa-geliebt, *N. nessamelda*.
Netz (eines Fischers oder Jägers), *N. raima; rembe*.
Netz, *N. natse*.
netzförmig, maschig, *Adj. raina*.
neu, *Adj. vinya*.

neu, jung, *Adj. vinya*.
›Neu-Feuer‹, *N. Narvinye*.
›Neu-Hafen‹, *N. Vinyalonde*.
›Neu-Heim‹, *N. Vinyamar*.
›Neujahrstag‹, *N. Vinyarië*.
neu-, noch einmal, wieder- (im Sinne einer Wiederholung), *Präf. en-*.
neu gemacht, *Adj. vincarna*.
neun, *Num. nerte*.
neunt(er, -e, -es), *Num. Adj. nertea*.
nicht!, *Imp.-Partikel. áva; avá*.
nicht!, tu's nicht!, *Interj. vá*.
nicht, nein, un-, *Adv. lá; lala*.
nicht-, un- (ohne abwertende Bedeutung), *Präf. al(a)-*.
nicht-, un- (im Sinne des Gegenteils oder der Umkehrung, d. h. mehr als bloße Verneinung), *Präf. il-*.
›Nicht-Umfriedetes‹, *N. Ilcorin*.
nicht-, un- (weil es nicht sein darf); außen-, weg-, ab- (fort aus dem Blickpunkt des Interesses), *Präf. ava-; au-*.
nicht-, un- (weil es nicht sein kann; oft mit abwertender Bedeutung); mangels, ohne (die Abwesenheit von etwas bezeichnend), *Präf. ú-*.
›die nicht von Aman‹, *N. Pl. Alamanyar; Avamanyar; Úamanyar, Úmanyar*.
›Nicht-Aman-Elben‹, *N. Úmaneldi*.
nicht allgemein, ausgeschlossen, privat, getrennt, *Adj. satya*.
nicht für immer, *Adv. ullume*.
nicht genug, *Adj. ufárea*.
nicht in Besitz, unbewacht, unbefestigt (von Dingen), *Adj. lerina*.
nicht in Worte zu kleiden, unaussprechlich, unsagbar (weil es nicht gesagt werden kann), *Adj. úquétima*.
nicht offen, geschlossen, *Adj. avalatya*.
nicht sein, nicht tun, *V. um-, Inf. ume, Prät. úme* (oder *umne*), *Part. Pass. úmina* (oder *umna*).

nicht zählend, ausschließlich, beiseite lassend, *Adv.* **hequa**.
nicht zu zählen, unzählbar, unzählig, *Adj.* **únótima**.
Nichthandeln, Untätigkeit, *N.* **lacare**.
Niedergehen, Okzident, *N.* **núme**.
sich niedersenkend, geneigt, *Adj.* **penda**.
niedrig liegend, tief, *Adj.* **tumna**.
noch einmal, neu-, wieder- (im Sinne einer Wiederholung), *Präf.* **en-**.
Noldo, einer vom weisen Volk, *N.* **Ñoldo**.
›Noldo-Juwel‹, *N.* **Ñoldomíre**.
Norden, *N.* **formen**.
›Nordfestung‹, *N.* **Formenos**.
›Nordlande‹, *N.* **Forostar**.
nördlich, *Adj.* **formenya**.
nördlich, rechts, *Adj.* **forte**.
Not, Notwendigkeit, *N.* **sangië**.
Númenórer, (eig.) ›Hochmensch‹, *N.* **Tarcil**.
nun, jetzt, *Adv.* **sí**; **sín**; **sin**.
nützlich, passend, gut (von Dingen), *Adj.* **mára**.
Nymphe, Meerjungfrau, Schaum-Glanz, *N.* **vingil**.

O

o!, *Interj.* **a!**
o, *Imp.- Partikel* **á**, **a** (vor langen Silben).
oben, aufwärts, *Adv.* **amba**.
›der Oben-Erhabene‹, *N.* **Ambarto**.
›der Oben-Rotbraune‹, *N.* **Ambarussa**.
Oberfläche, Erdbusen, Busen, *N.* **palúre**.
oberhalb von, über, *Präp.* **or**.
Oberhaupt, *N.* **héra**.
oder, *Konj.* **var**.
offen, ausgebreitet, *Adj.* **panta**.
offen, frei, gerodet, *Adj.* **latin**; **latina**.

offen, geöffnet, *Adj.* **láta**.
öffnen, *V.* **latya-**, *Inf.* **latya**, *Präs.* **látyea**, *Perf.* **alátië**, *Part. Akt.* **látila**, *Part. Pass.* **latina**.
öffnen (weit), ausbreiten, verbreiten, ausdehnen, *V.* **palu-**, *Inf.* **palwe**, *Präs.* **pálwa**, *Prät.* **palune**, *Perf.* **apálwië**, *Part. Akt.* **pálula**, *Part. Pass.* **paluna**; **palya-**, *Inf.* **palya**, *Präs.* **pályea**, *Perf.* **apálië**, *Part. Akt.* **pálila**, *Part. Pass.* **palina**.
sich öffnen, sich ausbreiten, sich entfalten, *V.* **panta-**, *Inf.* **panta**.
Öffnung, Loch, *N.* **assa**.
ohne (die Abwesenheit von etwas bezeichnend), mangels; nicht, un- (weil es nicht sein kann; oft mit abwertender Bedeutung), *Präf.* **ú-**.
›Ohneschatten‹, Nazgûl, *N. Pl.* **Úlairi**.
ohne Zahl, unzählbar, zahllos, *Adj.* **avanóte**.
Okzident, Niedergehen, *N.* **núme**.
Öl, *N.* **lib**.
orange, *Adj.* **culuina**.
Orange, *N.* **culuma**.
›Orangenbaum‹, *N.* **culumalda**.
Orden, *N.* **heren**.
›Orden der Zauberer‹, *N.* **Heren Istarion**.
ordnen, göttliche Macht haben, beherrschen, *V.* **vala-**, *Inf.* **vala**.
Ork, *N.* **Orco**, *Pl.* **Orqui**; **Urco**.
›Orkisch‹, Sprache(n) der Orks, *N.* **Orquin**.
Ort (ummauerter), Festung, Stadt, *N.* **osto**.
Ort, Stelle, Weg, *N.* **men**.
Osten (als Himmelsrichtung); Aufgang, Sonnenaufgang, *N.* **rómen**.
›Ostsieger‹, *N.* **Rómendacil**.
›Ostwärts‹, *N.* **Rómenna**.
›Ostlande‹ (von Númenor), *N.* **Orrostar**.
Osten (als Region); Aufgang, Sonnenaufgang, *N.* **ambaron**; **ambaróne**.
östlich, *Adj.* **rómenya**.

P

packen, greifen, *V. mapa-*, *Inf. mapa*, *Prät. mampe*, *Part. Pass. mampa* (oder *mapina*).
palatalisierte Laute, *ty*-Reihe, *N. ling.* **tyelpetéma**.
Papa (Koseform), Vater, *N.* **atto**.
Pappel, *N.* **tyulusse**.
pappelreich, viele Pappeln habend, *Adj.* **lintyulussea**.
passend, gut (von Dingen), nützlich, *Adj.* **mára**.
›Pause‹, Wegstunde, *N.* **lár**.
›Peiniger‹, *N.* **Angainor**.
Pelz (roter), Rotschopf, *N* **russe**.
Person (eine), jemand, *N.* **námo**.
Person, Einheit, *N.* **erde**.
Person, Individuum, Mann oder Frau, einer, jemand, *Pron.* **quen** (unbestimmt).
persönlich, privat, eigen, *Adj.* **véra**.
Pfad, Richtung, Linie, Weg, *N.* **tië**.
Pfeil, *N.* **pilin**.
Pfeiler, Säule, *N.* **tarma**.
›Pfeiler der Welt‹ (?), *N.* **Ardamin**.
Pferd, *N.* **rocco**.
Pflanze, Zweig, Ast, *N.* **olva**; **olwa**.
Pflanzen, Flora; wachsende Dinge mit Wurzeln in der Erde, *N. Pl.* **olvar**.
Pflasterstein, geformter Stein, *N.* **ambal**.
Pfosten, Holzpfeiler, *N.* **samna**.
Phantom, Geist, *N.* **faire**.
Philosophie, Wissen, Wissenschaft, *N.* **ingole**; **ñolme**.
Phonem (*ling.*); Zeichen, Anzeichen, *N.* **tengwe**.
phonetische Zeichen, *N. ling.* **hloníti tengwi**.
Pilz, Schwamm, *N.* **hwan**.
Plosiv, Verschlusslaut, *N. ling.* **punta**.
plötzlich, schnell, rasch, *Adj.* **tyelca**.
Pollen, gelbes Pulver, *N.* **malo**.

Polster, Kissen, *N.* **nirwa**.
polstern, dämpfen, *V.* **nirwa-**, *Inf.* **nirwa**.
p-Reihe, Labiallaute, *N. ling.* **parmatéma**.
primär, erst-, vordringlich, *Adj.* **essea**.
Prinz, Fürst, *N.* **cundu**.
Prinzessin, *N.* **aranel**.
privat, eigen, persönlich, *Adj.* **véra**.
privat, geschlossen, *Adj.* **pahta**.
privat, getrennt, nicht allgemein, ausgeschlossen, *Adj.* **satya**.
prominent, hervorstechend, *Adj.* **minda**.
prophetisch, voraussichtig, *Adj.* **apacenya**.
Pulver (gelbes), Pollen, *N.* **malo**.
Punkt (höchster), Spitze, *N.* **inga**.
Punkt (Satzzeichen), Stopp, *N. ling.* **pusta**; **putta**.
Punkt (Schriftzeichen), *N. ling.* **patta**.
Punkt, Tüpfel, Markierung, *N. ling.* **ticse**.

Q

quälen, foltern, *V.* **ñwalya-**, *Inf.* **ñwalya**, *Präs.* **ñwályea**, *Perf.* **angwálië**, *Part. Akt.* **ñwalila**, *Part. Pass.* **ñwalina**.
Quelle, Austritt des Wassers, *N.* **ehtele**.
›Quendisch‹, *N.* **Quenderin**.
Quenya; (eig.) ›Buchsprache‹, *N.* **parmalambe**.
›Quenya‹; Sprache, Rede, *N.* **quenya**; **Quenya**.
›Quenya-Sprache‹, *N.* **Quenya lambe**.
quer über, über, *Präp.* **arta**.
Querbalken, Sprosse, *N.* **hwarma**.
quirlen, schlagen, *V.* **palpa-**, *Inf.* **palpa**.

R

Rand, Borte, *N.* **réna**.

Rand, Kante, Grenze, *N.* **réne**.
Rand, Saum, *N.* **ríma**.
Rand, scharfe Kante, *N.* **lanca**.
randvoll, mit vollem Mund, voll, *Adj.* **penquanta**.
rasch, plötzlich, schnell, *Adj.* **tyelca**.
›der Rasch-Auffahrende‹, *N.* **Tyelcormo**.
Rasse, Stamm, Sippe, *N.* **nóre**.
Rast, Frieden, Ruhe, *N.* **sire**.
rasten, innehalten, aufhören, *V.* **hauta-**, *Inf.* **hauta**.
rastend, ruhig, in Ruhe, *Adj.* **senda**.
raten, vermuten, annehmen, *V.* **intya-**, *Inf.* **intya**, *Perf.* **itínië**, *Part. Akt.* **intila**, *Part. Pass.* **intina**.
Ratte, *N.* **nyaro**.
Raum, Kammer, *N.* **sambe**.
re-, wieder-, zurück- (im Sinne einer Umkehrung), *Präf.* **at-**, **ata-**.
rechnen, zählen, *V.* **not-**, *Inf.* **note**, *Prät.* **nonte**, *Part. Pass.* **nótina**.
rechts, *Adj.* **forya**.
rechts, nördlich, *Adj.* **forte**.
rechtshändig, *Adj.* **formaite**.
Recke, bedeutender Mann, Held, *N.* **aráto**.
Rede, Sprache; Quenya, *N.* **quenya**; **Quenya**.
Redensart, Diktum, Sprichwort, Spruch, Zitat (von jemandes Worten), *N.* **eques**.
Regel, Gebot, Gesetz, *N.* **acsan**; **sanye**.
Regenbogen, ›Himmelsbrücke‹, *N.* **helyanwe**.
Region des Sonnenuntergangs, Richtung des Sonnenuntergangs, Westen, *N.* **númen**.
regnen, gießen, *V. trans.* **ulya-**, *Inf.* **ulya**, *Präs.* **úlyea**, *Perf.* **úlië**, *Part. Akt.* **úlila**, *Part. Pass.* **ulina**; *intrans. Prät.* **ulle**, *Part. Pass.* **ulla** (oder **ulda**).
Regung, *N.* **coire**.
Reibelaut, Spirant, *N. ling.* **surya**.
›Reich‹, ›Bereich‹, Welt, Erde, *N.* **Arda**.
Reich, Herrschaft, Herrschaftsbereich, *N.* **turinasta**.

Reich, Königreich, Königtum, *N.* **aránië**.
reich, glücklich, wohlhabend. *Adj.* **alya**.
reich, glücklich, wohlhabend, gesegnet, *Adj.* **herenya**.
reichhaltig, in sehr großer Zahl, sehr groß (an Zahl oder Menge), *Adj.* **úvea**.
Reichhaltigkeit, große Menge, *N.* **úve**.
Reichtum, Glück, Segen, *N.* **alma**.
Reihe, Serie, Linie, *N.* **téma**.
Reiher, ›Fischbeobachter‹, *N.* **halatir; halatirno**.
reisen, gehen (in beliebige Richtung), fortschreiten, *V.* **lelya-**, *Inf.* **lelya**, *Präs.* **lélyea**, *Prät.* **lende**, *Perf.* **elélië**, *Part. Akt.* **lélila**, *Part. Pass.* **lenda**.
Reiter, Ritter, *N.* **roquen**.
reservieren (für einen bestimmten Zweck oder Besitzer), beiseite legen, *V.* **sati-**, *Inf.* **satië**, *Präs.* **sátia**, *Prät.* **satine**, *Perf.* **asátië**, *Part. Akt.* **sátila**, *Part. Pass.* **satina**.
richten (insbes. Holz), festmachen, festsetzen, *V.* **panya-**, *Inf.* **panya**, *Präs.* **pányea**, *Perf.* **apánië**, *Part. Akt.* **pánila**, *Part. Pass.* **panina**.
richtig, gerade, *Adj.* **téra**.
Richtung des Sonnenuntergangs, Region des Sonnenuntergangs, Westen, *N.* **númen**.
Richtung, Linie, Weg, Pfad, *N.* **tië**.
in Richtung, auf ... hin, zu, *Präp.* **an(a)**; **na**; *Präf.* **an(a)-**.
Ried, Rieddach, *N.* **tupse**.
Riemen, Gurt, *N.* **latta**.
Riese, *N.* **norsa**.
riesig, groß, *Adj.* **alta; alat-**.
›Ring des Schicksals‹, *N.* **Rithil Anamo**.
Ring, *N.* **corma**.
›Ringtag‹, *N.* **Cormare**.
Ringträger, *N.* **cormacolindo**.
Rinnsal, *N.* **siril**.
Riss, klaffende Wunde, Schnitt, *N.* **cirisse**.
Ritter, Reiter, *N.* **roquen**.

rot, *Adj.* **carne**.

›die Rotbeperlte‹, ›die mit roten Juwelen Geschmückte‹, *N.* **carnimírië**.

›Rote Berge‹, *N.* **Orocarni**.

›Rotfunke‹, *N.* **Carnil**.

›Rotgesichtiger‹, *N.* **Carnistir**.

rot, kupferfarben, rötlich, *Adj.* **aira**.

rotgold (altertümlich), *Adj.* **cullo**.

rötlich, *Adj.* **roina**.

rötlich, rot, kupferfarben, *Adj.* **aira**.

Rotschopf, roter Pelz, *N.* **russe**.

Royalist, Königsfreund, *N.* **arandil**.

rücken, sich bewegen, sich wälzen (von großen und schweren Dingen), *V.* **rúma-**, *Inf.* **rúma**.

rückwärts-, zurück-, *Präf.* **nan-**.

›Rücknehmer‹, *N. Pl.* **Nandor**.

›Rückwärtige‹, *N. Pl.* **Nanar**.

Ruf (des Triumphs), Schrei, *N.* **yello**.

rufen, *V.* **yal-**, *Inf.* **yale**, *Prät.* **yalle**, *Part. Pass.* **yalla** (oder **yalda**).

Rufname, *N.* (von anderen gegebener) **anesse**; (von der Mutter gegebener) **amilesse**; (selbst gewählter) **cilmesse**; siehe auch Name.

Ruhe, Rast, Frieden, *N.* **sire**.

›Ruhe‹, *N.* **Este**.

in Ruhe, rastend, ruhig, *Adj.* **senda**.

ruhen, *V.* **ser-**, *Inf.* **sere**, *Prät.* **sende**, *Part. Pass.* **senda** (oder **sendina**).

ruhig, in Ruhe, rastend, *Adj.* **senda**.

rühmen, lobpreisen, segnen, *V.* **laita-**, *Inf.* **laita**, *Part. Pass.* **laitana**.

rund, kugelig, *Adj.* **corna**.

Rune, *N.* **certa**.

S

Saat, *N. erde*.
säen, *V. rer-*, *Inf. rere*, *Prät. rende*, *Part. Pass. renda* (oder *rendina*).
Saft, *N. sáva*.
Saft, Sirup, *N. perya*.
Saga, Erzählung, *N. nyarna*.
Saga, Erzählung, Geschichte, *N. nyáre*.
sagen, sprechen, *V. quet-*, *Inf. quete*, *Prät. quente*, *Part. Pass. quétina*.
er/sie/es sagt, sagte (feststehende Formel), *V. eque*.
Salbe, Balsam, *N. laive*.
sammeln, ballen, häufen, *V. hosta-*, *Inf. hosta*.
Sand, *N. litse*.
Sänger, *N. nyello*.
Sänger; Singen, Lied, Melodie, Gesang, *N. linde*.
Sänger, Singvogel, *N. lindo*.
›die Sänger‹, *N. Lindi*.
sauber, *Adj. poica*.
säubern, *V. poita-*, *Inf. poita*.
Säugling, Kleinkind, *N. lapse*.
Säule, Pfeiler, *N. tarma*.
Saum, *N. lane*.
Saum, Rand, *N. ríma*.
Schaf, *N. máma*.
›Schaffreund‹, *N. Mámandil*.
schaffen, zeugen, *V. onta-*, *Inf. onta*, *Prät. óne* (oder *ontane*), *Part. Pass óna* (oder *ontaina*).
Schall (lauter), Trompetenstoß; Trompete, Horn, *N. róma*.
Schaltjahr, *N. atendea*.
Schar, Vielzahl, *N. rimbe*.
scharf, durchdringend, *Adj. mahtar*; *maica*.
scharf, fein, *Adj. tereva*.
scharf, wild, *Adj. aica*.

›Scharfe Flamme‹, ›Wildes Feuer‹, *N. Aicanáro; Aicanár.*
Schärfe, Klinge, *N. maica.*
Schärfe, Wahrnehmungsfähigkeit, *N. laice.*
Scharfohr, *N. lastalaica.*
scharf-spitzig, *Adj. miha.*
Schatten (von einem Objekt geworfen), *N. leo.*
Schatten (tiefer), Dunkelheit, *N. lumbule.*
Schatten (tiefer), Dunkelheit, Düster, *N. fuine; huine.*
›Schattenwald‹, *N. Taure Huiniva.*
Schatten, Düsternis, *N. lumbe.*
Schatten, Schattigkeit, schattige Stelle, *N. laime.*
Schatten, Verdunkelung, Fleck, *N. mordo.*
Schatten der Nacht, Nacht, Nachtzeit; Zwielicht, *N. lóme.*
›Schatten‹ (?), *N. Pl. arch. Avathar.*
›Schattenspinne‹, *N. Ungoliante, Ungoliant.*
schattenreich, viele Schatten habend, *Adj. lilómea.*
schattig, *Adj. laira.*
schattig, düster, *Adj. lómea.*
Schattigkeit, schattige Stelle, Schatten, *N. laime.*
Schatz, Hort, *N. harwe.*
Schatz, Wertvolles, *N. harma.*
Schaum, Gischt, *N. vinga; vinge.*
›Schaumblüte‹, *N. Vingelot; Vingelóte; Vingilot; Vingilóte.*
schäumen (vom Meer), *V. falasta-, Inf. falasta.*
Schaum-Glanz, Nymphe, Meerjungfrau, *N. vingil.*
›Schein‹, Mond, *N. Isil.*
scheinen, leuchten, *V. cal-, Inf. cale, Prät. calle, Part. Pass. calla*
(oder *calda*).
Schenkel, *N. tiuco.*
schenken, geben, *V. anta-, Inf. anta.*
schicken, *V. menta-, Inf. menta.*
schicken nach, holen, herbeibeordern, *V. tulta-, Inf. tulta.*
Schicksal, *N. ambar; umbar; maranwe.*
Schicksal, Geschick, Ende, ewige Seligkeit, *N. manar; mande.*
schicksalhaft, verdammt, *Adj. marta.*

›Schicksalsmächte‹, *N.* **Máhani**.
›Schicksalsring‹, *N.* **Máhanacsar**.
schief, krumm, *Adj.* **hwarin**.
Schiff (mit scharfem Bug), *N.* **cirya**.
›Schiffbauer‹, *N.* **Ciryatan**.
›Schiffsfreund‹, *N.* **Ciryandil**.
›Schiffsherr‹, *N.* **Ciryaher**.
›Schiffsherr‹, *N.* **Ciryatur**.
›Schiffssohn‹, *N.* **Ciryon**.
Schiffer, Seefahrer, *N.* **ciryamo**; **ciryaquen**.
Schiffsbug; Breitschwert, *N.* **lango**.
Schild, *N.* **turma**.
Schild-Sperre (eine Schlachtformation), *N.* **sandastan**.
schillern, glänzen, *V.* **sisíla-**, *Inf.* **sisíla**, *Part. Akt.* **sisílala**.
Schimmer, Glanz, *N.* **rilya**.
Schimmer, Glänzen, *N.* **rille**.
schimmern (weiß), *V.* **ilca-**, *Inf.* **ilca**.
Schlaf, Schlummer, *N.* **lóre**.
schlafend, *Adj.* **lorna**.
Schlafkammer, *N.* **caimasan**.
schlagen, quirlen, *V.* **palpa-**, *Inf.* **palpa**.
Schlange, *N.* **ango**; **leuca**.
Schlange; Drache (in Zusammensetzungen), *N.* **lóce**.
schlank, *Adj.* **teren**; **terene**.
›der Schlank-Dunkle‹, *N.* **Terendul**.
›der Schlaue‹, *N.* **Curumo**.
Schleier, *N.* **vasar**.
Schleier, Hülle, Gewand, *N.* **fana**.
schließlich, endlich, *Adv.* **yallame**.
Schlinge, *N.* **neuma**; **remna**.
Schlucht, Hohlweg, Kluft, *N.* **acsa**; **yáwe**.
Schlummer, Schlaf, *N.* **lóre**.
schlürfen, auflecken, *V.* **salpa-**, *Inf.* **salpa**.
Schluss, Ende, *N.* **metta**.

schlussendlich, *Adj.* **telpma**.
schmecken, kosten, *V.* **tyav-**, *Inf.* **tyave**, *Prät.* **tyambe** (oder **tyáve**), *Part. Pass.* **tyávina**.
Schmerz (scharfer), *N.* **naice**; **naicele**.
schmerzhaft, *Adj.* **naicelea**.
Schmetterling, *N.* **vilwarin**.
›Schmetterling‹, *N.* **Vilwarin**.
Schmied, Handwerker, *N.* **tano**.
schmutzig, besudelt, *Adj.* **vára**.
schnauben, Atem ausstoßen, *V.* **hwesta-**, *Inf.* **hwesta**.
Schnauze, Nase, Bulle, *N.* **mundo**.
Schnee (allg.), *N.* **nique**.
Schnee (gefallener), *N.* **losse**; *poet.* **olos** oder **olosse**.
schneeweiß, *Adj.* **losse**, **lossea**.
schneiden, *V.* **rista-**, *Inf.* **rista**.
›Schneidung‹, ›Mahd‹, *N.* **Cermië**.
schnell (allg.), *Adj.* **linta**.
schnell, geschwind, *Adj.* **alarca**; **larca**.
schnell, rasch, plötzlich, *Adj.* **tyelca**.
Schnitt, *N.* **rista**.
Schnitt, Riss, klaffende Wunde, *N.* **cirisse**.
Scholar, Gelehrter, *N.* **istyar**.
schön (insbes. die Stimme betreffend), *Adj.* **linda**.
schön, *Adj.* **vanima**; **vanya**.
›Schöne‹, ›Helle‹, *N.* **Vána**.
›die Schönen‹, ›die Blonden‹, *N. Pl.* **Vanyar**, *Sg.* **Vanya**.
›Schöne-Liebe‹, *N.* **Vanimelde**.
›Schönes Kind‹, *N.* **Vanimo**.
schön, lieblich, *Adj.* **melima**.
›die Schönen‹, *N. Pl.* **Melimar**.
schön, lieblich, begehrenswert, *Adj.* **írima**.
›der Schöne‹, *N.* **Írimon**.
›die Schönen‹, *N. Pl.* **Maiar**, *Sg.* **Maia**.
›die Schönen‹ oder ›die Sänger‹, *N. Pl.* **Lindar**.
schön-geliebt, *Adj.* **vanimelda**.

Schöpfung der Kunst, Konstrukt, *N.* **tanwe**.
Schöpfung, Welt, Universum, *N.* **Ea**.
Schrecken, *N.* **osse**.
›Schrecken‹, *N.* **Osse**.
schrecklich, *Adj.* **rúcima**.
›schrecklicher Binder‹, ›Binder‹, *N.* **Mando**.
Schrei, Ruf (des Triumphs), *N.* **yello**.
schreiben (mit der Feder), *V.* **tec-**, *Inf.* **tece**, *Prät.* **tence**, *Part. Pass.* **técina**.
Schreiben, *N.* **sarme**.
Schreibgerät, Stift, Feder, *N.* **tecil**.
›Schreiter‹, *N.* **Telcontar**.
Schrift, *N. ling.* **tengwe**.
Schriftsystem, *N. ling.* **tencele**.
Schritt, *N.* **ranga**.
schuften, arbeiten, *V.* **móta-**, *Inf.* **móta**.
Schuld, Sünde, Vergehen. *N.* **lucasse**; **lucië**; **luhta**; **rohta**.
Schuldiger, Sünder, *N.* **naico**; **naiquea**; **lucando**; **lucindo**; **rocindo**.
›Schuld-Volk‹, Schuldige, Sünder, *N.* **rohtalië**.
Schütteln (rasches), Schwenken, *N.* **rince**.
schützen, *V.* **varya-**, *Inf.* **varya**, *Präs.* **váryea**, *Perf.* **avárië**, *Part. Akt.* **várila**, *Part. Pass.* **varina**.
Schwalbe, Frühlingssänger, *N.* **tuilindo**.
Schwamm, Pilz, *N.* **hwan**.
Schwan, *N.* **alqua**.
›Schwanenhafen‹, *N.* **Alqualonde**.
schwarz, dunkel, *Adj.* **more**.
schwarz, dunkel, düster, *Adj.* **morna**.
Schwärze, Dunkel, Finsternis, *N.* **mor**; **more**.
Schwärze, Dunkelheit, Nacht, *N.* **móre**.
›der Schwarze Feind‹, *N.* **Moringotto**.
›der Schwarze Herr‹, *N.* **Herumor**.
schwarzhändig, *Adj.* **morimaite**.
Schwelle, *N.* **fenda**.

schwellen, wachsen, zunehmen, *V.* **tiuya-**, *Inf.* **tiuya**, *Prät.* **tiune**, *Part. Akt.* **tiuila**, *Part. Pass.* **tiuna**.
Schwenken, rasches Schütteln, *N.* **rince**.
schwer (allg.), *Adj.* **lunga**.
schwer, belastend, bedrückend, *Adj.* **lumna**.
Schwert, *N.* **macil**.
Schwertkämpfer, *N.* **macar**.
Schwester, *N. w.* **onóne**; **seler**.
Schwester, Verbündete, *N.* **oselle**.
schwinden, abnehmen, *V.* **píca-**, *Inf.* **píca**, *Part. Pass.* **pícina**.
schwinden, dahinschwinden, sterben, *V.* **fir-**, *Inf.* **fire**, *Prät.* **firne**, *Part. Pass.* **firna** (oder **firina**).
schwinden, langsam entschwinden, verblassen, *V.* **fifiru-**, *Inf.* **fifirwe**, *Präs.* **fifírwa**, *Prät.* **fifirune**, *Perf.* **fifírwië**, *Part. Akt.* **fifírula**, *Part. Pass.* **fifiruna**.
Schwinge, *N.* **ráma**.
schwirren lassen (einer Bogensehne), *V.* **tinga-**, *Inf.* **tinga**.
Schwirren, Dröhnen (onomatopoetisch), *N.* **tinge**; **tango**.
sechs, *Num.* **enque**.
sechst(er, -e, -es), *Num. Adj.* **enquea**.
See (kalter, im Gebirge), *N.* **ringe**.
See (kleiner), Teich, *N.* **ailin**; **linya**.
See, Teich, Gewässer, Lagune, *N.* **nén**; **nen-**.
Seefahrer, Schiffer, *N.* **ciryamo**; **ciryaquen**.
Seegras, Tang, *N.* **earuile**.
Seele, Geist, *N.* **fea**.
Seemann, Diener des Meeres, *N.* **earendur**.
Seeschlange, Fischdrache, *N.* **lingwilóce**.
segeln, *V.* **círa-**, *Inf.* **círa**.
Segen, Gesegnetsein, *N.* **almare**; **almië**.
Segen, Reichtum, Glück, *N.* **alma**.
›die Segengekrönte‹, *N.* **Almarian**.
›Segengekrönte Maid‹, *N.* **Almáriël**.
›Segensort‹, *N.* **Almaren**.
›das Segensreich‹, *N.* **Aman**.

›die Segengekrönte‹ (?), *N. Amárië*.
Segen, Gnade, *N. lis*.
Segge, (trockenes, steifes) Gras, *N. sara*.
segnen, rühmen, lobpreisen, *V. laita-*, *Inf. laita*, *Part. Pass. laitana*.
sehen, erblicken, *V. cen-*, *Inf. cene*, *Prät. cenne*, *Part. Pass. cenna*.
sehen, wachen, Wacht halten; wachen über, beschützen, *V. tir-*, *Inf. tire*, *Prät. tirne*, *Part. Pass. tirna* (oder *tirina*).
Sehender Stein, ›Fernhin-Seher‹, *N. palantír*.
Sehne, Kraft, körperliche Stärke, Muskel, *N. tuo*.
sehr, äußerst, höchst (Intensiv oder Superlativ), *Präf. an-*.
sehr groß (an Zahl oder Menge), reichhaltig, in sehr großer Zahl, *Adj. úvea*.
›die Sehr-Helle‹, *N. Ancalime*.
›der Sehr-Helle‹, *N. Ancalimon*.
›das Sehr-Tiefe‹, *N. Utumno*.
sei es, dass; vielleicht, *Partikel. nai*.
sei gegrüßt!, heil!, siehe!, *Interj. aiya!*
Seidenfaden, Spinnenfaden, dünner Faden, *N. lia*.
Seife, *N. lipsa*.
sein, *Pron.* (3. Sg.) *Poss. senya, -(e)rya*.
sein, *V. na-*, *Inf. na*, *Fut. nauva*, *Prät. ne*.
nicht sein, nicht tun, *V. um*, *Inf. ume*, *Prät. úme* (oder *umne*), *Part. Pass. úmina* (oder *umna*).
Selbstlaut, Vokal, *N. ling.* (als freier Laut) **lehta (tengwe)**; (als weicher Laut) **musse (tengwe)**; (als Stimm-Laut) **óma**; **óma-tengwe**; **óman**; **ómea**; (als mangelnd) **penna**.
Seligkeit (ewige), Schicksal, Geschick, Ende, *N. manar; mande*.
Serie, Linie, Reihe, *N. téma*.
sesshaft gemacht werden, weilen, angesiedelt werden, *V. mar-*, *Inf. mare*, *Prät. marne*, *Part. Pass. marna* (oder *marina*).
Sichel, *N. circa*.
sicher, fest, *Adj. tanca*.
sicher, geschützt, *Adj. varna*.
Sicherheit, *N. varnasse*.

sie, *Pron.* (3. Sg.), *erye, -rye,* Akk. *se, -s* .
sie, *Pron.* (3. Pl.), *ente, -nte, -r,* Akk. *te, -t.*
›sie, die aushauchte‹ (im Sinne von seufzen oder sterben), *N.* **Fíriël.**
›sie, die im Lied ersteht‹, *N.* **Lindórië.**
sieben, *Num.* **otso.**
›Sieben Sterne‹, *N.* **Otselen.**
siebt(er, -e, -es), *Num. Adj.* **otsea.**
Sieg, Macht, Meisterschaft, *N.* **túre.**
›Sieg-Befehlshaber‹ (?), *N.* **Turucáno.**
›Siegherz‹, *N.* **Turindo.**
siehe!, *Imp. Interj.* **ela!**
siehe!, ja!, *Interj.* **yé!**
siehe!, sei gegrüßt!, heil!, *Interj.* **aiya!**
Signal, Zeichen, *N.* **tanna.**
Silber, *N.* **telpe; tyelpe** (selten).
›Silberbaum‹, *N.* **Teleporno; Telperion; Tyelperion** (selten).
›die Silberbekränzte‹, *N.* **Telperiën.**
›Silberflamme‹, *N.* **Telemnar.**
›der Silber-Händige‹, *N.* **Telemmaite.**
›der Silberhohe‹, *N.* **Teleporno; Telporn.**
Silberglanz, *N.* **ñille.**
silberleuchtend, silbern, *Adj.* **silma.**
›Silberglitzern‹, *N.* **Silmaril,** Pl. **Silmarilli; Silmarille.**
Silberlicht, Leuchtsilber, *N.* **silme.**
›Silbertau‹, *N.* **Silmerosse.**
silbern, aus Silber, *Adj.* **telemna; telpina.**
silbern, silbergleich, *Adj.* **telperin; tyelperin** (selten).
›Silberhand‹, *N.* **Telperinquar, Tyelperinquar** (selten).
silbern, silberleuchtend, *Adj.* **silma.**
silbrig, funkelnd, *Adj.* **tinda.**
silbrig grau, grau, blass, *Adj.* **sinde; sinda.**
Singen, Lied, Melodie, Gesang; Sänger, *N.* **linde.**
singen, *V.* **lir-,** *Inf.* **lire,** *Prät.* **lirne,** *Part. Pass.* **lirna** (oder **lirina**).
Singvogel, Sänger, *N.* **lindo.**

sinken, untergehen (von Sonne oder Mond), *V.* **núta-**, *Inf.* **núta**.

Sinn, Stimmung, Geist, Herz; Wille, Zielbewusstsein, Entschlossenheit, *N.* **indo**.

Sippe, Familie, Haus, *N.* **nosse**.

Sippe, Rasse, Stamm, *N.* **nóre**.

›Sirion-Freund‹, *N.* **Siriondil**.

Sirup, Saft, *N.* **perya**.

sitzen, *V.* **ham-**, *Inf.* **hame**, *Prät.* **hamne**, *Part. Pass.* **hamna**; **har-**, *Inf.* **hare**, *Prät.* **harne**, *Part. Pass.* **harna** (oder **harina**); **hára,-** *Inf.* **hára**.

Sklave, Knecht, *N.* **mól**.

Sklaven-Noldorin, *N.* **mólanoldorin**.

so, *Adv.* **san**; **tér**; **tiër**.

so, also, *Adv.* **sië**.

so wie, wie, *Konj.* **síve**.

so ist es! (zur Bekräftigung), *Interj.* **násië!**

so weit wie, bis an, *Präp.* **tenna**.

›Sohn der Bäume‹, *N.* **Aldarion**

›Sohn der Neuen‹, *N.* **Vinyarion**.

Sohn, *N. m.* **seldo**; **yondo**; **-ion**.

Soldat, Krieger, *N.* **ohtar**.

›Soldat‹, *N.* **Ohtar**.

Sommer, *N.* **laire**.

›Sommerschneeweiß‹, *N.* **lairelosse**.

sondern, dagegen, oder, *Konj.* **mal**; **ono**.

Sonne, *N.* **Anar**.

›Sonnenfreund‹, *N.* **Anardil**.

›Sonnensaum‹, *N.* **Anarríma**.

›Sonnensohn‹, *N.* **Anárion**.

Sonnenaufgang, *N.* **anaróre**.

Sonnenaufgang, Aufgang; Osten (als Himmelsrichtung), *N.* **rómen**.

Sonnenaufgang, Aufgang; Osten (als Region), *N.* **ambaron**; **ambaróne**.

›Sonnenaufgang‹, N. **Ambaróna**.

Sonnenjahr, Sonnenrunde, N. **coranar**, Pl. **coranári**.

Sonnenlicht, Tag, N. **áre**; **are**; **aure**.

›Sonnenmaid‹, N. **Ariën**.

Sonnenuntergang, N. **núro**.

Sonnenuntergang, Westen, N. **andúne**.

›der Sonnige‹, ›der Feurige‹, N. **Nárië**.

›Sonnmond‹, N. **Narsil**.

›Sonntag‹, N. **Anarya**.

Spalte, Kluft, Klamm, N. **cilya**; **cirya**.

Spalte, Kluft, N. **hyatse**; **sanca**.

spalten, durchschneiden, *poet.* (ein Schiff) steuern, V. **cir-**, Inf. **cire**, Prät. **cirne**, Part. Pass. **cirna** (oder **cirina**).

spalten, V. **hyar-**, Inf. **hyare**, Prät. **hyande**, Part. Pass. **hyanda** (oder **hyarina**).

›Spalterchen‹ (?), N. Pl. **cirinci**.

Spange, N. **tangwa**.

Specht, N. **tambaro**.

Speer, N. **ecco**; **ehte**.

Speerspitze, Zwickel, dreieckiges Stück Land, N. **nasta**.

Speerträger, N. **ehtyar**.

speien, spucken, V. **piata-**, Inf. **piata**, Part. Pass. **pianta**.

Speise, gekochtes Essen, N. **apsa**.

Spiel, Sport, N. **tyalië**.

spielen, V. **tyal-**, Inf. **tyale**, Prät. **tyalle**, Part. Pass. **tyella** (oder **tyelda**).

Spindel, Drehpunkt, N. **peltas**.

Spinne, N. **liante**.

Spinnenfaden, dünner Faden, Seidenfaden, N. **lia**.

Spinnennetz, N. **ungwe**.

Spinnwebe, N. **líne**.

Spirant, Reibelaut, N. *ling.* **surya**.

Spitze, Ende, N. **mente**.

Spitze, Gipfel, N. **aicale**.

Spitze, höchster Punkt, N. **inga**.

Spitze, Horn, *N. rasse*; *til*; *tilde*.
Spitze, Stich, *N. nasta*.
Spitze (geklöppelt), Spitzenstoff, *N. raiwe*.
Sport, Spiel, *N. tyalië*.
Spott, *N. yaime*.
Sprache (als Abstraktum oder Phänomen), *N. ling. tengwestië*.
Sprache der Eldar, ›Elben-Sprache‹, *N. Elda-lambe*.
Sprache der Teleri, ›Telerisch‹, *N. Telerin*.
Sprache(n) der Orks, ›Orkisch‹, *N. Orquin*.
Sprache, Grammatik, *N. ling. tengwesta*.
Sprache, Rede; ›Quenya‹, *N. quenya*; *Quenya*.
Sprache, Zunge, *N. lambe*; *quetil*.
›Sprachgelehrte‹, *N. Pl. Lambengolmor*.
sprechen, sagen, *V. quet-*, *Inf. quete*, *Prät. quente*, *Part. Pass. quétina*.
›Sprecher‹, ›die mit Stimmen reden‹, Elben, *N. Pl. Quendi*, analoger Sg. *Quende*.
›Sprechervolk‹, Elbenvolk, *N. Quendelië*.
Sprichwort, Diktum, Spruch, Redensart, Zitat (von jemandes Worten), *N. eques*.
Sprosse, Knospe, *N. tuima*.
Sprosse, Querbalken, *N. hwarma*.
sprossen, entspringen, *V. tuia-*, *Inf. tuia*, *Präs. túyea*, *Prät. tuine* (oder *tuyane*), *Perf. utúye*, *Part. Akt. túila* (oder *túyala*), *Part. Pass tuina*. (?)
Spruch, Diktum, Sprichwort, Redensart, Zitat (von jemandes Worten), *N. eques*.
Sprühregen, *N. miste*.
Sprühregen, Tau, *N. rosse*.
spucken, speien, *V. piata-*, *Inf. piata*, *Part. Pass. pianta*.
Stachel, Dorn, *N. nasse*.
Stachelhecke, *N. caracse*.
Stachelrücken, *N. erca*.
Stadt (mit einer Zitadelle und einem zentralen Wachtturm), Festung, *N. minasse*.

Stadt (ummauerte), Haus, Dorf, *N.* **opele**.
Stadt, ummauerter Ort, Festung, *N.* **osto**.
Stamm, Bein, Stängel, *N.* **telco**, *Pl.* **telqui**.
Stamm, Sippe, Rasse, *N.* **nóre**.
stämmig, stark, *Adj.* **polda**.
standhaft (im Bündnis, im Halten eines Eides oder Versprechens), getreu; andauernd, wiederholt, *Adj.* **vorima**; **vórima**.
standhaft (im Bündnis, im Halten eines Eides oder Versprechens), getreu, *Adj.* **voronda**.
standhaft, stark, fest, unbeweglich, *Adj.* **tulca**.
Standhaftigkeit, Treue, *N.* **voronwe**.
›der Standhafte‹, ›der Getreue‹, *N.* **Voronwe**.
Stängel, Stamm, Bein, *N.* **telco**, *Pl.* **telqui**.
stark, fest, unbeweglich, standhaft, *Adj.* **tulca**.
stark, stämmig, *Adj.* **polda**.
Stärke (körperliche), Muskel, Sehne, Kraft, *N.* **tuo**.
›der Starke‹, *N.* **Tulcas**.
›Starker Finwe‹, *N.* **Turcafinwe**.
›Starkes Licht‹, *N.* **Ancale**.
Stärkung, Verstärkung, *N.* **antoryame**.
startbereit, begierig zu gehen, *Adj.* **mína**.
Statut, *N.* **namna**.
Staub, *N.* **asto**.
stechen, *V.* **erca-**, *Inf.* **erca**; **nasta-**, *Inf.* **nasta**.
Stechginster, *N.* **ercasse**.
steif, zäh, *Adj.* **norna**; **tarya**.
steil, *Adj.* **aiqua**.
Stein (allg.), *N.* **ondo**.
Stein (kleiner), *N.* **sar**.
Stein (geformter), Pflasterstein, *N.* **ambal**.
steinern, aus Stein, *Adj.* **sarna**.
›Steingebiet‹, *N.* **Ondosto**.
›Steinherr‹, *N.* **Ondoher**.
Stein-herzig, *Adj.* **sincahonda**.

›Steinlied‹, *N.* **Ondolinde**.

Stelle, Weg, Ort, *N.* **men**.

sterben, aushauchen, *V.* **fíre-**, *Inf.* **fíre**, *Präs.* **fírea**, *Prät.* **fírene**, *Perf.* **ifírië**, *Part. Akt.* **fírila**, *Part. Pass.* **fírina**.

sterben, dahinschwinden, schwinden, *V.* **fir-**, *Inf.* **fire**, *Prät.* **firne**, *Part. Pass.* **firna** (oder **firina**).

sterblich, *Adj.* **fírima**.

›Sterbliche‹, Menschen, *N. Pl.* **Fírimar**; **Firyar**.

Sterblicher, *N.* **fire**.

Stern, *N.* **él**, *poet.* **elen**.

›Sterndiener/Elbendiener‹, *N.* **Elendur**.

›Sternfreund/Elbenfreund‹, *N.* **elendil**; **Elendil**; **Elesser**.

›Sternfreunde/Elbenfreunde‹, *N. Pl.* **Elendili**, *Sg.* **Elendil**.

›der Sterngekrönte‹, *N.* **Elerína**; **Elerrína**.

›Sterngischt‹, *N.* **Elerosse**.

›Sternjuwel‹, *N.* **Elemmíre**.

›Sternkönigin‹, *N.* **Elentári**.

›Sternmensch/Elbenmensch‹, *N.* **Elatan**.

›Sternmitte/Elbenmitte‹, *N.* **Elende**.

›Stern-Person‹, *N.* **Elwe**; **Elenwe**.

›das Sternreich‹, *N.* **Elenarda**.

›Sternschwert‹, *N.* **Elemmacil**.

›Sternstein/Elbenstein‹, *N.* **Elessar**.

›Stern-Täter‹, *N.* **Elmo**.

›Sternwächter‹, *N.* **Elentirmo**.

›Sternwärts‹, ›dem Stern nach‹, *N.* **Elenna**.

›Sternwärts-Land‹, ›das Land, sternwärts genannt‹, *N.* **Elennanóre**.

Stern, Funke, *N.* **tinwe**.

›Sternkönigin‹, **Tinwetar**; **Tinwetári**; **Tinwerontar**.

›die Sterngekrönte‹, *N.* **Tinweríma**.

›die Sternmacherin‹, *N.* **Tintánië**; **Tintanië**.

sternengleich, *N.* **elvea**.

Sternenlicht, *N.* **silme**.

sternig, gestirnt, *Adj.* **elenya**.

›der Sternige‹, *N. Elenya*.
Sterndämmer, *N. tindóme*.
Sternlicht, *N. ilma*.
›Sternblau‹ (?), *N. Illuin*.
›Sternregion‹, *N. Ilmen*.
›Sternmaid‹, *N. Ilmare*.
steuern (ein Schiff, *poet.*), spalten, durchschneiden, *V. cir-*, *Inf. cire*, *Prät. cirne*, *Part. Pass. cirna* (oder *cirina*).
Stich, Spitze, *N. nasta*.
›Stickerin‹, ›Näherin‹, *N. Serinde*.
Stift, Feder, Schreibgerät, *N. tecil*.
Stimme, *N. óma*.
›die mit Stimmen reden‹, ›Sprecher‹, Elben, *N. Pl. Quendi*, analoger *Sg. Quende*.
Stimmung, Sinn, Geist, Herz; Wille, Zielbewusstsein, Entschlossenheit, *N. indo*.
Stoff, Tuch, *N. lanne*.
Stopfen, *N. tampa*.
Stopp, Punkt (Satzzeichen), *N. ling. pusta*; *putta*.
stoßen (in eine gegebene Richtung, physisch und moralisch), drücken, Druck ausüben, *V. nir-*, *Inf. nire*, *Prät. ninde*, *Part. Pass. ninda* (oder *nirina*).
straff, gespannt (von Sehnen), *Adj. tunga*.
strahlen, leuchten (Licht aussenden), *V. faina-*, *Inf. faina*, *Part. Pass. fainana*.
Strahlen, Leuchten, *N. faire*.
Strand, Küste, Brandungsstreifen, Ufer (des Meeres), *N. falasse*.
Strandkies, Kiesbank, *N. sarnië*.
Straße, *N. malle*.
Straße, gerade Linie, *N. tea*.
Strauch, Busch, *N. tussa*.
streifend, wandernd, *Adj. ráne*.
›Streuner‹, ›Wanderer‹, *N. Rána*; *Rana*.
streiten, *V. costa-*, *Inf. costa*.
Strich (mit Feder oder Pinsel), *N. tecco*.

Strömung, Flut, Gezeit, *N. celume (kelume)*.
Stück Land (dreieckiges), Speerspitze, Zwickel, *N. nasta*.
Stufe, Grad, *N. tyelle*.
Stunde, Zeit, *N. lúme*.
Sturmgebraus, Tosen, *N. raumo*.
Sturz, Fall, *N. lanta*.
›Sturz der Noldor‹, *N. Ñoldolante*.
Sturz, Zusammenbruch, Fall, *N. atalante; atalantië*.
stürzen, sich neigen, gleiten, abrutschen, *V. talta-, Inf. talta*.
Süden, *N. hyarmen*.
›Südsieger‹, *N. Hyarmendacil*.
›Südwacht‹, *N. Hyarmentir*.
›Südostlande‹, *N. Hyarrostar*.
›Südwestlande‹, *N. Hyarnustar*.
›Südwaldland‹ (?), *N. Hyarastorni*.
südlich, *Adj. hyarmenya*.
Sünde, Vergehen, Schuld, *N. lucasse; lucië; luhta; rohta*.
Sünder, Schuldiger, *N. naico; naiquea; lucando; lucindo; rocindo*.
Sünder, Schuldige, ›Schuld-Volk‹, *N. rohtalië*.
süß, *Adj. lisse*.
›Süße Erus‹, Gnade, *N. Erulisse*.
Symbol (diakritisches), Zeichen, *N. ling. tehta*.

T

Tag (der Sonne), *N. ré*.
Tag (zwölf Stunden), *N. arya*.
›Tag der Drei‹, *N. Ar Neldion*.
›Tag der Eheleute‹, *N. Ar Veruo*.
›Tag der Hohen‹, *N. Tárion*.
›Tag der Jungen‹, *N. Ar Nessaron*.
›Tag der Vollendung‹, Altjahrstag, *N. Quantarië*.
›Tag der Wolkenherren‹, *N. Ar Fanturion*.
›Tag des Baumes‹, *N. Aldea*.

›Tag des Manwe‹, *N. **Ar Manweo**.*
›Tag des Ulmo‹, *N. **Ar Ulmo**.*
Tag, Sonnenlicht, *N. **áre**; **are**; **aure**.*
›Tagbringer‹, *N. **Aryante**.*
Tagesanbruch, *N. **artuile**.*
täglich, *Adj. **ilaurea**; **ilyarea**.*
Tagzeit, *N. **arië**.*
Tal (sehr tiefes), *N. **tumbale**.*
Tal (tiefes schwarzes), *N. **tumbalemorna**.*
Tal (unter oder zwischen Hügeln), *N. **tumba**; **tumbo**.*
Tal (weites), *N. **nan**; **nande**.*
›Tal der Grabstätten‹, *N. **Noirinan**.*
›Tal der Weiden‹, *N. **Nan-tasarion**.*
›Tal des singenden Goldes‹, *N. **Laurelindórinan**.*
Tang, lange Kriechpflanze, *N. **uile**.*
Tang, Seegras, *N. **earuile**.*
tanzen, *V. **lilta-**, Inf. **lilta**.*
›der Tapfere‹, *N. **Astaldo**.*
Täter, Handelnder, *N. **caro**; **tyaro**.*
Tau, Sprühregen, *N. **rosse**.*
Taube, *N. **cu**, **cua**.*
taubedeckt, klamm, *Adj. **níte**.*
Teich, kleiner See, *N. **ailin**; **linya**.*
›Teichmaid‹, *N. **Ailinel**.*
Teich, See, Lagune, Gewässer, *N. **nén**; **nen-**.*
Teig, *N. **macse**.*
›Telerisch‹, Sprache der Teleri, *N. **Telerin**.*
›Telerivolk‹, *N. **Telellië**.*
teuer, lieb, *Adj. **melin**.*
Thron, *N. **mahalma**.*
tief (nach unten), *Adj. **núra**.*
›Tiefhimmel‹, *N. **Nur-menel**.*
›Tiefsprecher‹, Tiefelben, *N. **Nurquendi**.*
tief, niedrig liegend, *Adj. **tumna**.*
tiefbraun, braun, *Adj. **varne**; **varni-**.*

tieftalschwarz, *Adj.* **tumbalemorna**.
Tier, *N.* **laman**.
Tiere, Fauna; lebende Dinge, die sich bewegen, *N. Pl.* **celvar**.
Toben, Lärm, *N.* **ráve**.
Tochter, *N. w.* **selda**; **yen**; **yende**.
Tod, *N.* **faire**; **ñuru**.
›Tod‹ (personifiziert), *N.* **Ñuru**.
›Todesschleierherr‹, *N.* **Ñurufantur**.
Tod, Todespein, *N.* **qualme**; **unquale**.
Todesschatten, *N.* **ñuruhuine**.
Töpfer, *N.* **cemnaro**; **centano**.
Tor (großes), *N.* **andon**, *Pl.* **andondi**.
Tor, Tür, *N.* **ando**.
Tosen, Sturmgebraus, *N.* **raumo**.
tosend, *Adj.* **rávea**.
tot, *Adj.* **qualin**.
tot (aus natürlichen Gründen), *Adj.* **firin**.
tot, gegangen, vergangen, verschwunden, verloren, vorbei, *Adj.* **vanwa**.
tragen, *V.* **col-**, *Inf.* **cole**, *Prät.* **colle**, *Part. Pass.* **colla** (oder **colda**).
Träger, *N.* **colindo**.
Träne, *N.* **nië**; **níre**.
Traum, *N.* **lor**.
Traum, Vision, *N.* **olos**; **olor**.
träumen, *V.* **óla-**, *Inf.* **óla**.
›der Träumer‹, *N.* **Lóriën**.
träumerisch, verträumt, *Adj.* **olosta**.
›Traumland‹, *N.* **Lóriën**.
›Traum-Person‹ (?), *N.* **Olwe**.
›Traumschleierherr‹, *N.* **Olofantur**.
›Traumsee‹, *N.* **Lórellin**.
t-Reihe, Dentallaute, *N. ling.* **tincotéma**.
trennen von, abgrenzen von, *V.* **lanya-**, *Inf.* **lanya**, *Präs.* **lányea**, *Perf.* **alánië**, *Part. Akt.* **lánila**, *Part. Pass.* **lanina**.
treu, bleibend, fest, *Adj.* **sanda**.

Treue, Standhaftigkeit, *N.* **voronwe**.
tri-, drei-, *Num. Präf.* **nel-**.
trinken, *V.* **suc-**, *Inf.* **suce**, *Prät.* **sunce**, *Part. Pass.* **súcina**.
Trinkgefäß, *N.* **sungwa**.
Trinkgefäß, Kelch, *N.* **yulma**.
Trinkgelage, Zecherei, *N.* **yulme**.
trocken, *Adj.* **parca**.
Trompete, *N.* **hyóla**.
Trompete, Horn; lauter Schall, Trompetenstoß, *N.* **róma**; **romba**.
Tropfen, *N.* **limba**.
›Truchsess‹, Königsdiener, Minister, *N.* **arandur**.
Trunk, *N.* **suhto**; **yulda**.
Tuch, Stoff, *N.* **lanne**.
tun, machen, bauen, *V.* **car-**, *Inf.* **care**, *Prät.* **carne** (oder **cáre**), *Part. Pass.* **carna** (oder **carina** bzw. **cárina**).
Tunnel, (kleine) Grotte, *N.* **rotto**.
Tüpfel, Markierung, Punkt, *N. ling.* **ticse**.
Tür, Tor, *N.* **ando**.
Turm (einzeln stehender), *N.* **mindo**.
Turm (großer hoher), *N.* **mindon**.
Türmchen, *N.* **minde**.
›Turmfreund‹, *N.* **Minardil**.
›Turmmacher‹, *N.* **Minastan**.
›Turmwächter‹, *N.* **Minastir**.
tu's nicht!, nicht!, *Interj.* **vá**.
ty-Reihe, palatalisierte Laute, *N. ling.* **tyelpetéma**.

U

Übel, Böses, *N.* **ulca**; **ulco**; **úro**.
übel, faul, eitrig, *Adj.* **saura**.
›der Üble‹, ›der Abscheuliche‹, *N.* **Sauro** (selten); **Sauron**; **Súro** (selten).

über, oberhalb von, *Präp.* **or**.
über, quer über, *Präp.* **arta**.
über ... hinaus, außerhalb von, jenseits, *Präp.* **lá**.
über ... hinaus, jenseits von, *Präp.* **pella** (nachgestellt).
über-, auf-, aufwärts-, *Präf.* **am(a)-**; **amba-**.
überdachen, *V.* **tópa-**, *Inf.* **tópa**.
übereilt, hastig, *Adj.* **orna**.
Übereilung, Zorn, Hast, *N.* **orme**.
in Übereinstimmung bringen, anpassen, angleichen, *V.* **camta-**, *Inf.* **camta**.
überfluten, überschwemmen, *V.* **oloiya-**, *Inf.* **oloiya**, *Prät.* **oloine**, *Part. Akt.* **oloila**, *Part. Pass.* **oloina**.
›Über-Markierung‹, *N. ling.* **amaticse**.
Übermittlung, Untersuchung, Abhandlung, Kommunikation, *N.* **centa**.
überschatten, beschirmen, bedecken, *V.* **telta-**, *Inf.* **telta**.
überschwemmen, überfluten, *V.* **oloiya-**, *Inf.* **oloiya**, *Prät.* **oloine**, *Part. Akt.* **oloila**, *Part. Pass.* **oloina**.
Überschwemmung, Flut, *N.* **oloire**.
Ufer, Gestade, *N.* **hresta**; **hyapat**.
Ufer (des Meeres), Strand, Küste, Brandungsstreifen, *N.* **falasse**.
›Ufersänger‹, *N.* **Falanyel**.
Uferbank (insbes. eines Flusses), Bank, *N.* **ráva**.
›Uinen‹, *N.* **Uinen**.
›Uinenfreunde‹, ›Geliebte Uinens‹, *N. Pl.* **Uinendili**.
›Uinentochter‹, *N.* **Uinéniël**.
Ulme, *N.* **alalme**; **lalme**.
›Umbar-Sieger‹, *N.* **Umbardacil**.
Umfriedung, *N.* **panda**.
Umfriedung (kreisförmige), Kreis, *N.* **corin**.
umgedreht, *Adj.* **nuquerna**.
umgekehrt, gedreht, *Adj.* **querna**.
umherirren, umherstreifen, *V.* **ranya-**, *Inf.* **ranya**, *Präs.* **rányea**, *Prät.* **ranne**, *Perf.* **aránië**, *Part. Akt.* **ránila**, *Part. Pass.* **ranna**.

umherstreifen, umherziehen, *V. mista-*, *Inf. mista*.
umkreisen, wiederkehren, sich drehen, *V. pel-*, *Inf. pele*, *Prät. pelle*, *Part. Pass. pella* (oder *pelda*).
›Umringhöhen‹, *N. Pelóri*.
›Umschlossene Wohnstatt‹, *N. Pelmar*.
un-, nein, nicht, *Adv. lá; lala*.
un-, nicht- (ohne abwertende Bedeutung), Präf. *al(a)-*.
un-, nicht- (im Sinne des Gegenteils oder der Umkehrung, d. h. mehr als bloße Verneinung), Präf. *il-*.
›Unsterbliche‹, *N. alfirin; ilfirin*.
un-, nicht- (weil es nicht sein darf); außen-, weg-, ab- (fort aus dem Blickpunkt des Interesses), *Präf. ava-; au-*.
un-, nicht- (weil es nicht sein kann; oft mit abwertender Bedeutung); mangels, ohne (die Abwesenheit von etwas bezeichnend), Präf. *ú-*.
unaussprechlich, unsagbar (weil es nicht gesagt werden kann), nicht in Worte zu kleiden, *Adj. úquétima*.
unbefestigt, nicht in Besitz, unbewacht (von Dingen), *Adj. lerina*.
unbefleckt, unversehrt, *Adj. alahasta*.
unbestimmt, blass, unklar zu erkennen, *Adj. néca*.
unbewacht, unbefestigt, nicht in Besitz (von Dingen), *Adj. lerina*.
unbeweglich, standhaft, stark, fest, *Adj. tulca*.
und doch, aber doch, *Konj. ananta*.
und, *Konj. ar*.
unerzählbar (weil es nicht erzählt werden darf), *Adj. avanyárima*.
unerzählbar (weil es nicht erzählt werden kann), *Adj. únyárima*.
Ungeheuer, *N. úvanimo*.
Ungestörtheit, Abgeschiedenheit, Abgeschlossenheit, *N. aquapathië*.
ungezählt, *Adj. únótea*.
Universum, Schöpfung, Welt, *N. Ea*.

unklar zu erkennen, unbestimmt, blass, *Adj.* **néca**.
unklug, unweise, *N.* **alasaila**.
Unmögliches, *N. Präf.* **únat-**.
uns, *Pron.* (1. Sg. incl.), *Dat.* **ment**, *Akk.* **met**.
uns, *Pron.* (1. Pl. excl.), *Dat.* **men**, *Akk.* **me, -n** (?).
uns, *Pron.* (1. Pl. incl.), *Dat.* **ven**, *Akk.* **ve**.
unsagbar (weil es nicht gesagt werden darf), *Adj.* **avaquétima**.
unsagbar (weil es nicht gesagt werden kann), nicht in Worte zu kleiden, unaussprechlich, *Adj.* **úquétima**.
unschön, hässlich, *Adj.* **úvane; úvanea**.
unser, *Pron.* (1. Sg. incl.) *Poss.* **mentya, -(e)lva**.
unser, *Pron.* (1. Pl. excl.) *Poss.* **menya, -(e)mma**.
unser, *Pron.* (1. Pl. incl.) *Poss.* **venya, -(e)lma**.
unsterblich, *N.* **ilfirin**.
Untätigkeit, Nichthandeln, *N.* **lacare**.
unten, unterhalb von, *Adv.* **nún**.
unter, unterhalb von, *Präp.* **nu**.
unter-, herunter-, hinunter-, *Präf.* **nun-; (u)nu-; undu-**.
›Untergangzwielicht‹, ›Abenddämmerung‹, *N.* **undóme**.
›Unter-Markierung‹, *N. ling.* **nunticse**.
unter, zwischen (bei ähnlichen Objekten), *Präp.* **imíca; mica**.
unter Schatten, *Adv.* **nuhuinenna; unuhuine**.
untergehen, sinken (von Sonne oder Mond), *V.* **núta-**, *Inf.* **núta**.
unterhalb von, unten, *Adv.* **nún**.
unterhalb von, unter, *Präp.* **nu**.
Unterstützung, Halt, *N.* **tuilo**.
Untersuchung, Abhandlung, Kommunikation, Übermittlung, *N.* **centa**.
Untersuchung, *N.* **minasurië**.
Untier, deformiertes Geschöpf, Bestie, *N.* **ulundo**.
unversehrt, unbefleckt, *Adj.* **alahasta**.
unweise, unklug, *N.* **alasaila**.
Unwille, *N.* **avanir**.

›die Unwilligen‹, ›die Verweigerer‹, ›die Widerstrebenden‹, *N.* **Avari**, *Sg.* **Avar**.
unzählbar, unzählig, nicht zu zählen, *Adj.* **únótima**.
unzählbar, zahllos, ohne Zahl, *Adj.* **avanóte**.
unzählig, nicht zu zählen, unzählbar, *Adj.* **únótima**.
unzulänglich, mangelhaft, *Adj.* **penya**.
Urteil, Beschluss; Begehr, *N.* **námië**.
urteilen, denken, meinen, *V.* **ham-**, *Inf.* **hame**, *Prät.* **hamne**, *Part. Pass.* **hamna**; **nam-**, *Inf.* **name**, *Prät.* **namne**, *Part. Pass.* **namna**; **nav-**, *Inf.* **nave**, *Prät.* **nambe** (oder **náve**), *Part. Pass.* **návina**; **nem-**, *Inf.* **neme**, *Prät.* **nemne**, *Part. Pass.* **nemna**.
Urweisheit, Magie, *N. poet.* **ingóle**.

V

Vala, ›Macht‹ (männl.), *N. m.* **Vala**.
›Vala-Diener‹, *N.* **Valandur**.
›Vala-Freund‹, *N.* **Valandil**.
›Vala-Heim‹, *N.* **Valimar**, **Valmar**.
›Vala-Horn‹, *N.* **Valaróma**.
›Vala-Kopf‹ (?), *N.* **Valacar**.
›Vala-Sichel‹, *N.* **Valacirca**.
›Valartag‹, *N.* **Valanya**.
Vala-König, *N.* **Valatar**.
Vala-Königin, *N.* **Valatári**.
›Valarsche Sprache‹, Valarin, *N.* **Lambe Valarinwa**.
Valië, ›Macht‹ (weibl.), *N. w.* **Valië**.
›Varda-Juwel‹, *N.* **Vardamir**.
Varda-Kranz-Geschenk (?), *N.* **vardarianna**.
Vater, *N.* **atar**.
›Vater der Menschen‹, *N.* **Atanatar**.
Vater, Erzeuger, *N. m.* **ontaro**.
Vater, Papa (Koseform), *N.* **atto**.
Velarlaute, *k*-Reihe, *N. ling.* **calmatéma**.

verabscheuen, *V. feuya-*, *Inf. feuya*, *Perf. eféwië* (?), *Part. Akt. feuila*, *Part. Pass. feuina*; *yelta-*, *Inf. yelta*.
verabscheuenswert, *Adj. yelwa*.
verachten, *V. nattira-*, *Inf. nattira*.
verachtenswert, gemein, *Adj. faica*.
verändern, *V. ahya-*, *Inf. ahya*, *Perf. áhyea*, *Perf. áhië*, *Part. Akt. áhila*, *Part. Pass. ahina*.
veranlassen (jemanden), dazu bringen (etwas zu tun), *V. sahta-*, *Inf. sahta*.
Verbergen, Verhüllung, *N. nurtale*.
verbergen, verhüllen, mit Schatten umgeben, *V. halya-*, *Inf. halya*, *Präs. hályea*, *Perf. ahálië*, *Part. Akt. hálila*, *Part. Pass. halina*.
verbieten, verweigern, *V. ava-*, *Inf. ava*, *Prät. avane*; *avaquet-*, *Inf. avaquete*; *Prät. avaquente*, *Part. Pass. avaquétina*; *vaquet-*, *Inf. váquete*, *Prät. váquente*, *Part. Pass. vaquétina*.
Verbindung, Landenge, Brücke, *N. yanwe*.
verblassen, langsam entschwinden, schwinden, *V. fifiru-*, *Inf. fifirwe*, *Präs. fifírwa*, *Prät. fifirune*, *Perf. fifírwië*, *Part. Akt. fifírula*, *Part. Pass. fifiruna*.
verblassen, *V. sinta-*, *Inf. sinta*.
verborgen, geheim, *Adj. muina*; *nulda*; *nulla*.
verborgen, verhüllt, mit Schatten umgeben, *Adj. halda*.
Verborgenheit, Geheimhaltung, *N. muile*.
verbrauchen, erschöpfen, verschleißen, *V. yerya-*, *Inf. yerya*, *Präs. yéryea*, *Perf. eyérië*, *Part. Akt. yérila*, *Part. Pass. yerina*.
verbraucht, alt, *Adj. yerna*.
verbreiten, ausdehnen, weit öffnen, ausbreiten, *V. palu-*, *Inf. palwe*, *Präs. pálwa*, *Prät. palune*, *Perf. apálwië*, *Part. Akt. pálula*, *Part. Pass. paluna*; *palya-*, *Inf. palya*, *Präs. pályea*, *Perf. apálië*, *Part. Akt. pálila*, *Part. Pass. palina*.
Verbündete, Schwester, *N. oselle*.
Verbündeter, Eidbruder, *N. otorno*.
verdammt, schicksalhaft, *Adj. marta*.

verdoppeln, wiederholen, *V.* **tatya-**, *Inf.* **tatya**, *Präs.* **tátyea**, *Perf.* **atátië**, *Part. Akt.* **tátila**, *Part. Pass.* **tatina**.

Verdunkelung, Fleck, Schatten, *N.* **mordo**.

verfolgen, *V.* **roita-**, *Inf.* **roita**.

Verfolger, *N.* **ronyo**.

vergangen, verschwunden, verloren, vorbei, tot, gegangen, *Adj.* **vanwa**.

Vergangenheit, *N.* **vanwië**.

vergeben, fort-tun, *V.* **avatyara-**, *Inf.* **avatyara**.

vergeben; loslassen, fortschicken, *V.* **apsene-**, *Inf.* **apsene**, *Präs.* **apsénea**, *Prät.* **apsenne**, *Perf.* **apsélië**, *Part. Akt.* **apsénela**, *Part. Pass.* **apsenna**.

Vergehen, *N.* **quelle**.

Vergehen, Schuld, Sünde, *N.* **lucasse**; **lucië**; **luhta**; **rohta**.

vergehen, *V.* **quel-**, *Inf.* **quele**, *Prät.* **quelle**, *Part. Pass.* **quella** (oder **quelda**).

verhüllen, mit einem Mantel bedecken, verschleiern, *V.* **fanta-**, *Inf.* **fanta**.

verhüllen, mit Schatten umgeben, verbergen, *V.* **halya-**, *Inf.* **halya**, *Präs.* **hályea**, *Perf.* **ahálië**, *Part. Akt.* **hálila**, *Part. Pass.* **halina**.

verhüllt, mit Schatten umgeben, verborgen, *Adj.* **halda**.

Verhüllung, Verbergen, *N.* **nurtale**.

›Verhüllung von Valinor‹, *N.* **Nurtale Valinóreva**.

verkrüppelt, kurz, verkürzt, *Adj.* **nauca**.

verkümmern lassen, hemmen, in seinem Wachstum hindern, *V.* **nuhta-**, *Inf.* **nuhta**.

›Verkünder‹, ›Richter‹, *N.* **Námo**.

verkürzt, verkrüppelt, kurz, *Adj.* **nauca**.

verlangen, befehlen, *V.* **can-**, *Inf.* **cane**, *Prät.* **canne**, *Part. Pass.* **canna**.

verlangen, wollen, wünschen, *V.* **mere-**, *Inf.* **mere**, *Präs.* **mérea**, *Prät.* **merene**, *Perf.* **emérië**, *Part. Akt.* **mérila**, *Part. Pass.* **merina**.

verlangen nach, *V.* **milya-**, *Inf.* **milya**, *Präs.* **mílyea**, *Perf.* **imílië**, *Part. Akt.* **mílila**, *Part. Pass.* **milina**.

Verlangen, Begehren, *N. íre*.
Verlangen, Gier, *N. milme*.
Verlangen, Wunsch, *N. yesta*.
verlängern, ausdehnen, *V. taita-*, *Inf. taita*, *Part. Pass. taitana*.
verlängert, ausgedehnt, *Adj. taina*.
Verlassene, Ausgestoßene, *N. w. hecile*.
Verlassener, Ausgestoßener, *N. m. hecilo*.
›die Verlassenen Elben‹, *N. Pl. Heceldi*.
verloren, vorbei, tot, gegangen, vergangen, verschwunden, *Adj. vanwa*.
vermuten, annehmen, raten, *V. intya-*, *Inf. intya*, *Perf. íntië*, *Part. Akt. intila*, *Part. Pass. intina*.
Vermutung, Annahme, Idee, *N. intya*.
verpflichtet, gebunden, *Adj. nauta*.
verschleiern, *V. vasarya-*, *Inf. vasarya*, *Präs. vasáryea*, *Perf. avasárië*, *Part. Akt. vasárila*, *Part. Pass. vararina*.
verschleiern, verhüllen, mit einem Mantel bedecken, *V. fanta-*, *Inf. fanta*.
verschleißen, erschöpfen, verbrauchen, *V. yerya-*, *Inf. yerya*, *Präs. yéryea*, *Perf. eyérië*, *Part. Akt. yérila*, *Part. Pass. yerina*.
Verschlusslaut, Plosiv, *N. ling. punta*.
Verschmelzung (zweier Laute), *N. ling. ostime*.
verschwinden, gehen, fortgehen, *V. vanya-*, *Inf. vanya*, *Präs. ványea*, *Prät. vanne*, *Perf. avánië*, *Part. Akt. vánila*, *Part. Pass. vanna*.
verschwunden, verloren, vorbei, tot, gegangen, vergangen, *Adj. vanwa*.
versehrt, beschädigt, *Adj. hastaina*.
Versprechen (feierliches), Eid, Gelöbnis, *N. vanda*.
Verstand, Geist, *N. sáma*.
Verstand, Intelligenz, *N. handasse*.
verständig, intelligent, *Adj. handa*.
Verstärkung, Stärkung, *N. antoryame*.
verstehen, begreifen, anwenden können, *V. hanya-*, *Inf.*

hanya, Präs. *hányea*, Perf. *aháníë*, Part. Akt. *hánila*, Part. Pass. *hanina*.
Verstehen, Wissen, N. *hande*.
verstrickt, gefangen (mit Schnüren oder Netzen), Adj. *rembina*.
Versuchung (etwas Unrechtes zu tun), N. *úsahtië*.
verträumt, träumerisch, Adj. *olosta*.
vertraut, lieb, Adj. *moina*.
verursachen, V. *tyar-*, Inf. *tyare*, Prät. *tyarne*, Part. Pass. *tyarna* (oder *tyarina*).
verweigern, verbieten, V. *ava-*, Inf. *ava*, Prät. *avane*; *avaquet-*, Inf. *avaquete*; Prät. *avaquente*, Part. Pass. *avaquétina*; *vaquet-*, Inf. *váquete*, Prät. *váquente*, Part. Pass. *váquétina*.
›die Verweigerer‹, ›die Unwilligen‹, ›die Widerstrebenden‹, N. *Avari*, Sg. *Avar*.
verwirrt, zerstreut, durcheinander, Adj. *rúcina*.
verwischt, entfärbt, Adj. *púrea*.
verwunden, zerfetzen, V. *harna-*, Inf. *harna*.
verwundet, Adj. *harna*.
verzaubern, V. *luhta-*, Inf. *luhta*.
Verzauberung, N. *lúce*.
›der Verzehrer‹, N. *Vása*.
viel-, viele, Präf. *lin-*.
viele Blätter habend, blattreich, Adj. *lillassea*.
viele Blumen habend, blumenreich, Adj. *lilótea*.
viele Eichen habend, eichenbestanden, Adj. *lindornea*.
viele Jahre habend, bejahrt, alt, Adj. *linyenwa*.
viele Pappeln habend, pappelreich, Adj. *lintyulussea*.
viele Schatten habend, schattenreich, Adj. *lilómea*.
vielleicht; sei es, dass, Partikel. *nai*.
Vielzahl, Schar, N. *rimbe*.
vier, Num. *canta*.
viert(er, -e, -es), Num. Adj. *cantea*.
Vision, Traum, N. *olos*; *olor*.
Vogel (gelber), Goldammer, N. *ambale*; *ammale*.
Vogel (kleiner), N. *aiwe*; *filit*.

›Vogelfreund‹, *N.* **Aiwendil**.
›Vogelland‹, *N.* **Aiwenor, Aiwenóre**.
Vokal, Selbstlaut, *N. ling.* (als freier Laut) **lehta (tengwe)**; (als weicher Laut) **musse (tengwe)**; (als Stimm-Laut) **óma; ómatengwe; óman; ómea**; (als mangelnd) **penna**.
›vokalische Ausdehnung‹, *N. ling.* **ómataina**.
Vokalzeichen, *N. ling.* **ómatehta**.
›Volk der Sterne‹, Elben, *N.* **Eldar**, *Sg.* **Elda**.
›Volk des Westens‹, *N.* **Númenóre; Númenor**.
Volk, *N.* **lië**.
voll, *Adj.* **quanta**.
voll, randvoll, mit vollem Mund, *Adj.* **penquanta**.
voller Gnade, gesegnet, *Adj.* **manaquenta**.
völlig, vollständig, ingesamt, ganz, *Adj.* **aqua**.
›Volljahr‹, Jahrhundert, *N.* **quantiën**.
›Vom Schicksal Bestimmter‹, *N.* **Umbarto**.
von (Besitz oder Herkunft anzeigend), *Präp.* **va**.
von, von ... her, weg von, *Präp.* **ho**.
von Aman, amanisch, *Adj.* **amanya**.
von den Sternen, *Adj.* **elda; elena**.
›von Kapuze bis Basis‹, von Kopf bis Fuß, von oben bis unten, *Adv.* **telmello telmanna**.
von unermesslicher Macht oder Größe, mächtig, gewaltig, *Adj.* **taura**.
vor (zeitlich), mit Nachgriff auf, *Präp.* **epe**.
voraus-, nach- (auf die Zukunft bezogen), *Präf.* **apa-, ep-**.
voraussichtig, prophetisch, *Adj.* **apacenya**.
vorbei, tot, gegangen, vergangen, verschwunden, verloren, *Adj.* **vanwa**.
vordringlich, primär, erst-, *Adj.* **essea**.
vormalig, vor langer Zeit, *Adj.* **luina**.
Vorsehung (Wille Erus), Wille, *N.* **indóme**.
Vorstellung, Begriff, Gedanke, *N.* **noa; nó**, *Pl.* **nówi**.
Vorstellungskraft, Fantasie, *N.* **intyale; nause**.

W

wachen über, beschützen; sehen, wachen, Wacht halten, *V.* **tir-**, *Inf.* **tire**, *Prät.* **tirne**, *Part. Pass.* **tirna** (oder **tirina**).

Wachs, *N.* **líco**.

wachsen, zunehmen, schwellen, *V.* **tiuya-**, *Inf.* **tiuya**, *Prät.* **tiune**, *Part. Akt.* **tiuila**, *Part. Pass.* **tiuna**.

›Wachstum‹, Jahr, *N.* **loa**.

Wachtturm, *N.* **tirion**.

Wagen, *N.* **lunca**.

wagen, *V.* **verya-**, *Inf.* **verya**, *Präs.* **véryea**, *Perf.* **evérië**, *Part. Akt.* **vérila**, *Part. Pass.* **verina**.

Wahl, *N.* **cilme**.

wahr, wirklich, *Adj.* **anwa**.

Wahrnehmungsfähigkeit, Schärfe, *N.* **laice**.

Waise; Ausgestoßener, Gesetzloser; jemand, der von Freunden verlassen wurde, *N.* **hecil**.

Wald (großer), Forst, *N.* **taure**.

›Waldschwarz‹, *N.* **Tauremorna**.

›Waldvieldüster-tieftalschwarzes tieftalbewaldetes Düsterland‹, *N.* **Taurelilómea-tumbalemorna Tumbaletaurea Lómeanor**.

Waldgeist, *N. m.* **tavaro; tavaron**.

Waldgeist, Dryade, *N. w.* **tavaril**.

Wall, Bergkette, Mauer, *N.* **ramba**.

sich wälzen, rücken, sich bewegen (von großen und schweren Dingen), *V.* **rúma-**, *Inf.* **rúma**.

Wanderer, ›Freie‹, *N.* **Mirimor**.

wandernd, fahrend, Abenteuer suchend, *Adj.* **ránen**.

wandernd, streifend, *Adj.* **ráne**.

›Wanderer‹, ›Streuner‹, *N.* **Rana; Rána**.

Wanderung, Gang, *N.* **vanta**.

wann, wenn, *Konj.* **íre**.

Warg, Werwolf, *N.* **ñauro**.

warm, *Adj.* **lauca**.

was?, *Pron.* **mana?** (fragend).
›Wasser des Erwachens‹, *N.* **Cuiviénen**.
›Wasser-(?)‹, *N.* **Nénar**.
›Wässer‹, *N. Pl.* **Ninar**.
›Wasserfreunde‹, *N.* **Nendili**.
Wassergefäß, *N.* **calpa**.
Wassernymphe, *N.* **falmar**; **falmarin**.
wässrig, nass, *Adj.* **nenda**.
›der Wässrige‹, *N.* **Nénime**.
›der Wässrige‹ (der Ring des Wassers), *N.* **Nenya**.
weben, *V.* **lanya-**, *Inf.* **lanya**, *Präs.* **lányea**, *Perf.* **alánië**, *Part. Akt.* **lánila**, *Part. Pass.* **lanina**.
›Weberin‹, *N.* **Vaire**.
Webstuhl, *N.* **lanwa**.
weg!, beiseite!, *Interj. Imp.* **heca!**
Weg, Ort, Stelle, *N.* **men**.
Weg, Pfad, Richtung, Linie, *N.* **tië**.
weg von, von, von ... her, *Präp.* **ho**.
weg-, ab- (wobei das Interesse dem abgetrennten Objekt gilt), *Präf.* **hó-**.
weg-, ab-, außen- (fort aus dem Blickpunkt des Interesses); un-, nicht- (weil es nicht sein darf), *Präf.* **ava-**; **au-**.
wegkommen, herkommen, *V.* **hótuli-**, *Inf.* **hótulië**, *Präs.* **hotúlia**, *Prät.* **hótuline**, *Perf.* **hótúlië**, *Part. Akt.* **hótúlila**, *Part. Pass.* **hótulina**.
wegschneiden, abschneiden (zum Aussondern), *V.* **auciri-**, *Inf.* **aucirië**, *Präs.* **aucíria**, *Prät.* **aucirine**, *Perf.* **aucírië**, *Part. Akt.* **aucírila**, *Part. Pass.* **aucirina**.
Wegstunde, ›Pause‹, *N.* **lár**.
Weib, Braut, *N.* **indis**.
Weib, Ehefrau, *N.* **vesse**.
weiblich, *Adj.* **inimeite**; **inya**.
weich, *Adj.* **musse**.
weich, fügsam, *Adj.* **macsa**.
Weide, Weidenbaum, *N.* **tasare**.

›Weidental‹, *N.* **Tasarinan**.

sich weigern, nein sagen, *V.* **váquet-**, *Inf.* **váquete**, *Prät.* **váquente**, *Part. Pass.* **váquétina**.

weilen, angesiedelt werden, sesshaft gemacht werden, *V.* **mar-**, *Inf.* **mare**, *Prät.* **marne**, *Part. Pass.* **marna** (oder **marina**).

Wein (ein besonderer), Met, *N.* **miruvor**.

Wein, Nektar (Trank der Valar), *N.* **limpe**.

Weinen, Klagen, *N.* **yaime**.

weinend, klagend, *Adj.* **yaimea**.

›die Weinende‹, *N.* **Nienna**.

weise, *Adj.* **saira**.

weise, gelehrt, *Adj.* **ñóla**.

›die Weisen‹, *N. Pl.* **Ñoldor**, *Sg.* **Ñoldo**.

weise, gelehrt, kundig, *Adj.* **istima**.

Weiser, weise Person, *N.* **ingólemo**; **ñolmo**.

Weiser, Wissender; Zauberer, *N.* **istar**; **sairon**.

Weisheit, geheimes Wissen, *N.* **ñolwe**.

Weisheit, langes Mühen, Wissen, Kunde, *N.* **ñóle**.

weiß (wie eine Wolke), *Adj.* **fána**; **fáne**.

weiß, kalt, bleich, *Adj.* **ninque**.

›Weiße Blüte‹, *N.* **Ninquelóte**.

Weiße (kalte), *N.* **ninquisse**.

Weiße Träne, *N.* **nieninque**.

weißen, weiß machen; weiß glänzen, *V.* **ninquita-**, *Inf.* **ninquita**.

weit entfernt, *Adj.* **vaháya**; **vaihaiya**.

weit weg, fern, *Adv.* **háya**.

weit, *Adj.* **landa**.

weit, ausgedehnt, groß, *Adj.* **úra**; **palla**.

weithin, fernhin, *Adv.* **palan**.

›der Weitreisende‹ (?), *N.* **Pallando**.

welch(er, -e, -es), der (die, das), *Pron.* **i**; **ya-** (rückverweisend).

Welle (schaumgekrönte), *N.* **falma**.

›Wellenvolk‹, *N. Pl.* **Falmari**.

Welt (bewohnte), ›Erde‹, *N.* **Ambar**.

›Weltmitte‹, ›Mittelerde‹, *N*. **Ambarenya**; **Ambarendya**.
›Welt‹, ›Alles‹, *N*. **Ilu**.
Welt, Erde, ›das Reich‹, ›Bereich‹, *N*. **Arda**.
Welt, Universum, Schöpfung, *N*. **Ea**.
Welt, Land; Wohnstätte, Heim; Haus, Halle, *N*. **már, mar**.
Welt-Ende, Ende der Zeiten, *N*. **Ambar-metta**.
wenn, wann, *Konj*. **íre**.
wenn irgendwer, wer auch immer, *Pron*. **aiquen** (unbestimmt).
wer?, *Pron*. **man?** (fragend).
Wertvolles, Schatz, *N*. **harma**.
Werwolf, Warg, *N*. **ñauro**.
Wesen (das ohne Körper existieren kann), Geist, *N*. **eala**.
Westen, Region des Sonnenuntergangs, Richtung des Sonnenuntergangs, *N*. **númen**.
›Westfluss‹, *N*. **Nunduine**.
›Westfreund‹, *N*. **Númendil**.
›Westkönig‹, *N*. **Núaran**.
›Westland‹, *N*. **Númenóre**.
›Westmächte‹, *N*. **Númevalion**.
›Westmenschen‹, *N*. **Núnatani**.
›Westschwingen‹, *N*. **Númerrámar**.
Westen, Sonnenuntergang, *N*. **andúne**.
›Westglanz‹, *N*. **Andúril**.
›Westlande‹, *N*. **Andustar**.
›die Westliche‹, *N*. **Andúnië**.
westlich, *Adj*. **númenya**.
Widerhallen, *N*. **lámina**.
›die Widerstrebenden‹, ›die Unwilligen‹, ›die Verweigerer‹, *N*. **Avari**, *Sg*. **Avar**.
wie, *Adv*. **iër**.
wie (auf Fernliegendes bezogen), *Adv*. **tambe**.
wie (auf Naheliegendes bezogen), *Adv*. **síve**.
wie?, *Pron*. **manen?** (fragend).
wie, *Konj*. **ve**.

wie, so wie, *Konj.* **síve**.
wie Gold, golden, *Adj.* **laurea**.
wieder, *Adv.* **ata**.
wieder-, neu-, noch einmal (im Sinne einer Wiederholung), *Präf.* **en-**.
›Wiederkehr‹, *N.* **Entulesse**.
wieder-, re-, zurück- (im Sinne einer Umkehrung), *Präf.* **at-, ata**.
wiederholen, verdoppeln, *V.* **tatya-**, *Inf.* **tatya**, *Präs.* **tátyea**, *Perf.* **atátië**, *Part. Akt.* **tátila**, *Part. Pass.* **tatina**.
wiederholt, andauernd; standhaft (im Bündnis, im Halten eines Eides oder Versprechens), getreu, *Adj.* **vorima; vórima**.
Wiederholung (ständige), *N.* **vorongandele**.
wiederkehren, sich drehen, umkreisen, *V.* **pel-**, *Inf.* **pele**, *Prät.* **pelle**, *Part. Pass.* **pella** (oder **pelda**).
wild, gewaltsam, *Adj.* **verca**.
wild, scharf, *Adj.* **aica**.
›Wildes Feuer‹, ›Scharfe Flamme‹, *N.* **Aicanáro; Aicanár**.
wild, wütend, *Adj.* **merca**.
Wildnis, *N.* **hráva**.
›Wilde‹, *N.* **Hravani**.
Wille (als Potenzial oder Fähigkeit), *N.* **níra**.
Wille, konkrete Absicht, *N.* **mende**.
Wille, verfestigte Idee, *N.* **selma**.
Wille, Vorsehung (Wille Erus), *N.* **indóme**.
Wille, Willensakt, *N.* **nirme**.
Wille, Zielbewusstsein, Entschlossenheit; Herz, Geist, Stimmung, Sinn, *N.* **indo**.
Willensakt, Wille, *N.* **nirme**.
Wimmern, Jaulen, Miauen, *N.* **miule**.
Wind, *N.* **súre; vaiwa**.
›der Windige‹, *N.* **Súlime**.
›Windsohn‹, *N.* **Súrion**.
›Windanfang‹ (?), *N.* **Víresse**.

sich winden, zucken, *V.* **rihta-**, *Inf.* **rihta**.
Winter, *N.* **hríve**.
winzig, klein, *Adj.* **titta**.
wir, *Pron.* (1. Sg. incl.) **elve, -lve**.
wir, *Pron.* (1. Pl. excl.) **emme, -mme**.
wir, *Pron.* (1. Pl. incl.) **elme, -lme**.
Wirbel, *N.* **hwinde**.
wirbeln, sich drehen, *V. intr.* **hwinya-**, *Inf.* **hwinya**, *Präs.* **hwínyea**, *Prät.* **hwinne**, *Perf.* **ihwínië**, *Part. Akt.* **hwínila**, *Part. Pass.* **hwinna**.
wirklich, wahr, *Adj.* **anwa**.
Wirrwarr, Gestrüpp, *N.* **fasta**.
wissen, können (wissen, wie), *V.* **ista-**, *Inf.* **ista**, *Prät.* **sinte**, *Part. Pass.* **sinta** (oder **istaina**).
Wissen, *N.* **ista, istya**.
Wissen, Verstehen, *N.* **hande**.
Wissen, Kunde, Weisheit, langes Mühen, *N.* **ñóle**.
Wissen (geheimes), Weisheit, *N.* **ñolwe**.
Wissen, Wissenschaft, Philosophie, *N.* **ingole**; **ñolme**
›der Wissende‹, *N.* **Ñólimon**.
Wissender, Weiser; Zauberer, *N.* **istar**; **sairon**.
Woche (von 5 Tagen), *N.* **lemnar**.
Woche (von 6 Tagen), *N.* **enquië**.
wogen, aufsteigen, *V.* **amorta-**, *Inf.* **amorta**.
woher, *Pron.* **yallo**, *Pl.* **yallon** [oder **yallor**] (rückverweisend).
›der Wohlgeformte‹, *N.* **Maitimo**.
wohlhabend, reich, glücklich, gesegnet, *Adj.* **herenya**.
wohlhabend, reich, glücklich, *Adj.* **alya**.
wohin, *Pron.* **yanna**, *Pl.* **yannar** (rückverweisend).
›Wohnstatt‹, *N.* **Imbar**.
Wohnstätte; Gegend, wo bestimmte Leute leben; Land, *N.* **nór**; **nóre**; **nor**.
Wohnstätte, Heim; Haus, Halle; Land, Welt, *N.* **már**; **mar**.
Wohnstätte (unterirdische), künstliche Höhle, aus dem Fels gehauene Halle, *N.* **hróta**.

Wolf, *N. ñarmo; ráva*.
Wolfsgeheul, *N. ñaule*.
Wolke (weiße), *N. fána; fanya*.
Wolke (dunkle), Schatten, *N. lumbo; ungo*.
›Wolkenheim‹, *N. Fanyamar*.
Wolle, *N. tó*.
wollen, aus Wolle, *Adj. tos*.
wollen, wünschen, verlangen, *V. mere-, Inf. mere, Präs. mérea, Prät. merene, Perf. emérië, Part. Akt. mérila, Part. Pass. merina*.
worin, *Pron. yasse, Pl. yassen* (rückverweisend).
Wort, *N. quetta*.
Wunde, *N. harwe*.
Wunde (klaffende), Schnitt, Riss, *N. cirisse*.
Wunsch, Verlangen, *N. yesta*.
wünschen, verlangen, wollen, *V. mere-, Inf. mere, Präs. mérea, Prät. merene, Perf. emérië, Part. Akt. mérila, Part. Pass. merina*.
›der Wünscher‹, *N. Irmo*.
Wurzel (essbare), *N. sulca*.
Wurzel, Basis, *N. ling. sundo*.
Wurzel (allg.), Basis, Grundlage, *N. talma*.
›Wurzeln der Erde‹, *N. Martalmar; Talmar Ambaren*.
›Wurzeln des Pfeilers‹, *N. Tarmasundar*.
Wüste, *N. erume*.
wütend, wild, *Adj. merca*.

X

Y

›Yavanna-Juwel‹, *N. yavannamíre*.

Z

zäh, steif, *Adj.* **norna**; **tarya**.
Zahl, *N.* **nóte**.
Zahl (große), Menge, *N.* **hosta**.
in sehr großer Zahl, sehr groß (an Zahl oder Menge), reichhaltig, *Adj.* **úvea**.
zählbar, *Adj.* **nótima**.
zählen, rechnen, *V.* **not-**, *Inf.* **note**, *Prät.* **nonte**, *Part. Pass.* **nótina**.
zahllos, ohne Zahl, unzählbar, *Adj.* **avanóte**.
zahlreich, häufig, *Adj.* **rimba**.
Zahn, *N.* **nelet**.
Zahn, Fang, *N.* **carca**.
Zahnreihe, *N.* **carcane**.
Zauberer; Wissender, Weiser, *N.* **istar**; **sairon**.
Zaun, Gürtel, Maß, *N.* **lesta**.
Zecherei, Trinkgelage, *N.* **yulme**.
zehn, *Num.* **cainen**.
zehnt(er, -e, -es), *Num. Adj.* **quainea**.
Zeichen, Anzeichen; Phonem (*ling.*), *N.* **tengwe**.
Zeichen, diakritisches Symbol, *N. ling.* **tehta**.
Zeichen, Signal, *N.* **tanna**.
›Zeichenträger‹, *N.* **Tancol**.
Zeichensprache, *N. ling.* **hwerme**.
zeigen, hinweisen auf, anzeigen, *V.* **tana-**, *Inf.* **tana**.
Zeit, Stunde, *N.* **lúme**.
vor langer Zeit, einstmals, *Adv.* **yasse**; **yalúmesse**; **yáresse**.
vor langer Zeit, vormalig, *Adj.* **luina**.
Zeitalter (100 Valianische Jahre), *N.* **randa**.
Zentrum, Inneres (im spirituellen Sinne), Herz, *N.* **enda**.
Zentrum, Mitte, *N.* **ened**; **ende**.
zerbrechen, *V.* **hat-**, *Inf.* **hate**, *Prät.* **hante**, *Part. Pass.* **hátina**.
zerfetzen, verwunden, *V.* **harna-**, *Inf.* **harna**.
zerreißen, *V.* **narci-**, *Inf.* **narcië**, *Präs.* (und *Aor.*) **narcia**, *Prät.*

narcine, *Perf.* ***anarcië***, *Part. Akt.* ***narcila***, *Part. Pass.* ***narcina***; ***saccat-***, *Inf.* ***saccate***, *Prät.* ***saccante***, *Part. Pass.* ***saccátina***.

zerstreuen, herumwehen (trans. und intrans.), *V.* ***vinta-***, *Inf.* ***vinta***

zerstreut, durcheinander, verwirrt, *Adj.* ***rúcina***.

zertrümmert, gestürzt, *Adj.* ***atalantea***.

zeugen, schaffen, *V.* ***onta-***, *Inf.* ***onta***, *Prät.* ***óne*** (oder ***ontane***), *Part. Pass.* ***óna*** (oder ***ontaina***).

ziehen, bringen, *V.* ***tuc-***, *Inf.* ***tuce***, *Prät.* ***tunce***, *Part. Pass.* ***túcina***.

Zielbewusstsein, Entschlossenheit, Wille; Herz, Geist, Stimmung, Sinn, *N.* ***indo***.

Zimmermann, Holzschnitzer, *N.* ***samno***.

Zitat (von jemandes Worten), Sprichwort, Redensart, Spruch, Diktum, *N.* ***eques***.

Zorn, *N.* ***aha***.

Zorn, Hast, Übereilung, *N.* ***orme***.

zu, auf ... hin, in Richtung, *Präp.* ***an(a)***; ***na***; *Präf.* ***ana-***.

zucken, sich winden, *V.* ***rihta-***, *Inf.* ***rihta***.

Zuflucht suchen, fliehen, *V.* ***ruc-***, *Inf.* ***ruce***, *Prät.* ***runce***, *Part. Pass.* ***rúcina***.

zugestehen, nachgeben, erlauben, *V.* ***lav-***, *Inf.* ***lave***, *Prät.* ***lambe*** (oder ***láve***), *Part. Pass.* ***lávina***.

zugunsten von, für, *Präp.* ***rá***.

zuhören, lauschen, *V.* ***lár-***, *Inf.* ***láre***, *Prät.* ***lárne***, *Part. Pass.* ***lárna*** (oder ***lárina***); ***lasta-***, *Inf.* ***lasta***.

zum Funkeln bringen, entzünden, entfachen, *V.* ***tinta-***, *Inf.* ***tinta***.

zunehmen, schwellen, wachsen, *V.* ***tiuya-***, *Inf.* ***tiuya***, *Prät.* ***tiune***, *Part. Akt.* ***tiuila***, *Part. Pass.* ***tiuna***.

Zunge (als Körperteil), *N.* ***lamba***.

Zunge, Sprache, *N.* ***lambe***; ***quetil***.

zurück-, re-, wieder- (im Sinne einer Umkehrung), *Präf.* ***at-***, ***ata***.

zurück-, rückwärts-, *Präf.* ***nan-***.

zurückgelassen, *Adj.* ***lemba***.

›die Zurückgelassenen‹, *N.* **Lembi**.

zurücklassen, im Stich lassen; ausschließen, beiseite legen, *V.* **hehta-**, *Inf.* **hehta**.

zusammen mit, mit, *Präp.* **yo**.

zusammen- (aus mehr als zwei Richtungen kommend), *Präf.* **yo-**.

zusammen- (in der Regel aus zwei Richtungen kommend), *Präf.* **o-** (betont: **ó-**).

zusammenbrechen, einstürzen, *V.* **atalta-**, *Inf.* **atalta**, *Prät.* **ataltane** (oder **atalante**), *Perf.* **ataltanië** (oder **atalantië**), *Part. Pass.* **ataltaina** (oder **atalanta**).

Zusammenbruch, Fall, Sturz, *N.* **atalante**; **atalantië**.

zusammendrücken, eng packen, drücken, drängen, *V.* **sanga-**, *Inf.* **sanga**.

Zusammentreffen (aus zwei Richtungen), Begegnung, *N.* **omentië**.

Zusammentreffen (von drei oder mehr aus verschiedenen Richtungen), *N.* **yomenië**.

zusammenzählen, aufrechnen, *V.* **onot-**, *Inf.* **onote**, *Prät.* **ononte**, *Part. Pass.* **onótina**.

Zwang, *N.* **mausta**.

Zwang, Druck (etwas zu tun gegen den eigenen Willen oder das Gewissen), *N.* **sahtië**.

zwei, *Num.* **atta**; **tata**.

›Zweifüßler‹, *N.* **Attalyar**, *Sg.* **Attalya**.

›Zweibäumetag‹, *N.* **Aldúya**.

Zweig, Ast, Pflanze, *N.* **olva**; **olwa**.

zweit- (nur zeitlich), nächst-, *Präf.* **nó-**.

zweit(er, -e, -es), *Num. Adj.* **attea**; **neuna**.

›Zweite[r] Regung[smonat]‹, *N.* **Nócoire**.

›die Zweiten‹, Menschen, *N. Pl.* **Atani**, *Sg.* **Atan**.

›die Zweiten‹ (urspr. Name der Noldor), *N. Pl.* **Tatyar**.

zweiteilen, halbieren, *V.* **perya-**, *Inf.* **perya**, *Präs.* **péryea**, *Perf.* **epérië**,, *Part. Akt.* **périla**, *Part. Pass.* **perina**.

›Zweiter Frühling[smonat]‹, *N.* **Nótuile**.

›Zweiter Herbst[monat]‹, *N.* **Nóquelle**.
›Zweiter Sommer[monat]‹, *N.* **Nólaire**.
›Zweiter Winter[monat]‹, *N.* **Norríve**.
Zweiter, Nachfolger, *N.* **neuro**.
Zwerg, *N.* **Casar**, *Pl.* **Casári**; **Casari**, *Koll.* **Casalli**; **Nauco**; **Norno**.
›Zwergengewölbe‹, *N.* **Casarrondo**.
›Zwergenvolk‹ (als Ganzes), *N.* **Naucalië**; **Nornalië**.
Zwickel, dreieckiges Stück Land, Speerspitze, *N.* **nasta**.
Zwielicht; Schatten der Nacht, Nacht, Nachtzeit, *N.* **lóme**.
›Zwielichtsohn‹, *N.* **Lómion**.
›Zwielichttochter‹, *N.* **Tindómerel**.
Zwielicht (rotes), *N.* **yuale**; **yúcale**.
Zwilling, *N.* **onóna**.
zwillingsgeboren, *Adj.* **onóna**.
zwingen, *V.* **mauya-**, *Inf.* **mauya**, *Perf.* **amáwië** (?), *Part. Akt.* **mauila**, *Part. Pass.* **mauina**.
zwischen, *Präp.* **imbe**.
zwischen, unter (bei ähnlichen Objekten), *Präp.* **imíca**; **mica**.
zwischen, inwendig, *Präf.* **mitta-**.
zwölf, *Num.* **rast**.

Zweiter Teil: Deutsch–Sindarin

Pluralformen sind nur aufgeführt, soweit sie unregelmäßig sind. Bei Verben ist neben dem Stamm immer der Infinitiv aufgelistet, weitere Formen nur, soweit sie unregelmäßig sind oder sonstige Besonderheiten aufweisen. Der Imperativ ist immer dann aufgeführt, wenn er von der Form her nicht identisch ist mit dem Infinitiv. Bei Wörtern, die sich auf Wurzeln mit MB-, ND- oder NG- zurückführen lassen, ist dies jeweils vermerkt, nicht jedoch bei Namen, die mit einem solchen Wortbestandteil beginnen (mit Ausnahme von Namen von Völkern oder Stämmen).

Die Standardisierung der Schreibweisen folgt der im Sindarin-Wörterbuch von Didier Willis *et al.*

A

ab, abwärts, herab, herunter, hinab, hinunter, *Präf.* **dad-**.
ab!, fort!, *Interj. Imp.* **ego!**
Abdruck, Fußspur, Spur, *N.* **rain**, *Pl.* **rŷn**.
Abend, *N.* **thin**.
Abend (später), Abenddunkel, Einbruch der Nacht, Nacht, *N.* **dû**, *Koll.* **dúath**.
Abend werden, dunkeln, *V.* **thinna-**, *Inf.* **thinno**, *Prät.* **thinne-** (*3. Sg.* **thinnant**), *Part. Pass.* **thinnen**.
Abenddämmerung, frühe Nacht (ohne Mond), Sternzwielicht, *N.* **tinnu**.
Abenddunkel, Einbruch der Nacht, Nacht, später Abend, *N.* **dû**, *Koll.* **dúath**.
Abgrund, Klamm, Schlucht, *N.* **iaw**.
Abgrund, Kluft, Leere, *N.* **iâ**.
Abhang, Abschüssigkeit, *N.* **pend**.
Abhang, Hang, Neigung, *N.* **talad**.
Abhang, Klippe, *N.* **rhass**.

abirren, umherwandern, *V. mista-*, *Inf. misto*.
Ablehnung, Verneinung, *N. ubed*.
Abmachung, Pakt, Vertrag, *N. gowest*.
Abscheu empfinden gegen, verabscheuen, *V. fuia-*, *Inf. fuio*.
Abscheu, Schrecken, Grauen, Furcht, Ekel, *N. del*.
abscheulich, *Adj. thaur*.
›Abscheulicher Schrecken‹, *N. Gorthaur*.
abscheulich, schrecklich, *Adj. deleb*.
abschüssig, geneigt, *Adj. adlann*.
Abschüssigkeit, Abhang, *N. pend*.
abwärts, bergab, *Adv. dadbenn*.
abwärts führen, sich neigen, *V. adlanna-*, *Inf. adlanno*, *Prät. adlanne-* (*3. Sg. adlannant* oder *adlant*), *Part. Pass. adlannen*.
Abweg, Irrtum, *N. mist*; *mistad*.
ach!, *Interj. nae!*
acht, *Num. toloth*.
acht(er, -e, -es), *Num. Adj. tolothen*; *tollui*.
addieren, zählen, zusammenzählen; rechnen, *V. gonod-*, *Inf. genedi*, *Imp. gonodo*, *Aor. genedi-* (*3. Sg. gonod*), *Präs. gonúda-* (*1. Sg. gonúdon*), *Prät. genenni-* (*3. Sg. gonont*), *Part. Pass. gononnen*.
Ader, (Erz-)Gang, Lauf, Flussbett, *N. rant*.
Adler, *N. thôr*, *Pl. theryn*; *thoron*, *Koll. thoronath*.
›Adler des Sterns‹, *N. Thorongil*.
›Adlermann‹, *N. Thorondir*.
›Adlerspalte‹, *N. Cirith Thoronath*.
ah!, oh!, *Interj. ae!*
Ahnung, Idee, Vorstellung, *N. inc*.
alle, *Sg.* jed(er, e, es), *Adj. Pl. pain*, *Sg. pân*.
›Allein-Mensch‹, *N. Eradan*.
alt (von Personen, vor allem Sterblichen), *Adj. ingem*.
alt (ohne Konnotation von Schwäche), bejahrt, langlebig, *Adj. iphant*.
›Alte Spinne‹, *N. Ungoliant*.
alt, ursprünglich, *Adj. iaur*.

›Alte Brücke‹, *N.* ***Iant Iaur***.

›Alte Drû-Wildnis‹, *N.* ***Drúwaith Iaur***.

›Alte Frau‹ (?), *N.* ***Ioreth***.

alt, von langer Dauer, von langem Gebrauch, *Adj.* ***brûn***.

älter, *Adj.* ***einior***.

altersschwach, klapprig, verbraucht, *Adj.* ***gern***.

ältest(er, -e, -es), *Adj.* ***iarwain***.

›Ältester Ohne-Vater‹, *N.* ***Iarwain ben-adar***.

amputieren, herumschneiden, *V.* ***osgar-***, *Inf.* ***esgeri***, *Imp.* ***osgaro***, *Aor.* ***esgeri-*** *(3. Sg.* ***osgar****)*, *Präs.* ***osgóra-*** (1. *Sg.* ***osgóron***), *Prät.* ***esgerni-*** *(3. Sg.* ***osgarn****)*.

am Ende von, hinter, *Präp.* ***adel*** (mit Lenierung).

an, für (= Dativ), *Präp.* ***an*** (mit Nasalmutation), mit Artikel: ***'nin*** (mit gemischter Mutation).

an, in (zeitlich u. allg.), *Präp.* ***ned*** (mit Plosivmutation).

an jenem Ort, dort, *Adv.* ***ennas***.

andauern, *V.* ***bronia-***, *Inf.* ***bronio***.

andauernd, bleibend, *Adj.* ***bronadui***.

andauernd, fortwährend, *Adv.* ***him***.

Angelpunkt, Drehpunkt, *N.* ***pelthaes***.

anhalten, warten, stehen bleiben, *V.* ***dar-***, *Inf.* ***deri***, *Imp.* ***daro***, *Aor.* ***deri-*** *(3. Sg.* ***dâr****)*, *Präs.* ***dóra-*** (1. *Sg.* ***dóron***), *Prät.* ***derni-*** *(3. Sg.* ***darn****)*.

Anhöhe (mit steilen Hängen), Berg, Hügel, *N.* ***amon***.

Annalen, *N.* ***ínias***.

antreiben, beschleunigen, *V.* ***hortha-***, *Inf.* ***hortho***.

Antwort, Entgegnung, *N.* ***dambeth*** (ND-).

Antwort, Entgegnung (die neue Information gibt), *N.* ***dangweth*** (ND-).

Anzahl (große), Menge, Schar, *N.* ***rim***.

Anzahl, Zahl, *N.* ***gwannd***.

Arbeit, Mühe, *N.* ***mudas***.

Arbeit, Mühe, Aufgabe, *N.* ***tass***.

arbeiten, sich mühen, *V.* ***muda-***, *Inf.* ***mudo***.

Arm, *N.* ***ranc***.

ärmlich, schäbig, schlecht, *Adj. faeg*.
›Aros-Furt‹, *N. Arossiach*.
Asche, Sand, Staub, *N. lith*.
›Asche des großen Durstes‹, *N. Anfauglith*.
›Aschenebene‹, *N. Lithlad*.
aschen, *Adj. lithui*.
›Aschige Berge‹, *N. Ered Lithui*.
Atem, *N. thûl*.
Atem, Brise, Hauch, *N. hwest*.
Atempause, Aufhören, Halt, Pause, Rast, *N. post*.
atmen, *V. thuia-*, *Inf. thuio*.
Auenland, (eig.) ›Gau‹, *N. Trann*.
auenländisch, (eig.) ›gaumäßig‹, *Adj. trannail*.
auf, *Präp. bo* (mit Lenierung).
auf, aufwärts, herauf, hinauf, Präf. *am-* (mit Lenierung).
›Aufsteigendes Lachen‹ (?), *N. Amlaith*.
auf ... zu, nach ... hin, zu, Präp. *na* (mit Lenierung), mit Artikel: *nan* (mit gemischter Mutation), Präf. *na-*.
Aufgabe, Mühe, Arbeit, *N. tass*.
Aufhören, Atempause, Halt, Pause, Rast, *N. post*.
aufrichtig, gerecht (denkend), großmütig, *Adj. fael*.
Aufschrei, Lärm, *N. caun*, *Koll. conath*.
aufsteigen, *V. eria-*, *Inf. erio*.
aufragend, groß, hoch (an Maßen); hoch, erhaben, *Adj. orchal*.
aufwärts, auf, herauf, hinauf, Präf. *am-* (mit Lenierung).
aufwärts, bergauf, *Adv. ambenn*.
Auge, *N. hen*.
äugig, *Adj. heneb*.
aus, heraus, hervor, hinaus, Präp. *ed* (mit Plosivmutation), vor Vokalen: *ed*, Präf. *et-*.
aus Eisen, eisern, *Adj. angren*.
aus Gold, golden, *Adj. malthen*.
aus Holz, hölzern, *Adj. tawaren*.
aus Kupfer, kupfern, *Adj. rustui*.

aus Wolle, wollen, *Adj.* **taw**.
ausbrechen (plötzlich), losbrechen, *V.* **breitha-**, *Inf.* **breitho**.
ausbreiten, *V.* **pelia-**, *Inf.* **pelio**.
Ausdauer, Durchhaltevermögen, Glaube, *N.* **bronwe**.
ausdenken, ersinnen, *V.* **nautha-**, *Inf.* **nautho**.
Ausfluss, Mündung, Flussdelta, *N.* **ethir**.
›Ausfluss des Anduin‹, *N.* **Ethir Anduin**.
ausgehöhlt, hohl, *Adj.* **raudh**.
ausgeschlossen, privat, separat, nicht gemeinschaftlich, *Adj.* **said**.
ausgewandert, exiliert, *Adj.* **edlenn**.
Ausgewanderter, Exilant, *N.* **edledhron**.
aushalten, ausharren, warten, bleiben, *V.* **dartha-**, *Inf.* **dartho**.
aushöhlen, ausschachten, *V.* **rosta-**, *Inf.* **rosto**.
Ausschau halten, blicken auf, wachen, schauen, *V.* **tir-**, *Inf.* **tiri**, *Imp.* **tiro**, *Aor.* **tiri-** (*3. Sg.* **tîr**), *Präs.* **tíra-** (*1. Sg.* **tíron**), *Prät.* **tirni-** (*3. Sg.* **tirn**), *Part. Akt.* **tiriel**; **tiria-**, *inf.* **tirio**.
›der außerhalb Herausfließende‹, *N.* **Aros**.
Aussicht, Zuversicht, Hoffnung, *N.* **amdir**.
austrinken, leeren, *V.* **sautha-**, *Inf.* **sautho**.
auswandern, ins Exil gehen, *V.* **edledhia-**, *Inf.* **edledhio**.
ausziehen, entkleiden, *V.* **heltha-**, *Inf.* **heltho**.
Avari, *N. Pl. arch.* **Evair**.
Axt, Axtklinge, Breitschwert-Klinge, *N.* **hathol**, *Pl.* **heithol**.
›Axt‹, *N.* **Hathol**.
›Axt-Mann‹, *N.* **Hatholdir**.
Axthieb, *N.* **hast**.

B

babbeln, *V.* **glavra-**, *Inf.* **glavro**.
›Balar-Land‹, *N.* **Beleriand**.
Baldachin, *N.* **daedelu**; **orthelian**.

Ballade, *N. glaer.*
Ballade, Gesang, Gedicht, *N. glir.*
Band, *N. gwedh.*
Band, Freundschaft, *N. gwend.*
Bande, Horde, Masse, *N. hoth.*
Bär, *N. brôg; megli.*
bärig, *Adj. meglin.*
Bart, *N. fang.*
Baum (breiter), *N. galadh.*
›Baum-Bekränzte Maid‹, *N. Galadhriël.*
›Baummann‹, *N. Galadhon.*
›Baum-Volk‹, *N. Koll. Galadhrim.*
Baum (großer), *N. orn.*
›Baum der Frau‹, *N. Hírilorn.*
›Baumbart‹, *N. Fangorn.*
Baum (niedrig wachsender, z. B. Ahorn, Schlehdorn, Stechpalme), Busch, *N. toss.*
baumeln, hängen, *N. gling.*
baumgewoben, baumdurchwirkt, *Adj. galadhremmen.*
beabsichtigen, wollen, meinen, *V. thel-*, *Inf. theli*, *Imp. thelo*, *Aor. theli- (3. Sg. thêl)*, *Präs. thíla- (1. Sg. thílon)*, *Prät. thelli- (3. Sg. thell).*
Bedachung, *N. tobas.*
bedecken, oben schützen, *V. orthel-*, *Inf. ortheli*, *Imp. orthelo*, *Aor. ortheli- (3. Sg. orthel)*, *Präs. orthíla- (1. Sg. orthílon)*, *Prät. orthelli- (3. Sg. orthell).*
bedecken, überdachen, *V. toba-*, *Inf. tobo*, *Prät. tumme- (3. Sg. tump)*, *Part. Pass. tummen.*
Bedeutung, Herz, innerer Gedanke, *N. ind.*
Bedrängnis, Unterdrückung, Zwang, Nötigung, *N. thang.*
bedrückend, grausam, tyrannisch, *Adj. baug* (MB-).
›der Bedrücker‹, *N. Bauglir.*
beeinflussen, stören, *V. presta-*, *Inf. presto.*
befehlend, herrschend (?), *Adj. conui.*
befestigen, festbinden, *V. taetha-*, *Inf. taetho.*

befeuchten, *V.* **limmida-**, *Inf.* **limmido**, *Prät.* **limminne-** *(3. Sg.* **limmint***), Part. Pass.* **limminnen**.
beflecken, *V.* **gwatha-**, *Inf.* **gwatho**.
befleckt, schmutzig, *Adj.* **gwaen; gwaur; mael**.
befreien, lösen, *V.* **leitha-**, *Inf.* **leitho**.
befreit, frei, *Adj.* **lain**.
Befreiung (aus Knechtschaft), Lösung (von Banden), *N.* **leithian**.
befühlen, fühlen, handhaben, streicheln, *V.* **matha-**, *Inf.* **matho**.
begegnen, sich treffen, *V.* **govad-**, *Inf.* **gevedi**, *Imp.* **govado**, *Aor.* **gevedi-** *(3. Sg.* **govad***),* *Präs.* **govóda-** *(1. Sg.* **govódon***), Prät.* **gevenni-** *(3. Sg.* **govant***), Part. Pass.* **govannen**.
beginnen (plötzlich und kraftvoll), *V.* **heria-**, *Inf.* **herio**.
begrenzen, umschließen, *V.* **gleina-**, *Inf.* **gleinio**.
Begrenzung, Grenze, Rand, *N.* **glan**.
behalten, nicht weggeben oder loslassen, festhalten, *V.* **heb-**, *Inf.* **hebi**, *Imp.* **hebo**, *Aor.* **hebi-** *(3. Sg.* **hêb***), Präs.* **híba-** *(1. Sg.* **híbon***), Prät.* **hemmi-** *(3. Sg.* **hemp***), Part. Pass.* **hemmen**.
behauen, *Adj.* **drafn**.
beidseits, *Präp.* **ath** (mit Lenierung), *Präf.* **ath-**.
beiseite legen, reservieren (für einen bestimmten Zweck oder Besitzer), *V.* **seidia-**, *Inf.* **seidio**.
Beißen, Heulen und Zähneknirschen, Weh, *N.* **nauth**.
beißen, *V.* **nag-**, *Inf.* **negi**, *Imp.* **nago**, *Aor.* **negi-** *(3. Sg.* **nâg***), Präs.* **nóga-** *(1. Sg.* **nógon***), Prät.* **nengi-** *(3. Sg.* **nanc***), Part. Pass.* **nangen**.
bejahrt, langlebig, alt (ohne Konnotation von Schwäche), *Adj.* **iphant**.
beklagenswert, traurig, *Adj.* **naer**.
bekräftigen, einrichten, fest machen, *V.* **tangada-**, *Inf.* **tangado**, *Prät.* **tanganne-** *(3. Sg.* **tangant***), Part. Pass.* **tangannen**.
belästigen, stören, *V.* **trasta-**, *Inf.* **trasto**.
beleidigen (oft verbunden mit Zurückweisung), stechen (mit

einer scharfen Spitze), mit Verachtung behandeln, V. *eitha-*, Inf. *eitho*.

Beleidigung, N. Ger. *eithad*.

›Bêl-Küste‹, N. *Belfalas*.

benachteiligen (jemanden), jemandem Unrecht tun, V. *neitha-*, Inf. *neitho*.

benachteiligt, verletzt, Adj. *neithan*.

›der Beraubte‹, N. *Neithan*.

Bereitschaft zum Handeln, Kraft, feuriger Geist, N. *hûr*.

Berg, N. *orod*.

›Berg der Kiefern‹, N. *Orod-na-Thôn*.

›Berg der roten Flamme‹, N. *Orodruin*.

›Berge der schrecklichen Angst‹, N. *Ered Gorgoroth*.

›Berge der Tyrannei‹, N. *Thangorodrim*.

›Berge der weißen Hörner‹, N. *Ered Nimrais*.

›Berge von Lindon‹, N. *Ered Lindon*.

Berg, Hügel, Anhöhe (mit steilen Hängen), N. *amon*.

›Berg der Ehrfurcht‹, N. *Amon Anwar*.

›Berg der Festung‹, N. *Amon Obel*.

›Berg des Auges‹, N. *Amon Hen*.

›Berg des Ohrs‹, N. *Amon Lhaw*.

›Berg des Schicksals‹, N. *Amon Amarth*.

›Berg des Windes‹, N. *Amon Sûl*.

›Berg Immerweiß‹, N. *Amon Uilos*.

›Berge der Dämmerung‹, N. *Emyn Uial*.

›Berge der Türme, Turmberge‹, N. *Emyn Beraid*.

›Berge unter der Nacht‹, N. *Emyn-nu-Fuin*.

bergab, abwärts, Adv. *dadbenn*.

bergauf, aufwärts, Adv. *ambenn*.

Bergbach, Sturzbach, N. *oll*.

Bergbewohner, N. *orodben*.

Berggipfel, N. *aegas*.

Berggipfel (Kette von), N. *aeglir*.

Berggipfel, Hügelkuppe; (eig.) Kopf, N. *dôl* (ND-).

Bergkette, Hügelkette, Kämme (eines Gebirges), N. Koll. *pinnath*.

Bergkette, *N. Koll.* **orodrim**.
Bergkette, *Sg.* Spitze, Zacke, *N. Pl.* **cebir**, *Sg.* **ceber**.
Bergspitze, Gipfel, *N.* **mîn; min-**.
›Bergspitze des Rimmon‹, *N.* **Min-Rimmon**.
Bergspitze, Horn (von lebendem Tier), *N.* **ras; rasg**.
Bericht (historischer), Geschichte, *N.* **pennas**.
Bericht, Erzählung, *N.* **trenarn**.
beschatten, verdüstern, verhüllen, verbergen, *V.* **gwathra-**, *Inf.* **gwathro**.
beschleunigen, antreiben, *V.* **hortha-**, *Inf.* **hortho**.
besiegen, meistern, *V.* **orthor-**, *Inf.* **ortheri**, *Imp.* **orthoro**, *Aor.* **ortheri-** *(3. Sg.* **orthor**), *Präs.* **orthóra-** (1. *Sg.* **orthóron**), *Prät.* **ortherni-** *(3. Sg.* **orthorn**).
besinnlich, weise, nachdenklich, *Adj.* **idhren**.
Besinnlichkeit, Weisheit, Nachdenklichkeit, *N.* **idhor**.
beständig, fest, treu, *Adj.* **thenid; thenin**.
beständig, standhaft, *Adj.* **him**.
Bestimmung (endgültige), ewige Seligkeit, Schicksal, Ende, *N.* **manadh**.
betrügen, verraten, *V.* **gweria-**, *Inf.* **gwerio**.
Bett, *N.* **haust**.
bettlägrig, krank, *Adj.* **caeleb**.
Bettlägrigkeit, Krankheit, *N.* **cael**.
›Bewachte Ebene‹, *N.* **Talath Dirnen**.
Bewegung (plötzliche), Zucken, Ruck; Kniff, Trick, *N.* **rinc**.
eine plötzliche Bewegung machen, zucken, rucken, *V.* **ritha-**, *Inf.* **ritho**.
bezeichnen, nennen, *V.* **esta-**, *Inf.* **esto**.
Bezwinger, Töter, Verderber, *N.* **dagnir** (ND-).
binden, *V.* **gwedh-**, *Inf.* **gwedhi**, *Imp.* **gwedho**, *Aor.* **gwedhi-** *(3. Sg.* **gwêdh**), *Präs.* **gwídha-** (1. *Sg.* **gwídhon**), *unreg. Prät.* **gwedhanne-** mit *3. P. Sg.* **gwedhant** [*poet. arch.* **gwenni-** (3. *Sg.* **gwend**)], *Part. Pass.* **gwedhannen** [*poet. arch.* **gwennen**].
binden, fesseln, *V.* **nod-**, *Inf.* **nedi**, *Imp.* **nodo**, *Aor.* **nedi-** *(3. Sg.*

nôd), *Präs.* **núda-** (*1. Sg.* **núdon**), *Prät.* **nynni-** *(3. Sg.* **nunt**), *Part. Pass.* **nunnen** [oder **noden**].

Birke (später), Buche, *N.* **brethil**.

bis zu Ende erzählen, durcherzählen, *V.* **trenar-**, *Inf.* **treneri**, *Imp.* **trenaro**, *Aor.* **treneri-** *(3. Sg.* **trenar**), *Präs.* **trenóra-** (*1. Sg.* **trenóron**), *Prät.* **trenori-** *(3. Sg.* **trenor**) [oder **treneri-** *(3. Sg.* **trener**)], *Part. Pass.* **trenoren** [oder **treneren**].

bitter, *Adj.* **saer**.

bitterkalt, *N.* **helch**.

blass, fahl, *Adj.* **maidh**.

blass, grau, *Adj.* **thind**.

Blatt, *N.* **lass**.

blau, *Adj.* **lhûn**.

›Blaue Berge‹, *N.* **Ered Luin**.

›Blaue Zauberer‹, *N.* **Ithryn Luin**.

›Blauer See‹, *N.* **Aeluin**.

›Blauer Wolf‹, *N.* **Draugluin**.

›der Blaue‹, *N.* **Lhûn**.

blau (blass), *N.* **elu**.

bleiben, ausharren, aushalten, warten, *V.* **dartha-**, *Inf.* **dartho**.

bleiben, wohnen, *V.* **dortha-** (ND-), *Inf.* **dortho**.

bleibend, andauernd, *Adj.* **bronadui**.

bleich, fahl, *Adj.* **malu**, *Pl.* **meilu**.

bleich, glimmend, *Adj.* **gael**.

bleich, weiß, *Adj.* **nimp**.

Bleiche, Furcht, *N.* **niphred**.

blendend weiß, schneeweiß, *Adj.* **gloss**.

Blick, Gesicht, Gesichtsausdruck, *N.* **thîr**.

blicken auf, *N.* **glinna**.

blicken auf, wachen, schauen, Ausschau halten, *V.* **tir-**, *Inf.* **tiri**, *Imp.* **tiro**, *Aor.* **tiri-** *(3. Sg.* **tîr**), *Präs.* **tíra-** (*1. Sg.* **tíron**), *Prät.* **tirni-** *(3. Sg.* **tirn**), *Part. Akt.* **tiriel**; **tiria-**, *Inf.* **tirio**.

blinken, funkeln, schimmern, *V.* **tinna-**, *Inf.* **tinno**, *Prät.* **tinne-** *(3. Sg.* **tinnant**), *Part. Pass.* **tinnen**.

2. Teil: Deutsch–Sindarin 321

blockiert, geschlossen, *Adj.* **tafnen**.
blühen, *V.* **edlodhia-**, *Inf.* **edlodhio**.
Blume, Blüte, *N.* **loth**.
Blumental, Tal der Blüten, *N.* **imloth**.
Blut, *N.* **agar; iâr; sereg**.
blutbefleckt, *Adj.* **agarwaen**.
›der Blutbefleckte‹, *N.* **Agarwaen**.
Blüte (einzelne), *N.* **elloth; lotheg**.
Blüte, Blume, *N.* **loth**.
›Blütenmacher‹, *N.* **Lothron**.
›mit Blüten bekränzte Maid‹, *N.* **Lothíriël**.
›Blütetraumland‹, *N.* **Lothlóriën**.
Blütenfülle, Strauß, *N.* **gwaloth**.
Blütenstand, Dolde (mit vielen kleinen Blüten), *N.* **goloth**.
Boden, Erde, *N.* **cae**; **cef**, *Pl.* **ceif**.
Boden, Fußboden, *N.* **talaf**.
Bodenbrett, Planke, *N.* **pân**.
Bogen (architektonisch, im übertragenen Sinne auch Waffe), *N.* **cû**.
Bogen (zum Schießen), *N.* **peng**.
bogenförmig, gebeugt, gebogen, *Adj.* **cûn**.
Bogensehne, *N.* **tang**.
Boot, *N.* **lunt**.
Borke, Rinde, *N.* **rîf**.
›Borkenhaut‹, *N.* **Fladrif**.
Borte, Saum, *N.* **glân**.
böse, *Adj.* **um**.
Bosse, runder Knauf, Buckel, *N.* **dolt** (ND-).
›Brandirs Zaun‹, *N.* **Ephel Brandir**.
Brandungs -, Strand -, Ufer -, *Adj.* **falathren**.
Brauch, Gewohnheit, *N.* **haew**.
braun, *Adj.* **rhosg**.
braun, gelbbraun, goldbraun, *N.* **baran**.
›Brauner Fluss‹, *N.* **Baranduin**.
›Braut‹, ›junge Frau‹, *N.* **Dineth**.

Braut, N. **dineth**; **dîs**.
Bräutigam, N. **daer** (ND-).
Brecher, Gischt, N. **falf**.
breit, weit, Adj. **land**.
›der Breitgeflügelte‹, N. **Landroval**.
›Breitschulter‹ (?), N. **Egalmoth**.
Breitschwert-Klinge, Axtklinge, Axt, N. **hathol**, Pl. **heithol**.
brilliant, Adj. **celair**.
bringen, führen, V. **tog-**, Inf. **tegi**, Imp. **togo**, Aor. **tegi-** (3. Sg. **tôg**), Präs. **túga-** (1. Sg. **túgon**), Prät. **tyngi-** (3. Sg. **tunc**), Part. Pass. **tungen**.
Brise, Hauch, Atem, N. **hwest**.
›Brithon-Heim‹, N. **Brithombar**.
Brosche, N. **tachol**.
Brot, N. **bass** (MB-).
Brot (rundes), Laib, N. **basgorn** (MB-).
Brotgeberin, Herrin, N. **bassoneth** (MB-); **bessain** (MB-).
Brücke, N. **iant**.
Bruder (das häufigste Wort), N. **muindor**.
Bruder (weniger übliches Wort), N. **tôr**, Pl. **teryn**.
Bruder (vor allem im übertragenen Sinne), Verbündeter, Eidgenosse, N. **gwador**, Pl. **gwedair**.
Brühe, Nahrung, N. **salph**, Pl. **seilph**.
Buch, N. **parf**, Pl. **perf**.
Buche; (später) Birke, N. **brethil**.
Buche, N. **fêr**, Pl. **ferin**; **neldor**.
›Buchen[wald]‹, ›Buchen[wald]land‹, N. **Brethil**, **Brethiliand**.
›Buchenwald‹, N. **Neldoreth**.
Buchstabe, (geschriebenes) Zeichen, N. ling. **têw**.
Bucht (allg.), **côf**.
Bucht (kleine landumschlossene), Hafen, N. **hûb**.
Buckel, Bosse, runder Knauf, N. **dolt** (ND-).
Bund, Eidbund, Treuebund, Eid, N. **gwaedh**.
Burg, ummauerte Stadt, Festung, N. **ost**.
Bürgermeister, N. **condir**.

Busch, niedrig wachsender Baum (z. B. Ahorn, Schlehdorn, Stechpalme), *N.* **toss**.

C

›Canath‹, ›Viertel‹ (gondorische Münze), *N.* **canath**.

D

Dach (hohes), Kuppel, *N.* **telu**.
Dachstroh, Strohdach, *N.* **taus**.
dahinter, *Adv.* **adel**.
dahinschießen, stürzen (wie ein Sturzbach), *V.* **rib-**, *Inf.* **ribi**.
Dämmer, *N.* **moth**.
Dämmer, Schatten, *N.* **lum**.
Dämmerung, Zwielicht, *N.* **uial**.
›Dämmerwasser, See des Zwielichts‹, *N.* **Nenuial**.
Dämon, *N.* **raug**.
›Dämon der Macht‹, *N.* **Balrog**.
danach, später, *Präf.* **ab-**.
von langer Dauer, von langem Gebrauch, alt, *Adj.* **brûn**.
Debatte, Disput, *N.* **athrabeth**.
dein(er), *Pron.* (2. Sg.) *Gen./Poss.* **gîn**, **nagen**, **-(e)ch**.
der (die, das), *Art.* **i**, *Pl.* **in**.
der (die, das), welch(er, -e, -es), *Pron.* **i**.
›Der in Macht ersteht‹, *N.* **Belegûr**.
›Der rasch Herausfließende‹, *N.* **Celos**.
dich, *Pron.* (2. Sg.) *Akk.* **gen**.
dick, fett, *Adj.* **tûg**.
dienen, Gefolgschaft halten, *V.* **buia-**, *Inf.* **buio**.
dies(er, -e, -es), *Pron. Adj.* **sen**.
diesseits, *Adv.* **nef**, *Präp.* **nef** (mit Lenierung), *Präf.* **nev-**.
Ding, *N.* **nad**.

Ding, Ware (zum Tausch), *N*. **bach** (MB-).
dir, *Pron*. (2. Sg.) *Dat*. **cen**, **achen**.
Disput, Debatte, *N*. **athrabeth**.
Dolch, Messer, *N*. **sigil**.
Dolde (mit vielen kleinen Blüten), Blütenstand, *N*. **goloth**.
›Doppellauf‹, *N*. **Adurant**.
doppelt, *Adj*. **edaid**; **tadol**, *Pl*. **teidol**.
doppelt, *Adv*. **adu**.
Dorf, von Mauer umgebenes Haus, *N*. **gobel**.
Dorn, *N*. **êg**.
Dorn, Stachel, *N*. **erch**.
dort, an jenem Ort, *Adv*. **ennas**.
Drache, *N*. **amlug**.
sich drehen, wirbeln, *V*. **hwinia-**, *Inf*. **hwinio**.
sich drehend, wirbelnd, *Adj*. **hwind**.
Drehpunkt, Angelpunkt, *N*. **pelthaes**.
drei, *Num*. **nêl**; **neled**.
Dreieck, Landzunge, Keil, Speerspitze, *N*. **naith**, *Pl*. **natsai**.
Dreieck, *N*. **nelthil**.
dreißigst(er, e, s), *Num*. **nelchaenen**.
dritt(er, -e, -es), *Num. Adj*. **nail**; **nelui**.
›Drû‹, Wilder, Wasa, *N*. **Drû**, *Pl*. **Drúin**, *Koll*. **Drúath**.
›Drû-Mensch‹, wilder Mensch, Wasa, *N*. **Drúadan**, *Pl*. **Drúedain**.
Drû-Familie, *N*. **Drúnos**.
du, *Pron*. (2. Sg.) *Nom*. **ech**, **-ch**.
dunkel(häutig), schwärzlich, *Adj*. **donn**.
dunkel, düster, *Adj*. **dûr**.
›Dunkelbezwinger‹, *N*. **Durthang**.
›Dunkle Berge‹, *N*. **Emyn Duir**.
›Dunkle Felsspitze‹, *N*. **Caragdûr**.
›Dunkler Turm‹, *N*. **Barad-dûr**.
Dunkel, Dunkelheit, Nacht, *N*. **môr**.
Dunkel, Nachtzeit, *N*. **daw**.
dunkel, obskur, *Adj*. **doll** (ND-).

dunkel, schwarz, *Adj. morn*.
›Dunkle Frau‹, *N. Morwen*.
›Dunkler Wald‹, *N. Eryn Vorn*.
›der Dunkle‹, *N. Morben, Pl. Morbin*.
Dunkel, tiefe Nacht, Nachtdunkel, *N. fuin; huin*.
›Dunkelsang‹, *N. Glirhuin*.
Dunkelelbe, *N. mornedhel*.
dunkeln, Abend werden, *V. thinna-, Inf. thinno, Prät. thinne- (3. Sg. thinnant), Part. Pass. thinnen*.
Dunländer, Volk von Dunland, *N. Koll. Gwathuirim*.
dünn, dürr, mager, *Adj. lhain, Pl. lhîn*.
dünn, schlank, *Adj. trîw*.
durch, *Präp. trî* (mit Lenierung).
durch (bis zum Ende), *Präp. ter* (mit Liquidmutation), *Präf. ter-*.
durch, mit, *Präp. na* (mit Lenierung), mit Artikel: *nan* (mit gemischter Mutation), *Präf. an-*.
durch-, vollständig, *Präf. tre-*.
durch ... hindurch, querüber, jenseits, *Präp. athra* (mit Lenierung), *Präf. athra-; thar-*.
durchdringend, tiefgehend, scharf, *Adj. maeg*.
durcherzählen, bis zu Ende erzählen, *V. trenar-, Inf. treneri, Imp. trenaro, Aor. treneri- (3. Sg. trenar), Präs. trenóra- (1. Sg. trenóron), Prät. trenori- (3. Sg. trenor)* [oder *treneri- (3. Sg. trener)*], *Part. Pass. trenoren* [oder *treneren*].
Durchgang, Tor, *N. fennas*.
durchhacken, *V. hasta-, Inf. hasto*.
durchhalten, überleben, *V. brona-, Inf. brono, Prät. bronne- (3. Sg. bronn), Part. Pass. bronnen*.
Durchhaltevermögen, Glaube, Ausdauer, *N. bronwe*.
Durchlass (enger), Meerenge, Hafeneinfahrt, landumschlossener Hafen, Enge, *N. lond, Koll. lonnath*.
durchnässt, überschwemmt, *Adj. loen*.
durchqueren, *V. trevad-, Inf. trevedi, Imp. trevado, Aor. trevedi- (3. Sg. trevad), Präs. trevóda- (1. Sg. trevódon), Prät. trevenni- (3. Sg. trevant), Part. Pass. trevannen*.

durchwirkt, verflochten, gewebt, *Adj./Part.* ***remmen***.
dürr, mager, dünn, *Adj.* ***lhain***, *Pl.* ***lhîn***.
durstig, *N.* ***faug***.
düster, *Adj.* ***dofn***.
düster, dunkel, *Adj.* ***dûr***.
düster, traurig, *Adj.* ***dem***.
›Düsterheim‹, *N.* ***Dimbar***.
›Düsterschacht‹ (?), *N.* ***Dimrost***.
Düster, *N.* ***maur***.
Düster, trübes Licht, Fleck, Schatten, *N.* ***gwath***.

E

Ebene, breites Tal, *N.* ***lad***.
Ebene, Fläche, flaches Land, weites Tal, *N.* ***talath***.
›Ebene des Silberlauf‹, *N.* ***Parth Celebrant***.
Echo, *N.* ***glamor***, *Pl.* ***gleimor; lôm***.
›Echoberge‹, ›Widerhallende Berge‹, *N.* ***Ered Lómin***.
Echtsilber, *N.* ***mithril***.
Ecke, Winkel, *N.* ***bennas***.
Ecke, Winkel, Spitze, scharfes Ende, *N.* ***nass***.
edel, *Adj.* ***arod***.
edel, erhaben, fein; hoch, *Adj.* ***brand***.
edel, königlich, hoch, *Präf.* ***ara-***.
›Edle Elbin‹, *N.* ***Aredhel***.
›Edle weiße Maid‹, *N.* ***Ar-Feiniël***.
Edler, *N.* ***arphen***.
Ehefrau, *N.* ***hervess***.
Ehefrau, junge Frau, *N.* ***bess***.
Ehemann, *N.* ***hervenn***.
Ehrfurcht, *N.* ***anwar***.
ehrfurchtgebietend, erhaben, mächtig, riesig, überwältigend, *Adj.* ***taur***.
Eiche, *N.* ***doron***.

Eid, *N. gwest*.
Eid, Eidbund, Bund, Treuebund, *N. gwaedh*.
Eidgenosse, Bruder (vor allem im übertragenen Sinne), Verbündeter, *N. gwador*, *Pl. gwedair*.
eifrig, feurig, *Adj. bara*.
eigensinnig, halsstarrig, *Adj. tarlanc*.
eigentlich, vielmehr, *Adj. sennui*.
Eigentum, *N. garn*.
eilend, fließend, *Adj. cell*.
›Eilender Fluss‹, *N. Celduin*.
eilig, schnell, flink, *Adj. celeg*.
Einbruch der Nacht, Nacht, später Abend, Abenddunkel, *N. dû*, *Koll. dúath*.
einer, jemand, irgendwer, *Pron. pen*.
einführen, hineinstecken, *V. nestag-*, *Inf. nestegi*, *Imp. nestago*, *Aor. nestegi- (3. Sg. nestag)*, *Präs. nestóga- (1. Sg. nestógon)*, *Prät. nestengi- (3. Sg. nestanc)*, *Part. Pass. nestangen*.
Einhalt gebieten, unterbinden, im Wachstum oder in der Entwicklung hemmen, nicht zur Vollendung kommen lassen, *V. nuitha-*, *Inf. nuitho*.
›Einhänder‹, *N. Erchamion*.
einhändig, *Adj. erchamion; erchamui*.
einrichten, fest machen, bekräftigen, *V. tangada-*, *Inf. tangado*, *Prät. tanganne- (3. Sg. tangant)*, *Part. Pass. tangannen*.
eins, *Num. êr; mîn; min-*.
einsam, isoliert, *Adj. ereb*.
›Einsamer Berg‹, *N. Amon Ereb*.
›Einsamer Berg‹, *N. Erebor*.
›Einsamer Hafen‹ (?), *N. Erellont*.
›Einsames Heim‹, *N. Bar Erib*.
›Einsames Land‹, *N. Eriador*.
eintreten, hineingehen, *V. minna-*, *Inf. minno*, *Prät. minne- (3. Sg. minnant)*, *Part. Pass. minnen*.
einzäunen, *V. thora-*, *Inf. thoro*, *Prät. thore- (3. Sg. thaur)*, *Part. Pass. thoren*.

einzel-, *Präf.* **er-**.
einzeln, einzigartig, gesondert, *Adj.* **minai**.
Eis, *N.* **heleg**.
Eisen, *N.* **ang**.
›Eisenewigstern‹, *N.* **Anguirel**.
›Eisenfaust‹, *N.* **Angbor**.
›Eisen-Flammenstern‹, *N.* **Anglachel**.
›Eisengrube‹, *N.* **Anghabar**.
›Eisenheim‹, *N.* **Angmar**.
›Eisenkerker‹, *N.* **Angband**.
›Eisenspalter‹, *N.* **Angrist**.
Eisenband, Kette, *N.* **angwedh**.
eisern, aus Eisen, *Adj.* **angren**.
›Eiserne Berge‹, *N.* **Ered Engrin**.
›Eiserne Festung‹, Isengart, *N.* **Angrenost**.
›Eiserner Rachen‹, *N.* **Carach Angren**.
›Eiserner‹, Isen, *N.* **Angren**.
Eisvogel, *N.* **heledir**.
Eiszapfen, Schneedorn, *N.* **aeglos**.
Ekel, Abscheu, Schrecken, Grauen, Furcht, *N.* **del**.
›Elanor‹, *N.* **Elanor**.
Elb von Beleriand (Noldor und Sindar umfassend), ›West-Elb‹, *N.* **Dúnedhel**, *Pl.* **Dúnedhil**.
Elbe, Elda, *N.* **Edhel**.
›Elbenhafen‹, *N.* **Edhellond**.
›Elbenmensch‹, *N.* **Adanedhel**.
›Elbenstein‹, *N.* **Edhelharn**.
›Elbenvolk‹, *N.* **Edhelrim**, **Eledhrim**.
Elbenfreund, *N.* **elvellon**.
Elbenmaid, *N.* **elleth**.
›Elbenmaid‹, *N.* **Eledhwen**.
Elbenmann, *N.* **ellon**.
›Elb-Mensch‹, *N.* **Elladan**.
›Elb-Reiter‹, *N.* **Elrohir**.
elbisch, *Adj.* **edhellen**.

Elda, Elbe, *N.* **Edhel**.
Elefant, Langschnauze, *N.* **annabon**.
elf, *Num.* **minig**.
Elternteil, Mutter, *N. w.* **odhril**.
Elternteil, Vater, *N. m.* **odhron**.
›Elus Erbe‹, *N.* **Eluchíl**; **Eluréd**.
emporheben, erhöhen, sichten (auf dem Meer), *V.* **ortha-**, *Inf.* **ortho**.
Ende (scharfes), Ecke, Winkel, Spitze, *N.* **nass**.
Ende, endgültige Bestimmung, ewige Seligkeit, Schicksal, *N.* **manadh**.
Ende, *N.* **meth**; **methed**; **methen**.
›Ende des Waldes‹, *N.* **Methed-en-Glad**.
›Endgipfel‹, *N.* **Methedras**.
Ende, Nachhut, hinterster Teil, *N.* **tele**, *Pl.* **telai**.
Ende (plötzliches), scharfe Kante, *N.* **lanc**.
am Ende von, hinter, *Präp.* **adel** (mit Lenierung).
endlos, unzählbar, zahllos, *Adj.* **arnediad**; **aronoded**.
eng, *Adj.* **agor**.
Enge, enger Durchlass, Meerenge, Hafeneinfahrt, landumschlossener Hafen, *N.* **lond**, *Koll.* **lonnath**.
›Engpass‹, *N.* **Aglon**.
Ent, *N.* **Onod**, *Koll.* **Onodrim**.
›Entfenn‹, *N.* **Onodló**.
entfernt, fern, *Adj.* **hae**.
entfernt, fern, entlegen, *Adj.* **haeron**.
Entfernung, Ferne, *N.* **haered**.
Entgegnung, Antwort, *N.* **dambeth** (ND-).
Entgegnung, Antwort (die neue Information gibt), *N.* **dangweth** (ND-).
entkleiden, ausziehen, *V.* **heltha-**, *Inf.* **heltho**.
entlegen, entfernt, fern, *Adj.* **haeron**.
Entsetzen, Grauen, *N.* **gor**.
entsprechend, gemäß, nach (übertragen), *Präp.* **be** (mit Lenierung), mit Artikel: **ben** (mit gemischter Mutation).

Entzünderin, *N. thoniël.*

›Epos‹, *N. narn, Pl. nern.*

er, sie, *Pron.* (3. Sg. pers.) *Nom. e, -s.*

Erbauer, Zimmermann, Schreiner, *N. thavron.*

Erbe, *N. hîl.*

›Erdauernder Berg‹, *N. Amon Darthir.*

Erde, Boden, *N. cae; cef, Pl. ceif.*

Erde, Welt, *N. amar.*

Erdhügel, Grabhügel, *N. cum.*

Erdhügel, Hügel, *N. tund.*

erhaben, edel, fein; hoch, *Adj. brand.*

erhaben, hoch, *Adj. hall.*

erhaben, hoch; aufragend, groß, hoch (an Maßen), *Adj. orchal.*

erhaben, mächtig, riesig, überwältigend, ehrfurchtgebietend, *Adj. taur.*

›die Erhabenen‹, *N. Pl. Rodyn.*

erhöhen, emporheben, sichten (auf dem Meer), *V. ortha-, Inf. ortho.*

›Erinnerung an Elu‹, *N. Elurín.*

Erlaubnis, *N. dâf.*

ernten, mähen, *V. critha-, Inf. critho.*

erscheinen, scheinen, *V. thia-, Inf. thio.*

Erscheinung (geisterhafte), undeutliche Gestalt, Schatten, *N. auth.*

erschlagen, töten, *V. dag-* (ND-), *Inf. degi, Imp. dago, Aor. degi- (3. Sg. dâg), Präs. dóga- (1. Sg. dógon), Prät. dengi- (3. Sg. danc), Part. Pass. dangen.*

Erschlagener, *N. dangen* (ND-).

erschrecken, *V. gruitha-, Inf. gruitho.*

ersehnen, wünschen, *V. aníra-, Inf. aníro, Prät. anirne- (3. Sg. anirn), Part. Pass. anirnen.*

ersinnen, ausdenken, *V. nautha-, Inf. nautho.*

erst(er, -e, -es), *Num. Adj. erui; main; minui.*

›erst-betont‹, *N. minlamad.*

›erst-betont kurz/sehr kurz‹ (Versmaß), *N.* **minlamad thent/ estent**.

›Erst-Elbe‹, *N.* **Miniël**, *Pl.* **Mínil**.

›Erster‹, *N.* **Erui**.

Erwachen, *N.* **echui**.

(Erz-)Gang, Lauf, Flussbett, Ader, *N.* **rant**.

Erzähler, *N.* **pethron**.

Erzählung, Bericht, *N.* **trenarn**.

Erzählung, Geschichte, *N.* **pent**.

es, *Pron.* (3. Sg. unpers.) *Nom.* **ta**, *Akk.* **han**.

es regnet, *V.* **ail** (unpers.).

es tut not, man muss, *V.* **boe** (MB-) (unpers.).

essen, *V.* **mad-**, *Inf.* **medi**, *Imp.* **mado**, *Aor.* **medi-** *(3. Sg.* **mâd**), *Präs.* **móda-** (1. *Sg.* **módon**), *Prät.* **menni-** *(3. Sg.* **mant**), *Part. Pass.* **mannen**.

euch, *Pron.* (2. Pl.) *Dat.* **le(n)**, **alle(n)**, *Akk.* **le(n)**.

Euch (ehererbietig), *Pron.* **le**.

euer, *Pron.* (2. Pl.), *Gen./Poss.* **lîn**, **nale(n)**, **-(e)l**.

ewig geschlossen, *Adj.* **uidafnen**.

ewig weiß wie Schnee, immerweiß, *Adj.* **uilos**.

›Immerweiß‹, *N.* **Uilos**.

ewig, *Adj.* **uireb**.

Ewigkeit, *N.* **uir**.

ins Exil gehen, auswandern, *V.* **edledhia-**, *Inf.* **edledhio**.

Exilant, Ausgewanderter, *N.* **edledhron**.

exiliert, ausgewandert, *Adj.* **edlenn**.

F

Fackel, *N.* **ylf**.

Faden, *N.* **lain**; **raew**.

Faden (feiner), Spinnenfaden, *N.* **lhê**.

fahl, blass, *Adj.* **maidh**.

fahl, bleich, *Adj.* **malu**, *Pl.* **meilu**.

fahrend, umherziehend, *Adj.* **raun**.
›Falas-Volk‹, *N. Koll.* **Falathrim**.
Fall, *N.* **dant**; **lant**.
fallen, *V.* **danna-**, *Inf.* **danno**, *Prät.* **danne-** *(3. Sg.* **dannant** oder **dant**), *Part. Pass.* **dannen**.
fallend, unsicher, rutschend, *Adj.* **talt**.
falsch, krumm, gebogen, *Adj.* **raeg**.
Familie, Sippe, Verwandschaft, *N.* **noss**.
Fang, Zahn, *N.* **carch**.
fangen (in einem Netz), *V.* **raeda-**, *Inf.* **raedo**.
fangen, *V.* **gad-**, *Inf.* **gedi**, *Imp.* **gado**, *Aor.* **gedi-** *(3. Sg.* **gâd**), *Präs.* **góda-** *(1. Sg.* **gódon**), *Prät.* **genni-** *(3. Sg.* **gant**), *Part. Pass.* **gannen**.
Fassung, Halter, Klammer, Schließe, Spange, *N.* **taew**.
Faust, Hand (geschlossene), *N.* **paur**.
Faust (geballte), Fausthieb, *N.* **drambor**.
fein, edel, erhaben; hoch, *Adj.* **brand**.
fein, scharf, *Adj.* **laeg**.
Feind, Feindschaft, *N.* **coth**.
›Feind-Hass‹, *N.* **Gothmog**.
Feld (flaches), Flachland, *N.* **talf**.
Feld (umzäuntes), Hof, *N.* **pel**, *Pl.* **peli**.
Feld (umzäuntes), Weide, *N.* **parch**.
Feld, Grundstück (in privatem Besitz, ob umschlossen oder nicht), Garten, *N.* **sant**.
Fell, *N.* **helf**.
Fell, Pelzmantel, *N.* **heleth**.
Fels, großer Stein, *N.* **gond**.
Felsacke, Stachel, Spitze, *N.* **carag**.
Fenn, flacher See, *N.* **lô**.
Fenster, *N.* **henneth**.
›Fenster des Sonnenuntergangs‹, ›Fenster des Westens‹, *N.* **Henneth Annûn**.
fern, entfernt, *Adj.* **hae**.
fern, entfernt, entlegen, *Adj.* **haeron**.

›Ferne Küste‹, *N.* **Haerast**.
Ferne, Entfernung, *N.* **haered**.
fernhin, weithin, *Adv.* **palan**, *Präf.* **palan-** (mit Lenierung).
Fertigkeit, Geschicklichkeit, *N.* **maenas**.
fesseln, binden, **nod-**, *Inf.* **nedi**, *Imp.* **nodo**, *Aor.* **nedi-** *(3. Sg.* **nôd**), *Präs.* **nóda-** *(1. Sg.* **nódon**), *Prät.* **nynni-** *(3. Sg.* **nunt**), *Part. Pass.* **nunnen** [oder **noden**].
fest, *Adj.* **tanc**.
fest, standhaft, treu, *Adj.* **boron**; **born**.
fest, treu, beständig, *Adj.* **thenid**; **thenin**.
fest, verlässlich, standhaft, *Adj.* **thala**, *Pl.* **theili**.
Fest, *N.* **mereth**.
›Fest der Wiedervereinigung‹, *N.* **Mereth Aderthad**.
fest machen, bekräftigen, einrichten, *V.* **tangada-**, *Inf.* **tangado**, *Prät.* **tanganne-** *(3. Sg.* **tangant**), *Part. Pass.* **tangannen**.
fest machen, fixieren, *V.* **penia-**, *Inf.* **penio**.
festbinden, befestigen, *V.* **taetha-**, *Inf.* **taetho**.
Feste, Festung, *N.* **garth**.
›Festgewölbe‹, *N.* **Merethrond**.
festhalten, behalten, nicht weggeben oder loslassen, *V.* **heb-**, *Inf.* **hebi**, *Imp.* **hebo**, *Aor.* **hebi-** *(3. Sg.* **hêb**), *Präs.* **híba-** *(1. Sg.* **híbon**), *Prät.* **hemmi-** *(3. Sg.* **hemp**), *Part. Pass.* **hemmen**.
festlich, freudig, froh, *Adj.* **meren**.
Festung, Burg, ummauerte Stadt, *N.* **ost**.
›Festung der Elben‹, *N.* **Ost-in-Edhil**.
›Festung der Sterne‹, *N.* **Osgiliath**.
Festung, Feste, *N.* **garth**.
Festung, Turm, *N.* **barad**.
Festung, unterirdische Stadt, *N.* **othronn**.
fett, dick, *Adj.* **tûg**.
feucht, nass, tränennass, *Adj.* **nid**.
Feuer, *N.* **nar**.
›Feuerhügel‹, *N.* **Nardol**.
›Feuerzahn‹, *N.* **Narchost**.
Feuer, Flamme, *N.* **naur**.

Feuer, Hitze, *N.* **ûr**.
›Feuermaid‹ (?), *N.* **Urwen**.
feuerrot, rot, *Adj.* **ruin**.
feurig, eifrig, *Adj.* **bara**.
feurig, sonnig, *Adj.* **nórui**.
Finger, *N.* **lebed**.
Firmament, Region der Sterne, Himmel, hoher Himmel, *N.* **menel**.
Fisch, *N.* **lim**.
Fisch-Drache, Seeschlange, *N.* **limlug**.
fixieren, fest machen, *V.* **penia-**, *Inf.* **penio**.
flach, *Adj.* **talu**, *Pl.* **teilu**.
Fläche (freie), offener Raum, *N.* **land**.
Fläche, flaches Land, weites Tal, Ebene, *N.* **talath**.
Fläche, Grund, Rasen, *N.* **pathu**, *Pl.* **peithu**.
Flachland, flaches Feld, *N.* **talf**.
Flamme (rote), *N.* **ruin**.
Flamme, Feuer, *N.* **naur**.
flammen, *V.* **lacha-**, *Inf.* **lacho**.
›Flammenauge‹, Tiefelbe, *N.* **Lachenn**.
flattern, schlagen (mit Flügeln, etc.), *V.* **blab-**, *Inf.* **blebi**, *Imp.* **blabo**, *Aor.* **blebi-** *(3. Sg.* **blâb**), *Präs.* **blóba-** (1. *Sg.* **blóbon**), *Prät.* **blemmi-** *(3. Sg.* **blamp**), *Part. Pass.* **blammen**.
Fleck (kleiner), Punkt, *N.* **peg**.
Fleck, *N.* **gwass**; **mael**.
Fleck, Düster, Schatten, trübes Licht, *N.* **gwath**.
Fleck, Schmutz, *N.* **maw**.
Fleisch, Gekochtes, *N.* **aes**.
Fleisch, Körper, *N.* **rhaw**.
fliegen, segeln, umherstreifen, *V.* **revia-**, *Inf.* **revio**.
fliehen, *V.* **drega-**, *Inf.* **dregi**, *Imp.* **drego**, *Aor.* **dregi-** *(3. Sg.* **drêg**), *Präs.* **drega-** (1. *Sg.* **dregon**), *Prät.* **drengi-** *(3. Sg.* **drenc**), *Part. Pass.* **drengen**.
fließen, *V.* **siria-**, *Inf.* **sirio**.
fließend, eilend, *Adj.* **cell**.

›Fließender‹, *N.* **Sirith**.
flink, eilig, schnell, *Adj.* **celeg**.
flink, lebhaft, *Adj.* **breg**.
›Flinkbaum‹, *N.* **Bregalad**.
Fluch, *N.* **rhach**.
Flügel (großer, z. B. eines Adlers), Schwinge, *N.* **roval**, *Pl.* **rovail**.
Flügel, seitwärts reichende Spitze, Horn, *N.* **rafn**.
Fluss, *N.* **celon**; **sîr**.
Fluss (langer, großer), *N.* **duin**.
›Fluss der goldenen Wasser‹, *N.* **Sîr Ninglor**.
›Fluss der Schwarzen Magie‹, *N.* **Morgulduin**.
›Fluss unter dem Schleier‹, *N.* **Esgalduin**.
›Flussblatt-Haar‹ (?), *N.* **Finduilas**.
›Flussherr‹ (?), *N.* **Duinhir**.
›Flusssänger‹, Schwalbe (?), *N.* **Duilin**.
Flussbett, Ader, (Erz-)Gang, Lauf, *N.* **rant**.
Flussbett, Straße, Lauf, *N.* **rath**.
Flussdelta, Ausfluss, Mündung, *N.* **ethir**.
folgen, hinten gehen (auf einem Weg oder Pfad), *V.* **aphada-**, *Inf.* **aphado**, *Prät.* **aphanni-** (*3. Sg.* **aphant**), *Part. Pass.* **aphannen**, *Ger.* **aphaded**.
Folger, Nachfolger, Mensch, *N.* **echil**.
›Folger‹, *N.* **Aphadon**, *Koll.* **Aphadrim**.
Folter, *N.* **baul**.
Form, Umriss, *N.* **cant**.
Formung, Gestalt, *N.* **cannas**.
fort!, ab!, *Interj. Imp.* **ego!**
fortwährend, andauernd, *Adv.* **him**.
Frau, *N.* **dî**.
Frau (junge), *N.* **dess** (ND-).
Frau (junge), Ehefrau, *N.* **bess**.
›Frau vom Geheimen Schatten‹, *N.* **Thuringwethil**.
frei, befreit, *Adj.* **lain**.
Freude, *N.* **glass**.
Freude, Triumph, *N.* **gell**.

freudig, froh, festlich, *Adj.* **meren**.

›Freund der Verlassenen‹, *N.* **Egladil**.

Freund (allg.), *N.* **mellon**.

Freund, *N. m.* **meldir**.

Freund, Liebender, *N. m.* **melethron**.

Freundin, *N. w.* **meldis**.

Freundin, Liebende, *N. w.* **melethril**.

freundlich, liebevoll, *Adj.* **milui**.

Freundschaft, Band, *N.* **gwend**.

Friede, *N.* **sidh**.

frisch, *Adj.* **laeb**.

›Frodo‹, *N.* **Iorhael**.

froh, festlich, freudig, *Adj.* **meren**.

Frosch, *N.* **cabor**.

frostig, kalt, *Adj.* **ring**.

›Frucht-Gebung‹, *N.* **Ivanneth**.

Frühling, *N.* **Ethuil**.

Fuchs, *N.* **rusc**.

fühlen, befühlen, streicheln, handhaben, *V.* **matha-**, *Inf.* **matho**.

führen, bringen, *V.* **tog-**, *Inf.* **tegi**, *Imp.* **togo**, *Aor.* **tegi-** *(3. Sg.* **tôg***), Präs.* **túga-** *(1. Sg.* **túgon***), Prät.* **tyngi-** *(3. Sg.* **tunc***), Part. Pass.* **tungen**.

führen, kontrollieren, handhaben, *V.* **tortha-**, *Inf.* **tortho**.

Fülle, *N.* **pathred**.

füllen, *V.* **panna-**, *Inf.* **panno**, *Prät.* **panne-** *(3. Sg.* **pannant***), Part. Pass.* **pannen**; **pathra-**, *Inf.* **pathro**.

Füllung, Stöpsel, Stopper, *N.* **dîl**.

fünf, *Num.* **leben**.

›Fünf Flüsse‹, *N.* **Lebennin**.

fünft(er, -e, -es), *Num. Adj.* **lefnui**; **levnui**.

›Fünfter‹, *N.* **Lefnui**.

Funke, *N.* **tint**.

Funke (heller), Stern, *N.* **gîl**, *Pl.* **gail**, *Koll.* **giliath**.

Funke, kleiner Stern, *N.* **tinu**.

funkeln, gleißen, *V.* **thilia-**, *Inf.* **thilio**.
funkeln, schimmern, blinken, *V.* **tinna-**, *Inf.* **tinno**, *Prät.* **tinne-** *(3. Sg.* **tinnant**), *Part. Pass.* **tinnen**.
Funkeln (von Augen), Schein, Schimmer, *N.* **glin**.
›Funkelelbe‹, einer der Teleri, *N.* **Glinnel**.
funkelnd, hell, klar, *Adj.* **lim**.
für (= Dativ), an, *Präp.* **an** (mit Nasalmutation), mit Artikel: **'nin** (mit gemischter Mutation).
Furcht, Bleiche, *N.* **niphred**.
Furcht (große), Schrecken, *N.* **goe**.
Furcht, Schrecken, *N.* **gost**.
Furcht, Schrecken, Abscheu, Ekel, Grauen, *N.* **del**.
fürchten (außerordentlich), *V.* **gosta-**, *Inf.* **gosto**.
furchterregend, schrecklich, *Adj.* **goeol**.
furchtlos, stark, *Adj.* **thalion**, *Pl.* **thelyn**.
Fürst, *N.* **cund**.
Fürst, Herrscher, *N.* **caun**, *Pl.* **conin**.
Furt, Querung (eines Flusses), *N.* **athrad**.
›Furt der Steine‹, *N.* **Sarn Athrad**.
›Furt des Isen‹, *N.* **Athrad Angren**.
›Furten des Isen‹, *N.* **Ethraid Engrin**.
Fuß, *N.* **tâl**.
Fuß (von Tieren), *N.* **pôd**.
Fußboden, *N.* **panas**.
Fußboden, Boden, *N.* **talaf**.
Fußsohle, *N.* **tellain**.
Fußspur, Abdruck, Spur, *N.* **rain**, *Pl.* **rŷn**.

G

Gabe, *N.* **ant**.
›Gabelhöhe‹, *N.* **Orthanc**.
Gang (auf- oder abwärts führender), Treppe, *N.* **pendrath**.
Gans, *N.* **gwaun**.

Gänseblümchen, Margerite, *N.* ***eiriën***.

›Ganzweis‹, *N.* ***Panthael***.

Garde, Truppe eines Herrn, *N.* ***herth***.

Garten, Feld, Grundstück (in privatem Besitz, ob umschlossen oder nicht), *N.* ***sant***.

Gau, Verwaltungsbezirk, Teil eines Reiches, *N.* ***trann***.

›Gau‹, Auenland, *N.* ***Trann***.

›gaumäßig‹; auenländisch, *Adj.* ***trannail***.

Gebäude, Haus, *N.* ***adab***; ***car***.

geben, schenken, ***anna-***, *Inf.* ***anno***, *V. Prät.* ***óne-*** *(3. Sg.* ***aun****), Part. Pass.* ***ónen***.

Geber, *N.* ***oneth***.

gebeugt, gebogen, bogenförmig, *Adj.* ***cûn***.

Gebiet, Reich, *N.* ***ardh***.

Gebiet (begrenztes oder eingegrenztes); Welt, *N.* ***gardh***.

Gebiet (großes), Provinz; Welt, *N.* ***ardhon***.

›Gebiet der Stechpalmen‹, *N.* ***Eregion***.

Gebiet, Wildnis; Trupp wehrfähiger Männer, Volk, *N.* ***gwaith***.

Gebiss, Kiefer, *N.* ***anc***; ***carach***; ***naew***.

›Gebiss des großen Durstes‹, *N.* ***Anfauglir***.

gebogen, bogenförmig, gebeugt, *Adj.* ***cûn***.

gebogen, falsch, krumm, *Adj.* ***raeg***.

Gebrauch, *N.* ***iuith***.

von langem Gebrauch, von langer Dauer, alt, *Adj.* ***brûn***.

gebrauchen, verwenden, *V.* ***iuitha-***, *Inf.* ***iuitho***.

Gebrüll, Geschrei, wilder Lärm, (im übertragenen Sinne) Orkhorde, *N.* ***glam***.

gebunden, *Adj.* ***naud***.

Gedanke, *N.* ***nauth***.

Gedanke (innerer), Bedeutung, Herz, *N.* ***ind***.

Gedeihen, Glück, Segen, *N.* ***galu***, *Pl.* ***geilu***.

Gedenken, *N.* ***rîn***.

Gedicht, Ballade, Gesang, *N.* ***glir***.

ein Gedicht vortragen, singen, trällern, *V.* ***glir-***, *Inf.* ***gliri***, *Imp.*

gliro, Aor. *gliri-* (3. Sg. *glîr*), Präs. *glíra-* (1. Sg. *glíron*), Prät. *glirni-* (3. Sg. *glirn*), Part. Akt. *gliriel*.
gefangen (im Netz), verstrickt, *Adj.* **raen**.
Gefängnis, Gewahrsam, Zwang, *N.* **band** (MB-).
Gefängnis, Kerker, *N.* **gador**.
Gefolgschaft halten, dienen, *V.* **buia-**, *Inf.* **buio**.
Gefolgsmann, Vasall, *N.* **beor**, *Pl.* **bŷr**; **bŷr**.
geformt, gestaltet, *Adj.* **cadu**.
gegabelt, gespalten, *Adj.* **thanc**.
gegen, *Präp.* **dan** (mit Nasalmutation), *Präf.* **dan-**.
geheim, verborgen, *Adj.* **thurin**.
›Geheimnisvoller‹, *N.* **Thurin**.
gehen, *V.* **pada-**, *Inf.* **pado**, *Prät.* **panne-** (3. Sg. *pant*), *Part. Pass.* **pannen**.
Geheul, *N. Ger.* **gawad** (NG-).
Geist (feuriger), Bereitschaft zum Handeln, Kraft, *N.* **hûr**.
Geist (hingeschiedener), *N.* **mân**.
Geist (innerer), *N.* **faer**.
›Geisterspalte‹, *N.* **Cirith Gorgor**.
Gekochtes, Fleisch, *N.* **aes**.
gekrönt, *Adj.* **rîn**.
Gekrönte, Königin, *N.* **rîn**.
›Gekrönte‹ (?), *N.* **Rían**.
Geläut, Läuten (von Glocken), *N.* **nelladel**.
gelb, *Adj.* **malen**.
gelbbraun, goldbraun, braun, *N.* **baran**.
›Gelber Fluss‹, *N.* **Malduin**.
›Gelbsänger‹, Goldammer, *N.* **emlin**.
Gelegenheit, Zeitpunkt, *N.* **lû**.
gelehrt, *Adj.* **istui**.
gelehrt in tiefen Künsten, weise, *Adj.* **golwen** (NG-).
Gemahlin, Königin, *N.* **bereth**.
gemäß, entsprechend, nach (übertragen), *Präp.* **be** (mit Lenierung), mit Artikel: **ben** (mit gemischter Mutation).
geneigt, abschüssig, *Adj.* **adlann**.

geneigt, abschüssig, hügelabwärts, *Adv.* **dadbenn**.
geneigt, schräg, *Adj.* **adlant**.
genug, *Adv.* **farn**.
genug, recht, hinreichend, *Adj.* **far**.
gepflasterter Weg, *N.* **othlonn**.
gerade, *Adj.* **taer**.
gerade, recht, *Adj.* **tîr**.
Gerät, Vorrichtung, Maschine, *N.* **gaud**.
gerecht (denkend), großmütig, aufrichtig, *Adj.* **fael**.
gerodet, offen, *Adj.* **laden**.
Geruch, *N.* **ûl**.
Gesang, Gedicht, Ballade, *N.* **glir**.
›Gesang-Mann, Sänger‹, *N.* **Lindir**.
Geschichte, Erzählung, *N.* **pent**.
Geschichte, Historie, *N.* **gobennas**.
Geschichte, historischer Bericht, *N.* **pennas**.
Geschichte (neue), *N.* **sinnarn**.
›Geschichte der Kinder Húrins‹, *N.* **Narn i Chîn Húrin**.
geschichtlich, historisch, *Adj.* **gobennathren**.
Geschick, Kunstfertigkeit, *N.* **curu**.
Geschicklichkeit, Fertigkeit, *N.* **maenas**.
geschickt, *Adj.* **maed**.
geschickt, schlau, *Adj.* **maen**.
geschickter Mann, Zauberer, *N.* **curunír**.
geschlossen, *Adj./Part.* **sollen** [oder **hollen**?].
geschlossen, blockiert, *Adj.* **tafnen**.
Geschöpf, *N.* **ûn**.
Geschöpf (deformiertes und hässliches), Monster, *N.* **ulunn**; **úan**.
Geschrei, wilder Lärm, Gebrüll, (im übertragenen Sinne) Orkhorde, *N.* **glam**.
Gesicht, Gesichtsausdruck, Blick, *N.* **thîr**.
Gesicht, Stirnseite, *N.* **nif**.
gesondert, einzigartig, einzeln, *Adj.* **minai**.
gespalten, gegabelt, *Adj.* **thanc**.

gespannt (von Sehnen oder Saiten), mitschwingend, straff, *Adj.* **tong**.

Gestade, Ufer, *N.* **habad**.

Gestalt (undeutliche), geisterhafte Erscheinung, Schatten, *N.* **auth**.

Gestalt, Formung, *N.* **cannas**.

gestaltet, geformt, *Adj.* **cadu**.

Gestank, *N.* **angol**; **thû**.

geteilt (in der Mitte), halb, *Adj.* **perin**, *Präf.* **per-**.

Getreide, Korn, *N.* **iaw**.

Getreuer, *N.* **sadron**.

›Getreuer‹, *N.* **Sador**.

Getreuer, Vasall, Standhafter, *N.* **bôr**.

Gewahrsam, Zwang, Gefängnis, *N.* **band** (MB-).

Gewalt, Plötzlichkeit, *N.* **breged**.

gewaltsam, plötzlich, heftig, *Adj.* **bregol**.

Gewand, *N.* **hamp**.

Gewässer (See, Teich oder kleinerer Fluss), Wasserland, *N.* **nen**, *Pl.* **nîn**.

Gewebe, Gewirk, *N.* **nath**.

Gewebe, Netz, *N.* **gwî**.

gewebt, durchwirkt, verflochten, *Adj./Part.* **remmen**.

Gewohnheit, Brauch, *N.* **haew**.

Gewölbe, gewölbte Halle, Höhle, Kuppel (von unten gesehen und gewöhnlich nicht sichtbar von außen), *N.* **rond**.

gierig, *Adj.* **melch**.

Gift, *N.* **saew**.

Gipfel, Bergspitze, *N.* **mîn**; **min-**.

Girlande, Krone, Kranz, *N.* **ri**.

Gischt, Brecher, *N.* **falf**.

Gischt, Sprühregen, Schaum, *N.* **ross**.

Gischt, Wellenschaum, *N.* **gwing**.

›Gischtherr‹ (?), *N.* **Gwindor**.

›Gischtwasser‹ (?), *N.* **Nenning**.

gischten, schäumen, *V.* **faltha-**, *Inf.* **faltho**.

Glanz, Glorie, *N.* **aglar**; *poet.* **claur**.
›Glitzerndes Gewölbe‹, *N.* **Aglarond**.
Glänzen, Leuchten, Licht, Widerschein, *N.* **galad**.
glänzend, glorreich, *Adj.* **aglareb**.
›Glanzherr‹, *N.* **Galdor**.
Glas, *N.* **heledh**.
glatt, *Adj.* **path**.
Glaube, Ausdauer, Durchhaltevermögen, *N.* **bronwe**.
›Glaurungs Verderber‹ (Dialekt von Doriath), *N.* **Dagnir Glaurunga**.
gleißen, funkeln, *V.* **thilia-**, *Inf.* **thilio**.
gleißende Helle (von der Sonne), *N.* **fael**.
›Gleißen von Ivrin‹, *N.* **Faelivrin**.
glimmend, bleich, *Adj.* **gael**.
glitzernd (weiß), *Adj.* **silivren**.
›Glitzerndes Sturzwasser‹, *N.* **Brilthor**.
Globus, Kugel, runder Hügel, *N.* **coron**.
Glocke, *N.* **nell**.
Glorie, Glanz, *N.* **aglar**; *poet.* **claur**.
glorreich, glänzend, *Adj.* **aglareb**.
›Glorreiche Schlacht‹, *N.* **Dagor Aglareb**.
Glück, Segen, Gedeihen, *N.* **galu**, *Pl.* **geilu**.
Glut, *N.* **iûl**.
Gold (allg.), *N.* **côl**.
Gold (als Metall), *N.* **mall**.
›Goldbaum‹, *N.* **Malgalad**.
›Goldbaum‹, *N.* **mallorn**.
›Goldschnee‹, *N.* **mallos**.
›Goldschwert‹, *N.* **Malvegil**.
›Goldtraum‹ (?), *N.* **Mallor**.
›Goldwort‹, *N.* **Malbeth**.
Goldammer, ›Gelbsänger‹, *N.* **emlin**.
›Goldbett, Goldene Straße‹, *N.* **Rathlóriël**.
goldbraun, braun, gelbbraun, *N.* **baran**.
›Goldbrauner Hügel‹, *N.* **Dol Baran**.

›der Goldene‹ (?), *N.* **Glaurung**.
golden, *Adj.* **mallen; glaur; glór; laur; lór**.
›Goldener Hügel, Goldener Kreis‹, *N.* **Cormallen**.
›Goldenelbin‹, *N.* **Glóredhel**.
›Goldenes Tal‹, *N.* **Glornan**.
›Goldenhaar‹, *N.* **Glorfindel**.
›Goldlöckchen‹, *N.* **Glorfinniël**.
›Goldenes Tal‹, *N.* **Nan Laur**.
›Goldene Straße, Goldbett‹, *N.* **Rathlóriël**.
›Goldscheitel‹, *N.* **Lórindol**.
golden, aus Gold, *Adj.* **malthen**.
goldrot, rot, *Adj.* **coll**.
›Gondolin-Volk‹, *N. Koll.* **Gondolindrim**.
Gottheit, Vala, göttliche Macht, *N.* **Balan; Rodon**, *Pl.* **Rodyn**.
›Götterglanz‹, *N.* **Belthil**.
Grab, *N.* **sarch**.
›Grab der Kinder Húrins‹, *N.* **Sarch nia Chîn Húrin**.
Grabhügel, Erdhügel, *N.* **cum**.
Grabhügel, Hügel, *N.* **haudh**.
Grabstätte, *N.* **gorthad**.
Gras (steifes), Segge, *N.* **thâr**.
Grasbüschel, *N.* **tharas**.
Grasland (weites), Tal, *N.* **nan**.
Grasnarbe, Soden, *N.* **sâdh**.
grau, *Adj.* **mithren**.
›Graue Berge‹, *N.* **Ered Mithrin**.
grau (blass), *Adj.* **mith**.
›Grauer Hafen‹, *N.* **Mithlond**.
›Grauer Wanderer‹, *N.* **Mithrandir**.
›Graues Blattgeflecht‹ (?), *N.* **Mithrellas**.
›Grauquell‹, *N.* **Mitheithel**.
›Graustern‹, *N.* **Gilmith**.
›Grau-Volk‹, *N.* **Mithrim**.
grau, blass, *Adj.* **thind**.
›Graumantel‹, *N.* **Thingol**.

Grauen, Entsetzen, *N*. ***gor***.
Grauen, Furcht, Ekel, Abscheu, Schrecken, *N*. ***del***.
grausam, *Adj*. ***balch***.
›Grausame Horde‹, *N*. ***Balchoth***.
grausam, tyrannisch, bedrückend, *Adj*. ***baug*** (MB-).
Grenze, *N*. ***edrain***; ***rain***.
Grenze, Grenzlinie, Limit, *N*. ***taeg***.
›Grenzfluss‹, *N*. ***Teiglin***.
Grenze, Rand, Begrenzung, *N*. ***glan***.
›Grenzfluss‹, *N*. ***Glanhír***.
›Grenzstrom‹, *N*. ***Glanduin***.
Grenzmarke, *N*. ***glandagol***.
Gros (144), *Num. N*. ***host***.
groß, *Adj*. ***daer***.
›Großer Hafen‹, *N*. ***Lond Daer***.
›Großer Mittlerer Hafen‹, *N*. ***Lond Daer Enedh***.
groß, aufragend, hoch (an Maßen); hoch, erhaben, *Adj*. ***orchal***.
groß, hochgewachsen, *Adj*. ***tond***.
groß, mächtig, *Adj*. ***beleg***.
›Große Festung‹, *N*. ***Belegost***.
›Großer‹, ›Mächtiger‹, *N*. ***Beleg***.
›Großer Adler‹, *N*. ***Belecthor***.
›Großer Baum‹, *N*. ***Belegorn***.
›Großes Meer‹, *N*. ***Belegaer***.
›Großer Prinz‹, *N*. ***Belegund***.
›Großer Tod‹, *N*. ***Belegurth***.
groß, weit, *N*. ***ûr***.
›Großer Fluss‹, ›Strom‹, *N*. ***Sirion***.
›Großer Hund‹, *N*. ***Huan***.
›Großer Wall des Außenkreises‹, *N*. ***Rammas Echor***.
großmütig, aufrichtig, gerecht (denkend), *Adj*. ***fael***.
Grube, Loch, *N*. ***dath***.
Grube, unterirdische Wohnstatt, große Höhle, *N*. ***groth***.
grün, *Adj*. ***calen***.

›Grüne Hänge‹, *N. **Pinnath Gelin***.
›Grüne Insel‹, *N. **Tol Galen***.
›Grüne Nabe‹ (?), *N. **Calembel***.
›Grüne Region (große), Grüne Provinz‹, *N. **Calenardhon***.
›Grüner Ort‹, *N. **Calenhad***.
›Grüner Wald‹, *N. **Eryn Galen***.
›Grünes Feld‹, *N. **Parth Galen***.
›Grünes Gebiet‹, *N. **Ard-galen***.
grün (eig. frisch), *Adj. **laeg***.
Grünelbe, *N. **Laegel**, Koll. **Laegrim***.
›Grüngesang‹, *N. **Legolin***.
›Grüner Fluss‹, *N. **Duilwen***.
Grund, Fläche, Rasen, *N. **pathu**, Pl. **peithu***.
Grundstück (in privatem Besitz, ob umschlossen oder nicht), Garten, Feld, *N. **sant***.
Gruß, *N. **suil***.
grüßen, einen Gruß darbieten, *V. **suilanna-**, Inf. **suilanno**, Prät. **suilanne-** (3. Sg. **suilannant** oder **suilant**), Part. Pass. **suilannen** [oder Prät. **suilóne** (3. Sg. **suilon**), Part. Pass. **suilónen**]*.
Gürtel, *N. **lest***.
gut, *Adv. **mae***.
gut, nützlich, passend (von Dingen), *Adj. **maer***.

H

Haar (geflochtenes), *N. **finnel***.
Haar (struppiges), *N. **fast***.
Haarlocke, *N. **fin**; **laws***.
haben, halten, *V. **gar-**, Inf. **geri** [oder **garo**], Imp. **garo**, Aor. **geri-** (3. Sg. **gâr**), Präs. **góra-** (1. Sg. **góron**), Prät. **gerni-** (3. Sg. **garn**)*.
Hafen, *N. **círbann***.
Hafen (landumschlossener), Hafeneinfahrt, Enge, enger Durchlass, Meerenge, *N. **lond**, Koll. **lonnath***.

Hafen, kleine landumschlossene Bucht, *N.* **hûb**.
Hafen, Zuflucht, *N.* **hobas**.
Haken, Klaue, *N.* **gamp**.
halb, in der Mitte geteilt, *Adj.* **perin**, *Präf.* **per-**.
Halbelbe, *N.* **Peredhel**.
Halbling, Hobbit, *N.* **Perian**, *Koll.* **Periannath**.
Halle (allg.), *N.* **tham**.
Halle (gewölbte), Höhle, Kuppel, Gewölbe (von unten gesehen und gewöhnlich nicht sichtbar von außen), *N.* **rond**.
Halle (große), *N.* **thamas**.
Hals, *N.* **iaeth**.
Halsband, *N.* **sigil**.
›Halsband der Zwerge‹, (eig.) Juwel der Zwerge (Dialekt von Doriath), *N.* **Nauglamír**.
halsstarrig, eigensinnig, *Adj.* **tarlanc**.
Halt, Atempause, Aufhören, Pause, Rast, *N.* **post**.
Halt, Pause, Wegstunde (etwa 4,5 km), *N.* **daur**.
halten, haben, *V.* **gar-**, *Inf.* **geri** [oder **garo**], *Imp.* **garo**, *Aor.* **geri-** *(3. Sg.* **gâr**), *Präs.* **góra-** (1. *Sg.* **góron**), *Prät.* **gerni-** *(3. Sg.* **garn**).
Halter, Fassung, Klammer, Schließe, Spange, *N.* **taew**.
›Hamfast‹, *N.* **Baravorn**.
Hammer, *N.* **dam** (ND-); **dring**.
hämmern, *V.* **damma-** (ND-), *Inf.* **dammo**, *Part. Pass.* **dammannen** [oder **dammen**].
Hand, *N.* **cam**.
Hand (geschlossene), Faust, *N.* **paur**.
Handel treiben, handeln, *V.* **banga-** (ND-), *Inf.* **bango**, *Prät.* **bange-** *(3. Sg.* **banc**), *Part. Pass.* **bangen**.
Handfläche, *N.* **camlann**; **talf**.
handhaben, führen, kontrollieren, *V.* **tortha-**, *Inf.* **tortho**.
handhaben, befühlen, fühlen, streicheln, *V.* **matha-**, *Inf.* **matho**.
Händler, *N.* **bachor** (MB-).
Hang, Abhang, Neigung, *N.* **talad**.
hängen, baumeln, *N.* **gling**.

›Hängende Flamme‹, N. **Glingal**.

Harfe spielen, V. **ganna-** (NG-), Inf. **ganno**, Prät. **ganne-** (3. Sg. **gand** oder **gannant**), Part. Pass. **gannen**.

Harfe, N. **gannel** (NG-).

Harfenspieler, Harfner, N. **talagan**.

hässlich, scheußlich, monströs, Adj. **uanui**.

Hatz, Jagd, N. **rui**.

Hauch, Atem, Brise, N. **hwest**.

hauen, **drava-**, Inf. **dravo**, Prät. **dramme-** (3. Sg. **dram**, poet. auch **dramp**), Part. Pass. **drammen**.

Haufen, Menge, N. **ovras**.

häufig, zahlreich, Adj. **rem**.

Haus (von Mauer umgebenes), Dorf, N. **gobel**.

Haus, Gebäude, N. **adab**; **car**.

›Haus der Auslöse‹, N. **Bar-en-Danwedh**.

›Haus der Kleinzwerge‹, N. **Bar-en-Nibin-noeg**.

Haut, N. **flâd**.

Hecke, N. **cai**, Pl. **cî**.

Heer, Kriegsstärke, Regiment, Trupp wehrfähiger Männer, N. **gweth**.

heftig, gewaltsam, plötzlich, Adj. **bregol**.

heftig, ungestüm, Adj. **gorn**.

heftig, ungestüm, stürmisch, Adj. **asgar**.

Heftigkeit, Wildheit, N. **bregolas**.

heilen, V. **nesta-**, Inf. **nesto**.

Heiliges Lied, Hymne, N. **aerlinn**.

Heiligtum, heilige Stätte, N. **iaun**.

Heilkraut, heilendes Blatt, ›Königskraut‹, N. **athelas**.

heilsam, Adj. **nestadren**.

Heim, Heimat, Land, N. **bâr** (MB-).

Heimsuchung, große Last, N. **caul**.

heiß, Adj. **urui**.

heiß, rot, Adj. **born**.

Held, N. **callon**.

Held, standhafter Mann, N. (eig. Adj.) **thalion**, Pl. **thelyn**.

hell, klar, funkelnd, *Adj.* **lim**.

›Heller‹ (?), ›Sohn des Himmels‹ (?), *N.* **Gelion**.

Helm, *N.* **thôl**.

Helmzier, ›aufsteigende Blüte‹, *N.* **amloth**.

hemmen (im Wachstum oder in der Entwicklung), nicht zur Vollendung kommen lassen, Einhalt gebieten, unterbinden, *V.* **nuitha-**, *Inf.* **nuitho**.

her, zuvor, vorüber (nachgestellt), *Adv.* **io**.

herab, herunter, hinab, hinunter, *Präp.* **dad** (mit Plosivmutation).

herab, herunter, hinab, hinunter, ab, abwärts, *Präf.* **dad-**.

sich herabneigen, schräg (nach unten) liegen, *V.* **penna-**, *Inf.* **penno**, *Prät.* **penne-** *(3. Sg.* **pend** oder **pennant**)*, Part. Pass.* **pennen**.

herabstoßend, sich stürzend auf, *Adj.* **thôr**.

herauf, hinauf, auf, aufwärts, *Präf.* **am-** (mit Lenierung).

heraus, aus, hervor, hinaus, *Präp.* **ed** (mit Plosivmutation), vor Vokalen: *ed*, *Präf.* **et-**.

Herbst, *N.* **lasbelin**.

Herbst (Jahreszeit), *N.* **Iavas**.

herkommen, sich nähern, *V.* **anglenna-**, *Inf.* **anglenno**, *Prät.* **anglenne-** *(3. Sg.* **anglennant**)*, Part. Pass.* **anglennen**.

›Herr der Adler‹, *N.* **Thorondor**.

›Herr des Hauses‹ (?), *N.* **Indor**.

Herr, *N.* **brannon**.

Herr, Meister, *N.* **hîr**.

›Herren-Sohn‹, *N.* **Herion**.

Herr, Meister, Sieger, *N.* **túro**.

Herrin, *N.* **brennil**; **heryn**; **hiril**.

Herrin, Brotgeberin, *N.* **bassoneth** (MB-); **bessain** (MB-).

›Herrin der Weißen Grotte‹, *N.* **Nimrodel**.

Herrschaft, Oberhand, Sieg, *N.* **tûr**.

herrschend (?), befehlend, *Adj.* **conui**.

Herrscher, Fürst, *N.* **caun**, *Pl.* **conin**.

herstellen, machen, *V.* **echad-**, *Inf.* **echedi**, *Imp.* **echado**, *Aor.*

echedi- (3. Sg. echad), Präs. *echóda-* (1. *Sg. echódon*), Prät. *echanne- (3. Sg. echant)*, Part. Pass. *echannen*.

herum schneiden, amputieren, *V. osgar-*, *Inf. esgeri*, *Imp. osgaro*, *Aor. esgeri- (3. Sg. osgar)*, Präs. *osgóra-* (1. *Sg. osgóron*), Prät. *esgerni- (3. Sg. osgarn)*.

hervor, aus, heraus, hinaus, *Präp.* **ed** (mit Plosivmutation), vor Vokalen: **ed**, *Präf.* **et-**.

Herz (als Organ), *N.* **hûn**.

Herz, innerer Gedanke, Bedeutung, *N.* **ind**.

Herz, Rat, *N.* **gûr**.

Heulen und Zähneknirschen, Weh, Beißen, *N.* **nauth**.

heulen, *V. gawa-* (NG-), *Inf. gawo*, Prät. *gone- (3. Sg. gaun)*, Part. Akt. *gówiel*, Part. Pass. *gonen*.

Hexerei, Nekromantie, schwarze Magie, *N.* **morgul**.

Hieb, schwerer Schlag, *N.* **dram**.

hier, *Adv.* **sí**.

Himmel, hoher Himmel, Firmament, Region der Sterne, *N.* **menel**.

›Himmelherr‹, *N.* **Meneldor**.

›Himmelschwertkämpfer‹, *N.* **Menelvagor**.

›Himmelsbrücke‹, Regenbogen, *N.* **eiliant**.

›Himmelsjuwel‹, *N.* **Gelmir**.

hinab, hinunter, herab, herunter, *Präp.* **dad** (mit Plosivmutation).

hinab, hinunter, herab, herunter, ab, abwärts, *Präf.* **dad-**.

hinauf, herauf, auf, aufwärts, *Präf.* **am-** (mit Lenierung).

hinaus, aus, hervor, heraus, *Präp.* **ed** (mit Plosivmutation), vor Vokalen: **ed**, *Präf.* **et-**.

hineingehen, eintreten, *V.* **minna-**, *Inf.* **minno**, Prät. **minne-** *(3. Sg.* **minnant***)*, Part. Pass. **minnen**.

hineinstecken, einführen, *V.* **nestag-**, *Inf.* **nestegi**, *Imp.* **nestago**, Aor. **nestegi-** *(3. Sg.* **nestag***)*, Präs. **nestóga-** (1. *Sg.* **nestógon**), Prät. **nestengi-** *(3. Sg.* **nestanc***)*, Part. Pass. **nestangen**.

hingeschieden, tot, *Adj.* **gwann**.

›Hinnenküste‹, *N.* **Nevrast**.

hinreichend, genug, recht, *Adj.* **far**.

hinscheiden, sterben, *V.* **gwanna-**, *Inf.* **gwanno**, *Prät.* **gwanne-** *(3. Sg.* **gwannant**), *Part. Pass.* **gwannen**.

hinten gehen (auf einem Weg oder Pfad), folgen, *V.* **aphada-**, *Inf.* **aphado**, *Prät.* **aphanni-** *(3. Sg.* **aphant**), *Part. Pass.* **aphannen**, *Ger.* **aphaded**.

hinter, am Ende von, *Präp.* **adel** (mit Lenierung).

Hirsch, Reh, *N.* **aras**.

Historie, Geschichte, *N.* **gobennas**.

historisch, geschichtlich, *Adj.* **gobennathren**.

Hitze, Feuer, *N.* **ûr**.

›der Hitzige‹, *N.* **Úrui**.

Hobbit, Halbling, *N.* **Perian**, *Koll.* **Periannath**.

hoch (an Maßen), groß, aufragend; hoch, erhaben, *Adj.* **orchal**.

›Hoher Herr‹, *N.* **Orchaldor**.

hoch, edel, königlich, *Präf.* **ara-**.

›Hohe Frau‹, *N.* **Arwen**.

hoch, erhaben, *Adj.* **hall**.

›Hochsteigendes Pferd‹ (?), *N.* **Rochallor**.

›Hoch-Turm‹ (?), *N.* **Halbarad**.

›der Hohe‹, ›Hochblatt‹ (?), *N.* **Hallas**.

hoch; erhaben, edel, fein, *Adj.* **brand**.

›Hochaufsteigender Pass des Nordens‹, *N.* **Cirith Forn en Andrath**.

hochgewachsen, groß, *Adj.* **tond**.

Höcker, *N.* **tump**.

Hof, *N.* **pand**.

Hof, umzäuntes Feld, *N.* **pel**, *Pl.* **peli**.

›Hof der Königsschiffe‹, *N.* **Pelargir**.

hoffen, *V.* **hartha-**, *Inf.* **hartho**.

Hoffnung, Aussicht, Zuversicht, *N.* **amdir**.

Hoffnung, Vertrauen, Festigkeit (im Geiste), *N.* **estel**.

Hohe Frau, *N.* **rodwen**.

›Hohe Schlucht des Außenkreises‹ (?), *N.* **Orfalch Echor**.

Höhe, Gipfel (eines hohen Berges), *N*. **taen**.
Höhen, Hügel, *N. Pl.* **tyrn**.
›Hoher blauer Turm‹, *N*. **Mindolluin**.
hoher Himmel, Firmament, Region der Sterne, Himmel, *N*. **menel**.
hohl, *Adj*. **coll**.
hohl, ausgehöhlt, *Adj*. **raudh**.
›Hohler Bau‹, *N*. **Novrod**.
Höhle, *N*. **fela**, *Pl*. **fili**; **gathrod**.
›Höhlenschleifer‹, *N*. **Felagund**.
Höhle (große), Grube, unterirdische Wohnstatt, *N*. **groth**.
Höhle, Kuppel, Gewölbe, gewölbte Halle (von unten gesehen und gewöhnlich nicht sichtbar von außen), *N*. **rond**.
Höhle, Lauer, *N*. **torech**.
›Höhle der Spinne‹, *N*. **Torech Ungol**.
Höhlung, Kaverne, *N*. **gath**.
Hohlweg, Kluft, hoher Pass, *N*. **cirith**.
Hohlweg, Pass (zwischen hohen Wänden), *N*. **aglonn**.
Hohn, Spott, *N*. **iaew**.
holen, kommen lassen, *V*. **toltha-**, *Inf*. **toltho**.
Holz, großer Wald, *N*. **tawar**.
hölzern, aus Holz, *Adj*. **tawaren**.
Holzpfeiler, Pfosten, *N*. **thafn**.
Honig, *N*. **glî**.
Horde, Masse, Bande, *N*. **hoth**.
hören, zuhören, *V*. **lasta-**, *Inf*. **lasto**.
Hörer, Zuhörer, Lauscher, *N*. **lathron**.
Horn (von lebendem Tier), Bergspitze, *N*. **ras**; **rasg**.
›Horn des Schwarzglanzes‹, *N*. **Ras Morthil**.
Horn, Flügel, seitwärts reichende Spitze, *N*. **rafn**.
Horn, Spitze, *N*. **till**.
Horn, steiler Bergpfad, *N*. **tarag**.
Horn, Trompete, *N*. **rom**.
Hörnerklang, *N*. **romru**.
Hügel, *N*. **gwastar**.

Hügel (einzelner, insbes. mit einem Wachtturm), Turm, *N.* ***mindon***.
Hügel (runder), kreisförmige Umfriedung, *N.* ***cerin***.
›Hügel des Amroth‹, *N.* ***Cerin Amroth***.
Hügel (runder), Kugel, Globus, *N.* ***coron***.
Hügel, Anhöhe (mit steilen Hängen), Berg, *N.* ***amon***.
›Hügel der Späher‹, *N.* ***Amon Ethir***.
›Hügel von Arnen‹, *N.* ***Emyn Arnen***.
›Hügel (der Wacht)‹, *N.* ***Amon Gwareth***.
Hügel, Erdhügel, *N.* ***tund***.
Hügel, Grabhügel, *N.* ***haudh***.
›Hügel der Erschlagenen‹, *N.* ***Haudh-en-Ndengin***.
›Hügel der Hohen Frau‹, *N.* ***Haudh-en-Arwen***.
›Hügel der Tränen‹, *N.* ***Haudh-en-Nirnaeth***.
›Hügel des Elbenmädchens‹, *N.* ***Haudh-en-Elleth***.
Hügel, Höhen, *N. Pl.* ***tyrn***.
›Hügel der Totenstätte‹, *N.* ***Tyrn Gorthad***.
hügelabwärts, abschüssig, geneigt, *Adv.* ***dadbenn***.
Hügelkette, Kämme (eines Gebirges), Bergkette, *N. Koll.* ***pinnath***.
Hügelkuppe, Berggipfel (im übertragenen Sinne); Kopf, *N.* ***dôl*** (ND-).
›Hügel der Magie‹, *N.* ***Dol Guldur***.
›Hügel des Amroth‹, *N.* ***Dol Amroth***.
Hülle, *N.* ***ui***.
Hund, *N.* ***hû***.
hundert, *Num.* ***haran***.
hüpfen, *V.* ***laba-***, *Inf.* ***labo***, *Prät.* ***lamme-*** *(3. Sg.* ***lamp****), Part. Pass.* ***lammen***.
›Hüpffuß‹, *N.* ***Labadal***.
Hut, *N.* ***carab***.
Hymne, Heiliges Lied, *N.* ***aerlinn***.

I

ich, *Pron.* (1. Sg.) *Nom.* **im**.
Idee, *N.* **naw**.
Idee, Vorstellung, Ahnung, *N.* **inc**.
ihm, *Pron.* (3. Sg. unpers.) *Dat.* **san**, **assan**.
ihm, ihr, *Pron.* (3. Sg. pers.) *Dat.* **ten**, **athen**.
ihn, sie, *Pron.* (3. Sg. pers.) *Akk.* **den**.
ihnen, *Pron.* (3. Pl. pers.) *Dat.* **tin**, **ethin**; (3. Pl. unpers.), *Dat.* **sain**, **assain**.
ihr, *Pron.* (2. Pl.) *Nom.* **le(n)**, **-l**.
ihr, sein (reflexiv), *Pron. Adj.* **în**.
ihr(er), *Pron.* (3. Pl. pers.) *Gen./Poss.* **dîn**, **nadin**, **-(e)t**; (3. Pl. unpers.), *Gen./Poss.* **hain**, **nahain**.
ihr(er), sein(er), *Pron.* (3. Sg. pers.) *Gen./Poss.* **dîn**, **naden**, **-(e)s**.
im Überfluss vorhanden, reichlich, *Adj.* **ovor**.
›Immertreu‹, *N.* **alfirin**.
immerweiß, ewig weiß wie Schnee, *Adj.* **uilos**.
Immerweiß, *N.* **uilos**.
›Immerweiß‹, *N.* **Uilos**.
in (räumlich und allg.), *Präp.* **mi** (mit Lenierung), **vi** (mit Lenierung).
in (zeitlich u. allg.), an, *Präp.* **ned** (mit Plosivmutation).
innerhalb, zwischen, *Präp.* **im** (mit Lenierung), **min** (mit Nasalmutation), *Präf.* **min-**.
ins Exil gehen, auswandern, *V.* **edledhia-**, *Inf.* **edledhio**.
insbesondere, *Adv.* **edregol**.
Insel (mit steilen Ufern aus dem Meer oder einem Fluss aufsteigend), *N.* **tol**.
›Insel der hohen Wacht‹, *N.* **Tol Brandir**.
›Insel der Morwen‹, *N.* **Tol Morwen**.
›Insel der Uinen‹, *N.* **Tol Uinen**.
›Insel der Werwölfe‹, *N.* **Tol-in-Gaurhoth**.
›Insel des Sirion‹, *N.* **Tol Sirion**.

intelligent, *Adj.* **hand**.
Intelligenz, Verstand, *N.* **hannas**.
irden, *Adj.* **cefn**.
irgendwer, einer, jemand, *Pron.* **pen**.
Iris, goldene Wasserblume, *N.* **ninglor**.
Irrtum, Abweg, *N.* **mist**; **mistad**.
Isen, (eig.) ›Eiserner‹, *N.* **Angren**.
Isengart, (eig.) ›Eiserne Festung‹, *N.* **Angrenost**.
isoliert, einsam, *Adj.* **ereb**.

J

Jagd, Hatz, *N.* **rui**.
Jagd, Jägerei, *N.* **faras**.
Jagd, Verfolgung, *N.* **faroth**.
Jagdhund, *N.* **rŷn**.
jagen, *V.* **fara-**, *Inf.* **faro**, *Prät.* **farne-** *(3. Sg.* **farn**), *Part. Pass.* **farnen**.
›Jagd-Volk‹, *N. Koll.* **faradrim**.
Jäger, *N.* **faron**; **feredir**.
Jahr, *N.* **idhrinn**; **în**.
Jahrestag, *N.* **edinor**.
jed(er, e, es), *Pl.* alle, *Adj.* **pân**, *Pl.* **pain**.
jemand, irgendwer, einer, *Pron.* **pen**.
jenseits, durch ... hindurch, querüber, *Präp.* **athra** (mit Lenierung), *Präf.* **athra-**; **thar-**.
jetzt, *Adv.* **si**.
Joch, *N.* **ianu**.
Jubel, *N.* **gellam**.
Jugend, *N.* **nîth**.
jung, *Adj.* **neth**.
›Junge Frau‹, ›Braut‹, *N.* **Dineth**.
Jungfräulichkeit, *N.* **gweneth**.
Juwel, *N.* **mîr**.

Juwel der Zwerge, ›Halsband der Zwerge‹ (Dialekt von Doriath), N. *Nauglamír*.
juwelenfunkelnd, *Adj./Part.* **míriël**.
›Juwelennetz‹, N. *Gilraen*.
Juwelenschmied, N. *mírdan*.

K

kahl, *Adj.* **rûdh**.
›Kahler Berg‹, N. *Amon Rûdh*.
Kalligraph, Schreiber, N. *tegilbor*.
kalt, *Adj.* **him**.
›Kalte Ebene‹, N. *Himlad*.
›der Kalt-Eisige‹, N. *Himring*.
kalt, frostig, *Adj.* **ring**.
›Kaltfenn‹, N. *Ringló*.
›Kaltflug‹ (?), N. *Ringwil*.
›Kaltfunke‹, N. *Ringil*.
Kämme (eines Gebirges), Bergkette, Hügelkette, N. *Koll.* **pinnath**.
Kammer, N. *sam*, *Koll.* **sammath**.
›Kammern des Feuers‹, N. *Sammath Naur*.
Kampf (von zweien oder wenigen, keine Schlacht), N. *maeth*.
kämpfen, *V.* **dagra-** (ND-), *Inf.* **dagro**, *Aor.* **dagra**, *Prät.* **dagranne-** *(3. Sg.* **dagrant**), *Part. Akt.* **dagrol**, *Part. Pass.* **dagrannen**; **maetha-**, *Inf.* **maetho**.
Kante (scharfe), plötzliches Ende, N. *lanc*.
Kante, Rand, Saum, N. *riw*.
Kap, Landspitze, N. *cast*.
Kap; Nase, Schnauze, N. *bund* (MB-).
Kaverne, Höhlung, N. *gath*.
Kehle, N. *lanc*.
Keil, Speerspitze, Dreieck, Landzunge, N. *naith*, *Pl.* **natsai**.
Keim, Saat, N. *eredh*.

Kelch, *N. sûl*.
Kerker, Gefängnis, *N. gador*.
Kern, Mitte, Zentrum, *N. enedh*.
Kette, Eisenband, *N. angwedh*.
Kette, Reihe, *N. lîr*.
Keule, *N. grond*.
›Khazâd-Gewölbe‹, *N. Hadhodrond*.
Kiefer (Baum), *N. thôn*.
Kiefer, Gebiss, *N. anc*; *carach*; *naew*.
Kies, *N. brith*.
›Kiesfurt‹, *N. Brithiach*.
›der Kiesreiche‹, *N. Brithon*.
Kiesel, kleiner Stein, *N. sarn*, *Pl. sern*.
Kind, *N. hên*.
Kissen, *N. pesseg*.
Kissen, Polster, *N. nedhu*, *Pl. nidhu*.
Klage, *N. naergon*; *nírnaeth*.
Klamm, Abgrund, Schlucht, *N. iaw*.
Klammer, Halter, Fassung, Spange, Schließe, *N. taew*.
klapprig, altersschwach, verbraucht, *Adj. gern*.
klar, hell, funkelnd, *Adj. lim*.
Klaue, Haken, *N. gamp*.
klebrig, *Adj. hîw*.
kleiden, *V. hab-*, *Inf. hebi*, *Imp. habo*, *Aor. hebi-* *(3. Sg. hâb)*, *Präs. hóba-* (1. *Sg. hóbon*), *Prät. hemmi-* *(3. Sg. hamp)*, *Part. Pass. hammen*; *hamma-*, *Inf. hammo*.
Kleidung, *N. hamnia*.
klein, unbedeutend, *Adj. niben*.
›Klein-Zwerge‹, *N. Pl. Negyth Nibin*; *Nibin-noeg*.
›Klein-Zwergvolk‹, ›Klein-Zwerge‹, *N. Pl. Nibin-nogrim*.
klein, winzig, *Adj. tithen*.
Kleinkind, Baby, *N. laes*.
Klippe, Abhang, *N. rhass*.
klopfen, *V. tamma-*, *Inf. tammo*.
Kluft, Abgrund, Leere, *N. iâ*.

Kluft, hoher Pass, Hohlweg, *N*. **cirith**.
Kluft, Pass (zwischen Höhen), Schlucht, *N*. **cîl**.
Kluft, Schlucht, *N*. **falch**; **riss**.
›Kluft des tiefen Tals‹, *N*. **Imladris**.
Kluft, Spalte, *N*. **criss**.
klug, *Adj*. **goll**.
klug, verschlagen, *Adj*. **coru**, *Pl*. **cyru**.
Knauf (runder), Buckel, Bosse, *N*. **dolt** (ND-).
Kniff, Trick; Ruck, plötzliche Bewegung, Zucken, *N*. **rinc**.
Knospe, Spross, *N*. **tuiw**.
Knoten, *N*. **nardh**.
kommen, *V*. **tol-**, *Inf*. **teli**, *Imp*. **tolo**, *Aor*. **teli-** *(3. Sg*. **tôl**), *Präs*. **túla-** *(1. Sg*. **túlon**), *Prät*. **telli-** *(3. Sg*. **toll**).
kommen lassen, holen, *V*. **toltha-**, *Inf*. **toltho**.
König (eines Landes), *N*. **âr**; **aran**.
›Königsgrimm‹, *N*. **Aranrúth**.
›Königschutzland‹ (?), *N*. **Arverniën**.
›Königsmensch‹, *N*. **Aradan**.
›Königsstern/Königlicher Elbe‹, *N*. **Aranel**.
König (legitimer König eines ganzen Volkes), *N*. **taur**.
Königin, *N*. **ris**.
Königin, Gekrönte, *N*. **rîn**.
Königin, Gemahlin, *N*. **bereth**.
königlich, *Adj*. **arn**; **arna**.
›Königssteine‹, *N. Koll*. **Argonath**.
›Königlicher Turm‹, *N*. **Arminas**.
›Königliches Land‹, *N*. **Arnor**.
königlich, hoch, edel, *Präf*. **ara-**.
›Königlich + Adler‹, *N*. **Arathorn**.
›Königlich + alles‹, *N*. **Araphant**.
›Königlich + ewig‹, *N*. **Aranuir**.
›Königlich + Faust‹, *N*. **Araphor**.
›Königlich + Freude‹, *N*. **Araglas**.
›Königlich + Gruß‹, *N*. **Arassuil**.
›Königlich + Juwel‹, *N*. **Aravir**.

›Königlich + Land‹, *N. Arador.*
›Königlich + letzt‹, *N. Arvedui.*
›Königlich + Macht‹, *N. Araval.*
›Königlich + mächtig‹, *N. Arveleg.*
›Königlich + Mut‹, *N. Aragorn.*
›Königlich + Reich‹, *N. Aranarth.*
›Königlich + Schrecken‹, *N. Aragost.*
›Königlich + Schwert‹, *N. Arvegil.*
›Königlich + Silber‹, *N. Argeleb.*
›Königlich + standhaft‹, *N. Aravorn.*
›Königlich + Stätte‹, *N. Arahad.*
›Königlich + steinig‹, *N. Argonui.*
›Königlich + weise‹, *N. Arahael.*
›Königskraut‹, heilendes Blatt, Heilkraut, *N. athelas.*
kontrollieren, handhaben, führen, *V.* **tortha-**, *Inf.* **tortho.**
Kopf; Hügelkuppe, Berggipfel, *N.* **dôl** (ND-).
Kopfende, Spitze, *N.* **caw.**
Kordel (gedrehte), Schnur, *N.* **nordh.**
Korn, Getreide, *N.* **iaw.**
Körper, Fleisch, *N.* **rhaw.**
Kraft, feuriger Geist, Bereitschaft zum Handeln, *N.* **hûr.**
›Kraftherz‹, *N.* **Húrin.**
Kraft, physische Stärke, Muskel, Sehne, *N.* **tû.**
Krähe, *N.* **corch.**
Krähe (große), Rabenkrähe, *N.* **craban.**
krank, bettlägrig, *Adj.* **caeleb.**
krank, kränklich, *Adj.* **lhaew.**
Krankheit, *N.* **lhîw; paw.**
Krankheit, Bettlägrigkeit, *N.* **cael.**
kränklich, *Adj.* **gem.**
kränklich, krank, *Adj.* **lhaew.**
Kranz, Girlande, Krone, *N.* **ri.**
kratzen, *V.* **rhib-**, *Inf.* **rhibi**, *Imp.* **rhibo**, *Aor.* **rhibi-** *(3. Sg.* **rhîb**),
  Präs. **rhíba-** *(1. Sg.* **rhíbon**), *Prät.* **rhimmi-** *(3. Sg.* **rhimp**), *Part.*
  Pass. **rhimmen.**

2. Teil: Deutsch–Sindarin

Kraut, *N. salab*.
Kreis, *N. rind; ringorn*.
Kreis (äußerer), äußerer Ring, Umkreis, *N. echor*.
kreisförmig, *Adj. rend*.
Krieg, Schlacht, *N. auth*.
Krieger, *N. maethor*.
Krieger, Soldat (insbes. Ork), *N. boldog; daug* (ND-).
›Krieger‹, *N. Hador*.
Kriegsstärke, Heer, Regiment, Trupp wehrfähiger Männer, *N. gweth*.
Kristall (?), *N. ivor*.
kristallen (?), *Adj. ivren*.
›Kristallmaid‹ (?), *N. Ivorwen*.
Krone, Kranz, Girlande, *N. ri*.
krumm, *Adj. raen*.
krumm, gebogen, falsch, *Adj. raeg*.
Kugel, Globus, runder Hügel, *N. coron*.
kugelförmig, rund, *Adj. corn*.
kühn, *Adj. beren; cand*.
Kunde (dunkle), Magie, *N. angol*.
Kunstfertigkeit, Geschick, *N. curu*.
Kupfer, *N. rust*.
kupferfarben, rötlich, rot, *Adj. gaer*.
kupfern, aus Kupfer, *Adj. rustui*.
kupferrot, rothaarig, *Adj. ross*.
Kuppel, Gewölbe, gewölbte Halle, Höhle (von unten gesehen und gewöhnlich nicht sichtbar von außen), *N. rond*.
Kuppel, hohes Dach, *N. telu*.
kurz, *Adj. then; thent*.
kurz (sehr), *Adj. estent*.
Kürze, *N. thinnas*.
Küste, *N. falas*.
›Küstenherr‹, *N. Falathar*.
›Küsteninsel‹, *N. Tolfalas*.

L

lachen, *V. gladha-*, *Inf. gladho*.
Lachen, *N. lalaith*.
›Lachen‹, *N. Lalaith*.
Lager, *N. echad*.
›Lager‹, *N. Estolad*.
›Lager der Getreuen‹, *N. Echad i Sedryn*.
Lager, Rastplatz, *N. caew*.
Laib, rundes Brot, *N. basgorn* (MB-).
Lampe, *N. calar*.
Lampenmacher, *N. calardan*.
Land (flaches), weites Tal, Ebene, Fläche, *N. talath*.
Land, Heim, Heimat, *N. bâr* (MB-).
Land, Wohnstatt (Gebiet, wo bestimmte Leute leben), *N. dôr* (ND-).
›Land Caranthirs‹, *N. Dor Caranthir*.
›Land der Kiefern‹, *N. Dorthonion*.
›Land der Toten, die leben‹, *N. Dor Firn-i-Guinar*.
›Land der Verlassenen‹, *N. Egladol*.
›Land des Prinzen‹, *N. Dor-en-Ernil*.
›Land des Schattens des Schreckens‹, *N. Dor Daedeloth*.
›Land des Schattens‹, *N. Dor- lómin*.
›Land des Zauns‹, *N. Doriath*.
›Land unter der erstickenden Asche‹, *N. Dor- nu-Fauglith*.
›Land von Bogen und Helm‹, *N. Dor- Cúarthol*.
›[Land] der roten Hügel‹ (?), *N. Cardolan*.
›[Land] der Stechpalmen‹, *N. Region*.
›[Land] jenseits des Gelion‹, *N. Thargelion*.
›[Land] zwischen den Flüssen‹, *N. Minhiriath*.
Länder des Nordens; (eig.) Nordmenschen, *N. Pl. Forodwaith*.
Landspitze, Kap, *N. cast*.
Landzunge, Keil, Speerspitze, Dreieck, *N. naith*, *Pl. natsai*.
lang, *Adj. and*.

›Langbart‹, N. *Anfang*, Pl. *Enfeng*, Koll. *Anfangrim*.
›Lange Höhle‹, N. *Androth*.
›Langer Aufstieg‹, N. *Andrath*.
›Langer Fluss‹, N. *Anduin*.
›Langer Strand‹, N. *Anfalas*.
›Langer Wall‹, N. *Andram*.
›Langes Kap‹, N. *Andrast*.
lang (und dünn), Adj. *taen*.
lange, eine lange Zeit, Adv. *anann*.
von langem Gebrauch, von langer Dauer, alt, Adj. *brûn*.
Lang-kurze (Versmaß), N. Koll. *ann-thennath*.
langlebig, alt (ohne Konnotation von Schwäche), bejahrt, Adj. *iphant*.
Lang-Runenreihen, N. *angerthas*.
›Lang-Runenreihen von Daeron‹, N. *Angerthas Daeron*.
›Lang-Runenreihen von Moria‹, N. *Angerthas Moria*.
Langschnauze, Elefant, N. *annabon*.
Langzeichen (der Schrift), N. *andaith*.
Lärm, Aufschrei, N. *caun*, Koll. *conath*.
›Lärmhammer, N. *Glamdring*.
Lärmhorde, Orks, N. Koll. *glamhoth*.
Last (große), Heimsuchung, N. *caul*.
›Laubstern‹, N. *Golasgil*.
Lauer, Höhle, N. *torech*.
Lauf, N. *ŷr*.
Lauf, Ader, (Erz)Gang, Flussbett, N. *rant*.
Lauf, Flussbett, Straße, N. *rath*.
laufe!, reite!, Imp. *noro!*
lauschen, mithören, V. *lathra-*, Inf. *lathro*; *lathrada-*, Inf. *lathrado*, Prät. *lathranne-* (3. Sg. *lathrant*), Part. Pass. *lathrannen*.
Lauscher, Hörer, Zuhörer, N. *lathron*.
laut, Adj. *brui*.
läuten, V. *nella-*, Inf. *nello*.
Läuten (von Glocken), Geläut, N. *nelladel*.

›Lautwasser‹, N. **Bruinen**.
leben, V. **cuia-**, Inf. **cuio**, Aor. **cuia**, Prät. **cuianne-** *(3. Sg. **cuiant**)*, Part. Pass. **cuiannen** [oder Prät. **cuine-** *(3. Sg. **cuin**)*, Part. Pass. **cuinen**].
leben, lebendig sein, V. **cuina-**, Inf. **cuino**.
Leben, N. **cuil**.
lebendig, Adj. **cuin**.
›Lebethron‹, N. **lebethron**.
lebhaft, flink, Adj. **breg**.
lecken, V. **lav-**, Inf. **levi**, Imp. **lavo**, Aor. **levi-** *(3. Sg. **lâf**)*, Präs. **lóva-** *(1. Sg. **lóvon**)*, Prät. **lemmi-** *(3. Sg. **lam**)*, Part. Pass. **lammen**.
Lederriemen, N. **lath**.
leer, Adj. **cofn**; **lost**.
›der mit der leeren Hand‹, N. **Camlost**.
Leere, N. **gast**; **gaw**.
Leere, Kluft, Abgrund, N. **iâ**.
leeren, austrinken, V. **sautha-**, Inf. **sautho**.
Leichnam, N. **daen** (ND-).
letzt(er, -e, -es), Adj. **medui**.
›Letzttag‹, letzter Tag des Jahres, N. **penninor**.
Leuchten, Licht, N. Ger. **calad**.
Leuchten, Licht, Glänzen, Widerschein, N. **galad**.
Licht (helles), N. **gail**.
Licht (trübes), Düster, Fleck, Schatten, N. **gwath**.
Licht (vom goldenen Baum Laurelin), N. **glaur**.
Licht-, Präf. **gal-**.
›Licht-Elbe‹, N. **Calben**.
Licht, Leuchten, N. Ger. **calad**.
Licht, Leuchten, Glänzen, Widerschein, N. **galad**.
›Lichtbekränzte Maid‹, N. **Galadriël**.
›Lichtherr‹, N. **Galador**.
lieb, Adj. **mell**; **muin**.
Liebe, N. **meleth**.
Liebe, Zuneigung, N. **mîl**, Pl. **mail**.

Liebende, Freundin, *N. w.* **melethril**.
Liebender, Freund, *N. m.* **melethron**.
Liebender, *N.* **seron**.
›Lieb-Geschenk‹, *N.* **Melian**.
liebevoll, freudlich, *Adj.* **milui**.
lieblich, süß, *Adj.* **melui**.
Lied, *N.* **laer**.
›Lied vom Großen Bogen‹, *N.* **Laer Cú Beleg**.
Limit, Grenzlinie, Grenze, *N.* **taeg**.
›Lindon‹, *N.* **Lindon**.
Linie, Reihe, *N.* **tî**.
Linie, Weg, *N.* **tê**.
Linke, linke Hand, *N.* **crum**; **hair**.
links, linker Hand, *Adj.* **crom**; **hair**.
linkshändig, *Adj.* **crumui**; **hargam**.
Loch, Grube, *N.* **dath**.
Loch, Lücke, *N.* **gas**.
Löckchen, *N.* **loch**.
›Lockenblatt‹, *N.* **Finglas**.
los, weiter (?), *Adv.* **lim**.
losbrechen, plötzlich ausbrechen, *V.* **breitha-**, *Inf.* **breitho**.
löschen, stillen, *V.* **luithia-**, *Inf.* **luithio**.
Löse, Lösegeld, *N.* **danwedh**.
lösen, befreien, *V.* **leitha-**, *Inf.* **leitho**.
Lösung (von Banden), Befreiung (aus Knechtschaft), *N.* **leithian**.
Löwe, *N.* **raw**, *Pl.* **roe**.
Lücke, Loch, *N.* **gas**.
Lücke, Öffnung, Pass (im Gebirge), *N.* **dîn**.
Lückenfüller, *N.* **gasdil**.
Luft (als Region), *N.* **gwilith**.
Luft (als Substanz), *N.* **gwelu**.
Luft (untere, im Gegensatz zur ›oberen‹ Luft, dem Ort der Sterne), *N.* **gwelwen**.
Lust, *N.* **mael**.
lustvoll, *Adj.* **maelui**.

M

machen, herstellen, *V.* **echad-**, *Inf.* **echedi**, *Imp.* **echado**, *Aor.* **echedi-** *(3. Sg.* **echad***), Präs.* **echóda-** *(1. Sg.* **echódon***), Prät.* **echanne-** *(3. Sg.* **echant***), Part. Pass.* **echannen**.

Machen, Tun, *N. Ger.* **carad**.

Macher, Tuer, *N.* **ceredir**.

Macht (göttliche), Gottheit, Vala, *N.* **Balan**; **Rodon**, *Pl.* **Rodyn**.

mächtig, groß, *Adj.* **beleg**.

›Mächtiger‹, ›Großer‹, *N.* **Beleg**.

›Mächtiger Klang‹ (?), *N.* **Belthronding**.

mächtig, riesig, überwältigend, ehrfurchtgebietend, erhaben, *Adj.* **taur**.

Mädchen (Kind), Tochter, *N.* **sell**, *Koll.* **sellath**.

Mädchen, Maid, Tochter, *N.* **iëll**.

mager, dünn, dürr, *Adj.* **lhain**, *Pl.* **lhîn**.

Magie, dunkle Kunde, *N.* **angol**.

Magie (schwarze), geheimes Wissen, Zauberei, *N.* **gûl** (NG-).

Magie (schwarze), Hexerei, Nekromantie, *N.* **morgul**.

Magier, *N.* **gollor** (NG-).

›Mahd‹, ›Schneidung‹, *N.* **Cerveth**.

mähen, ernten, *V.* **critha-**, *Inf.* **critho**.

›Maid des königlichen Zorns‹ (?), *N.* **Berúthiël**.

Maid, *N.* **gwend**.

Maid, Tochter, Mädchen, *N.* **iëll**.

Mama (Koseform), Mutter, *N.* **nana**.

man muss, es tut not, *V.* **boe** (MB-) (unpers.).

Mann, *N.* **benn**; arch. **dîr**.

›Mann der schlauen Pläne‹, *N.* **Curunír**.

Mann (standhafter), Held, *N.* (eig. *Adj.*) **thalion**, *Pl.* **thelyn**.

männlich, *Adj.* **anu**, *Pl.* **einu**.

Mann-Speerspitze (eine keilförmige Kampfformation), *N.* **dírnaith**.

Mantel, Umhang, *N.* **coll**.

Margerite, Gänseblümchen, *N.* ***eiriën***.

›Margerite‹, ***Eiriën***.

Markierung, Pfosten, *N.* ***tagol***.

Markierung, Zeichen, *N.* ***teith***.

Maschine, Gerät, Vorrichtung, *N.* ***gaud***.

Masse, Bande, Horde, *N.* ***hoth***.

Mauer, Wall, *N.* ***ram***.

Meer, *N.* ***aear***; ***aer***; ***gaear***; ***gaer***.

Meer (großes), Ozean, *N.* ***aearon***; ***gaearon***.

Meerenge, Hafeneinfahrt, landumschlossener Hafen, Enge, enger Durchlass, *N.* ***lond***, *Koll.* ***lonnath***.

Meerespflanze, Tang, *N.* ***gaeruil***.

mein(er), *Pron.* (1. Sg.), *Gen./Poss.* ***nîn***, ***nan***, ***-(e)n***.

mein Herz, *N.* ***guren***.

meine Zunge, *N.* ***lammen***.

meinen, beabsichtigen, wollen, *V.* ***thel-***, *Inf.* ***theli***, *Imp.* ***thelo***, *Aor.* ***theli-*** *(3. Sg.* ***thêl****), *Präs.* ***thíla-*** (*1. Sg.* ***thílon***), *Prät.* ***thelli-*** *(3. Sg.* ***thell****).

Meister, *N.* ***herdir***.

Meister, Herr, *N.* ***hîr***.

Meister, Herr, Sieger, *N.* ***túro***.

›Meister des Schicksals‹, *N.* ***Turamarth***.

meistern, besiegen, *V.* ***orthor-***, *Inf.* ***ortheri***, *Imp.* ***orthoro***, *Aor.* ***ortheri-*** *(3. Sg.* ***orthor****), *Präs.* ***orthóra*** (*1. Sg.* ***orthóron***), *Prät.* ***ortherni-*** *(3. Sg.* ***orthorn****).

Melodie, Weise, *N.* ***lind***.

melodisch, süß, *Adj.* ***lend***.

Menge, Haufen, *N.* ***ovras***.

Menge, Schar, große Anzahl, *N.* ***rim***.

Mensch, einer vom zweiten Volk, *N.* ***Adan***, *Koll.* ***Adanath***.

Mensch; Folger, Nachfolger, *N.* ***echil***.

Mensch (wilder), ›Drû‹, Wasa, *N.* ***Drú***, *Pl.* ***drúin***, *Koll.* ***Drúath***.

Menschenfrau, (sterbliche) Frau, *N.* ***Adaneth***.

menschlich, *Adj.* ***firen***.

›Merry‹, N. *Gelir*.

Messer, Dolch, N. *sigil*.

Metall, N. *raud; tinc*.

mich, *Pron*. (1. Sg.), *Akk*. *ni(n)*.

Mine, N. *habar*

mir, *Pron*. (1. Sg.), *Dat*. *nin*, *enni(n)*.

›Mírian‹ (Münze), N. *mírian*.

›Missgeschick‹, N. *Úmarth*.

mit, *Präp*. *a* (mit Lenierung), vor Vokalen: *ah*.

mit, durch, *Präp*. *na* (mit Lenierung), mit Artikel: *nan* (mit gemischter Mutation), Präf. *an-*.

mit, zusammen mit, *Präp*. *go* (mit Lenierung), mit Artikel: *guin* (mit gemischter Mutation), *Präf*. *go-*, *arch*. *gwa-*.

mithören, lauschen, *V*. *lathra-*, *Inf*. *lathro*; *lathrada-*, *Inf*. *lathrado*, *Prät*. *lathranne-* *(3. Sg*. *lathrant)*, *Part*. *Pass*. *lathrannen*.

mitschwingend, straff, gespannt (von Sehnen oder Saiten), *Adj*. *tong*.

mitt-, in, innerhalb, *Präf*. *nedh-*.

Mitte, Zentrum, Kern, N. *enedh*.

Mittelland, N. *ennor*, *Koll*. *ennorath*.

›Mittelerde‹, N. *Ennor*.

›Mittelvolk‹, ›Mittlere Gegend‹, N. *Enedwaith*.

›Mittlere Gegend‹, ›Mittelvolk‹, N. *Enedwaith*.

Mond; (eig.) ›Schein‹, N. *Ithil*.

›Mondhand‹, N. *Ithilbor*.

›Mondland‹, N. *Ithiliën*.

Mondsichel, N. *cúron*.

Monster, deformiertes und hässliches Geschöpf, N. *ulunn*; *úan*.

monströs, hässlich, scheußlich, *Adj*. *uanui*.

mörderisch, verhasst, tödlich, *Adj*. *delu*.

Morgen, Tag, Sonnenlicht, N. *aur*.

Morgendämmer, N. *minuial*.

Möwe, N. *gwael; maew; mŷl*.

Mühe, Arbeit, *N*. **mudas**.
Mühe, Arbeit, Aufgabe, *N*. **tass**.
sich mühen, arbeiten, *V*. **muda-**, *Inf*. **mudo**.
Mündung, Flussdelta, Ausfluss, *N*. **ethir**.
Muschel (des Meeres), *N*. **half**.
Muskel, Sehne, Kraft, physische Stärke, *N*. **tû**.
Mut, *N*. **caun**.
Mut, Ungestüm, Tapferkeit, *N*. **gorn**.
›der Mutige‹, *N*. **Huor**.
Mutter, *N*. **naneth**.
Mutter, Elternteil, *N. w*. **odhril**.
Mutter, Mama (Koseform), *N*. **nana**.

N

nach (zeitlich), *Präp*. **ab** (mit Lenierung), *Präf*. **ab-**.
›Nachgeborener‹ (einer, der später geboren ist als die Elben), *N*. **Abonnen**.
nach (übertragen), entsprechend, gemäß, *Präp*. **be** (mit Lenierung), mit Artikel: **ben** (mit gemischter Mutation).
nach ... hin, auf ... zu, zu, *Präp*. **na** (mit Lenierung), mit Artikel: **nan** (mit gemischter Mutation), *Präf*. **na-**.
nachdenklich, besinnlich, weise, *Adj*. **idhren**.
Nachdenklichkeit, Besinnlichkeit, Weisheit, *N*. **idhor**.
Nachfolger, Mensch, Folger, *N*. **echil**.
›Nachfolger‹, *N*. **Dior**.
Nachhut, hinterster Teil, Ende, *N*. **tele**, *Pl*. **telai**.
Nachrichten, Neuigkeiten, *N. Koll*. **siniath**.
Nacht, Dunkelheit, Dunkel, *N*. **môr**.
Nacht (frühe, ohne Mond), Sternzwielicht, Abenddämmerung, *N*. **tinnu**.
Nacht, später Abend, Abenddunkel, Einbruch der Nacht, *N*. **dû**, *Koll*. **dúath**.
›Nachtschatten‹, *N*. **dúwath**.

Nacht (tiefe), Nachtdunkel, Dunkel, *N. fuin; huin.*
Nachtigall, *N. dúlinn; merilin.*
Nachtzeit, Dunkel, *N. daw.*
nackt, *Adj. hell; lanc.*
›Nackter Berg‹, *N. Amon Lanc.*
Nagel, *N. taes.*
sich nähern, herkommen, *V. anglenna-, Inf. anglenno, Prät. anglenne- (3. Sg. anglennant), Part. Pass. anglennen.*
Nahrung, Brühe, *N. salph,* Pl. *seilph.*
Nando (einer der Nandor), *N. Dân* (ND-).
Nandor (ein Stamm der Elben), *N. Danwaith* (ND-), *Denwaith* (ND-).
›Narog-Festungsgewölbe‹, *N. Nargothrond.*
Nase, *N. nem.*
Nase, Schnauze; Kap, *N. bund* (MB-).
nass, *Adj. limp; mesg.*
nass, feucht, tränennass, *Adj. nid.*
nass, wässrig, *Adj. nîn.*
›Nasser Kopf‹, *N. Dolmed.*
›Nassfeld‹, *N. Nindalf.*
Nebel (allg.), *N. hîth; hithu.*
›Nebeldunkel‹, *N. Hithlum.*
›Nebelgipfelkette‹, Nebelgebirge, *N. Hithaeglir.*
Nebel (feuchter weißer), *N. mith.*
Nebelfaden, *N. hithlain.*
nebeneinander, zusammen, *Adv. godref.*
neblig, *Adj. hithui.*
neblig, obskur, vage, *Adj. hethu,* Pl. *hithu.*
›der Neblige‹, *N. Hithui.*
›Nebliges Wasser‹, *N. Nen Hithoel.*
sich neigen, abwärts führen, *V. adlanna-, Inf. adlanno, Prät. adlanne- (3. Sg. adlannant* oder *adlant), Part. Pass. adlannen.*
Neigung, Hang, Abhang, *N. talad.*
nein!, tu's nicht!, *Interj. Imp. baw!*

Nekromantie, schwarze Magie, Hexerei, *N.* **morgul**.
nennen, bezeichnen, *V.* **esta-**, *Inf.* **esto**.
›Nessa‹, *N.* **Neth**.
Netz (eines Jägers oder Fischers), *N.* **rem**.
›Netz von Juwelen‹, *N. Koll.* **Remmirath**.
Netz (mit Juwelen besetzter Kopfschmuck, mit einem durchgehenden Faden geknüpft), *N.* **raen**.
Netz, Gewebe, *N.* **gwî**.
neu, *Adj.* **gwain**, *Pl.* **gwîn**; **sain**, *Pl.* **sîn**.
›Neue Sonne‹, *N.* **Narwain**.
neu, wiederbegonnen, *Adj.* **eden**.
Neuigkeiten, Nachrichten, *N. Koll.* **siniath**.
neun, *Num.* **neder**.
neunt(er, -e, -es), *Num. Adj.* **nedrui**.
nicht, un-, *Präf.* **al-**; **ú-**.
nicht gemeinschaftlich, ausgeschlossen, privat, separat, *Adj.* **said**.
nicht weggeben oder loslassen, festhalten, behalten, *V.* **heb-**, *Inf.* **hebi**, *Imp.* **hebo**, *Aor.* **hebi-** *(3. Sg.* **hêb**), *Präs.* **híba-** *(1. Sg.* **híbon**), *Prät.* **hemmi-** *(3. Sg.* **hemp**), *Part. Pass.* **hemmen**.
nicht wollen, *V.* **ava-**, Inf. **avo**, *Prät.* **amme-** *(3. Sg.* **am**), *Part. Pass.* **ammen**.
nicht zur Vollendung kommen lassen, Einhalt gebieten, unterbinden, im Wachstum oder in der Entwicklung hemmen, *V.* **nuitha-**, *Inf.* **nuitho**.
niedrig, tiefliegend, tief, *Adj.* **tofn**.
›Niphredil‹ (eine blasse Winterblume), *N.* **niphredil**.
›Noldo‹ (einer vom weisen Volk), ›Tiefelbe‹, *N.* **Gódhel** (NG-), *Pl.* **Gódhil**, *Koll.* **Gódhellim**; **Golodh** (NG-), *Koll.* **Golodhrim**; **Ódhel**. *Pl.* **Ódhil**, *Koll.* **Ódhellim**.
Norden, *N.* **forod**; **forven**.
Norden, Rechte, rechte Seite, *N.* **for**; **forn**.
›Nordfestung der Könige‹, *N.* **Fornost Erain**.
›Nordfrost(land)‹, *N.* **Forochel**.

›Nordhafen‹, *N.* **Forlond**.
nördlich, *Adj.* **forodren**; **fuir**.
›Nord-Lindon‹, *N.* **Forlindon**.
Nordländer, Volk des Nordens, *N. Koll.* **Forodrim**.
Nordmenschen; Länder des Nordens, *N. Pl.* **Forodwaith**.
Not, *N.* **baur** (MB-).
Nötigung, Bedrängnis, Unterdrückung, Zwang, *N.* **thang**.
Númenórer, ›West-Mensch‹, ***Dúnadan***, *Pl.* ***Dúnedain***.
nützlich, passend, gut (von Dingen), *Adj.* **maer**.

O

o, *Imp.-Partikel* ***a***.
o!, oh!, *Interj.* ***a!***; ***elo!***
Oberfläche, *N.* **palath**.
Oberhand, Sieg, Herrschaft, *N.* **tûr**.
obskur, dunkel, *Adj.* **doll** (ND-).
obskur, vage, neblig, *Adj.* **hethu**, *Pl.* **hithu**.
›Öde Hügel‹, *N.* ***Emyn Muil***.
oder, *Konj.* **egor**.
offen, gerodet, *Adj.* **laden**.
öffnen, vergrößern, *V.* **panna-**, *Inf.* **panno**, *Prät.* **panne-** *(3. Sg.* **pannant**), *Part. Pass.* **pannen**.
sich öffnen, *V.* **edra-**, *Inf.* **edro**.
Öffnung, Lücke, Pass (im Gebirge), *N.* **dîn**.
oh!, ah!, *Interj.* ***ae!***
oh!, o!, *Interj.* ***a!***; ***elo!***
ohne, *Präp.* **pen** (mit Nasalmutation), *Präf.* **pen-**; ***ar-***.
Öffnung, Lücke, Pass (im Gebirge), *N.* **dîn**.
Ohr, *N. Sg.* **lhewig**.
Ohren, *N. Dual.* **lhaw**.
ordentlich, sauber, *Adj.* **puig**.
Ork, *N.* **glamog**; Orch, *Koll.* **Orchoth**; **Urug**.
›Ork-Spalter‹, *N.* ***Orcrist***.

Orkhorde (im übertragenen Sinne), Geschrei, wilder Lärm, Gebrüll, *N. glam*.
Orks, Lärmhorde, *N. Koll. glamhoth*.
›Orome‹, *N. Araw*.
Ort (natürlich oder künstlich begrenzt), Platz, *N. sad*.
Osten, *N. rhûn*.
›Osten‹, *N. Rhûn*.
Osten, Sonnenaufgang, *N. amrûn*.
östlich, *Adj. rhúnen*.
›Östliche Ebene‹, *N. Talath Rhúnen*.
›Ostwald‹ (?), *N. Rhudaur*.
Ozean, großes Meer, *N. aearon*; *gaearon*.

P

Pakt, Vertrag, Abmachung, *N. gowest*.
Palantír, Sehender Stein, *N. gwachaedir*.
Palisade (aus angespitzten Baumstämmen), Zaun, *N. cail*, Pl. *cîl*.
Pallasch, Schwert, *N. lang*.
Pappel, *N. tulus*.
Pass (hoher), Hohlweg, Kluft, *N. cirith*.
Pass (im Gebirge), Öffnung, Lücke, *N. dîn*.
Pass (zwischen hohen Wänden), Hohlweg, *N. aglonn*.
Pass (zwischen Höhen), Schlucht, Kluft, *N. cîl*.
passend, gut, nützlich (von Dingen), *Adj. maer*.
Pause, Aufhören, Atempause, Halt, Rast, *N. post*.
Pause, Halt, Wegstunde (etwa 4,5 km), *N. daur*.
Pelzmantel, Fell, *N. heleth*.
Pfad, Trampelweg, *N. bâd*.
Pfad, Weg, *N. râd*.
Pfeifenkraut, Westmannskraut, *N. galenas*.
Pferd, *N. roch*.
›Pferd der Herrin‹, *N.* (Dialekt von Gondor) **Roheryn**.

Pferdeherr, *N.* **Rochir**, *Koll.* **Rochirrim**.

›Pferdeherren-Volk‹, *N. Koll.* (Dialekt von Gondor) **Rohirrim**.

›Pferdeland‹, *N.* **Rochand**; (Dialekt von Gondor) **Rohan**.

Pflanze, Trieb, *N.* **galas**.

Pforte, große Tür, Tor, *N.* **annon**.

›Pforte der Noldor‹, *N.* **Annon-in-Gelydh**.

Pfosten, Holzpfeiler, *N.* **thafn**.

Pfosten, Markierung, *N.* **tagol**.

pieken, stechen, stoßen, *V.* **nasta-**, *Inf.* **nasto**.

›Pippin‹, *N.* **Cordof**.

Planke, Bodenbrett, *N.* **pân**.

Plattform (aus Holz, in den Bäumen von Lothlórien, wo die Galadrim wohnten), *N.* **talan**.

Platz, Ort (natürlich oder künstlich begrenzt), *N.* **sad**.

plötzlich, *Adj.* **bragol**, *Pl.* **breigol**.

plötzlich, heftig, gewaltsam, *Adj.* **bregol**.

Plötzlichkeit, Gewalt, *N.* **breged**.

Pollen, gelbes Pulver, *N.* **mâl**.

Polster, Kissen, *N.* **nedhu**, *Pl.* **nidhu**.

preisen, rühmen, *V.* **egleria-**, *Inf.* **eglerio**.

Preisgabe, Verlassen, *N.* **awarth**.

preisgeben, verlassen, *V.* **awartha-**, *Inf.* **awartho**.

Presskuchen, *N.* **cram**.

Prinz, *N.* **ernil**.

›(Prinzessin) Hirtin‹, *N.* **Emerwen**.

privat, separat, nicht gemeinschaftlich, ausgeschlossen, *Adj.* **said**.

Provinz, großes Gebiet; Welt *N.* **ardhon**.

Pulver (gelbes), Pollen, *N.* **mâl**.

Punkt, kleiner Fleck, *N.* **peg**.

Q

Quelle, *N.* **celu**, *Pl.* **cilu**.

Quelle, Wasseraustritt, *N.* **eithel**.
›Quelle des Sirion‹, *N.* **Eithel Sirion**.
›Quelle von Kristall‹ (?), *N.* **Eithel Ivrin**.
queren, überschreiten, *V.* **athrada-**, *Inf.* **athrado**, *Prät.* **athranni-** *(3. Sg.* **athrant**), *Part. Pass.* **athrannen**, *Ger.* **athrad**.
querüber, durch ... hindurch, jenseits, *Präp.* **athra** (mit Lenierung), *Präf.* **athra-**; **thar-**.
Querung (eines Flusses), Furt, *N.* **athrad**.

R

Rabenkrähe, große Krähe, *N.* **craban**.
Rache, *N.* **acharn**.
Rand, Begrenzung, Grenze, *N.* **glan**.
Rand, Saum, Kante, *N.* **riw**.
›Rasch Herabfließender‹, *N.* **Celon**.
rasch, schnell, *Adj.* **lagor**, *Pl.* **leigor**.
Rascheln, Wispern, *N.* **lhoss**; **rhoss**.
Rasen, Fläche, Grund, *N.* **pathu**, *Pl.* **peithu**.
Rasse, Art, *N.* **nûr**.
Rast, Aufhören, Atempause, Pause, Halt, *N.* **post**.
Rast, Ruhe, *N.* **îdh**.
Rastplatz, Lager, *N.* **caew**.
Rat, Herz, *N.* **gûr**.
Ratte, *N.* **nâr**.
Rauch, *N.* **osp**.
Raum (offener), freie Fläche, *N.* **land**.
›Rauschender Fluss‹ (?), *N.* **Linhir**.
re-, wieder, *Präf.* **ad-**.
rechnen; addieren, zählen, zusammenzählen, *V.* **gonod-**, *Inf.* **genedi**, *Imp.* **gonodo**, *Aor.* **genedi-** *(3. Sg.* **gonod**), *Präs.* **gonúda-** (*1. Sg.* **gonúdon**), *Prät.* **genenni-** *(3. Sg.* **gonont**), *Part. Pass.* **gononnen**.
rechnen; zählen, *V.* **genedia-**, *Inf.* **genedio**.

recht, gerade, *Adj.* **tîr**.
recht, hinreichend, genug, *Adj.* **far**.
Rechte, rechte Hand, *N.* **fair**, *Pl.* **fŷr**.
Rechte, rechte Seite, Norden, *N.* **for**; **forn**.
rechtshändig, *Adj.* **forgam**.
Regenbogen, ›Himmelsbrücke‹, *N.* **eiliant**.
›Regenbogenstern‹ (?), *N.* **Eilinel**.
Regenbogen, *N.* **ninniach**.
›Regenbogenspalte‹, *N.* **Cirith Ninniach**.
Regiment, Heer, Kriegsstärke, Trupp wehrfähiger Männer, *N.* **gweth**.
Region der Sterne, Firmament, Himmel, hoher Himmel, *N.* **menel**.
›Regung‹, *N.* **Echuir**.
Reh, Hirsch, *N.* **aras**.
Reich, Gebiet, *N.* **ardh**.
›Reich der Edain‹, *N.* **Arthedain**.
reichlich, im Überfluss vorhanden, *Adj.* **ovor**.
Reihe, Kette, *N.* **lîr**.
Reihe, Linie, *N.* **tî**.
Reise, *N.* **lend**.
›Reisebrot‹, *N.* **lembas**.
reißen, zerreißen, schneiden, *V.* **rista-**, *Inf.* **risto**.
›Reißender‹, *N.* **Narog**.
›Reißzahnfeste‹, *N.* **Carchost**.
reite!, laufe!, *Imp.* **noro!**
Reiter (eines Pferdes), *N.* **rochan**; **rochben**, *Pl.* **rochbin**.
›Reiter der Letzten Hoffnung‹, *N.* **Rochon Methestel**.
reservieren (für einen bestimmten Zweck oder Besitzer), beiseite legen, *V.* **seidia-**, *Inf.* **seidio**.
›Retter der Umkehrer‹, *N.* **Denethor**.
Rettung, *N.* **edraith**.
Richter, *N.* **badhor**, *Pl.* **beidhor**; **badhron**.
Richtung, Straße, Weg, *N.* **men**.
›Ried-Gebiet‹ (?), *N.* **Lisgardh**.

riesig, überwältigend, ehrfurchtgebietend, erhaben, mächtig, *Adj.* **taur.**
Rinde, Borke, *N.* **rîf.**
Ring (äußerer), äußerer Kreis, Umkreis, *N.* **echor.**
›Ringló-Übergänge‹ (?), *N.* **Ethring.**
Rose, *N.* **meril.**
›Rose‹, *N.* **Meril.**
rot, *Adj.* **caran**; **naru**, *Pl.* **neiru.**
›Roter Rachen‹, *N.* **Carcharoth.**
›Rothorn‹, *N.* **Caradhras.**
›Rotwasser‹, *N.* **Carnen.**
›[Land] der roten Hügel‹ (?), *N.* **Cardolan.**
rot, feuerrot, *Adj.* **ruin.**
rot, goldrot, *Adj.* **coll.**
rot, heiß, *Adj.* **born.**
›Roter Stern‹, *N.* **Borgil.**
rot, kupferfarben, rötlich, *Adj.* **gaer.**
rotgesichtig, *Adj.* **crann.**
rothaarig, kupferrot, *Adj.* **ross.**
rötlich, *Adj.* **gruin.**
rötlich, kupferfarben, rot, *Adj.* **gaer.**
Ruck, plötzliche Bewegung, Zucken; Kniff, Trick, *N.* **rinc.**
rucken, eine plötzliche Bewegung machen, zucken, *V.* **ritha-**, *Inf.* **ritho.**
rufen, *V.* **nalla-**, *Inf.* **nallo.**
rufen, schreien, *V.* **can-**, *Inf.* **ceni**, *Imp.* **cano**, *Aor.* **ceni-** *(3. Sg.* **cân**), *Präs.* **cína-** *(1. Sg.* **cínon**), *Prät.* **cenni-** *(3. Sg.* **cann**), *Part. Pass.* **cannen.**
Ruhe, Rast, *N.* **îdh.**
rühmen, preisen, *V.* **egleria-**, *Inf.* **eglerio.**
rund, kugelförmig, *Adj.* **corn.**
Rune, *N.* **certh.**
Runenreihen, Runen-Alphabet, *N.* **certhas.**
›Runenreihen von Daeron‹, *N.* **Certhas Daeron.**
rutschend, fallend, unsicher, *Adj.* **talt.**

S

Saat, Keim, *N.* **eredh**.
säen, *V.* **redh-**, *Inf.* **redhi**, *Aor.* **redhi-** *(3. Sg.* **rêdh**), *Präs.* **rídha-** *(1. Sg.* **rídhon**), *Prät.* **renni-** *(3. Sg.* **rend**), *Imp.* **redho**, *Part. Pass.* **rennen**.
Saft, *N.* **saw**, *Pl.* **soe**.
Saft, Sirup, *N.* **paich**, *Pl.* **pich**.
saftig, *Adj.* **pihen**.
saftlos, steif, starr, verdorrt, *Adj.* **tharn**.
sagen, sprechen, *V.* **ped-**, *Inf.* **pedi**, *Imp.* **pedo**, *Aor.* **pedi-** *(3. Sg.* **pêd**), *Präs.* **pída-** *(1. Sg.* **pídon**), *Prät.* **penni-** *(3. Sg.* **pent**), *Part. Pass.* **pennen**.
Salbe, *N.* **glaew**.
›Samweis‹, *N.* **Perhael**.
Sand, Staub, Asche, *N.* **lith**.
›Sänger‹, ›Gesang-Mann‹, *N.* **Lindir**.
sauber, ordentlich, *Adj.* **puig**.
Saum, Borte, *N.* **glân**.
Saum, Kante, Rand, *N.* **riw**.
schäbig, schlecht, ärmlich, *Adj.* **faeg**.
Schall, Trompetenklang, *N.* **rû**.
Schar, große Anzahl, Menge, *N.* **rim**.
scharf, durchdringend, tiefgehend, *Adj.* **maeg**.
scharf, fein, *Adj.* **laeg**.
scharfäugig, *Adj.* **maecheneb**.
›Scharfes Leuchten‹, *N.* **Maeglin**.
scharfspitzig, *Adj.* **megor**.
Schatten, *N.* **dae**.
Schatten (von Licht geworfen), *N.* **morchant**, *Pl.* **morchaint**.
Schatten, Dämmer, *N.* **lum**.
Schatten, Düster, trübes Licht, Fleck, *N.* **gwath**.
›Schattenfenn‹, *N.* **Gwathló**.
›Schattenfluss‹, *N.* **Gwathir**.
Schatten, undeutliche Gestalt, geisterhafte Erscheinung, *N.* **auth**.

›Schattenspalte‹, *N.* **Cirith Dúath**.

›Schattenzaun‹, *N.* **Ephel Dúath**.

schattig, *Adj.* **gwathren**; **gwathui**; **lumren**.

›Schattige Berge, Schattengebirge‹, *N.* **Ered Wethrin**.

schaudern, *V.* **gir-**, *Inf.* **giri**, *Imp.* **giro**, *Aor.* **giri-** *(3. Sg.* **gîr**), *Prät.* **girni-** *(3. Sg.* **girn**), *Part. Akt.* **giriel**.

Schaudern, Schrecken, *N.* **girith**.

›Schaudern-Macher‹, *N.* **Girithron**.

schauen, Ausschau halten, blicken auf, wachen, *V.* **tir-**, *Inf.* **tiri**, *Imp.* **tiro**, *Aor.* **tiri-** *(3. Sg.* **tîr**), *Präs.* **tíra-** *(1. Sg.* **tíron**), *Prät.* **tirni-** *(3. Sg.* **tirn**), *Part. Akt.* **tiriel**.

Schaum, Gischt, Sprühregen, *N.* **ross**.

schäumen, gischten, *V.* **faltha-**, *Inf.* **faltho**.

schäumender Fall (?), *N.* **espalass**.

›Schein‹, Mond, *N.* **Ithil**.

Schein, Schimmer, Funkeln (von Augen), *N.* **glin**.

scheinen (mit einem weißen Licht), *V.* **síla-**, *Inf.* **sílo**, *Prät.* **sille-** *(3. Sg.* **sill**), *Part. Pass.* **sillen**.

scheinen, erscheinen, *V.* **thia-**, *Inf.* **thio**.

schenken, geben, *V.* **anna-**, *Inf.* **anno**, *Prät.* **óne-** *(3. Sg.* **aun**), *Part. Pass.* **ónen**.

scheußlich, monströs, hässlich, *Adj.* **uanui**.

Schicksal, *N.* **amarth**.

Schicksal, Ende, endgültige Bestimmung, ewige Seligkeit, *N.* **manadh**.

Schiff, *N.* **cair**, *Pl.* **cîr**.

›Schiff der Langgischt‹, *N.* **Cair Andros**.

›Schiffer‹, *N.* **Cirion**.

Schiffbauer, *N.* **círdan**.

›Schiffbauer‹, *N.* **Círdan**.

Schild, *N.* **thand**.

›Schildzaun‹, *N.* **thangail**.

Schimmer, Schein, Funkeln (von Augen), *N.* **glin**.

schimmern, blinken, funkeln, *V.* **tinna-**, *Inf.* **tinno**, *Prät.* **tinne-** *(3. Sg.* **tinnant**), *Part. Pass.* **tinnen**.

Schlacht, *N.* **dagor** (ND-), *Pl.* **deigor**, *Koll.* **dagorath**.
›Schlacht der Schlachten‹, *N.* **Dagor Dagorath**.
›Schlacht des Jähen Feuers‹, *N.* **Dagor Bragollach**.
›Schlacht unter Sternen‹, *N.* **Dagor-nuin-Giliath**.
›Schlachtfeld, Schlachtebene‹, *N.* **Dagorlad**.
Schlacht, Krieg, *N.* **auth**.
Schlag (schwerer), Hieb, *N.* **dram**.
›Schlag-scharf‹, *N.* **Dramborleg**.
schlagen (mit Flügeln, etc.), flattern, *V.* **blab-**, *Inf.* **blebi**, *Imp.* **blabo**, *Aor.* **blebi-** *(3. Sg.* **blâb**), *Präs.* **blóba-** (1. *Sg.* **blóbon**), *Prät.* **blemmi-** *(3. Sg.* **blamp**), *Part. Pass.* **blammen**.
schlagen, *V.* **dringa-**, *Inf.* **dringo**.
Schlange, *N.* **lhûg, lŷg**.
schlank, *Adj.* **fim; nind**.
›Schlankbirke‹, *N.* **Fimbrethil**.
schlank, dünn, *Adj.* **trîw**.
schlank, zart, *Adj.* **lhind**.
schlau, geschickt, *Adj.* **maen**.
schlecht, ärmlich, schäbig, *Adj.* **faeg**.
Schleier, Schutzschirm, Versteck, *N.* **esgal**.
Schleier, Wolke, *N.* **fân; fan-**.
Schleuder, *N.* **hadlath**.
Schleuderer, Werfer, *N.* **hador**, *Pl.* **heidor, hadron**.
schleudern, *V.* **had-**, *Inf.* **hedi**, *Imp.* **hado**, *Aor.* **hedi-** *(3. Sg.* **hâd**), *Präs.* **hóda-** (1. *Sg.* **hódon**), *Prät.* **henni-** *(3. Sg.* **hant**), *Part. Pass.* **hannen**.
Schließe, Fassung, Halter, Klammer, Spange, *N.* **taew**.
Schlinge, *N.* **nŷw**.
›Schlingen‹, *N.* **Núath**.
Schlucht, Klamm, Abgrund, *N.* **iaw**.
Schlucht, Kluft, *N.* **falch; riss**.
›Schlucht der Verlassenen‹, *N.* **Eglarest**.
Schlucht, Kluft, Pass (zwischen Höhen), *N.* **cîl**.
Schmerz, *N.* **naeg**.
schmerzen, *V.* **naegra-**, *Inf.* **naegro**.

Schmetterling, *N. gwilwileth*.
Schmutz, Fleck, *N. maw*.
schmutzig, befleckt, *Adj. gwaen; gwaur; mael*.
Schnauze, Nase; Kap, *N. bund* (MB-).
Schnee (gefallener), *N. loss, gloss*.
›Schnee-Arnach‹, *N. Lossarnach*.
›Schneespitze‹, *N. Aeglos*.
schneebedeckt, schneeig, *Adj. lossen*.
Schneedorn, Eiszapfen, *N. aeglos*.
Schneeglöckchen, *N. nínim*.
Schnee-Horde, Schneemenschen, *N. Koll. Lossoth*.
schneeweiß, blendend weiß, *Adj. gloss*.
›Schneeweiße, helle (engelhafte) Gestalt, immerweiß (wie Schnee)‹, *N. Fanuilos*.
schneiden, reißen, zerreißen, *V. rista-, Inf. risto*.
›Schneidung‹, ›Mahd‹, *N. Cerveth*.
schnell, flink, eilig, *Adj. celeg*.
schnell, rasch, *Adj. lagor, Pl. leigor*.
Schnitt, *N. rest*.
Schnur, gedrehte Kordel, *N. nordh*.
schön, *Adj. bain*.
schräg, geneigt, *Adj. adlant*.
schräg (nach unten) liegen, sich herabneigen, *V. penna-, Inf. penno, Prät. penne- (3. Sg. pend* oder *pennant), Part. Pass. pennen*.
Schrecken, *N. gae; gorog; goroth* (NG-); *gorth* (NG-).
›Schrecken‹, *N. Gaerys*.
›Schreckenshelm‹, *N. Gorthol*.
Schrecken (großer), *N. gorgor*.
›Schrecken der Schrecken‹, *N. Gorgoroth*.
›Schrecken des Nachtschattens‹, *N. Deldúwath*.
Schrecken, Furcht, *N. gost*.
Schrecken, Furcht, Grauen, Ekel, Abscheu, *N. del*.
Schrecken, große Furcht, *N. goe*.
Schrecken, Schaudern, *N. girith*.

Schrecken empfinden, *V. groga-*, *Inf. grogo*, *Prät. grunge-* *(3. Sg. grunc)*, *Part. Pass. grungen*.
schrecklich, *Adj. gaer; gortheb*.
schrecklich, abscheulich, *Adj. deleb*.
schrecklich, furchterregend, *Adj. goeol*.
schreiben, *V. teitha-*, *Inf. teitho*.
Schreiber, Kalligraph, *N. tegilbor*.
Schreibfeder, *N. tegil; tegol*.
schreien, rufen, *V. can-*, *Inf. ceni*, *Imp. cano*, *Aor. ceni-* *(3. Sg. cân)*, *Präs. cína-* *(1. Sg. cínon)*, *Prät. cenni-* *(3. Sg. cann)*, *Part. Pass. cannen*.
Schreiner, Erbauer, Zimmermann, *N. thavron*.
schützen, *V. beria-*, *Inf. berio*.
schützen (oben), bedecken, *V. orthel-*, *Inf. ortheli*, *Imp. orthelo*, *Aor. ortheli-* *(3. Sg. orthel)*, *Präs. orthíla-* *(1. Sg. orthílon)*, *Prät. orthelli-* *(3. Sg. orthell)*.
Schutzschirm, Versteck, Schleier, *N. esgal*.
Schwäche, Schwindligkeit, *N. hwîn*.
Schwalbe, *N. tuilinn*.
Schwamm, Pilz, *N. hwand*.
Schwan, *N. alph*, *Pl. eilph*.
schwarz, dunkel, *Adj. morn*.
›Schwarze Kluft‹, *N. Moria*.
›Schwarze Palisade‹, *N. Morgai*.
›Schwarze Wurzel, Schwarzgrund‹, *N. Morthond*.
›Schwarzer Feind‹, *N. Morgoth*.
›Schwarzes Land‹, *N. Mordor*.
›Schwarzes Schwert‹, *N. Mormegil*.
›Schwarzes Tal‹, *N. Mornan*.
›Schwarzes Tor‹, *N. Morannon*.
›Schwarzglanz‹, *N. galvorn*.
›Schwarzglas‹, *N. Helevorn*.
›Schwarzgrund, Schwarze Wurzel‹, *N. Morthond*.
schwärzlich, dunkel(häutig), *Adj. donn*.
Schweigen, Stille, *N. dîn*.

›Schweigender Berg‹, *N.* **Amon Dîn**.

schweigend, still, *Adj.* **dínen**.

Schwelle, Tür, *N.* **fen**.

schwellen, sprossen, sprießen, *V.* **tuia-**, *Inf.* **tuio**, *Aor.* **tuia**, *Prät.* **tuianne-** *(3. Sg.* **tuiant**), *Part. Pass.* **tuiannen** [oder *Prät.* **tuine-** *(3. Sg.* **tuin**), *Part. Pass.* **tuinen**].

schwer, *Adj.* **long**.

›Schwere Hand‹, *N.* **Mablung**.

Schwert (kurzes mit breitem Blatt), *N.* **ecet**.

Schwert, *N.* **magol**, *Pl.* **meigol**; **megil**.

Schwert, Pallasch, *N.* **lang**.

Schwert, Spalter, *N.* **crist**.

Schwertkämpfer, *N.* **magor**, *Pl.* **meigor**.

Schwester (das häufigste Wort), *N.* **muinthel**.

Schwester (weniger häufig), *N.* **thêl**, *Pl.* **theli**.

Schwester (vor allem im übertragenen Sinne), Verbündete, *N.* **gwathel**.

Schwierigkeit, Steifheit, Zähheit, *N.* **tarias**.

schwimmen, treiben, *V.* **loda-**, *Inf.* **lodo**, *Prät.* **lunne-** *(3. Sg.* **lunt**), *Part. Pass.* **lunnen**.

Schwinden, Vergehen, *N.* **peleth**; **pelin**.

Schwindligkeit, Schwäche, *N.* **hwîn**.

Schwinge, großer Flügel (z. B. eines Adlers), *N.* **roval**, *Pl.* **rovail**.

schwören, *V.* **gwesta-**, *Inf.* **gwesto**.

Schwung, Triebkraft, *N.* **gorf**.

sechs, *Num.* **eneg**.

sechst(er, -e, -es), *Num. Adj.* **enchui**.

See (flacher), Fenn, *N.* **lô**.

See (kalter, in den Bergen), Teich, *N.* **rim**.

See, Teich, Weiher, *N.* **ael**, *Pl.* **aelin**.

›Seen der Dämmerung‹, *N.* **Aelin-uial**.

Seeschlange, (eig.) Fisch-Drache, *N.* **limlug**.

›Seewanderer‹, *N.* **Aerandir**.

›See der kleinen Vögel, Vogelsee‹, *N.* **Linaewen**.

›See des Zwielichts, Dämmerwasser‹, *N.* **Nenuial**.
segeln, umherstreifen, fliegen, *V.* **revia-**, *Inf.* **revio**.
Segen, Glück, Gedeihen, *N.* **galu**, *Pl.* **geilu**.
Segge, steifes Gras, *N.* **thâr**.
sehen, *V.* **cen-**, *Inf.* **ceni**, *Imp.* **ceno**, *Aor.* **ceni-** *(3. Sg.* **cên**), *Präs.* **cína-** *(1. Sg.* **cínon**), *Prät.* **cenni-** *(3. Sg.* **cenn**), *Part. Pass.* **cennen**; **tíra-**, *Inf.* **tíro**, *Prät.* **tirne-** *(3. Sg.* **tirn**), *Part. Pass.* **tirnen**.
Sehender Stein, Palantír, *N.* **gwachaedir**.
Sehne, Kraft, physische Stärke, Muskel, *N.* **tû**.
Seife, *N.* **glûdh**.
Seil, *N.* **raph**.
sein(er), *Pron.* (3. Sg. unpers.) *Gen./Poss.* **hên**, **nahan**.
sein(er), ihr(er), *Pron.* (3. Sg. pers.) *Gen./Poss.* **dîn**, **naden**, **-(e)s**.
sein, ihr (reflexiv) *Pron. Adj.* **în**.
Seligkeit (ewige), Schicksal, Ende, endgültige Bestimmung, *N.* **manadh**.
separat, nicht gemeinschaftlich, ausgeschlossen, privat, *Adj.* **said**.
Sichel, *N.* **cerch**.
sichten (auf dem Meer), emporheben, erhöhen, *V.* **ortha-**, *Inf.* **ortho**.
sie, *Pron.* (3. Pl. pers.) *Nom.* **ti**, **-t**, *Akk.* **din**; (3. Pl. unpers.) *Nom.* **tai**, *Akk.* **hain**.
sie, er, *Pron.* (3. Sg. pers.) *Nom.* **e**, **-s**.
sie, ihn, *Pron.* (3. Sg. pers.) *Akk.* **den**.
sieben, *Num.* **odo**; **odog**.
›Sieben-Flüsse-Land‹, *N.* **Ossiriand**.
siebt(er, -e, -es), *Num. Adj.* **odothui**; **othui**.
Sieg, Herrschaft, Oberhand, *N.* **tûr**.
Sieger, Herr, Meister, *N.* **túro**.
›Siegherz‹, *N.* **Túrin**.
siehe!, *Interj.* **alae!**
Silber, *N.* **celeb**.

›Silberbaum‹, N. *Celeborn*.

›Silbergekrönte‹ (?), N. *Celebrían*.

›Silbergischt‹, N. *Celebros*.

›Silberlauf‹, N. *Celebrant*.

›Silberstein‹, N. *Celepharn*.

›Silberzinne‹, N. *Celebdil*.

silbern, *Adj. celevon*.

silbrig, silbergleich (an Farbe oder Wert), *Adj. celebren*.

›Silberne Hand‹, N. *Celebrimbor*.

›Silberner Fuß‹, N. *Celebrindal*.

›Silberner Herr‹, N. *Celebrindor*.

Silberfunke, N. *gildin*.

›Silberbaum‹, N. *Galathil*.

›Silbersproß-Baum‹, N. *Galathilion*.

singen, *V. linna-*, *Inf. linno*, *Prät. linne-* (*3. Sg. lind* oder *linnant*), *Part. Pass. linnen*.

singen, trällern, ein Gedicht vortragen, *V. glir-*, *Inf. gliri*, *Imp. gliro*, *Aor. gliri-* (*3. Sg. glîr*), *Präs. glíra-* (*1. Sg. glíron*), *Prät. glirni-* (*3. Sg. glirn*), *Part. Akt. gliriel*.

Sippe, Verwandschaft, Familie, N. *noss*.

Sirup, Saft, N. *paich*, *Pl. pich*.

Sklave, Thrall, N. *mûl*.

so wie, wie, *Konj. sui*.

Soden, Grasnarbe, N. *sâdh*.

Sohn, N. *iôn*, *Koll. ionnath*; *ion*.

›Sohn der Könige‹, N. *Ereinion*.

›Sohn der Quelle‹, N. *Ecthelion*.

›Sohn des Glanzes‹ (?), N. *Galion*.

›Sohn des Himmels‹ (?), ›Heller‹ (?), N. *Gelion*.

Soldat, Krieger (insbes. Ork), N. *boldog*; *daug* (ND-).

Sommer, N. *laer*.

Sonne, N. *Anor*.

›Sonnenstern‹, N. *elanor*.

›Sonnenland‹, N. *Anórien*.

Sonnenaufgang, Osten, N. *amrûn*.

Sonnenlicht, Morgen, Tag, *N.* **aur**.
Sonnenlicht, Strahlen (vom goldenen Baum Laurelin), *N.* **glawar**.
Sonnenuntergang, Westen, *N.* **annûn**.
›Sonne-Vergehen‹, *N.* **Narbeleth**.
sonnig, feurig, *Adj.* **nórui**.
›Sonniger‹, *N.* **Nórui**.
Spalte, Kluft, *N.* **criss**.
Spalter, Schwert, *N.* **crist**.
Spange, Fassung, Klammer, Halter, Schließe, *N.* **taew**.
später, danach, *Präf.* **ab-**.
Specht, *N.* **tavor**, *Pl.* **teivor**.
Speer, *N.* **ech**.
Speerspitze, *N.* **aith**; **ecthel**.
Speerspitze, Dreieck, Landzunge, Keil, *N.* **naith**, *Pl.* **natsai**.
Spiegel, *N.* **cenedril**.
Spiel, Sport, *N.* **teliën**.
spielen, *V.* **telia-**, *Inf.* **telio**.
Spinne (allg.), *N.* **lhingril**.
Spinne (große), *N.* **ungol**.
›Spinnenspalte‹, *N.* **Cirith Ungol**.
Spinne, Spinnwebe, *N.* **lhing**.
Spinnenfaden, feiner Faden, *N.* **lhê**.
Spion, *N.* **ethir**.
Spitze (allg.), *N.* **ment**.
Spitze (eines Speers), *N.* **thela**, *Pl.* **thili**.
Spitze (seitwärts reichende), Horn, Flügel, *N.* **rafn**.
Spitze, Felszacke, Stachel, *N.* **carag**.
Spitze, Horn, *N.* **till**.
Spitze, Kopfende, *N.* **caw**.
Spitze, scharfes Ende, Ecke, Winkel, *N.* **nass**.
Spitze, Zacke, *Pl.* Bergkette, *N.* **ceber**, *Pl.* **cebir**.
›Spitzen der Steine‹, *N.* **Sarn Gebir**.
Sport, Spiel, *N.* **teliën**.
Spott, Hohn, *N.* **iaew**.
Sprachbeschreibung, *N.* **lammas**.

Sprache, Zunge, Stimme, *N.* **lam**, *Koll.* **lamath**.
sprechen, sagen, *V.* **ped-**, *Inf.* **pedi**, *Imp.* **pedo**, *Aor.* **pedi-** *(3. Sg.* **pêd**), *Präs.* **pída-** (1. *Sg.* **pídon**), *Prät.* **penni-** *(3. Sg.* **pent**), *Part. Pass.* **pennen**.
sprießen, sprossen, schwellen, *V.* **tuia-**, *Inf.* **tuio**, *Aor.* **tuia**, *Prät.* **tuianne-** *(3. Sg.* **tuiant**), *Part. Pass.* **tuiannen** [oder *Prät.* **tuine-** *(3. Sg.* **tuin**), *Part. Pass.* **tuinen**].
springen, *V.* **cab-**, *Inf.* **cebi**, *Imp.* **cabo**, *Aor.* **cebi-** *(3. Sg.* **câb**), *Präs.* **cóba-** (1. *Sg.* **cóbon**), *Prät.* **cemmi-** *(3. Sg.* **camp**), *Part. Pass.* **cammen**.
Spross, Knospe, *N.* **tuiw**.
Spruchvers, *N.* **linnod**.
Sprühregen, Schaum, Gischt, *N.* **ross**.
Sprung, *N. Ger.* **cabed**.
›Sprung des entsetzlichen Schicksals‹, *N.* **Cabed Naeramarth**.
›Sprung des Hirschen‹, *N.* **Cabed-en-Aras**.
spucken, *V.* **puia-**, *Inf.* **puio**.
Spur, Abdruck, Fußspur, *N.* **rain**, *Pl.* **rŷn**.
Stachel, Dorn, *N.* **erch**.
Stachel, Felszacke, Spitze, *N.* **carag**.
Stachelhecke, *N.* **caraes**.
Stadt (oberirdisch erbaute), *N.* **caras**.
›Stadt der Bäume‹, *N.* **Caras Galadhon**.
Stadt (ummauerte), Festung, Burg, *N.* **ost**.
Stadt (unterirdische), Festung, *N.* **othronn**.
Stamm, *N.* **telch**.
standhaft, beständig, *Adj.* **him**.
standhaft, fest, verlässlich, *Adj.* **thala**, *Pl.* **theili**.
standhaft, treu, fest, *Adj.* **boron**; **born**.
›Standhafter Mann‹, *N.* **Borondir**.
Standhafter, Getreuer, Vasall, *N.* **bôr**.
stark (körperlich), *Adj.* **bell**.
stark, furchtlos, *Adj.* **thalion**, *Pl.* **thelyn**.
›Stark Herausfließender‹, *N.* **Thalos**.
›Starker, Standhafter‹, *N.* **Thalion**.

›Starker Bogen‹, ›Langbogen‹, *N.* **Cúthalion**.
Stärke (körperliche), *N.* **bellas**.
Stärke (physische), Muskel, Sehne, Kraft, *N.* **tû**.
›Starker‹, *N.* **Tuor**.
starr, verdorrt, saftlos, steif, *Adj.* **tharn**.
Stätte (heilige), Heiligtum, *N.* **iaun**.
Staub, *N.* **ast**.
Staub, Asche, Sand, *N.* **lith**.
stechen, *V.* **ercha-**, *Inf.* **ercho**.
stechen (mit einer scharfen Spitze), beleidigen (oft verbunden mit Zurückweisung), mit Verachtung behandeln, *V.* **eitha-**, *Inf.* **eitho**.
stechen, stoßen, pieken, *V.* **nasta-**, *Inf.* **nasto**.
Stechpalmenbaum, *N.* **ereg**; **eregdos**.
›[Land] der Stechpalmen‹, *N.* **Region**.
stehen bleiben, anhalten, warten, *V.* **dar-**, *Inf.* **deri**, *Aor.* **deri-** *(3. Sg.* **dâr**), *Präs.* **dóra-** *(1. Sg.* **dóron**), *Prät.* **derni-** *(3. Sg.* **darn**), *Imp.* **daro**.
steif, saftlos, starr, verdorrt, *Adj.* **tharn**.
steif, zäh, *Adj.* **dorn**; **tara**, *Pl.* **teiri**.
Steifheit, Schwierigkeit, Zähheit, *N.* **tarias**.
Steigbügel, *N.* **talraph**.
›Steigbügelloser‹, *N.* **Udalraph**.
steil, *Adj.* **baradh**.
Stein (als Material), *N.* **sarn**.
Stein (behauener), *N.* **gondrafn**; **gondram**.
Stein (großer), Fels, *N.* **gond**.
›Steinherren-Volk‹, *N. Koll.* **Gonnhirrim**.
›Steinblut‹, *N.* **seregon**.
›Stein-Land‹, *N.* **Gondor**.
Stein (kleiner), Kiesel, *N.* **sarn**, *Pl.* **sern**.
›der Steinige‹, *N.* **Serni**.
Steinhaufen, *N.* **sarnas**.
sterben, hinscheiden, *V.* **gwanna-**, *Inf.* **gwanno**, *Prät.* **gwanne-** *(3. Sg.* **gwannant**), *Part. Pass.* **gwannen**.

sterblich, *Adj.* **fíreb**.
Sterblicher (allg.), *N.* **fair**, *Pl.* **fir**, *Koll.* **firiath**.
sterblicher Mann, Sterblicher, *N.* **firion**.
sterbliche Frau, Sterbliche, *N.* **firiëth**.
sterbliche Maid, *N.* **fíriël**.
Stern (kleiner), Funke, *N.* **tinu**.
Stern, heller Funke, *N.* **gîl**, *Pl.* **gail**, *Koll.* **giliath**.
›Stern der Hoffnung‹, *N.* **Gil-Estel**.
›Sternentzünderin‹, *N.* **Gilthoniël**.
›Sternherr‹, *N.* **Gildor**.
›Sternenlicht‹, *N.* **Gil-galad**.
Stern, *N. poet. arch.* **êl**, *Pl.* **elin**, *Koll.* **elenath** ›Sternenschar‹.
›Sterngewölbe‹, *N.* **Elrond**.
›Sterngischt‹, *N.* **Elros**.
›Sterngischt‹, *N.* **Elwing**.
›Sternkönigin‹, *N.* **Elbereth**.
›Sternwachtturm‹, *N.* **Elostirion**.
›Sternmond‹, *N.* **ithildin**.
Sternzwielicht, Abenddämmerung, frühe Nacht (ohne Mond), *N.* **tinnu**.
Stichflamme, *N.* **lach**.
still, schweigend, *Adj.* **dínen**.
›Stille Straße‹, *N.* **Rath Dínen**.
›Stilles Land‹, *N.* **Dor Dínen**.
Stille, Schweigen, *N.* **dîn**.
stillen, löschen, *V.* **luithia-**, *Inf.* **luithio**.
Stimme, Sprache, Zunge, *N.* **lam**, *Koll.* **lamath**.
›Stimmen-Horde‹, *N.* **Lammoth**.
Stirnseite, Gesicht, *N.* **nif**.
Stopper, Stöpsel, Füllung, *N.* **dîl**.
stören, beeinflussen, *V.* **presta-**, *Inf.* **presto**.
stören, belästigen, *V.* **trasta-**, *Inf.* **trasto**.
stoßen, pieken, stechen, *V.* **nasta-**, *Inf.* **nasto**.
straff, gespannt (von Sehnen oder Saiten), mitschwingend, *Adj.* **tong**.

Strahlen, *N.* **glaw**.
Strahlen (vom goldenen Baum Laurelin), Sonnenlicht, *N.* **glawar**.
strahlend, weiß, *Adj.* **faen**.
Strand-, Ufer-, Brandungs-, *Adj.* **falathren**.
Straße, *N.* **othrad**.
Straße, Lauf, Flussbett, *N.* **rath**.
›Straße der Lampenmacher‹, *N.* **Rath Celerdain**.
Straße, Weg, Richtung, *N.* **men**.
›Straße der Zwerge‹, *N.* **Men-i-Naugrim**.
Strauß, Blütenfülle, *N.* **gwaloth**.
streicheln, befühlen, fühlen, handhaben, *V.* **matha-**, *Inf.* **matho**.
Streit, *N.* **cost**.
streunen, umherirren, *V.* **renia-**, *Inf.* **renio**.
Strohdach, Dachstroh, *N.* **taus**.
›Strom‹, ›Großer Fluss‹, *N.* **Sirion**.
stürmisch, *Adj.* **alag**.
›Stürmisches Gebiss‹, *N.* **Ancalagon**.
stürmisch, ungestüm, heftig, *Adj.* **asgar**.
Sturzbach, *N.* **thórod**.
Sturzbach, Bergbach, *N.* **oll**.
stürzen (wie ein Sturzbach), dahinschießen, *V.* **rib-**. *Inf.* **ribi**.
sich stürzend auf, herabstoßend, *Adj.* **thôr**.
Stütze, *N.* **tulu**.
Süden, *N.* **harad**, **Harad**.
›Süd-Gondor‹, *N.* **Harondor**.
›Südhafen‹, *N.* **Harlond**.
›Südland‹, (eig.) Südvolk, *N.* **Haradwaith**.
›Süd-Lindon‹, *N.* **Harlindon**.
›Südwasser‹, *N.* **Harnen**.
Südländer, Volk des Südens, *N. Koll.* **Haradrim**.
südlich, *Adj.* **haradren**, **harn**.
süß, lieblich, *Adj.* **melui**.
›Süßes Blütental‹, *N.* **Imloth Melui**.
süß, melodisch, *Adj.* **lend**.

T

Tag, Sonnenlicht, Morgen, *N. aur*.
›Tag der Sonne‹, *N. Oranor*.
›Tag der Sterne‹, *N. Orgilion*.
›Tag der Valar‹, *N. Orbelain*.
›Tag der Zwei Bäume‹, *N. Orgaladhad*.
›Tag des Baumes‹, *N. Orgaladh*.
›Tag des Großen Meeres‹, *N. Oraearon*.
›Tag des Himmels‹, *N. Ormenel*.
›Tag des Mondes‹, *N. Orithil*.
Tag, Tagzeit, *N. arad*.
Tal (breites), Ebene, *N. lad*.
›Tal des Sprühregens‹ (?), *N. Ladros*.
Tal (enges mit steilen Wänden), *N. imlad*.
›Tal der Magie‹, *N. Imlad Morgul*.
Tal (langes schmales mit einem Wasserlauf im Talgrund), *N. imrath*.
Tal (tiefes zwischen Hügeln), *N. tum*.
›Tal der Haladrim‹ (?), *N. Tumhalad*.
Tal (weites), Ebene, Fläche, flaches Land, *N. talath*.
Tal, weites Grasland, *N. nan*.
›Tal der dunklen Bäche‹, *N. Nanduhirion*.
›Tal des abscheulichen Schreckens‹, *N. Nan Dungortheb*.
›Tal des Sterndämmers‹, *N. Nan Elmoth*.
›Tal Sarumans‹, *N. Nan Curunír*.
Tal der Blüten, Blumental, *N. imloth*.
Tang, *N. uil*.
Tang, Meerespflanze, *N. gaeruil*.
Tapferkeit, Mut, Ungestüm, *N. gorn*.
Tat, *N. cardh*.
Tau, *N. mîdh*.
Taube, *N. cugu*.
tausend, *Num. meneg*.
›Tausend Grotten‹, *N. Menegroth*.

Teich, *N. lîn*, *Koll. liniath*; *loeg*.
›Teiche der goldenen Wasserblumen‹, *N. Loeg Ningloron*.
Teich (kalter, in den Bergen), See, *N. rim*.
Teich (kleiner), Tümpel, *N. both* (MB-).
Teich, Weiher, See, *N. ael*, *Pl. aelin*.
Teig, *N. moeas*.
Teil (hinterster), Ende, Nachhut, *N. tele*, *Pl. telai*.
Teil eines Reiches, Gau, Verwaltungsbezirk, *N. trann*.
Teler, einer der Teleri, *N. Teler*, *Koll. Telerrim*.
Thrall, Sklave, *N. mûl*.
tief, *Adj. nûr*.
tief, niedrig, tiefliegend, *Adj. tofn*.
›Tiefe‹, *N. Udûn*.
›Tiefelbe‹, ›Noldo‹ (einer vom weisen Volk), *N. Gódhel* (NG-), *Pl. Gódhil*, *Koll. Gódhellim*; *Golodh* (NG-), *Koll. Golodhrim*; *Ódhel*, *Pl. Ódhil*, *Koll. Ódhellim*.
Tiefelbe, (eig.) ›Flammenauge‹, *N. Lachenn*.
tiefgehend, scharf, durchdringend, *Adj. maeg*.
tiefliegend, tief, niedrig, *Adj. tofn*.
Tier, *N. lavan*.
Tier (zweifüßiges), Zweifüßer, *N. tad-dal*, *Pl. tad-dail*.
Tochter, Mädchen (Kind), *N. sell*, *Koll. sellath*.
Tochter, Mädchen, Maid, *N. iëll*.
›Tochter der Dämmerung‹, *N. Tinúviël*.
Tod, *N. gûr* (NG-), *gurth* (NG-), *guruth* (NG-); *gwanath*; *gwanu*, *Pl. gweinu*.
›Todeseisen‹, *N. Gurthang* (NG-).
Todesfurcht, Todesschatten, *N. guruthos* (NG-).
tödlich, mörderisch, verhasst, *Adj. delu*.
Töpfer, *N. cennan*.
Tor, Durchgang, *N. fennas*.
Tor, Pforte, große Tür, *N. annon*.
›Torbach‹, *N. Sirannon*.
›Tosende Gischt‹, *N. Rauros*.
tot (von Sterblichen), *Adj. fern*.

tot, hingeschieden, *Adj.* **gwann**.
Tote, *N. Pl.* **gyrth** (NG-).
töten, erschlagen, *V.* **dag-** (ND-), *Inf.* **degi**, *Imp.* **dago**, *Aor.* **degi-** *(3. Sg.* **dâg**), *Präs.* **dóga-** (1. *Sg.* **dógon**), *Prät.* **dengi-** *(3. Sg.* **danc**), *Part. Pass.* **dangen**.
Toter (von Sterblichen), *N.* **fern**.
Töter, Bezwinger, Verderber, *N.* **dagnir** (ND-).
Träger, *N.* **cyll**.
trällern, ein Gedicht vortragen, singen, *V.* **glir-**, *Inf.* **gliri**, *Imp.* **gliro**, *Aor.* **gliri-** *(3. Sg.* **glîr**), *Präs.* **glíra-** (1. *Sg.* **glíron**), *Prät.* **glirni-** *(3. Sg.* **glirn**), *Part. Akt.* **gliriel**.
trampeln, *V.* **batha-**, *Inf.* **batho**.
Trampelweg, Pfad, *N.* **bâd**.
Träne, *N.* **nîn**.
›Tränenmaid‹, *N.* **Níniël**.
Träne, Weinen, *N.* **nir**.
tränennass, feucht, nass, *Adj.* **nid**.
tränenreich, *Adj.* **níniël**.
›Trauer‹, *N.* **Niënor**.
›Trauerwasser‹, *N.* **Núrnen**.
Traum, *N.* **ôl**, *Pl.* **ely**.
träumen, *V.* **oltha-**, *Inf.* **oltho**.
traurig, *Adj.* **nûr**.
traurig, beklagenswert, *Adj.* **naer**.
traurig, düster, *Adj.* **dem**.
sich treffen, sich begegnen, *V.* **govad-**, *Inf.* **gevedi**, *Imp.* **govado**, *Aor.* **gevedi-** *(3. Sg.* **govad**), *Präs.* **govóda-** (1. *Sg.* **govódon**), *Prät.* **gevenni-** *(3. Sg.* **govant**), *Part. Pass.* **govannen**.
treiben, schwimmen, *V.* **loda-**, *Inf.* **lodo**, *Prät.* **lunne-** *(3. Sg.* **lunt**), *Part. Pass.* **lunnen**.
Treppe, auf- oder abwärts führender Gang, *N.* **pendrath**.
treu, beständig, fest, *Adj.* **thenid; thenin**.
treu, fest, standhaft, *Adj.* **boron; born**.
treu, zuverlässig, *Adj.* **tolog**.
Treuebund, Bund, Eidbund, Eid, *N.* **gwaedh**.

Trick, Kniff; Zucken, Ruck, plötzliche Bewegung, *N*. **rinc**.
Trieb, Pflanze, *N*. **galas**.
Triebkraft, Schwung, *N*. **gorf**.
trinken, *V*. **soga**-, *Inf.* **sogo**, *Aor.* **soga**- *(3. Sg.* **sôg**), *Prät.* **sunge**- *(3. Sg.* **sunc**), *Part. Pass.* **sungen** [oder *Prät.* **soganne**- *(3. Sg.* **sogant**), *Part. Pass.* **sogannen**].
Trinkgefäß, *N*. **ylf**.
Triumph, Freude, *N*. **gell**.
triumphierend, *Adj*. **gellui**.
trocken, *Adj*. **parch**.
Troll, *N*. **torog**.
›Troll‹, *N*. **Torog**.
Trompete, Horn, *N*. **rom**.
Trompetenklang, Schall, *N*. **rû**.
Trunk, *N*. **suith**.
Trupp wehrfähiger Männer, Volk; Gebiet, Wildnis, *N*. **gwaith**.
Trupp wehrfähiger Männer, Heer, Regiment, Kriegsstärke, *N*. **gweth**.
Truppe eines Herrn, Garde, *N*. **herth**.
Tuer, Macher, *N*. **ceredir**.
Tümpel, kleiner Teich, *N*. **both** (MB-).
tun, *V*. **car**-, *Inf.* **ceri**, *Imp.* **caro**, *Aor.* **ceri**- *(3. Sg.* **câr**), *Präs.* **córa**- *(1. Sg.* **córon**), *Prät.* **agore**- *(3. Sg.* **agor**), *Part. Pass.* **coren** [oder **carnen**].
Tun, Machen, *N. Ger.* **carad**.
Tür, Schwelle, *N*. **fen**.
Tür (große), Tor, Pforte, *N*. **annon**.
Turm, *N*. **minas**.
›Turm der Magie‹, *N*. **Minas Morgul**.
›Turm der Sonne‹, *N*. **Minas Anor**.
›Turm der Wacht‹, *N*. **Minas Tirith**.
›Turm des Mondes‹, *N*. **Minas Ithil**.
›Turm des Westens‹, *N*. **Annúminas**.
Turm, einzelner Hügel (insbes. mit einem Wachtturm), *N*. **mindon**.

Turm, Festung, *N.* **barad**.
›Turm der Quelle‹, *N.* **Barad Eithel**.
›Turm des Weißen Horns‹, *N.* **Barad Nimras**.
tu's nicht!, nein!, *Interj. Imp.* **baw!**
tyrannisch, bedrückend, grausam, *Adj.* **baug**.

U

über, betreffend, *Präp.* **o** (mit Lenierung), vor Vokalen **oh**.
über, ober *Präf.* **or-**.
über, oberhalb von, *Präp.* **or** (mit Lenierung), mit Artikel: **erin** (mit gemischter Mutation).
über ... hinaus, *Präp.* **athan** (mit Nasalmutation).
›Überweg‹, *N.* **Tharbad**.
überdachen, bedecken, *V.* **toba-**, *Inf.* **tobo**, *Prät.* **tumme-** *(3. Sg. tump)*, *Part. Pass.* **tummen**.
überleben, durchhalten, *V.* **brona-**, *Inf.* **brono**, *Prät.* **bronne-** *(3. Sg. bronn)*, *Part. Pass.* **bronnen**.
überschreiten, queren, *V.* **athrada-**, *Inf.* **athrado**, *Prät.* **athranni-** *(3. Sg. athrant)*, *Part. Pass.* **athrannen**, *Ger.* **athrad**.
überschwemmt, durchnässt, *Adj.* **loen**.
überwältigend, ehrfurchtgebietend, erhaben, mächtig, riesig, *Adj.* **taur**.
Ufer (eines Flusses), *N.* **raw**.
Ufer, Brandungslinie, Strand, *N.* **falas**.
Ufer-, Brandungs-, Strand-, *Adj.* **falathren**.
›Ufer-Sprache‹ (die Gemeinsprache), *N.* **Falathren**.
Ufer, Gestade, *N.* **habad**.
Ulme, *N.* **lalf**, *Pl.* **lelf**; **lalven**; **lalwen**.
Ulmenbaum, *N.* **lalorn**.
um, *Präf.* **os-**.
Umfriedung (kreisförmige), runder Hügel, *N.* **cerin**.
Umhang, Mantel, *N.* **coll**.
umherirren, streunen, *V.* **renia-**, *Inf.* **renio**.
umherstreifen, fliegen, segeln, *V.* **revia-**, *Inf.* **revio**.

umherwandern, abirren, *V.* ***mista-****, Inf.* ***misto****.
Umherwandern, *N.* ***rain****.
umherziehend, fahrend, *Adj.* ***raun****.
Umkreis, äußerer Kreis, äußerer Ring, *N.* ***echor****.
›Umkreiszaun‹, *N.* ***Echoriath****.
Umlautung (von Vokalen), *N. ling.* ***prestanneth****.
Umriss, Form, *N.* ***cant****.
umschattet, verschleiert, verhüllt, verborgen, *Adj.* ***hall****.
›der Umschattete‹ (?), *N.* ***Daeron****.
umschließen, begrenzen, *V.* ***gleina-****, Inf.* ***gleinio****.
›Umzäumtes Land‹, *N.* ***Pelennor****.
›Umzäuntes Land‹, *N.* ***Arthóriën****.
un-, nicht, *Präf.* ***al-****; ***ú-****.
unauslöschbar, unstillbar, *Adj.* ***uluithiad****.
unbedeutend, klein, *Adj.* ***niben****.
und, *Konj.* ***ah****, ***ar****.
ungestüm, heftig, *Adj.* ***gorn****.
ungestüm, heftig, stürmisch, *Adj.* ***asgar****.
Ungestüm, Tapferkeit, Mut, *N.* ***gorn****.
›Ungezählte Tränen‹, *N.* ***Nirnaeth Arnediad****.
›Ungoliant‹, *N.* ***Delduthling****.
Unrecht tun (jemandem), jemanden benachteiligen, *V.* ***neitha-****, Inf.* ***neitho****.
uns, *Pron.* (1. Pl.), *Dat.* ***men****, ***ammen****; *Akk.* ***ven****.
unser, *Pron.* (1. Pl.), *Gen./Poss.* ***vîn****, ***naven****, ***-(e)m****.
unsicher, rutschend, fallend, *Adj.* ***talt****.
unsterblich, *Adj.* ***alfirin****.
unstillbar, unauslöschbar, *Adj.* ***uluithiad****.
unter, *Präp.* ***nu*** (mit Lenierung), mit Artikel: ***nuin*** (mit gemischter Mutation).
unter, nieder, *Präf.* ***nu-****.
unter, unterhalb, *Präp.* ***di*** (mit Lenierung).
unterbinden, im Wachstum oder in der Entwicklung hemmen, nicht zur Vollendung kommen lassen, Einhalt gebieten, *V.* ***nuitha-****, Inf.* ***nuitho****.

unterdrücken, *V. baugla-* (MB-), *Inf. bauglo.*
Unterdrückung, Zwang, Nötigung, Bedrängnis, *N. thang.*
unterhalb, unter, *Präp. di* (mit Lenierung).
unzählbar, zahllos, endlos, *Adj. arnediad; aronoded.*
ursprünglich, alt, *Adj. iaur.*
Urteil, *N. baudh.*

V

vage, neblig, obskur, *Adj. hethu, Pl. hithu.*
Vala, göttliche Macht, Gottheit, *N. Balan; Rodon, Pl. Rodyn.*
Valisches Jahr, *N. ennin.*
Vasall, Gefolgsmann, *N. beor, Pl. bŷr; bŷr.*
›Vasall‹, *N. Beor.*
Vasall, Getreuer, Standhafter, *N. bôr.*
Vater, *N. adar.*
›Vater der Menschen‹, *N. Adanadar.*
Vater, Elternteil, *N. m. odhron.*
Vater, Papa (Koseform), *N. ada.*
verabscheuen, Abscheu empfinden gegen, *V. fuia-, Inf. fuio.*
Verabscheuung, Verachtung, *N. delos.*
mit Verachtung behandeln, beleidigen (oft verbunden mit Zurückweisung), stechen (mit einer scharfen Spitze), *V. eitha-, Inf. eitho.*
verbergen, *V. delia-, Inf. delio; poet. arch. Prät. dole- (3. Sg. daul), Part. Pass. dolen.*
verbergen, verhüllen, beschatten, verdüstern, *V. gwathra-, Inf. gwathro.*
verbergen, verstecken, *V. doltha-, Inf. doltho; poet. arch. Prät. dole- (3. Sg. daul), Part. Pass. dolen.*
verbieten, *V. boda-, Inf. bodo.*
verborgen, geheim, *Adj. thurin.*
verborgen, umschattet, verschleiert, verhüllt, *Adj. hall.*
›Verborgener Felsen‹, *N. Gondolin.*

verbraucht, altersschwach, klapprig, *Adj.* **gern**.
Verbündete, Schwester (vor allem im übertragenen Sinne), *N.* **gwathel**.
Verbündeter, Eidgenosse, Bruder (vor allem im übertragenen Sinne), *N.* **gwador**, *Pl.* **gwedair**.
verdammen, verurteilen, *V.* **bartha-** (MB-), *Inf.* **bartho**.
verdammt, verurteilt, verloren, *Adj.* **barad** (MB-).
Verderber, Bezwinger, Töter, *N.* **dagnir** (ND)-.
verdorben, verfault, *Adj.* **thaw**.
verdorrt, saftlos, steif, starr, *Adj.* **tharn**.
verdreht, verknotet, verworren, *Adj.* **norn**.
verdüstern, verhüllen, beschatten, verbergen, *V.* **gwathra-**, *Inf.* **gwathro**.
vereinigen, *V.* **ertha-**, *Inf.* **ertho**.
verfault, verdorben, *Adj.* **thaw**.
verflochten, gewebt, durchwirkt, *Adj./Part.* **remmen**.
Verfolgung, Jagd, *N.* **faroth**.
Vergehen, Schwinden, *N.* **peleth**; **pelin**.
›Vergehen‹, *N.* **firith**.
vergrößern, öffnen, *V.* **panna-**, *Inf.* **panno**, *Prät.* **panne-** *(3. Sg.* **pannant**), *Part. Pass.* **pannen**.
verhasst, tödlich, mörderisch, *Adj.* **delu**.
verhüllen, *V.* **haltha-**, *Inf.* **haltho**.
verhüllen, beschatten, verdüstern, verbergen, *V.* **gwathra-**, *Inf.* **gwathro**.
verhüllt, verborgen, umschattet, verschleiert, *Adj.* **hall**.
verknotet, verworren, verdreht, *Adj.* **norn**.
verkümmert, verkrüppelt, *Adj.* **naug**.
›Verkümmertes Volk‹, Zwerg, *N.* **Nogoth**, *Koll.* **Nogothrim**.
verlassen, *Adj.* **eglan**.
›Verlassener‹ (Elb von Beleriand), *N.* **Eglan**, *Koll.* **Egladhrim**; **Egol**, *Koll.* **Eglath**.
verlassen, preisgeben, *V.* **awartha-**, *Inf.* **awartho**.
Verlassen, Preisgabe, *N.* **awarth**.
verlässlich, standhaft, fest, *Adj.* **thala**, *Pl.* **theili**.

verletzt, benachteiligt, *Adj.* **neithan**.
verloren, verdammt, verurteilt, *Adj.* **barad** (MB-).
Verneinung, Ablehnung, *N.* **ubed**.
verraten, betrügen, *V.* **gweria-**, *Inf.* **gwerio**.
Verräter, *N.* **gwarth**.
Versammlung, *N.* **hûd**.
verschlagen, klug, *Adj.* **coru**, *Pl.* **cyru**.
verschleiert, verhüllt, verborgen, umschattet, *Adj.* **hall**.
›Verschlossene Tür‹, *N.* **Fen Hollen**.
Verstand, Intelligenz, *N.* **hannas**.
Versteck, Schleier, Schutzschirm, *N.* **esgal**.
verstecken, verbergen, *V.* **doltha-**, *Inf.* **doltho**; *poet. arch. Prät.* **dole-** *(3. Sg.* **daul**), *Part. Pass.* **dolen**.
verstehen, *V.* **henia-**, *Inf.* **henio**.
verstopfen, *V.* **dilia-**, *Inf.* **dilio**.
verstricken, verwickeln, *V.* **gonathra-**, *Inf.* **gonathro**.
verstrickt, im Netz gefangen, *Adj.* **raen**.
Verstrickung, *N.* **gonathras**.
Vertrag, Abmachung, Pakt, *N.* **gowest**.
verurteilen, verdammen, *V.* **bartha-** (MB-), *Inf.* **bartho**.
verurteilt, verloren, verdammt, *Adj.* **barad** (MB-).
Verwaltungsbezirk, Teil eines Reiches, Gau, *N.* **trann**.
Verwandschaft, Familie, Sippe, *N.* **noss**.
Verwandte, Zwillinge, *N. Pl.* **gwanur**.
verwenden, gebrauchen, *V.* **iuitha-**, *Inf.* **iuitho**.
verwickeln, verstricken, *V.* **gonathra-**, *Inf.* **gonathro**.
verworren, verdreht, verknotet, *Adj.* **norn**.
verwunden, *V.* **harna-**, *Inf.* **harno**.
verwundet, *Adj.* **harn**.
verzaubern, *V.* **luitha-**, *Inf.* **luitho**.
vielmehr, eigentlich, *Adj.* **sennui**.
›Vielzahl gespaltener Spitzen‹, *N.* **Crissaegrim**.
vier, *Num.* **canad**.
viert(er, -e, -es), *Num. Adj.* **canthui**.
›Viertel‹, ›Canath‹ (gondorische Münze), *N.* **canath**.

Vögel (kleine), *N. Pl. filig*, *Sg. filigod* oder *fileg*.
Vogel (kleiner), *N. aew*.
vogelig, von Vögeln, *Adj. aewen*.
Volk, Trupp wehrfähiger Männer; Gebiet, Wildnis, *N. gwaith*.
›Volk der Juwelenschmiede‹, *N. Gwaith-i-Mírdain*.
Volk des Nordens, Nordländer, *N. Koll. Forodrim*.
Volk des Südens, Südländer, *N. Koll. Haradrim*.
Volk von Dunland, Dunländer, *N. Koll. Gwathuirim*.
voll, *Adj. pant*.
vollständig, durch-, *Präf. tre-*.
von (= Genitiv), *Präp. na* (mit Lenierung), mit Artikel: *nan* (mit gemischter Mutation).
von, von … weg, *Präp. od* (mit Plosivmutation), *od* vor Vokalen, mit Artikel: *uin* (mit gemischter Mutation).
vor (zeitlich), *Präp. no* (mit Lenierung), mit Artikel: *nuin* (mit gemischter Mutation).
vorhanden sein (im Überfluss oder reichlich), *V. ovra-*, *Inf. ovro*.
Vorrichtung, Maschine, Gerät, *N. gaud*.
Vorstellung, Ahnung, Idee, *N. inc*.
vorüber, her, zuvor (nachgestellt), *Adv. io*.
Vorwärts!, *Interj. Imp. hûl!*

W

wachen, schauen, Ausschau halten, blicken auf, *V. tir-*, *Inf. tiri*, *Imp. tiro*, *Aor. tiri- (3. Sg. tîr)*, *Präs. tíra- (1. Sg. tíron)*, *Prät. tirni- (3. Sg. tirn)*, *Part. Akt. tiriel*; *tiria-*, *Inf. tirio*.
Wachsamkeit, Wacht, *N. tirith*.
wachsen, *V. gala-*, *Inf. galo*, *Prät. galle- (3. Sg. gall)*.
Wächter, *N. tirn*.
wagen, *V. bertha-*, *Inf. bertho*.
Wagen, *N. rach*.
Wald, *N. eryn; glad*.

›Wald der grünen Blätter‹, N. **Eryn Lasgalen**.

Wald (großer), Forst, N. **taur**.

›Wald aus Buchen‹, N. **Taur-na-neldor**.

›Wald der großen Furcht‹, N. **Taur e-Ndaedelos**.

›Wald der Jäger‹, N. **Taur-en-Faroth**.

›Wald unter Nachtschatten‹, N. **Taur-nu-Fuin**.

›Wald zwischen Strömen‹, N. **Taur-im-Duinath**.

Wald (großer), Holz, N. **tawar**.

›Wald der Drúedain‹, N. **Tawar-in-Drúedain**.

Waldelben, Waldvolk, N. Koll. **Tawarwaith**.

Waldlichtung, N. **lant**.

›Waldmann‹, N. **Tauron**.

Waldvolk, Waldelben, N. Koll. **Tawarwaith**.

Wall (großer), N. **rammas**.

Wall, Mauer, N. **ram**.

›Wallfuß, Ende der Mauer‹, N. **Ramdal**.

Wanderer, Pilger, N. **randir**.

wann, Adv. **ir**.

Ware (zum Tausch), Ding, N. **bach** (MB-).

warm, Adj. **laug**.

warten, anhalten, stehen bleiben, V. **dar-**, Inf. **deri**, Imp. **daro**, Aor. **deri-** (3. Sg. **dâr**), Präs. **dóra-** (1. Sg. **dóron**), Prät. **derni-** (3. Sg. **darn**).

warten, ausharren, aushalten, bleiben, V. **dartha-**, Inf. **dartho**.

Wasa, ›Drû‹, Wilder, N. **Drû**, Pl. **Drúin**, Koll. **Drúath**.

Wasa, ›Drû-Mensch‹, wilder Mensch, N. **Drúadan**, Pl. **Drúedain**.

Wasseraustritt, Quelle, N. **eithel**.

Wasserblume (goldene), Iris, N. **ninglor**.

Wasserfall, N. **lanthir**.

›Wasserfall der widerhallenden Stimmen‹, N. **Lanthir Lamath**.

Wassergefäß, N. **calph**, Pl. **ceilph**.

Wasserland, Gewässer (See, Teich oder kleinerer Fluss), N. **nen**, Pl. **nîn**.

›Wasser des Erwachens‹, *N.* **Nen Echui**.
›Wasser des Lachens‹, *N.* **Nen Lalaith**.
›Wasser des Schauderns‹, *N.* **Nen Girith**.
›Wasserland der Schwäne‹, *N.* **Nîn-in-Eilph**.
wässrig, *Adj.* **nend**; **nínui**.
wässrig, nass, *Adj.* **nîn**.
›der Wässrige‹, *N.* **Nínui**.
Weber, Wirker, *N.* **nathron**.
Weg, *N.* **pâd**.
Weg, Linie, *N.* **tê**.
Weg, Pfad, *N.* **râd**.
Weg, Richtung, Straße, *N.* **men**.
Weg bahnen, Weg finden, *V.* **rada-**, *Inf.* **rado**, *Prät.* **ranne-** *(3. Sg.* **rant**), *Part. Pass.* **rannen**.
Wegstunde (etwa 4,5 km), Halt, Pause, *N.* **daur**.
Weh, Beißen, Heulen und Zähneknirschen, *N.* **nauth**.
weiblich, *Adj.* **inu**.
weich, *Adj.* **moe**.
Weide, *N.* **nadhor**, *Pl.* **neidhor**; **nadhras**.
Weide, umzäuntes Feld, *N.* **parch**.
Weiden habend, weidenbestanden, *Adj.* **tathren**.
Weidenbaum, *N.* **tathar**.
weidenbestanden, Weiden habend, *Adj.* **tathren**.
›Weidenbestandenes Tal‹, ›Weidental‹, *N.* **Nan-tathren**.
Weiher, See, Teich, *N.* **ael**, *Pl.* **aelin**.
Weinen, Träne, *N.* **nir**.
weise, *Adj.* **sael**.
›Weiser Mann‹ (?), *N.* **Dírhael**.
weise, gelehrt in tiefen Künsten, *Adj.* **golwen** (NG-).
weise, nachdenklich, besinnlich, *Adj.* **idhren**.
Weise, Melodie, *N.* **lind**.
Weiser, Zauberer, **ithron**.
›Weiser‹ (?), *N.* **Ingold**.
Weisheit, Nachdenklichkeit, Besinnlichkeit, *N.* **idhor**.
weiß, *Adj.* **fain**; **glân**.

›Weißhaar‹ (?), *N*. **Findegil**.
weiß, bleich, *Adj*. **nimp**.
›Weißbirken(wald)‹, *N*. **Nimbrethil**.
›Weißblüte‹, *N*. **Nimloth**.
›Weißschnee‹ (?), *N*. **Nimphelos**.
weiß, strahlend, *Adj*. **faen**.
weiß glühend, *Adj*. **brassen**.
weiß machen, weiß werden, *V*. **nimmida-**, *Inf*. **nimmido**, *Prät*. **nimminne-** *(3. Sg.* **nimmint***), Part. Pass.* **nimminnen**.
Weißglut, *N*. **brass**.
weit, *Adj*. **pann**.
weit, breit, *Adj*. **land**.
›Weite Leere‹, *N*. **Lothlann**.
›Weites Tal‹, *N*. **Tumladen**.
weit, groß, *N*. **ûr**.
weiter (?), los, *Adv*. **lim**.
weithin, fernhin, *Adv*. **palan**, *Präf*. **palan-** (mit Lenierung).
welch(er, e, es), der (die, das), *Pron*. **i**.
Wellenschaum, Gischt, *N*. **gwing**.
Welt, Erde, *N*. **amar**.
Welt; (eig.) begrenztes oder eingegrenztes Gebiet, *N*. **gardh**.
Welt; (eig.) großes Gebiet, Provinz, *N*. **ardhon**.
Werfer, Schleuderer, *N*. **hador**, *Pl*. **heidor**; **hadron**.
Werwolf, *N*. **gaur** (NG-), *Koll*. **gaurhoth**.
›West-Elb‹, Elb von Beleriand (Noldor und Sindar umfassend), *N*. **Dúnedhel** (ND-), *Pl*. **Dúnedhil**.
Westen, *N*. **dûn** (ND-).
›West-Mensch‹, Númenórer, *N*. **Dúnadan** (ND-), *Pl*. **Dúnedain**.
Westen, Sonnenuntergang, *N*. **annûn**.
›Westron‹, *N*. **Annúnaid**.
westlich, *Adj*. **annui**.
Westmannskraut, Pfeifenkraut, *N*. **galenas**.
›Westmark‹, *N*. **Nivrim**.
widerhallend, *Adj*. **glamren**.

›Widerhallende Berge‹, ›Echoberge‹, N. **Ered Lómin**.
Widerschein, Licht, Leuchten, Glänzen, N. **galad**.
wie, so wie, *Konj.* **sui**.
wieder, re-, *Präf.* **ad-**.
wiederbegonnen, neu, *Adj.* **eden**.
wiedervereinigen, *V.* **adertha-**, *Inf.* **adertho**.
Wiedervereinigung, *N. Ger.* **aderthad**.
Wilder, *N.* **rhavan**.
›Wilderland‹, *N.* **Rhovanion**.
Wilder, Wasa, ›Drû‹, *N.* **Drû**, *Pl.* **Drúin**, *Koll.* **Drúath**.
›der Wilde‹, *N.* **Ascar**.
wilder Lärm, Gebrüll, Geschrei; Orkhorde, *N.* **glam**.
Wildheit, Heftigkeit, *N.* **bregolas**.
Wildnis, *N.* **rhaw**.
Wildnis, Gebiet; Trupp wehrfähiger Männer, Volk, *N.* **gwaith**.
Wind, *N.* **gwaew**; **sûl**.
›Windanfang‹ (?), *N.* **Gwirith**.
›Windherr‹, *N.* **Gwaihir**.
windig, *Adj.* **gwaeren**.
›Wind-Macher‹, *N.* **Gwaeron**.
Windsturm, *N.* **alagos**.
Winkel, Ecke, *N.* **bennas**.
Winkel, Spitze, scharfes Ende, Ecke, *N.* **nass**.
Winter, *N.* **rhîw**.
winzig, *Adj.* **pigen**.
winzig, klein, *Adj.* **tithen**.
wir, *Pron.* (1. Pl.) *Nom.* **men, -m**.
wirbeln, sich drehen, *V.* **hwinia-**, *Inf.* **hwinio**.
wirbelnd, sich drehend, *Adj.* **hwind**.
Wispern, Rascheln, *N.* **lhoss**; **rhoss**.
Wissen (geheimes), schwarze Magie, Zauberei, *N.* **gûl** (NG-).
Wissen (überliefertes), *N.* **ist**; **golu** (NG-).
wissen, Wissen haben, *V.* **ista-**, *Inf.* **isto**.
wohlgestalt, *Adj.* **cadwor**; **maed**.
wohnen, bleiben, *V.* **dortha-** (ND-), *Inf.* **dortho**.

Wohnstatt (Gebiet, wo bestimmte Leute leben), Land, *N. dôr*
  (ND-).
Wohnstatt (unterirdische), große Höhle, Grube, *N. groth*.
Wohnstatt, Heim, bewohntes Land, *N. bar*.
Wolf, *N. draug; garaf* (NG-).
Wolfsgeheul, *N. gaul*.
Wolfsmänner, Wolfsvolk, *N. gaurwaith* (NG-).
Wolke, *N. faun*.
Wolke, Schleier, *N. fân; fan-*.
wolkig, *Adj. fanui*.
›Wolkiger Kopf‹, *N. Fanuidhol*.
wollen, aus Wolle, *Adj. taw*.
wollen, meinen, beabsichtigen, *V. thel-, Inf. theli, Imp. thelo,
  Aor. theli- (3. Sg. thêl), Präs. thíla- (1. Sg. thílon), Prät. thelli-
  (3. Sg. thell)*.
Wort, *N. peth*.
Wunde, *N. haru, Pl. heiru*.
Wunsch, *N. iëst*.
wünschen, ersehnen, *V. aníra-, Inf. aníro, Prät. anirne- (3. Sg.
  anirn) Part. Pass. anirnen*.
Wurzel, *N. thond*.
Wurzel (essbar), *N. solch*.

X Y

Z

Zacke, Spitze, *Pl.* Bergkette, *N. ceber, Pl. cebir*.
zäh, steif, *Adj. dorn; tara, Pl. teiri*.
›Zähes Volk‹, Zwerge, *N. Koll. dornhoth*.
Zähheit, Schwierigkeit, Steifheit, *N. tarias*.
Zahl, Anzahl, *N. gwannd*.
zählen, *V. nedia-, Inf. nedio*.

zählen; rechnen, *V. genedia-*, *Inf. genedio*.
zählen, addieren, zusammenzählen; rechnen, *V. gonod-*, *Inf. genedi*, *Imp. gonodo*, *Aor. genedi-* (*3. Sg. gonod*), *Präs. gonúda-* (*1. Sg. gonúdon*), *Prät. genenni-* (*3. Sg. gonont*), *Part. Pass. gononnen*.
zahllos, endlos, unzählbar, *Adj. arnediad*; *aronoded*.
zahlreich, häufig, *Adj. rem*.
Zählung, *N. Ger. genediad*.
Zähne, *Pl. nêl*, *Sg. nelig*.
Zahn, Fang, *N. carch*.
zart, schlank, *Adj. lhind*.
Zauber, *N. lûth*.
Zauberei, geheimes Wissen, schwarze Magie, *N. gûl* (NG-).
Zauberer, (eig.) geschickter Mann, *N. curunir*.
Zauberer, Weiser, *ithron*.
›Zauberin‹, *N. Lúthiën*.
Zaun, *N. iâth*.
›Zaun-Volk‹ (Volk von Doriath), *N. Koll. Iathrim*.
Zaun (äußerer umringender), *N. ephel*.
Zaun, Palisade (aus angespitzten Baumstämmen), *N. cail*, *Pl. cîl*.
zehn, *Num. caer*; *pae*.
zehnt(er, -e, -es), *Num. Adj. paenui*.
Zeichen (geschriebenes), Buchstabe, *N. ling. têw*.
Zeichen, Markierung, *N. teith*.
Zeitalter (100 Valische Jahre), Zyklus, *N. andrann*
Zeitpunkt, Gelegenheit, *N. lû*.
Zentrum, Kern, Mitte, *N. enedh*.
zerreißen (trans. u. intrans.), *V. narcha-*, *Inf. narcho*.
zerreißen, schneiden, reißen, *V. rista-*, *Inf. risto*.
zeugen, *V. edonna-*, *Inf. edonno*, *Prät. edonne-* (*3. Sg. edonnant*), *Part. Pass. edonnen*; *onna-*, *Inf. onno*, *Prät. onne-* (*3. Sg. onnant*), *Part. Pass. onnen*.
Zimmermann, Schreiner, Erbauer, *N. thavron*.
einer, der seinem Ziel treu bleibt, *N. thelion*.

Zorn, *N.* **rûth**.

zu, auf ... zu, nach ... hin, *Präp.* **na** (mit Lenierung), mit Artikel: **nan** (mit gemischter Mutation), *Präf.* **na-**.

Zucken, plötzliche Bewegung, Ruck; Kniff, Trick, *N.* **rinc**.

zucken, eine plötzliche Bewegung machen, rucken, *V.* **ritha-**, *Inf.* **ritho**.

Zuflucht, Hafen, *N.* **hobas**.

zuhören, hören, *V.* **lasta-**, *Inf.* **lasto**.

Zuhörer, Lauscher, Hörer, *N.* **lathron**.

Zuneigung, Liebe, *N.* **mîl**, *Pl.* **mail**.

Zunge, Sprache, Stimme *N.* **lam**, *Koll.* **lamath**.

zusammen, nebeneinander, *Adv.* **godref**.

zusammen mit, mit, *Präp.* **go** (mit Lenierung), mit Artikel: **guin** (mit gemischter Mutation), *Präf.* **go-**, *arch.* **gwa-**.

zusammenzählen, addieren, zählen; rechnen, *V.* **gonod-**, *Inf.* **genedi**, *Imp.* **gonodo**, *Aor.* **genedi-** *(3. Sg.* **gonod***)*, *Präs.* **gonúda** *(1. Sg.* **gonúdon***)*,)Prät. **genenni-** *(3. Sg.* **gonont***)*, *Part. Pass.* **gononnen**.

zuverlässig, treu, *Adj.* **tolog**.

Zuversicht, Hoffnung, Aussicht, *N.* **amdir**.

zuvor, vorüber, her (nachgestellt), *Adv.* **io**.

Zwang, Bedrängnis, Nötigung, Unterdrückung, *N.* **thang**.

Zwang, Gefängnis, Gewahrsam, *N.* **band** (MB-).

zwanghaft, von Zwang getrieben, *Adj.* **horn**.

zwei, *Num.* **tâd**.

Zweifüßer, zweifüßiges Tier, *N.* **tad- dal**, *Pl.* **tad- dail**.

zweifüßig, *Adj.* **tad- dal**, *Pl.* **tad- dail**.

Zweig, *N.* **golf**.

zweit(er, -e, -es), *Num. Adj.* **edwen**; **tadui**.

zweit(er, -e, -es) (nur im Sinne von sekundär, zweiter in der Rangfolge, Vize-), *Adj.* **taid**.

›Zweites Zwielicht‹, Abenddämmer, *N.* **aduial**.

Zwerg, *N.* **Hadhod**, *Koll.* **Hadhodrim**; **Naug**, *Koll.* **Naugrim**; **Naugol**, *Pl.* **Noegol**; **Nawag**, *Pl.* **Neweg**.

Zwerg, ›Verkümmertes Volk‹, *N.* **Nogoth**, *Koll.* **Nogothrim**.

›Zwergenbau‹, *N.* **Nogrod**.
›Zwergenjuwel‹, *N.* **Nauglamír**.
›Zwergling‹ (Bezeichnung für die Kleinzwerge), *N.* **Nogotheg**.
›Zwickel‹, *N.* **Naith**.
Zwielicht, Dämmerung, *N.* **uial**.
Zwilling, *N.* **gwanunig**.
Zwillinge, *N. Pl.* **gwenyn**.
Zwillinge, Verwandte, *N. Pl.* **gwanur**.
Zwillingspaar, *N.* **gwanûn**.
zwischen, innerhalb, *Präp.* **im** (mit Lenierung), **min** (mit Nasalmutation), *Präf.* **min-**.
zwölf, *Num.* **uiug**.
Zyklus, Zeitalter (100 Valische Jahre), *N.* **andrann**.

Quellen und Hinweise

Deutschsprachige Quellen

Tolkien, J. R. R.: *Der Herr der Ringe*. Neuübersetzung aus dem Englischen von Wolfgang Krege. Einbändige Ausgabe. Stuttgart: Klett-Cotta, 2000. [Dt. Erstausgabe 1970/71]

Tolkien, J. R. R.: *Das Silmarillion*. Aus dem Englischen von Wolfgang Krege. Stuttgart: Klett-Cotta, 1978.

Tolkien, J. R. R.: *Nachrichten aus Mittelerde*. Aus dem Englischen von Hans J. Schütz. Stuttgart: Klett-Cotta, 1983.

Tolkien, J. R. R.: *Die Ungeheuer und ihre Kritiker*. Gesammelte Aufsätze. Aus dem Englischen von Wolfgang Krege. Stuttgart: Klett-Cotta, 1987.

Tolkien, J. R. R.: *Briefe*. Hg. von Humphrey Carpenter unter Mitarbeit von Christopher Tolkien. Aus dem Englischen von Wolfgang Krege. Stuttgart: Klett-Cotta, 1991.

Tolkien, J. R. R., und Donald Swann: *The Road Goes Ever On*. Der Tolkien-Liederyklus. Olaf Hille Verlag: Hamburg, 1993. (Faksimiledruck der erweiterten englischen Ausgabe, London: Allen & Unwin, 1978 [1968]; mit deutscher Übersetzung von Ulrike Ascher als Beilage.)

Englischsprachige Quellen

Tolkien, J. R. R.: »The Etymologies.« *The Lost Road and other writings*. London: Unwin Hyman, 1987. (The History of Middle-earth, 5.) 339–400.

Tolkien, J. R. R.: »The Epilogue.« *Sauron Defeated*. London: HarperCollins, 1992. (The History of Middle-earth, 9.) 114–135.

Tolkien, J. R. R.: »The Notion Club Papers (Part Two).« *Sauron Defeated*. London: HarperCollins, 1992. (The History of Middle-earth, 9.) 222–326.

Tolkien, J. R. R.: »Quendi and Eldar.« *The War of the Jewels*. London: HarperCollins, 1994. (The History of Middle-earth, 11.) 359–424.

Tolkien, J. R. R.: »From *Quendi and Eldar*, Appendix D.« Hg. mit Einführung, Glossaren und zusätzlichen Anmerkungen von Carl F. Hostetter. In *Vinyar Tengwar* 39 (Juli 1998), 4–20. [Enthält: »**Kwen, Quenya*, and the Elvish (especially Noldorin) words for Language«, 5–11. Anhang: »Noldorin words for Language«, 15–18.]

Tolkien, J. R. R.: »*Ósanwe-kenta*.« Hg. mit Einleitung, Glossaren und zusätzlichen Anmerkungen von Carl F. Hostetter. In *Vinyar Tengwar* 39 (Juli 1998), 21–34.

Tolkien, J. R. R.: »Etymological Notes on the *Ósanwe-kenta*.« Hg. mit Anmerkungen von Carl F. Hostetter. In *Vinyar Tengwar* 41 (Juni 2000), 5–6.

Tolkien, J. R. R.: »From *The Shibboleth of Fëanor*.« Hg. mit Anmerkungen von Carl F. Hostetter. In *Vinyar Tengwar* 41 (Juni 2000), 7–10.

Tolkien, J. R. R.: »Notes on *Óre*.« Hg. mit Anmerkungen von Carl F. Hostetter. In *Vinyar Tengwar* 41 (Juni 2000), 11–19.

Tolkien, J. R. R.: »The Rivers and Beacon-hills of Gondor.« Hg. von Carl F. Hostetter. Mit zusätzlichem Kommentar und Material von Christopher Tolkien. In *Vinyar Tengwar* 42 (Juli 2001), 5–31.

Tolkien, J. R. R.: »*Ae Adar Nín*: The Lord's Prayer in Sindarin.« Hg. mit Anmerkungen und Analyse von Bill Welden. In *Vinyar Tengwar* 44 (Juni 2002), pp. 21–30, 38.

Tolkien, J. R. R.: »*Alcar mi Tarmenel na Erui*: The *Gloria in Excelsis Deo* in Quenya.« Hg. mit Anmerkungen und Analyse von Arden R. Smith. In *Vinyar Tengwar* 44 (Juni 2002), pp. 31–37.

Tolkien, J. R. R.: »›Words of Joy‹: Five Catholic Prayers in Quenya.« (Teil eins.) Hg. von Patrick Wynne, Arden R. Smith und Carl F. Hostetter. In *Vinyar Tengwar* 43 (Januar 2002),

4–38. [Enthält: »Átaremma (Pater Noster)«, 8–26, »Aia Maria (Ave Maria)«, 26–36, und »Alcar i Ataren (Gloria Patri)«, 36–37.]

Tolkien, J. R. R.: »›Words of Joy‹: Five Catholic Prayers in Quenya.« (Teil zwei.) Hg. von Patrick Wynne, Arden R. Smith und Carl F. Hostetter. In *Vinyar Tengwar* 44 (Juni 2002), 5–20. [Enthält: »Ortírielyanna (Sub Tuum Praesidium)«, 5–11, und »The Litany of Loreto«, 11–20.]

Weiterführende Literatur

Allan, Jim: *An Introduction to Elvish* and to Other Tongues and Proper Names and Writing Systems of the Third Age of the Western Lands of Middle-Earth as Set Forth in the Published Writings of Professor John Ronald Reuel Tolkien. Frome, Somerset: Bran's Head Books, 1995. [1/1978.]

Baixauli, Luis González: *La lengua de los Elfos*. Tengwesta Kwenyava. Una gramática para el quenya de J. R. R. Tolkien. Barcelona: Ediciones Minotauro, 2003 (1/2002).

Derdziński, Ryszard (Galadhorn Elvellon): *Gobeth en lham Edhellen/Sindarin Dictionary*. Dictionary of the Language of the Grey Elves as it was presented in the writings of John Ronald Reuel Tolkien. Katowice: Gold Maggot Publishers, 2000.

– »Addenda.« http://www.galadhorn.go.to/.

Derdziński, Ryszard: »Elvish Pronouns: Common Eldarin Pronominal Elements and their Development in the Elvish Languages.« http://www.elvish.org/gwaith/ce_pronouns.htm.

Derdziński, Ryszard: »Sindarin Pronouns: A Reconstruction.« http://www.elvish.org/gwaith/ce_pronouns.htm#sindarin.

Derdziński, Ryszard: »Summary of Sindarin Grammar.« http://www.elvish.org/gwaith/sindarin_intro.htm, http://www.elvish.org/gwaith/sindarin_phonetics.htm, http://www.elvish.org/gwaith/sindarin_grammar.htm.

Fauskanger, Helge K.: »Quenya – the Ancient Tongue.« http://www.uib.no/People/hnohf/quenya.htm.

Fauskanger, Helge K.: »Quenya Affixes.« http://www.uib.no/People/hnohf/affix~1.htm.

Fauskanger, Helge K.: »Quenya Corpus Wordlist.« http://www.uib.no/People/hnohf/qlist.htm.

Fauskanger, Helge K.: »Quenya Course.« http://www.uib.no/people/hnohf/qcourse.htm.

Fauskanger, Helge K.: »Reconstructing the Sindarin Verb System.« http://www.uib.no/People/hnohf/sverb-rec.htm.

Fauskanger, Helge K.: »Sindarin – the Noble Tongue.« http://www.uib.no/People/hnohf/sindarin.htm.

Fauskanger, Helge K.: »Suggested conjugation of all known or inferred Sindarin verbs.« http://www.uib.no/people/sindverb.htm.

Foster, Robert: *Das große Mittelerde-Lexikon.* (*The Complete Guide to Middle-Earth*, dt.) Ein alphabetischer Führer zur Fantasy-Welt von J. R. R. Tolkien. Bearbeitet und ergänzt von Helmut W. Pesch. Bergisch Gladbach: Bastei-Lübbe, 2002.

Grigny de Castro, Alex: »Quenya Particles.« http://www.xs4all.nl/~xelag/quenya_vocab_particles.html.

Kloczko, Edouard: *Dictionnaire des langues des Hobbits, des Nains, des Orques & autres créatures de la Terre du Milieu, de Númenor & d'Aman.* Encyclopédie de la Terre du Milieu, Tome IV. Argenteuil: Les Édition Arda, 2002.

Kloczko, Edouard: *Dictionnaire des langues elfiques, volume 1. Quenya – Français – Anglais.* Encyclopédie de la Terre du Milieu, Tome I. Toulon: Tamise Pruductions, 1995.

– »Corrigendum du dictionnaire quenya n°1.« *Hisweloke*, Premier Feuillet, 23–29. http://www.jrrvf.com/~hisweloke/site/articles/langues/kloczko/corr1.html.

– »Corrigendum du dictionnaire quenya n°2.« *Hisweloke*, Troisième Feuillet, 93–94. http://www.jrrvf.com/~hisweloke/site/articles/langues/kloczko/corr2.html.

Loback, Tom: »Essitalmar: The Roots of Middle-earth Names and Places.« *VT* 26 (November 1992), 22–25.

Martsch, Nancy: *Basic Quenya*. Quenya Language Lessons, with Elvish–English vocabulary. A »Beyond Bree« Publication Celebrating the Tolkien Centenary. O. O. [Privatdruck], 1992.

Pesch, Helmut W.: *Elbisch. Grammatik, Schrift und Wörterbuch der Elben-Sprache von J. R. R. Tolkien*. Bergisch Gladbach: Bastei-Lübbe, 2003.

Stenström, Anders (Beregond): »Attested Sindarin Plurals.« http://forodrim.letsrock.nu/daeron/md_plur.html.

Willis, Didier, et al.: *Sindarin Dictionary*. Zusammengestellt von Didier Willis, mit Beiträgen von Helge Kåre Fauskanger, David Salo und Lisa Star. *Hiswelókë – Le Dragon de Brume*, Special issue No. 1 (2001).
http://www.geocities.com/almacq.geo/sindar/index.html.

Empfehlenswerte Internet-Seiten

In englischer Sprache

Ardalambion (http://www.uib.no/people/hnohf) von Helge K. Fauskanger ist die erste Adresse für Elbensprachen im Allgemeinen und Quenya im Besonderen. Dort findet man in englischer Sprache Artikel zu allen Sprachen von Arda und zu verschiedenen Einzelfragen sowie einen Quenya-Sprachkurs.

Gwaith-i-Phethdain (http://www.elvish.org/gwaith) von Ryszard Derdziński unterhalten, ist die beste Seite zu Sindarin. Seine "Summary of Sindarin Grammar" liegt auch meiner eigenen Grammatik zugrunde. Außerdem hat er ein Wörterbuch zum Sindarin verfasst, mit englischen und polnischen Glossen.

Hiswelóke (http://www.jrrvf.com/hisweloke/site/index.html) von Didier Willis enthält ein etymologisches Wörterbuch zum Sindarin. David Salo, der auch die Sindarin- und Quenya-Teste für die Verfilmung erstellt hat, hat dazu die Etymologien recherchiert. Außerdem haben Helge Fauskanger und Lisa Star daran mitgearbeitet.

Tyalie Tyellelieva (http://www.geocities.com/Athens/Parthenon/9902) von Lisa Star widmet sich eigentlich der elbischen Dichtung, enthält aber auch vieles interessante Hintergrundmaterial zu den Sprachen.

The Elvish Linguistic Fellowship (http://www.elvish.org/) bringt "Parma Eldalamberon" und "Vinyar Tengwar" heraus, zwei Zeitschriften, in denen weiterhin linguistisches Material zu Mittelerde von Tolkien erscheint (leider viel zu selten).

In deutscher Sprache

Sindarin.de (http://www.sindarin.de) von Christian Buzek ist eine deutsche Sindarin-Seite, die kontinuierlich verbessert wird.

Material zu J.R.R. Tolkien (http://webdb.uni-graz.at/~katzer/tolkien.html) größtenteils auf Deutsch, bietet Gernot Katzer auf seiner Homepage, darunter eine ausführliche Einführung in die Tengwar-Schrift.

Die Webseite zum Buch

Elbisch (http://www.elbisch.info) bringt weitere Informationen, Übersichten zur Grammatik, Übungen und Beispieltexte.

Helmut W. Pesch

Elbisch

Grammatik, Schrift
und Wörterbuch
der Elben-Sprache von
J.R.R. Tolkien

BASTEI LÜBBE

ᴘᴀᴅᴏᴄᴜ ᴅᴀᴛᴛᴜᴘ ᴄ ᴅᴉᴅᴏᴄᴜ

Sprich »Freund« und tritt ein!

Die Erfindung von Sprachen ist die Grundlage von J. R. R. Tolkiens Werk. Der Herr der Ringe spielt vor dem Hintergrund der Geschichte der unsterblichen Elben und ihrer Sprachen, die eine Zeit von mehr als zehntausend Jahren umfasst.

Lernen Sie die Sprachen der Elben des Dritten Zeitalters kennen, das feierliche Quenya und das anmutige Sindarin. Schreiben Sie in der Schrift der Elben, in Tengwa-Buchstaben und Certhas-Runen. Verstehen Sie, was sich hinter den Namen der Wesen, Orte und Dinge verbirgt.

Die Sprachen von Mittelerde sind der Schlüssel zum Buch des Jahrhunderts.

3-404-20476-X

BASTEI LÜBBE

Robert Foster
DAS GROSSE
MITTELERDE-LEXIKON
Ein alphabetischer Führer zur Fantasy-Welt von
J.R.R. TOLKIEN

**Personen, Schauplätze, Begriffe, Hintergründe:
das fundierteste Lexikon zur Fantasy-Welt von J.R.R. Tolkien,
bearbeitet und ergänzt von Helmut W. Pesch**

Das Standardwerk zur Welt des »Herrn der Ringe«, des »Hobbit« und des »Silmarillion«. Mit genauen Worterklärungen aller Namen und Bezeichnungen. Sachkundig bearbeitet und auf den neuesten Stand gebracht von einem der führenden Tolkien-Experten Deutschlands, unter Verwendung von Tolkiens bislang nicht auf Deutsch erschienenen Manuskripten und Studien zu Mittelerde. Mit ausführlichen Textverweisen auf die deutschen Ausgaben von Tolkiens Werken.

»Robert Fosters Das große Mittelerde-Lexikon stellt, wie ich durch häufigen Gebrauch herausgefunden habe, ein bewundernswertes Nachschlagewerk dar.«   Christopher Tolkien

3-404-20453-0

BASTEI LÜBBE

›Nach dem HERRN DER RINGE war die Welt der Fantasy nicht mehr dieselbe‹, hieß es auf dem Klappentext zum Vorgängerband dieser Anthologie: DIE ERBEN DES RINGS herausgegeben von Martin H. Greenberg (Bastei Lübbe Band 13 803). In jenem Band verbeugten sich anglo-amerikanische Autoren vor dem großen Erzähler. Doch nicht nur im englischsprachigen Raum hat Tolkien seine Spuren hinterlassen, auch eine junge Generation von deutschen Schriftstellern wird auf die ein oder andere Art von ihm beeinflusst. In dieser Anthologie sind neue Geschichten gesammelt, die Tolkien zu Ehren geschrieben wurden, oft mit einem Augenzwinkern, aber stets voller Respekt. Autoren sind u.a.: Helmut W. Pesch, Wolfgang Hohlbein und Kerstin Gier

ISBN 3–404–20421–2

Helmut W. Pesch
Horst von Allwörden

DIE RINGE DER MACHT

Roman

Abgeschieden von der übrigen Welt, umschlossen von Meer und Bergen, liegt Elderland, die Heimat des friedfertigen Ffolks. Das Ffolk ist stolz auf seine Geschichte und hortet im großen Museum zu Aldswick viele seltsame und kuriose Dinge aus der Vergangenheit. Doch als die düsteren Schatten dieser Vergangenheit sich auf das Land legen und eine Gefahr heraufzieht, die alle schon längst gebannt geglaubt, treten Geheimnisse zutage, von denen niemand etwas ahnte. Nun muß sich das Ffolk bewähren. Das Schicksal des ganzen Imperiums lastet auf einer kleinen Gruppe treuer Freunde, die zu einer abenteuerlichen Reise aufbrechen, welche sie an die Grenzen der Welt führen wird, zum Anfang und zum Ende der Zeit ...

ISBN 3–404-20333-X

BASTEI LÜBBE